# Political Order *in* Changing Societies

Samuel P. Huntington

# 变化社会中的政治秩序

[美] 塞缪尔·P. 亨廷顿 —— 著

王冠华 刘为 等 —— 译

沈宗美 —— 校

上海人民出版社

# 译 者 序 言


　　20世纪或许将以前50年、战后50年这样一个大致的格局载入史册。或战或和,欧美少数大国支配或争霸全球形势下的其他民族的觉醒和独立,乃是20世纪最富历史意义的世界现象。这一现象虽已获得了称之为第三世界的实体存在,但其进程却远未结束,本质性的问题依然是这些新兴第三世界国家实现现代化的努力和结果。这些国家在政治和经济发展方面的走向,不仅决定着它们自己的前途和命运,也将和过去一样,深刻地影响到主要发达国家的地位和政策。正因为如此,在第二次世界大战之后,西方学者对第三世界新兴国家推行现代化趋势和进程的关注和研究,就犹如雨后春笋,迅速地突破了殖民时代西方学人对各从属国的传统描述,逐步形成了崭新而独立的所谓“现代化学”,并先后构造出若干不同的理论模式或框架。又由于美国在第三世界的特殊利益和影响,他们的学者在这方面的研究不但起步较早,而且队伍最强大,干得也特别起劲。在政府以及各种基金会的扶植和资助下,美国一流大学和重要的研究机构对第三世界发展中国家和地区的研究一直在西方世界中处于领先地位。《变化社会中的政治秩序》一书就是塞缪尔·P.亨廷顿在哈佛大学执教时从宏观上论述不同类型的新兴国家在走向现代化的道路上所遇种种问题的专著。该书的出版实际上标志着美国学者对第三世界国家变世求治的研究进入了一个新阶段,因此立刻产生了巨大的影响,亦使当时年方41岁的作者饮誉学坛。

　　对中国学者来说,亨廷顿的名字并不算陌生。翻阅过布热津斯基《权力与原则》一书的读者当能记得,亨廷顿先生在 1978 年曾是当时担任卡特总统国家安全委员会顾问的布热津斯基所率访华团的成员,据称是专门负责向我国领导人解释卡特政府基本对苏战略的。亨廷顿早年就学于耶鲁大学、芝加哥大学和哈佛大学,1951 年在哈佛获博士学位后留校任教,并曾先后在美国政府许多部门担任过公职或充当顾问。他在国际政治学方面著述颇丰,一般被认为是持保守观点的现实主义政治理论家。《变化社会中的政治秩序》是亨廷顿的理论奠基之作。亨廷顿现今仍然积极活跃在美国的政治理论界。据《美国政治学季刊》1986 年夏季号所载统计资料,在国际政治理论领域,1981 年至 1986 年间,他被别人在学术著作中引用过 1 072 次,遥居同行各家之首,其权威性和影响性之大,可见一斑。

从第二次世界大战结束到 60 年代中期的大约二十年间,一大批先前的殖民地摆脱了宗主国的统治而独立,跃跃欲试地想早日跻身于世界民族之林。面对此种前所未见而又带有挑战性的世界政治新局面,西方学者,主要又是美国学者,先后提出了正统现代化论和现代化修正论。前一种理论把世界各国分为现代化国家和传统国家两大类。早期实现了工业化的以英、美为代表的西方国家是现代化国家,具有现代性;新独立的众多第三世界国家仍属传统国家,不具备现代性。传统国家经过发展和阵痛,逐步引进和采纳现代性的全部价值标准,摒弃并排除传统社会的历史积累,从而过渡到现代社会,正如早期现代化国家在 18、19 世纪曾经经历过的那样。这一理论由加布里埃尔·阿尔蒙德集其大成。后一种理论则认为,传统性和现代性并非此消彼长的两个对立物,它们之间的关系是复杂而多面的,传统性不但具有顽固性,而且会吸收现代性的某些成分或层面从而获得新的生命力,譬如等级制度、种姓制度、家族因袭、裙带关系和门阀政治等就是如此。这些传统的东西实际上构成了相当多数新兴国家的特定国情。问题不是去消灭它们,而是借助它们来实现社会动员和整合,从而最终导致现代化。这一理论的主要代表人物有约瑟夫·古斯菲尔德(Joseph Gusfi-eld)、莱因哈德·班迪克斯(Reinhard Bendix)和 S.N. 艾森斯达德(S. N. Einstadt)等。这两种理论有一个共同的假设:从传统过渡到现代,其间的政治运作应当是多元化的民主模式。换句话说,它们都把人类各民族政治文化的发展预设为只有一条道路,一样的过程和类似的结果,现在存在于西方发达国家的民主社会是世界其余各国的可靠样板。此外,这两种理论似乎都还隐含着另一个共同的基点,即在第三世界新兴国家的现代化过程中,经济的发展和社会、文化的改造占有优先地位,政治现代化即使不是第二位的,至少也只有在前者发展后才能水到渠成。

亨廷顿立足于第二次世界大战后实际发生于第三世界国家政治舞台上的现状,针对上述两种理论,提出了第三派学说,即强大政府论,或曰政治秩序论。本书的标题可谓画龙点睛地突出了亨廷顿的全部观点。

亨廷顿首先指出下列三个无可辩驳的基本事实。第一,从政治学的角度看,世界各国之间的最重大差别不是它们政府的形式,而是它们各自政府实行有效统治的程度。具体来说,资本主义国家政府和社会主义国家政府之间的差别,实在是远没有政治发达国家政府和政治欠发达国家政府之间的差别大。譬如以美、英、苏三国为例。这三个国家具有两种截然不同的政府形式,美英是所谓西方民主国家的典范,苏联是极权国家的原型,但它们的政府都是发达的政府,是统治有效的政府。这三家政府之间的差别,比起它们与任何一组欠发达国家政府之间的差别来,要小得多。因为,各依凭其不同形式的政府,美国总统、英国首相和苏共总书记都能实施发展中国家——不管政府形式如何——领导人望尘莫及的有效统治。第二个基本事实是,许多新兴国家在第二次世界大战后经济上确实有了长足的进步,但这些国家都未能如上述现代化理论家所预期的那样,在政治上也发生了相应或同步的进展。岂止如此!这些国家的社会更加混乱了,普遍地出现了亨廷顿称之为"政治衰朽"的现象。这是有大量不争的事实可资证明的。第三个基本事实是许多经济增长较快,人民生活水平提高幅度较大的新兴国家,反倒在政治上更加动荡不安,暴力频繁,政变迭起,险象丛生。而那些经济起步落后或停滞不前的新独立国家,都能安享相当程度的政治太平。这个事实很耐人玩味。

据此,亨廷顿对第三世界新兴国家作出的总体估价是这样的,相对于并存的西方发达国家来,第三世界新兴国家,除了若干共产党国家外,从传统到现代的过渡时期就是一个克服社会动荡和防止政治衰朽的历史阶段。动荡和衰杇的根源不是这些国家的贫困和落后,而是它们致富和发展的欲望。此话怎讲? 因为这些国家都企图在短时期内全部实现西方早期发达民主国家在过去长时期内才办完的事情。亨廷顿指出,世界上第一个实现了现代化的英国,曾为此经历过 1649 年到 1832 年共 183 年的时间,美国经历过 89 年的时间,即 1776 年到 1865 年,欧洲其他 13 个从拿破仑时代进入现代化社会的国家,也曾经历过大约 73 年的时间。而到 20世纪 60 年代,在形式上进入现代化的第三世界国家有 21 个,历时却平均只有 29 年。美国另一位现代化问题专家 K. 多伊奇(K. Deutsch)作过统计,对于 19 世纪进入现代化的国家来说,当时的社会年变化率,就主要指标而言,只有 0.1%,而对于第二次世界大战后进入现代化的国家来说,这个年变化率却高达 1%。经济的发展,集团的分化,利益的冲突,价值观的转变以及民众参与期望的提高,这些急剧的变化远远超过了政治体制的承受能力,导致了社会的紊乱。一定要把一个 10 岁的小男孩催肥成大力士,他是上不了拳击台的。

亨廷顿的强大政府论就是建立在他对第三世界这种观察和估价之上的。其要义是,欲根除国内政治的动荡和衰杇,这些国家必须树立起强大的政府,舍此无他路可走;强大政府的构建和维持单赖强大政党的缔造和巩固,而政党的强大不在于数量,而在于力量。

何谓强大政府? 在亨廷顿看来,强大政府也就是有能力制衡政治参与和政治制度化的政府。政治制度化就是政治组织和施政程序获得公认价值内容和稳定性质的过程,它与政治参与一样,是个变数,可以用适应性、复杂性、自主性和内聚性等标准加以衡量。经济增长、生活改善和文化水平的提高,特别是西方价值观念在城市知识界的传播,将自然地激起民众参政欲望的提高。而政党结构、政府制度和立法措施,特别是对本民族传统规范的阐扬则可以人为地抑制民众参政的希求。一个政府强大与否,稳定不稳定,全凭它能否在完善其政治制度化的速度与扩大群众参与水平二者之间求得最佳值,适时适度地调频这二者之间的相互共振,奏出政治上的谐调。果如此,政府就能有效地实施国力资源的开发、社会财富的分配和权力象征的表达等主要功能。而第三世界多数国家之所以染上了政治不稳定的顽症,就在于政府在民主呼声(这种呼声实际上只存在于社会总人口中的少数分子之中)和西方榜样的压力下,让政治参与跑到政治制度化的前面去了,结果害了政府自身。亨廷顿说,基于它的特殊历史原因,美国民主的道路是先行扩大民众参与,政治现代化后来才发生,这与欧洲国家的民主政治发展道路正好相反。第三世界新兴国家如果要较为有益地吸取西方民主制的示范效应,欧洲的历史经验或许更有参考价值。

运用自己的理论,亨廷顿把第三世界发展中国家大致分为传统君主制政体、军人左右局势的普力夺政体以及革命政体,进而对这几种政体在进行现代化的改革过程中如何克服不同的困难并利用独具的有利条件,逐个进行了详尽而深入的分析。关于农民、城市中产阶级、无产劳工、军官团、知识分子(特别是首都大学的学生)在政治参与和政治秩序的纷繁变化中各自扮演的角色,书中有十分精彩的论述,所引史实和例证很有说服力。英国著名现代化理论学者维基·兰德尔(Vicky Randall)和罗宾·西奥巴尔德(Robin Theobald)在《政治变革和不发达》(*Political Change and Underdevelopment*)一书中认为:"亨廷顿坚持从第三世界各国存在的实情出发来看问题,比起早期的诸种现代化理论来,这是沿着现实主义道路向前迈开了一大步。"应当说,这个评论是中肯的。亨廷顿的这本书已经成为研究现代化理论问题的经典之作,据我所知,它虽然初版于1968年,但至今仍然是美国和西方各大学现代政治理论系科学生的必读教材,想必对致力于探索出新型现代化道路的中国人来说,亦不无启发和借鉴作用。

无疑,本书作者仍未能脱出"欧洲中心论"的窠臼,在根本上也认为西方早期实现现代化的英美等发达国家所走过的道路乃是第三世界后起国家民族振兴的参照和归宿。虽然再往后,将会怎样发展,他并没有说,但这个论点至少是可疑的。其次,作者在强大政府和独裁统治之间未能划出一条明确的界限。第三,作者在论述第三世界现代化中国家的艰难历程时,没有充分论及强权大国对这些国家在政治上的压迫和干涉以及在经济上的控制和剥削。所幸在现代化理论的发展上,大约与亨廷顿前后,出现了第四个学派,即第三世界国家的经济依存论,以及最近颇为流行的所谓新马克思主义的发展中国家阶级论(可算是第五个学派)。撇开这两个学派在其他方面的理论得失，它们至少指出了亨廷顿在这个问题上的缺陷。有兴趣的读者不妨再参考它们的见解。最后，作者对马克思、列宁的政治理论往往持有与我们习常不同的看法，却并不是恶意攻击，只是一种学术上的讨论，我们以为这是可以供我们参考的，虽然我们不能全都同意这些看法。

本书在台湾曾于1981年出过一种中译本。译者是汪炳伦、张世贤和陈鸿瑜三位先生。三位先生对原文理解很透，译笔流畅，可读性颇高。但很多地方太过删繁就简，难免有失准确，更可惜由于书报检查关系，凡原书涉及国共两党历史之处，几全部丢舍，而这部分内容在全书中又占有相当的分量。现在这个中译本则原文照译。* 第一章由匡榕榕同志译出，第二、三两章由王冠华同志译出，第四章由徐春铭同志译出初稿，第五章由蔡佳禾同志译出，第六、七两章由刘为同志译出。我们的水平也是有限的，加之国内对近年来新出现的若干政治学术语尚无规范汉译，缺点和不足之处在所难免。

南京大学中美文化研究中心美方主任斯里昂先生通过美国驻华大使馆代为本书申请到中译本版权，谨此志谢。

沈宗美
1987 年 10 月

---

\* 书中涉及的国共两党历史及国际共运史，有些地方并不十分准确和可靠。——编者注

# 序　言

　　为塞缪尔·亨廷顿新版《变化社会中的政治秩序》作序,对我来说是一个极大的荣誉。此书初版于1968年,是20世纪后期社会科学的经典之一,是一部对学界和决策层思考有关发展问题产生了巨大影响的著作。《变化社会中的政治秩序》一书凝注的关于发展中国家的知识广度和分析洞见是惊人的,并确立了亨氏作为他同时代人中最杰出政治学家之一的声誉。

　　为了明了此书知性上的意义,有必要将之放在19世纪五六十年代占主导地位思想的环境中审视。那是现代化理论的巅峰时期。这一理论或许是美国创建一个完整的、经验的、有关人类社会变迁的最富雄心的尝试。现代化理论源于19世纪诸如亨利·梅因(Henry Maine),埃米尔·涂尔干(Emile Durkheim),卡尔·马克思,费迪南德·腾尼斯(Ferdinand Tonnies),和马克斯·韦伯等欧洲社会理论家。这些著作家创立了一系列概念——如身份/契约,机械的/有机的联盟,共同社区(Gemeinschaft)/法理社区(Gesellschaft),魅力型/官僚—理性型权威等——以描述人类社会从农耕到工业生产转变所产生的社会规范和社会关系的变化。他们的著述主要基于先期现代化国家——如英国和美国——的经验,力图从中得出社会发展的一般规律。

　　欧洲的社会理论被两次世界大战扼杀。欧洲社会理论萌发出的思想迁移到了美国,并且为战后一代在哈佛大学比较政治系、麻省理工学院国际关系学中心,以及社会科学研究协会比较政治委员会的美国学者拾起。

由韦伯弟子塔尔科特·帕森斯(Talcott Parsons)领衔的哈佛比较政治系,希图创立一门综合的,集经济学、社会学、政治学和人类学的多学科社会科学。

从20世纪40年代后期到60年代前期这段时间,也正值欧洲殖民帝国的解体和后来被称为第三世界或发展中世界国家的出现。这些新近独立的国家怀有极大的现代化并赶上其原来殖民主义母国的渴望。诸如爱德华·希尔斯(Edward Shils)、丹尼尔·勒纳(Daniel Lerner)、白鲁恂(Lucian Pye)、加布里埃尔·阿尔蒙德(Gabriel Almond)、戴维·阿普特(David Apter)和沃尔特·W. 罗斯托(Walt W. Rostow)等,视这类势头强劲的发展为社会理论的实验室和极好的机遇,以帮助发展中国家提高生活水平并使它们的政治制度民主化。

现代化理论家赋予"现代形态"(being modern)以强大的规范性价值。他们并且认为,现代性中的好东西倾向于一同出现。经济发展,诸如都市化和直系亲族群解体之类的社会关系变化,更高水平、更具包容性的教育,向"业绩成就"和理性规范价值的转变,世俗化以及民主政治机构的发展等,都被视为相互依存的整体。经济发展会为更好的教育添加动力,会导致价值嬗变,而价值观的转变又会促进现代化的政治,诸如此类,处于一种良性循环中。

《变化社会中的政治秩序》在此背景之下问世,并直接挑战这些设想。首先,亨廷顿论辩说,政治衰朽至少和政治发展一样可能发生。新近独立国家的实际经历是一种愈演愈烈的社会和政治混乱。其次,他提出,现代性中的好东西常常向交错的目标运动。特别是在社会动员超越政治机构发展时,新的社会行为者发现他们无法参与政治而产生挫折感。其结果便是亨氏名之为"普力夺主义"(praetorianism)的状况,也是导致反叛、军事政变以及软弱和组织不力政府的主要原因。经济发展和政治发展不是同一事物的严丝合缝的组成部分。后者随着诸如政党和法制系统之类组织的设立或衍变为更复杂的形式而具有自身的、另类的逻辑。

亨廷顿从上述观察中得出实践性含义,即政治秩序自身乃个好东西,但它不能在现代化过程中自然而然地产生。恰恰相反,没有政治秩序,经济和社会的发展便不能成功进行。现代化的不同组成部分必须依次进行。过早扩展政治参与——包括先行选举等事——会动摇脆弱的政治体制。这样，亨氏为后来被称作"权威主义转型"的发展战略奠定了基础。据此战略，现代化中的专制[体制]提供政治秩序、法制，以及成功的经济、社会发展的诸项条件。一旦这些构筑板块到位，现代性的——如民主和公民参与等——其他诸方面，可以添加上去。[亨氏学生法里德·扎卡里亚（Fareed Zakaria）发表于 2003 年的著作《自由的未来》（*The Future of Freedom*），在一定意义上，是这一论断的更新版]。

亨廷顿著作的重要性必须要放在当时美国外交政策的背景下来看。1968 年是越战的高潮点，当时美军兵力膨胀到 50 万。而且，新年攻势（Tet Offensive）瓦解了美国公众的信心。许多现代化理论家都希望他们的学术著作会对美国政策有启示意义。罗斯托的《经济发展阶段论》（*The Stages of Economic Growth*）就是新建的美国国际开发署的指南。该署致力于支持如南越和印度尼西亚那样的国家，以抵制共产主义的诱惑。但是到了 20 世纪 60 年代末期，并没有多少能让美国人列举出来的成功事迹。共产主义式的和西方式的民族国家建设战略在北越和南越的竞争，以后者的失败告终。亨廷顿提出，有另一种现代权威主义的前进道路。这一观点在认识极化的 60 年代末期的美国，给他带来了极大非难。然而，正是韩国的朴正熙，中国台湾的蒋经国，新加坡的李光耀，印度尼西亚的苏哈托这些人带来了所谓的亚洲奇迹——尽管这时的越南正迈向共产主义。

可以说，《变化社会中的政治秩序》最终使现代化理论寿终正寝。它是剪式夹攻的一端。另一端是来自左翼的批评，指责现代化理论家把种族中心的欧美社会发展模式神圣化为人类应该效仿的普遍模式。美国社会科学突然发现自己失去了一个大构架理论，并开始陷入现在那种方法论上的巴尔干化。

在被提出近四十年后，我们还能从亨廷顿论点中得出些什么呢？许多发展中国家独立后已经过了两代人。在《变化社会中的政治秩序》写就后的岁月里，包括东亚奇迹、苏东剧变，以及亨廷顿本人称作第三次民主浪潮在内的巨大变化发生了。这些事变在哪些方面加强或是削弱了他的论断呢？

在许多方面,亨廷顿的论断被证明是对的。他论辩说,传统和现代化的社会都趋于稳定;问题发生在现代化的初期,此时传统社会结构之上置于新的期望。经济发展可以起稳定作用,但增长后的顿挫会造成潜在的革命境况。事实仍然是,不稳定的最突出事例大都发生于现代化初期或遭遇挫折的国家。

社会动员超越政治体制化的问题显然还在发生。最引人注目的例子是1978年的伊朗革命。彼时过快的、国家驱使的现代化与小买卖商人和激进学生等传统行为者相冲突,造就了一场伊斯兰革命。今天,在诸如委内瑞拉、玻利维亚和厄瓜多尔等安第斯山脉国家,新的社会行为者(特别是被置于正式政治体制之外的土著集团)正在破坏薄弱的[政治]机构,在其身后留下混乱。印度尼西亚的苏哈托政权为1997—1998年的金融危机所震荡。这场危机的背景是持续高涨的期盼。也可以说,伊斯兰激进主义,至少部分上,是为2001年9月前20年间沙特阿拉伯人均收入大幅下降所驱动的。

政治发展遵循独立于经济发展的、自身的逻辑。在这一点上,亨廷顿也是正确的。虽然有证据表明,长期的经济发展滋生更坚实的民主机构(更确切地说,使民主机构能在挫折下不那么脆弱),但这只是在相对高的人均国内生产总值国家如此。对于穷国,政治秩序和有力的机构是经济发展的前提。撒哈拉以南非洲国家的内部冲突和软弱政府,是其他层面发展的强大阻碍。

最后,《变化社会中的政治秩序》把政治衰朽作为一个专门研究对象,显然有先见之明。后冷战世界受制于相当程度的政治衰朽:从苏联的解体到诸如海地、利比里亚、塞拉利昂、索马里、苏丹和阿富汗等脆弱和失败国家的接二连三,都是明证。

如果比较这本书写就之前和之后两个时期,从1945年到1968年这一时段,出现了远高于1968年到2006年间的政治混乱。在前一阶段,政变、反叛和农民反抗在发展中世界,几乎无所不在。而后一阶段,大面积地区的稳定出现了。这一变化的部分原因是成功的政治发展在许多地区特别是东亚发生了。这些发展表明,在某种程度上,亨廷顿指出的问题是过渡性的。但是,总体上的稳定程度出人意料。譬如,阿拉伯中东自黎巴嫩内战结束后,鲜有政治暴乱,伊拉克和持续不断的巴以冲突是例外。在1968年以后的时段,在摩洛哥、利比亚、约旦、叙利亚和埃及,长期执政的领袖已经或准备将他们的领导权移交给其子嗣。许多观察家甚至论辩说,这一地区太过稳定了。在那里,攫持着大部分政权的政治阻滞,妨碍了政治参与并滋生仇恨。自20世纪80年代民主回归以来,拉丁美洲经受了债务和货币危机。尽管近来在安第斯山地区和海地有些混乱,但没有发生军事政变,也没有逆转回权威主义。尽管在尼泊尔、哥伦比亚和菲律宾,农民反叛依然拖延不断,但这些反叛远不像在五、六十年代那么经常。

有一个发展变化无法严丝合缝地嵌入《变化社会中的政治秩序》的解释框架,即苏联的解体。此书的首页有如此惊世骇俗的断言:就政治而言,美国、英国和苏联同为发达国家,尽管前两国是自由民主的,而后者是共产主义的专制政体。一个国家可以具有高度的政治机构化而不必是民主的——这样的想法在当时震惊了许多人,却加强了亨廷顿关于政治秩序和民主并不一定相互依存、甚至可能为相左的目的运作的观点。

现在看来,苏联表面上的政治发展程度不过是"波将金村"*之类的东西。通过单纯的政治意志和武力,布尔什维克创建了惊人的人工体制。几乎直到其坍塌的前一刻,它看上去仍强而有力。问题是道德层面的:生活在其下的人,包括许多最终爬到共产党高层的人,最终并不相信它的合法性。如此看来,尽管民主在短期可能会是不稳定的,在长期会赋予[政体]以生命力。

在政治衰朽问题上,亨廷顿的论点与其说需要修正,不如说有待扩展。如前所述,我们看到现今一些亨氏所谓政治衰朽的典型例证:政治参与超越了组织机构建设。但是,如果我们看看最近二十年来出现的衰弱和失败国家的全貌,显然还有其他力量在起作用。特别是现在的国际体系特性这一因素。尽管不乏善意,然而这一体系或许催化着政治衰朽。

如果考察一下世界上有过强有力国家的地区(主要在欧亚),令人不舒服的事实便显示,在历史上,武力从来都是国家形成和国家建设的一个要素。查尔斯·蒂利(Charles Tilly)曾论证说,现代欧洲国家是分散的政

---

　　*　喻徒有其表。——译者注

治行为体在军事争夺中出现的。中国、日本和朝鲜诸国都是在其历史初期武力统一的,并需要持续的武力维持其整合。即使是在自诩宪政民主的美国,国家统一也归功于一场夺去 50 万以上公民生命的血腥内战。

今天的国际体系不看好国家间的武力冲突,以及诸如近至 19 世纪 70年代产生出当今意大利和德国那样的征服和并吞战。比如,非洲在非殖民化之际被置于一张无理性可言的政治地图上。该地图既不对应于地理、族裔,也不符合经济功能。国际体系支持地区领袖维持这些边界的决定,尽管运输和通讯价格下降使得那些边界更易渗透,也使得政治单位体更易遭受不稳定的影响。

今天,我们面临这样一种情形,虚弱国家及加剧政治衰朽的种种东西——如武器、禁药、洗钱、安全顾问、难民和钻石——可以比较容易地穿越国境,而世界上的规范结构和围绕其建立的机构(如联合国,非洲联盟,以及各类致力于人权的非政府组织)却阻碍着强有力国家的建设,在世界其他地区这种国家建设对于政治发展是必不可少的。(试想,如果美国内战发生于今天全球化了的世界,结果会是如何。)即使是用意良好的国际慈善捐助者和致力于促进经济发展的非政府组织的行为,由于它们建立起援助机构并绕过当地政府行事,也产生了预想不到的弱化国家能力的作用。颇为讽刺的是,在如刚果民主共和国和利比里亚等国那里,发生了够多的武力和冲突,以至于造成了闻所未闻的人类灾难,但却不足以(或是有益的那部分不够)产生强力的政治机构。

塞缪尔·亨廷顿的《变化社会中的政治秩序》也许是最后一次构筑政治变迁大构架理论的认真努力。此后,有不少与诸如民主转型,组织机构设计,和特定地区有关的,比较有用的中型理论问世;还有一些不那么有用的,源于理性选择政治学的数学模型发表。也许,由于研究主题深层的复杂性和随着时间推移而变化的诸情形,所有大理论终归不免失败的命运。也许,鲜有如亨廷顿那般能力、洞见和雄心的,能够写出如此宏大著作的思想家。当下,我们就只能满足于这部经典尚存,能为后世对政治发展问题有兴趣的学子们所研读。

弗朗西斯·福山

# 1968 年英文版前言

本书标题中所用的"政治秩序"一词,指的乃是一种目标,而非某种现实。故而,全书充满了对暴力、动荡和骚乱的描述。有些大部头著作,声称要讲"经济发展",实际上谈的却是经济落后和停滞,从这个意义上来说,拙著和它们也是一样的。经济学家们论述经济发展,或许是因为他们对经济发展有所偏爱。同样,我之所以写这本书,也是出于对政治稳定的关注。对于那些正在经历着迅猛的社会、经济变革而灾象丛生的国家来说,我力图找出一些条件,俾使这些国家借此能在某种程度上认识到这个目标。经济发展的指数,比如人均国民总产值,是大家相当熟悉并能接受的。政治秩序,抑或因暴力、政变、起义和其他形式的动荡而没有政治秩序,也是有其指数的,且这些指数还相当清晰可睹,甚至可以有量的规定。正如经济学家们可以以学者身份就促进经济发展的条件和政策进行分析和辩论一样,政治学家们也可以以学术的方式对能够促成政治秩序的方法进行分析和辩论,尽管政治学家们在促成什么样的政治秩序才合法而可取的问题上,可能会有分歧。正如经济发展在某种程度上取决于投资和消费二者之间的关系一样,政治秩序也部分地取决于政治制度的发达程度和新兴社会势力被动员起来参与政治的程度二者之间的关系。至少,这是我在本书中探讨政治问题的理论构架。

本书的研究和写作完成于哈佛大学的国际事务研究中心。本书的写作经费部分来自中心本身,部分来自福特基金会对哈佛大学研究国际问题的资助,部分来自卡内基文明基金会对中心从事"政治制度化和社会变革"研究项目的资助。耶鲁大学国际关系研究学会和罗伯特·达尔(Robert Dahl)教授曾于1966年邀请本人去该校亨利·史汀生讲座发表系列讲演,这就推动我全面发挥自己的论点,从而形成本书的主旨。拙著第一、二、三章的部分内容曾在《国际政治》(World Politics)和《代达罗斯》(Daedalus)上登载过,此次承蒙这两家杂志出版人惠允,重新收入本书。克利斯托弗·米切尔(Christopher Mitchell)、琼·纳尔逊(Joan Nelson)、埃里克·诺德林格(Eric Nordlinger)和斯蒂文·R. 里维金(Steven R. Rivikin)或全部或部分地阅读过本书手稿,并提出了可贵的意见。过去四年中,我有幸参加哈佛——麻省理工学院两校教授举办的政治发展专题长谈会,与会同仁的远见卓识使我在思考政治秩序和社会变革问题时受益匪浅。与此同时,不少学者曾帮我汇集和分析有关现代化中国家的材料。他们当中,直接对本书写作作出重大贡献的有理查德·阿尔珀特(Richard Alpert)、玛加丽特·巴茨(Margaret Bates)、理查德·伯茨(Richard Betts)、罗伯特·布鲁斯(Robert Bruce)、艾伦·E.古德曼(Allan E. Goodman)、罗伯特·哈特(Robert Hart)、克里斯托弗·米切尔(Christopher Mitchell)和威廉·施奈德(William Schneider)。最后,在本书写作的全过程中,雪莉·约翰尼森·莱文(Shirley Johannesen Levine)不仅充当了能干的助研、编辑、打字员和校稿员,最重要的,她还是个总管,将所有参与这些辅助工作的人拧成了一股绳。对上述各单位和个人给予我的支持、指点和帮助,我谨借此深致谢忱。不言而喻,对本书中仍然存在的错误和不足之处,自应归咎作者本人。

塞缪尔·P. 亨廷顿
1968年4月识于马萨诸塞州剑桥

# 目 录

# 第一章
## 政治秩序和政治衰朽

## 政　治　差　距

　　各国之间最重要的政治分野,不在于它们政府的形式,而在于它们政府的有效程度。有的国家政通人和,具有合法性、组织性、有效性和稳定性,另一些国家在政治上则缺乏这些素质;这两类国家之间的差异比民主国家和独裁国家之间的差异更大。共产主义集权国家和西方自由国家一般都可归入有效能的国家的范畴,而不属于衰微的政治体制。美国、英国和苏联各具不同的政府形式,但这三种体制的政府皆能安邦定国;每个国家自成一个政治共同体,人民对其政治制度的合法性有举国一致的共识。每个国家的公民及其领导人对社会公益和他们的政治共同体赖以立足的那些传统和原则,观点是相同的。三个国家都具备强大的、能适应的、有内聚力的政治体制:有效的政府机构、组织完善的政党、民众对公共事务的高度参与、文官控制军队的有效系统、政府在经济方面的广泛活动、控制领导人更替和约束政治冲突的一套合理而行之有效的程序。这三家政府享有公民的忠诚,从而有能力去开发资源,征用民力,创制并贯彻政策。大凡苏共政治局、英国内阁或美国总统作出某项决定,通过国家机器来付诸实施的可能性是很大的。

　　就上述诸点而言,美国、英国和苏联的政治体制,较之亚洲、非洲和拉丁美洲的处于现代化之中的多数——如果不是大多数——国家的现政府，区别是显著的。这些国家缺乏很多东西。它们委实苦于缺乏食品、文化、教育、财富、收入、健康水准和生产效率。不过，这些问题已被认识，也已被着手去解决。然而，在这些短缺的深层和背后，还存在着一种更为严重的短缺，即缺乏政治上的共同体和有效能的、有权威的、合法的政府。沃尔特·李普曼（Walter Lippmann）说过："我确实知道，对同居于一国或一地的人群来说，最大的必需品莫过于被统治，如有可能便实行自治；如蒙天赐，便受廉明政府统辖；但无论如何，非被统治不可。"[1]李普曼先生是在对美国感到绝望之际讲出这番话的。但这番话对亚洲、非洲和拉丁美洲的处于现代化之中的国家来说，更是切中要害。在这些地区，政治共同体因分崩离析而危害其自身；政治机构权力微弱，威望更差，不堪一击——在许多情况下，这些地区的政府压根儿就不在进行统治。

20 世纪 50 年代中期，冈纳·缪尔达尔（Gunnar Myrdal）呼吁全世界注意这样一个显而易见的事实，即不管是在绝对意义上还是在相对意义上，富国正越来越富，而且其致富速度远远超过贫国追赶的速度。他争辩道："总的来说，近几十年来，发达国家和不发达国家之间的经济差距正与日俱增。"[2]1966 年，世界银行主席也同样指出，按目前的增长速度来推算，到 2000 年，美国与其他 40 个不发达国家之间的人均国民收入的差距将增大 50%。很显然，国际经济学和发展经济学的中心问题之一，或者说唯一的中心问题，就是这种经济差距有在不断扩大的无情趋势。在政治上也存在着类似的迫切问题。正如在经济上一样，发达的政治体制和不发达的政治体制之间，文明政治和腐朽政治之间的差距也已扩大了。这种政治差距和经济差距有着相似和相关之处，但两者并非一码事。经济不发达的国家可能有高度发达的政治体系，而经济上取得高福利水平的国家，在政治上则可能仍然是混乱而动荡的。不过，在 20 世纪，政治上的不发达和经济上的落后一样，却都集中在亚洲、非洲和拉丁美洲的处于现代化之中的国家里。

除了少数明显的例子外，二次世界大战以后，这些国家的政治演变具有以下特征：种族和阶级冲突不断加剧；骚动和暴力事件层出不穷；军事政变接二连三;反复无常、个人说了算的领导人物主宰一切,他们常常推行灾难性的社会和经济政策;内阁部长和公职人员肆无忌惮地腐化;公民的权利和自由遭受恣意侵犯;政府效率和公务水平日益下降;城市政治集团纷纷离异;立法机关和法庭失去权威;各种政党四分五裂,有时甚至彻底解体。二次大战以后的 20 年间,20 个拉丁美洲国家中就有 17 个国家军事政变得逞(只有墨西哥、智利和乌拉圭还维持着宪法程序),而在 6 个北非和中东国家(阿尔及利亚、埃及、叙利亚、苏丹、伊拉克、土耳其),6 个西非和中非国家(加纳、尼日利亚、达荷美、上沃尔特、中非共和国、刚果),以及一批亚洲国家(巴基斯坦、泰国、老挝、南越、缅甸、印度尼西亚、韩国),军事政变也相继成功。革命暴动,起义和游击战摧毁了拉丁美洲的古巴、玻利维亚、秘鲁、委内瑞拉、哥伦比亚、危地马拉和多米尼加共和国;摧毁了中东的阿尔及利亚和也门;摧毁了亚洲的印度尼西亚、泰国、越南、中国、菲律宾、马来西亚和老挝。种族、部落或社区间的暴力和紧张局势瓦解了圭亚那、摩洛哥、伊拉克、尼日利亚、乌干达、刚果、布隆迪、苏丹、卢旺达、塞浦路斯、印度、锡兰、缅甸、老挝和南越。在拉丁美洲,像海地、巴拉圭和尼加拉瓜这种老式的寡头独裁统治还保留着脆弱的警察统治。在东半球,伊朗、利比亚、阿拉伯半岛、埃塞俄比亚和泰国的传统政权力图进行改革,尽管它们随时可能被革命风暴所推翻。

　　20 世纪 50 年代和 60 年代,急剧增加的政治骚乱和暴力事件席卷全球。据一项统计披露,仅 1958 年一年就发生了 28 起旷日持久的游击起义,4 次军队哗变和 2 次常规战争。而 7 年后的 1965 年,则有持久的起义42 次,军事政变 10 次,常规战争 5 次。50 年代至 60 年代,政治动乱也显著增加。1955 年至 1962 年间,发生暴乱和其他不安定事件的频率是1948 年至 1954 年间的 5 倍。在后一阶段里,84 个国家中就有 64 个不如前一阶段稳定。[3]在整个亚洲、非洲和拉丁美洲,到处可以看到政治秩序在下降,政府的权威性、有效性和合法性在遭到破坏。这些地区缺乏国民士气和公共精神以及能够体现和指导公共利益的政治机构。笼罩在这里的景象,不是政治的发展,而是它的衰朽。

表 1.1　军事冲突(1958—1966 年)

|  | 1958 | 1959 | 1960 | 1961 | 1962 | 1963 | 1964 | 1965 |
|---|---|---|---|---|---|---|---|---|
| 持久的、断续的或游击性的暴乱 | 28 | 31 | 30 | 31 | 34 | 41 | 43 | 42 |
| 短暂叛乱,军事政变、起义 | 4 | 4 | 11 | 6 | 9 | 15 | 9 | 10 |
| 常规战争 | 2 | 1 | 1 | 6 | 4 | 3 | 4 | 5 |
| 总数 | 34 | 36 | 42 | 43 | 47 | 59 | 56 | 57 |

资料来源:美国国防部。

是什么原因造成上述这种暴乱和动荡的呢?本书对此所持的基本论点是:在很大程度上,这是由社会急剧变革、新的社会集团被迅速动员起来卷入政治,而同时政治体制的发展却又步伐缓慢造成的。德·托克维尔(de Tocgueville)认为:"在统治人类社会的法则中,有一条最明确清晰的法则:如果人们想保持其文明或希望变得文明的话,那么,他们必须提高并改善处理相互关系的艺术,而这种提高和改善的速度必须和提高地位平等的速度相同。"[4]亚洲、非洲和拉丁美洲国家的政治不稳定的发生正是由于没有满足这一条件:政治参与的平等提高过快,其速度远远超过了"处理相互关系的艺术"的发展速度。社会和经济变革——城市化,扫盲和教育的提高,工业化、大众媒介的推广——扩大了政治意识,增加了政治要求,拓宽了政治参与面。这些变革破坏了政治权威的传统根基和传统的政治机构;这些变革使得建立政治组合关系的新基础和缔造既有合法性又有效能的新政治机构的问题大大复杂化了。社会的动员和政治参与的扩大日新月异,而政治上的组织化和制度化却步履蹒跚。结果,必然发生政治动荡和骚乱。政治上的首要问题就是政治制度化的发展落后于社会和经济变革。

二战结束后的 20 年,美国对外政策未能抓住这一问题。和政治差距比起来,经济差距才是关注、分析和行动的一贯目标。援助项目和贷款项目,世界银行和地区银行,联合国和经济合作与发展组织,财团和联营公司,计划人员和政治家,都一窝蜂地在经济发展问题上大做文章。可是,有谁关心一下政治差距呢?美国官员也曾认识到,在处于现代化之中的国家里建立能站得住脚的政权是美国的主要权益所在。但是美国政府在其所采取的影响这些国家的所有行动中,却几乎没有一项是直接涉及旨在促进其政治稳定和缩小其政治差距的。如何解释这一惊人的漏洞呢?

寻根溯源,这可能和美国在自己的历史经验上有两个与众不同的特点有关。由于在历史上一帆风顺,美国在面对处于现代化之中的国家的问题时,就束手无策。美国在其自身的发展过程中有得天独厚的经济充裕、社会安康和政治稳定。这些先天的好运气凑在一起就导致美国人相信,似乎好运都是纷至沓来的,好事都是携手并进的,而达到一项合意的社会目标,就一定会有助于达到其他目标。在美国制定对现代化之中的国家的政策时,它的这种经验就体现在下述的信念中:先发展经济,再进行社会改革,这两步成功了,政治稳定便会水到渠成。在整个20世纪50年代,美国对外政策的主导思想是:经济发展——彻底消灭贫困、疾病、文盲——为政治发展和政治稳定所不可或缺。美国人脑海里的因果链条是:经济援助促进经济发展,而经济发展又促进政治稳定。对这一信条的崇奉渗入了立法;更重要的也许是,这一信条还在国际开发署和其他从事外援项目的官员的脑海里打下了深深的烙印。

如果说,1965年亚非拉的政治衰朽和政治动荡比15年前蔓延得更厉害的话,究其原因,部分的就是由于美国政策反映了上述这一错误的信条。实际上,经济发展和政治稳定是两个相互独立的目标,在二者的进展之间没有必然的联系。有些例子表明,经济发展计划能够促进政治稳定,但另一些例子则表明,它反而会破坏这种稳定。同样,有些形式的政治稳定会促进经济增长,而另一些形式却会阻止经济增长。印度是50年代世界上最贫穷的国家之一,其经济增长率也不起眼;然而由于国大党的作用,它却获得了高度的政治稳定。阿根廷和委内瑞拉的人均收入大概是印度的十倍。委内瑞拉的经济增长之快非常惊人。但是政治稳定对于这两个国家来说,仍然是可望而不可即的目标。

1961年随着进步联盟的诞生,社会改革——更加公平地分配物质和资源——才和经济发展一样成为美国对现代化之中国家的政策中自觉而明确的目标。这种政策上的发展,部分的是出于对古巴革命的反应,并体现出政策制定者们头脑中的假设:土地和税收改革、住房建设以及福利项目的实施将会减缓社会紧张局势并排除卡斯特罗主义的导火索。这再次表明,政治稳定还是另外一种社会目标成功的副产品。事实上,社会改革和政治稳定之间的关系,与经济发展和政治稳定之间的关系是相似的。在某些情况下,改革能减缓紧张局势,促进和平而非暴力的变革。但在另外一些情况下,改革很可能加剧紧张局势,加快暴乱的来临,成为革命的催化剂而非替代物。

美国对政治发展态度冷漠的第二个原因是,它在自己的历史经验中,从来就不必去创造什么政治秩序。德·托克维尔说,美国人生而平等,因而从未为创造平等而操心;他们没有经历过民主革命的苦难而坐享了民主革命的果实。美利坚合众国一诞生便引进了 17 世纪英国的政府形式、政体和施政方法。所以,美国人从未为创造一个政府而担忧。这一历史经验的差距特别使他们看不到在处于现代化之中的国家里奠定有效权威方面的问题。当一个美国人在考虑政府建设问题时,他的思路不是如何去创造权威和集中权力,而是如何去限制权威和分散权力。如果要他设计一个政府,他马上会想到要制定一部成文宪法,想到还要有权利法案、三权分立、制约和平衡、联邦制、定期选举、党派竞争——一整套限制政府的绝妙手段。信奉洛克哲学的美国人骨子里便抱有如此强烈的反政府倾向,以至于将政府本身和对政府的限制混为一谈。怎样去设计一个有最大权力和权威的政治体系,美国人没有现成的答案。他的基本公式就是政府应建立在自由和公正的选举之上。

对于许多现代化之中的国家来说,这个公式是无济于事的。进行有意义选举的前提是要有一定水准的政治组织。问题不在举行选举,而在建立组织。在许多——如果不是绝大多数——处于现代化之中的国家里,选举只会加强那些闹分裂的并且常常又是反动的社会势力,瓦解公共权威的结构。麦迪逊(Madison)在《联邦党人文集》第五十一号中警告说:"组织起一个由人统治人的政府,极大的困难是,首先你必须使政府能控制被统治者,然后还要迫使它控制其本身。"在许多处于现代化之中的国家里,政府连第一项职能尚不能行使,何谈第二项。首要的问题不是自由,而是建立一个合法的公共秩序。人当然可以有秩序而无自由,但不能有自由而无秩序。必须先存在权威,而后才谈得上限制权威。在那些处于现代化之中的国家里,恰恰缺少了权威,那里的政府不得不听任离心离德的知识分子、刚愎自用的军官和闹事的学生的摆布。

共产主义和共产主义式的运动恰恰就有本事来弥补这种短缺。历史证明,共产党政府在消灭饥荒、提高健康水平、扩大国民生产、开创工业和最大限度地创造福利方面并不比自由政府强。但有一件事共产党政府确实能做得到,那就是,它们能统治得住,它们的确提供了有效的权威。它们的意识形态为政府的合法性提供了依据,它们的党组织为赢得支持和执行政策提供了权力机构的机制。在许多处于现代化之中的国家里,推翻政府可谓易如反掌:一个连,两辆坦克,半打上校就够了。但没有哪个处于现代化之中的国家的共产党政府曾被军事政变所推翻过。共产党人对这些国家所构成的真正威胁不在于他们推翻政府的本领(此事易),而在于他们建立政府的本领(此事难)。他们也许不能给予自由,但他们的确能提供权威,建立能实行统治的政府。当美国人煞费苦心地试图缩小这些国家的经济差距时,共产党人则给它们提供了经过考验并被证明能够消灭政治差距的方法。对于那些深受冲突和动乱之祸的处于现代化之中的国家,共产党人能提供某些保持政治秩序的定心丸。


# 政治制度:共同体和政治秩序

## 社会势力和政治制度

一个社会所达到的政治共同体水平反映着其政治制度和构成这种政治制度的社会势力之间的关系。所谓社会势力指的是种族、宗教、地域、经济或者社会地位等方面的集团。现代化在很大程度上会引起社会上各种社会势力的集聚化和多样化。比方说,血缘、种族和宗教性的集团会因职业、阶层和技术性集团的加入而扩大力量。另一方面,某种政治组织或政治程序,也就是对维持秩序、解决争端,选拔领袖从而促进两个或两个以上社会势力得以形成共同体的一种安排。简单的政治共同体也许只需建立在纯粹的种族、宗教和职业基础上,而无需高度发达的政治制度,它具有涂尔干(Durkheim)所说的机械团结的统一性。而一个社会的成分越复杂,各种集团越是纵横交错,其政治共同体的形成和维持就越依赖于政治制度的功效。

实际上,政治制度和社会势力之间是没有明确分界线的。许多社会集团会兼有这两者的重要特征。不过,两者之间的理论区分却是清晰的。所有参与政治活动的人都可以被认为是形形色色社会集团的成员。一个社会政治发展的水平,在很大程度上取决于这些政治活动家隶属和认同各种政治机构的多寡。显而易见,各种社会势力的力量和影响颇不相同。在一个大家都属于同一社会势力的社会里,冲突便可通过该社会势力自身的结构加以限制并予以解决,而无需正经八百的政治机构。在一个社会势力为数不多的社会中,某一集团——武士,教士,某一特殊家族,某一民族或种族集团——能够支配其他集团并有效地诱使它们默认这一统治,这种社会可能很少或根本没有共同体。但是,在任何一个社会势力复杂且其利害关系纵横交错的社会里,如果不能创设与各派社会势力既有关联又是独立存在的政治机构的话,那么,就没有哪一个社会势力能够单独统治,更不用说形成共同体了。经常有人引用卢梭这样一句话:"最强者并非永远能保持其主人的地位,除非他将力量化为正义,将服从化为责任。"在一个具有任何程度复杂性的社会里,各集团的相对力量是变化的,但若要使该社会成为一个共同体的话,每一个集团的权力就是通过政治机构来行使的。这些机构能柔和、缓解并重新调整这种权力,从而使某一种起支配作用的社会势力与共同体中的其他社会势力相适应。

在一个完全不存在社会冲突的社会里,政治机构便失去了存在的必要,而在一个完全没有社会和谐的社会里,建立政治机构又是不可能的。两个十分敌对的集团,在它们改变相互看法之前,共同体的基础是不可能形成的。在组成社会的各团体之间必须存在某种利益上的相互适应性。此外,一个复杂社会还需要在基本原则或道义职责上界定能够联结各社会集团的纽带,这种纽带所联系的共同体有别于其他的共同体。在简单的社会里,共同体存在于人与人之间的直接关系中:丈夫对妻子,兄弟对兄弟,邻居对邻居。义务和共同体是直接相连的,没有任何外来因素的插足。但是在较复杂的社会里,共同体牵涉到个人或集团与他们之外的人或集团的关系。这样,义务就含有某种原则、传统、神话、目的和行为准则等方面的内容,因为这些东西是个人和集团共有的。这些因素结合在一起便构成了西塞罗关于大同世界的概念,或谓"数目颇众的人们基于对法律和权利的共同认识以及渴望参与彼此得益的交往,而聚合在一起"。道德和谐与互利互惠分别是政治共同体的两个方面。但是它还有第三个方面。我们知道,不同的态度是通过行为反映出来的,而共同体所能容纳的也不会是任何方式的"聚合",而是一种有规律的、稳定的和持久的聚合。总之,聚合必须制度化。因此,在一个复杂社会里,维系共同体所需要的第三个因素就是建立起能包容并能反映道德和谐性和互惠互利性原则的政治机构。这些机构反过来又会赋予共同目的以新的含义,并在各具特定利益的人和集团之间架起新的桥梁。

粗略地说,复杂社会共同体的发展水平取决于其自身政治机构的力量和广度。这些机构是道德和谐和互惠互利原则的行为性表现。相对而言,孤立的家庭、宗族、部落或村社,可能会通过不那么自觉的努力就建立起共同体。从某种意义上来说,它们本身就是自然而然的共同体。随着社会成员不断增多,结构日趋复杂,活动越发多样化,要想建立并维系一个高水平的共同体就更需依赖于政治机构。但是,不诉诸政治行动而达到社会和谐却是人们一直不想放弃的意境。这是卢梭的梦,也是政治家和军事家的梦,他们幻想不诉诸政治运筹便能在他们的社会里建立起共同体。马克思主义者关于人类社会演变的理想,就是在历史进程的终点,重新创造一个尽善尽美的共同体,其时政治就将成为多余之物。实际上,历史果真能倒转,文明果真能退化,人类组织果真能降低到家庭和村社的水平,或许这种返祖奇思可以实现。在简单的社会里,即便没有政治,或至少没有高度分权化的政治机构,共同体也照样可以生存。而在复杂的社会里,只有政治行为才能造就共同体,也只有政治机构才能维系它。

历史地说,政治机构是在各种社会势力的相互作用和歧见中,从逐渐发展起来的解决这些歧见的程序和组织环节中脱颖而出的。人数很少、性质单纯的统治阶级的解体,社会力量的多样化以及社会力量之间日趋频繁的相互作用,是产生政治组织和程序并从而最终产生政治机构的先决条件。"有意识地创制宪法之出现于地中海各国,是在部落组织被削弱,贫富之间的竞争成为政治的重要因素的时候。"⁵当雅典人的政体面临解体的威胁时,他们请求梭伦出来制定一部宪法,因为其时"雅典的党派之多,正如希腊的城邦之多",并且"贫富悬殊也达到了顶峰"。⁶雅典社会变得日益复杂,这便需要更加高度发达的政治机构来维持雅典的政治共同体。梭伦和克利斯梯尼的改革便是对危及共同体早先基础的那种社会经济变革的反应。随着社会势力日益盘根错节,政治机构必须相应地变得更加复杂化和权威化,而恰恰是此种政治演进在 20 世纪正在实现现代化的国家里没有发生,那里社会势力强大,政治机构弱小。立法机关和行政机关,公共权威和政党仍然都是脆弱而无组织的。国家的发展落后于社会的演变。

### 政治之制度化的标准

复杂社会里的政治共同体依赖于该社会政治组织和政治程序的力量。而这种力量的强弱则又取决于这些组织和程序获得支持的广度及其制度化的程度。所谓广度,指的是这些政治组织和程序所能包容社会活动的范围。如果仅由少数上层集团包办各种政治组织并依据一套固定的程序行事,所谓广度就是有限的。相反,如果大部分人口都加入政治组织并遵循政治程序行事,其广度就很可观了。制度就是稳定的、受珍重的和周期性发生的行为模式。组织和程序与其制度化水平成正比例。哈佛大学与一些新开办的郊区中学都是一种组织,但和这些新中学相比,哈佛之制度化的程度要高得多。国会的资历规定和约翰逊总统难得举行的记者招待会皆属某种程序,但约翰逊先生应付新闻界的手段就远不及国会资历规定那样来得制度化。

制度化是组织和程序获取价值观和稳定性的一种进程。⁷任何政治体系的制度化程度都可根据它的那些组织和程序所具备的适应性、复杂性、自治性和内部协调性来衡量。同样,任何一个组织或程序的制度化水平也可以套用这几个条件加以衡量。如果这几个条件能够得以识别和测量,那么各种政治体系就能在制度化水平方面进行相互对比。根据这种办法,还有可能测量出某一政治体系内部个别组织和程序在制度化方面的增减盛衰。

**适应性—刻板性** 组织和程序的适应性越强,其制度化程度就越高;反之,适应性越差,越刻板,其制度化程度就越低。适应性就是后天获得的组织性;概而言之,就是适应环境挑战的能力和存活能力。环境提出的挑战越多,年代越久,适应力也就越强。刻板性更多的是新生组织而非旧有组织的特点。但是,如果旧有的组织和程序一直处于静止的环境中,那它们也不一定具有适应力。此外,在一段时间内,某一组织针对某一类型的问题已形成一套行之有效的对策,假如它一旦碰到了完全不同类型的问题并需要采用不同的对策,该组织就很可能沦为自己过去成功的牺牲品,应付不了新的挑战。但总的来说,最初的成功是最困难的。成功地经受住一种环境的挑战将为其后适应新的环境挑战铺平道路。打个比方,经受住首次挑战的成功率假若是50%,那么,经受住第二次挑战的成功率就可能是75%,第三次可能是87.5%,第四次可能是93.75%,如此等等。何况,有些诸如人事变动一类的环境变化,对所有组织来说,都是不可避免的。其他一些环境变化也可能是组织本身造成的,比如,它顺利地完成了预定的使命,环境因之又发生新变化。只要人们承认环境给政治组织提出的挑战是因时而异的,那么,组织的寿命则大致可以用来衡量该组织的适应力。[8]而组织的寿命又可用三种方法来衡量。

第一种方法就是简单地算年龄,就是说,一个组织或程序存在的年代越久,其制度化程度就越高。一个组织越老,其在未来某个特定时期内存在的可能性就越大。一个拥有百年历史的旧有组织再延续一年的可能性,要比一个仅有一年历史的组织再延续一年的可能性——这当然是高度假设性的——或许要高出一百倍。所以,建立政治机构绝非一日之功。从这个意义上说,政治发展是缓慢的,特别是与看上去日新月异的经济发展相比而言。在某些情况下,特殊的经历会取代时间的作用,例如,尖锐的冲突或其他严峻的挑战会使组织以远远高于在正常情况下的速度转变为制度。然而这种激烈的经历应属罕见,且即便有这种经历,时间因素仍不可缺少。厄肖克·梅塔(Ashoka Mehta)在评论共产主义在印度为什么毫无作为的原因时说道:"创建一个主要政党绝非朝夕之功。中国的主要政党经过了革命的洗礼。在别的国家,主要政党能够或者确实是诞生于革命之中。然而在印度,要想通过正常渠道缔造一个伟大的党,深入并动员分散于 50 万个村落的老百姓,谈何容易。"9

第二种方法是以组织领导人换代的次数来衡量。只要创建组织的第一代领袖还在掌权,只要最初遵循程序的那些人还在循规蹈矩,该组织的适应性就值得怀疑。一个组织越是能够不时地解决和平接班的问题,领导层越是能不断更新,其制度化的程度就越高。领导人换代的次数在很大程度上与组织的年龄是一码事。不过,有的政党和政府可以在一代领袖的领导下维持几十年。组织——无论是政党、政府或商业公司——的创建者大都是青年人。因而在一个组织的初创阶段,相对于后来而言,其领导人的换代期总是在时间上拖得较长。这造成了第一代领袖和紧跟他们的第二代领袖之间的紧张局势,后者发现自己可能一辈子都要在前者的影子下默默无闻。60 年代中期,中国共产党已有 45 年的历史了,但它主要还是在第一代领袖人物的领导之下。一个组织的领导层当然可能换人不换代。一代人和另一代人的不同之处在于各自早期的成长经历。同一代领导人内部相互取代(例如在为了克服接班危机时就这样做),能在制度的适应性上有所作为,但这比起前后两代领导人的更替,即一班人被另一班具有明显不同的组织经验的人所取代,意义就不怎么明显。列宁和斯大林之间的交接乃属同代人之间的更替,而斯大林和赫鲁晓夫之间的交接则是两代人之间的更替。

第三,组织的适应性可从职能方面来衡量。一个组织的职能当然可以从无穷尽的方面来下定义。(探讨组织功能既是一个十分引人又十分带有局限性的课题。)通常某一组织是为履行某一特定职能而创立的,当这一职能不再需要时,该组织就面临重大危机:它要么去发现新的职能,要么就坐以待毙。一个已适应环境变化并已经历了一次或数次基本职能变化的组织,它的制度化程度比起那些没有经历过这些变化的组织要高出一筹。衡量高度发达的组织的真正尺度是其职能的适应性而非职能的特定性。制度化能使组织免于仅仅充当一个达到某项特定目的的工具。10 相反,组织的领袖和成员如果珍视组织本身的利益,组织就能撇开它在特定时期所完成的特定职能,开创出自身的生命力。这样,组织就超越了其功能的束缚。

因此,组织和个人在他们适应变革的累积能力上有其显著的差别。

个人在从童年到青年的成长过程中,通常对十分特定的职责不作肯定的承诺。承诺的过程始于壮年。当一个人越来越感到自己负有履行某些特定职责的义务时,他就会发现,要改变这些职责和忘却自己业已掌握的对付环境变化的手段,也越来越困难。他已形成自己的个性,已经习惯于"自己的一套"。组织则恰恰相反,它们常常是为了履行某些具体职能而创建的。当组织面临变化的环境时,它若想生存,就必须减弱它对最初职责的承诺。当组织趋于成熟时,它就"不拘泥"于自己的一套。[11]

在实践中,各种组织就其职能适应性而言,彼此之间差异甚大。例如,创立于19世纪中叶的基督教青年会本是一个福音派的组织,旨在劝导那些在工业化初期大量流入城市的单身男性青年皈依宗教。随着对这一职能需求的下降,该组织成功地进行了调整,转化为行使许多"一般性服务"的职能,着眼于人的"修身养性",这与该会初衷并不相悖。与此同时,该会在吸收会员时,对申请者的教派背景放宽了尺度,原来只收福音派,后来依次放宽到非福音派的新教徒、天主教徒、犹太教徒、老人,到最后连女性也可加入![12]结果,这个组织一直兴旺发达,尽管其原始职能早已和黑暗中的魔鬼磨坊一起消失得无影无踪。其他诸如妇女基督教禁酒协会和汤森运动等一类组织,在进行调整以适应变化的环境时,却遇到极大的困难。妇女基督教禁酒协会"是一个每下愈况的组织。因为它违背了关于制度化的原理,该组织死抱着老一套的教条,故而未能将自己的组织保留下来"[13]。汤森运动则苦于内部两派相争,一派人希望能维持住该运动的原始职能,另一派人则认为保证组织的生存是当务之急。倘若后一派人能成功,该运动领导人和成员的基本方针就将作如下的转变:"从贯彻该运动(领导人、成员和公众)公认的价值观念转到为了维持该运动的组织现状而不惜牺牲该运动的主要使命。"[14]小儿麻痹症的根除给全国婴儿残疾基金会带来了类似的严重危机。该组织的最初目标,无疑是十分具体的。当这些目标完成之后,该组织应不应该解散呢?那些为基金会效劳的志愿者们普遍认为,这一组织应继续存在下去。一位城镇分会主席说:"既然我们把民众组织起来便能战胜小儿麻痹症。那么,如果我们照此组织民众,不是其他任何疾病也能被战胜吗?"另一位问道:"治愈了小儿麻痹症,再去征服其他疾病,这样坚持下去不是很好吗? 这将是一种挑战,但也是一项事业啊。"[15]

职能适应性问题对政治组织来说也大同小异。一个政党从代表某些选民转变到代表另一些选民,它便在职能寿命上有所增长;从在野变为当朝,职能寿命上也同样有增长。一个不能改变选民成分或无法获取执政机会的党和一个能做到这两条的党比较起来,其素质显然相形见绌。民族主义政党的职能就是摆脱殖民统治,争取独立,而当完成这一使命并需使自己适应行使统治国家的新职能时,它往往会遇到一场重大危机。它也许会发现这种不同职能的过渡太困难,以至于在独立以后,还不得不继续花费很大的精力去和殖民主义作斗争。如此行事的政党和国大党这样的政党相比,前者的素质就不如后者的素质。后者在赢得独立后便放弃其反殖民主义的旗帜,迅速转入对国家的统治。实现工业化一直是苏联共产党的主要职能。工业化既已大体创就,现在检验共产党制度化的主要标志就是看它能否成功地发展出新职能。一个政府机构能成功地适应职能变化,例如18、19世纪英国的君权,比那些不能适应这一变化的政府机构,例如18、19世纪法国的王权,其素质要强。

复杂性—简单性  一个组织越复杂,其制度化程度就越高。复杂性具有两个含义。其一是,一个组织必须具有数量庞大的下属组织,从上到下,隶属明确,职责不同;其二是,这个组织不同类型的下属组织各具高度专门化水平。下属机构数量越大,形式越多,一个组织确保其成员效忠的能力就越强。此外,一个有众多目的的组织,在其失去某一目的时,调整自己从而适应新形势的能力,显然较之仅有一个目的的组织的能力要强。多种经营的公司,其风险比只生产单一产品并依赖某一个市场的公司显然要小。在一组织内部,区分下属机构可以依其职能来划线,也可以不以职能划线。如果以职能划线,则下属组织本身的制度化程度就不如整个组织高。这样整个组织的职能变化就很容易从下属机构的权力和作用的变化中反映出来。如果下属机构是多功能的,它们就有更大的机构性力量,但也正因为如此,整个组织的灵活性就很难得到加强。因此,用西格蒙德·纽曼(Sigmund Neumann)的话来说,具有"社会集成"的政党的政治体制和具有"特定代表"的政党的政治体制相比,前者的灵活性比后者的灵活性要差。[16]

在现代化进程中,比较原始和简单的传统政治体制经常被彻底摧毁。相比而言,较复杂的传统政治体制则更能适应新环境的需要。正是由于日本传统政体的相对复杂性,才使它得以进行调整,顺应了当今世界的潮流。1868 年以前的两个半世纪里,日本天皇是统而不治,德川幕府大权独揽。其时,政治秩序的稳定并不完全依赖幕府的稳定。故而当幕府的权威衰亡时,另一个传统机构——天皇,便成了日本现代化军阀的工具。幕府的覆灭并未导致日本政治秩序的崩溃,而是"恢复"了天皇的权威。

完全仰仗某一个人的政治体制是最简单的政治体制。同时,这种体制也是最不稳定的。亚里士多德指出,暴君专制实际上都是"短命的"[17]。而一个拥有若干不同政治机构的政治体制则更能顺应时势。一套机构满足一个时代的需要,而时代的交替则要求机构的更新。这一体制内部便拥有使自身更新和适应新环境的手段。以美国体制为例,在不同的历史时期,总统、参议院、众议院、最高法院和各州政府分别起过不同的作用。每当产生新问题时,这次可能是由某一机构率先起来解决,下次则可能由另一机构率先起来解决。法国第三共和国和第四共和国的做法与此形成了鲜明对照。它们集权于国民议会和国家行政机关。一旦——事实上也的确如此——国民议会四分五裂无力行使权威,而国家行政机关又缺乏权威时,整个体制就无法应付环境的挑战和变化,而在新的政策问题面前一筹莫展。50 年代,当国民议会无法处理法兰西帝国解体问题时,没有一个能独当一面的最高行政机构可以站出来收拾局面。结果,一种超越宪法的势力——军队介入了政治,从而,一个新的机构——戴高乐的总统职位,便应运而生,因为它能够解决这一难题。伯克(Burke)曾就早期的某次法国危机评论道:"一个无应变手段的国家也就没有保存自己的手段。"[18]

着眼于研究稳定问题的经典政治理论家们也得出了相似的结论。形式简单的政府最易衰败,而"混合的"政府形式则稳定得多。柏拉图和亚里士多德也认为,最实用的国家政体是融民主体制和寡头体制为一的政体。亚里士多德争辩道:"一个绝对地、彻头彻尾地基于寡头政治的平等观念或者民主政治的平等观念之上的宪政体制,必属蹩脚的体制。事

15

实雄辩地证明,此类宪法皆朝不保夕。""一部包含多种因素的宪法要高明得多。"[19]这样的宪法更能防止煽动叛乱和革命。波里比阿和西塞罗将此观点阐述得更加明确。任何一种"好的"简单政府形式,都有可能沦为其相对形式的变种——君主制沦为极权制,贵族制沦为寡头制,民主制沦为暴民制。只有将所有好形式中的因素结合在一个混合的政府里,才能避免动荡和衰落。稳定来自复杂性。两千年后的伯克发出同样的共鸣:"如果不说它更坏,简单的政府从根本上说起码也是不健全的。"[20]

**自主性—从属性** 衡量制度化的第三个办法就是看政治组织和政治程序独立于其他社会团体和行为方式而生存的程度。政治范畴和其他范畴之间的界线如何划分?在高度发达的政治体制中,政治组织享有的完整性是那些不发达的政治体制中的政治组织所不具备的。从某种意义上来说,它们不受其他非政治团体和程序的影响。而在不发达的政治体制中,它们则极易受外界的影响。

在它最具体的层面上,自主性涉及以社会各势力为一方和以政治组织为另一方的关系。就自主性而言,政治制度化意味着并非代表某些特定社会团体利益的政治组织和政治程序的发展。凡充当某一特定社会团体——家庭、宗族、阶级——的工具的政治组织便谈不上自主性和制度化。如果国家果真像传统马克思主义所声称的那样,是"资产阶级的执行委员会",那么它就不能算是一种名副其实的制度。司法机关的独立表现在它只遵循自己特有的司法规则,表现在它的观念和行为不被其他政治机构和社会团体的观念和行为所左右。同样,衡量政治机构的自主性,要看它是否具有有别于其他机构和社会势力的自身利益和价值。此外,政治机构的自主性也是各社会势力相互竞争的结果,这和司法机关是一样的。例如,一个仅代表某一社会集团利益的政党——无论它代表的是劳工,还是商界或是农民——它的自主性都不如体现社会各集团利益并将它们集为一体的那个政党强。后一种类型的政党明显不是为了某些特定的社会势力而存在的。这对立法、行政和官僚体制来说,道理都是一样的。

和政治组织一样,政治程序的自主性程度也是高低不一。高度发达的政治体系具有自己的一套程序,它能将体系内部的暴力成分减至最低限度——如果不是斩草除根的话,并能通过明确规定的途径限制财富的影响。如果政治官员竟能被少数几个军人所推翻或被少量金钱所收买,这种情况下的政治组织和政治程序便毫无自主性可言。用普通的政治术语来说,缺乏自主性的政治组织和政治程序就是腐败的。

易受其社会内部非政治因素影响的政治组织和政治程序,通常也易受来自社会外部因素的影响。这些政治组织和程序容易被其他政治体系的代理人、团体和意识形态所渗透。因此,发生在某一政治体系里的军事政变会轻易地引发其他不发达政治体系中类似的集团的军事政变。[21] 潜伏进几个代理人,偷运进一批武器,即能推翻一个政权,这是有案可稽的。还有些例子表明,外国大使与对政权不满的上校们之间的一番密谈和几千美元的易手,也能推翻一个政权。苏联政府和美国政府也许会花费巨款来贿赂那些易被渗透的政治体系中的高级官员,但它们决无意用这笔钱去影响对方政治体系中的高级官员。

在所有受社会变革影响的社会里,各种集团纷纷崛起问政。在那些没有自主性的政治体系中,这些集团不经认同现有政治组织或默认现有政治程序就进入了政坛。这些政治组织程序抵挡不了新社会势力的影响。相反,在发达的政治体系中,足以限制和缓解新生集团冲击力的那些机制却能够保护住体系的自主性。这些机制或减缓新集团参政的步伐,或通过政治社会化的进程,迫使新生集团中那些在政治上最激进的成员改变其态度和行为。在制度化程度很高的政治体系中,只有那些先在非重要职位上得到训练的人才有望按正常渠道获得最重要的领导职位。复杂严密的政治体系设置了各种各样的部门和职位,使从政人士在获取最高官阶之前得到锻炼,从而有助于加强该体系的自主性。从某种意义上来说,最高领导层是政治体系的核心;而次要的官职、边际组织以及半政治性组织则形成一个漏斗,意欲进入核心的人必须首先通过它的过滤。这样,政治体系便可在不损害一根毫毛的情况下,同化新的社会势力,吸收新的从政人士。在没有这层防护措施的政治体系中,新人员、新观点、新社会势力在体系核心内相互替换的速度之快,令人眼花缭乱。

内聚力—不团结　一个组织越团结,越具有内聚力,其制度化程度也就越高;相反,组织越不团结,其制度化程度也就越低。当然,某种程度的意见一致是所有社会组织存在的前提。一个有功效的组织对它的职能范围和解决在此范围内出现的争端所应遵循的程序,最起码应当有实质上的一致看法。这种一致性意见必须扩大到能约束整个体系内的活动分子。至于体系中那些不参与者或偶然参与者、边际参与者,则没有必要非持有这种一致性意见不可。至少,他们在实践上通常对这种一致性意见的认同达不到参与者的程度。[22]

从理论上来讲,不具备内聚力的组织可以是有自主性的组织。同样,没有自主性的组织也可以是有内聚力的组织。但实际上,两者是紧密相联的。自主性是获得内聚力的手段,使组织形成某种独树一帜的精神和风格。尽管自主性不能杜绝来自内部的破坏因素,但它却能防止外部破坏性势力的渗入。某一组织成员的急骤或大幅度增加,某一政治体系内参政人数的急骤或大幅度增加,都会导致内聚力的削弱。奥斯曼统治机构便是一例。只要奥斯曼帝国的统治大权被限制在这个统治机构之内,只要意欲挤进该机构的人都须"通过审慎的教育,并且在每一个官阶上都经过严格筛选和专门化培训",这个帝国便得以保持它的生命力和内聚力。当"帝国内每一个人都想挤进来分享其特权……官员增加,纪律涣散,效率下降"时,这一统治机构便寿终正寝了。[23]

政府和军队一样需要团结、精神、士气和纪律。在战争中,人员、武器和战略固然不可缺少,但是高度的内聚力和严明的纪律可以弥补其中任何一个因素的严重不足。政治亦是如此。尽管创设具有内聚力的政治组织更困难些,但它和缔造一支具有内聚力的军队所需要的因素并无本质上的区别。戴维·拉波波特(David Rapoport)争辩道:

> 稳定军心与维系任何一群参与政治的人有很多相似之处——大多数成员为了社会总目标而心甘情愿地克制自己个人的欲望。同党之间必须彼此相互信赖,才有能力去抵御那些危及组织团结的形形色色的诱惑;否则,在社会形势的紧要关头,自谋出路的欲望便会占上风。[24]

相互协调与遵守纪律之能力对于战争和政治都是至关重要的。在历史上,对于文治和武功,善其一者,必善其二。一位人类学家说道:"有效的社会组织对和平艺术的关系与对冲突艺术的关系,几乎是绝对的,不论你指的是文明社会还是亚文明社会。战争的胜利依靠协同作战和整齐划一,而两者都需要指挥和纪律。进一步讲,指挥和纪律最终不过是些比它们自身更深刻、更现实的符号而已。"[25]像斯巴达、罗马和英国这样的国家不仅具有为当时人们所钦佩的严明和公正的法律,而且还具有令人羡慕的军队的内聚力和纪律。纪律和发展是携手并进的。

## 政治制度与公共利益

政治制度具有道德和结构两个范畴。政治制度软弱的社会缺乏能力去抑制过分的个人或地区性的欲望。按照霍布斯的理论,政治是各种社会势力之间——人与人,家庭与家庭,部落与部落,地区与地区,阶级与阶级——进行无情斗争的战场,再全面的政治组织也调停不了这个斗争。在班菲尔德(Banfield)描述的落后社会里,除了非道德的家族主义之外,还有非道德的部落主义、非道德的集团主义和非道德的阶级主义。道德需要有信赖,信赖包含着预测性,而预测性又要求存在规范化和制度化的行为方式。没有强有力的政治制度,社会便缺乏去确定和实现自己共同利益的手段。创建政治制度的能力就是创建公共利益的能力。

传统上,探索公共利益问题有三种方法。[26]第一种方法是把它和或抽象的,或实体的,或理想的自然法规、正义、正当理由这一类价值标准和规范连在一起;第二种方法是把它和个别人物的特殊利益连在一起(如所谓"朕即国家"一说),或和集团、阶级的特殊利益连在一起(马克思主义),或和多数派的特殊利益连在一起;第三种方法是把它和个人之间竞争过程(古典自由主义这样认为)或集团之间竞争过程(本特利主义[Bentleyism])的结果连在一起。对所有这几种方法来说,问题是要给公共利益下一个具体而非模糊、普遍而非特殊的定义。遗憾的是,在绝大多数情况下,或者有具体性而无普遍性,或者有普遍性而无具体性。部分地解决这个问题的办法就是从统治机构的具体方面着眼来给公共利益下定义。一个拥有高度制度化的统治机构和程序的社会,能更好地阐明和实现其公共利益。正如弗里德里克(Friedrich)所争辩的:"组织化(即制度化)的政治共同体比非组织化的政治共同体更适应于做出决议和发展政策。"[27]在这个意义上,公共利益既非先天存在于自然法之中或存在于人民意志之中的某种东西，也非政治过程所产生的任何一种结果。相反，它是一切增强统治机构的东西。公共利益就是公共机构的利益。它是政府组织制度化创造和带来的东西。在一个复杂的政治体系中，政府的各种组织和程序代表着公共利益的不同侧面。复杂社会的公共利益是件复杂的事情。

民主党人惯于认为政府各机构具有代表职能，也就是能表达另外一些社团（政府机构的选民）的利益。因此他们往往忘却政府机构有其自身的利益。这些利益不仅存在，而且还相当具体。诸如"白宫的利益是什么？参议院的利益是什么？众议院的利益是什么？最高法院的利益是什么？"之类的问题，回答起来确有困难，但决非完全答不出，找到了这些问题的答案就差不多可以说是求得了美国"公共利益"的近似值。同样，英国的公共利益的近似值就是英王、内阁和议会各机构的利益。在苏联，答案将涉及苏共中央主席团、书记处和中央委员会等机构的特殊利益。

制度利益和制度中的个人利益是有区别的。凯恩斯（Keynes）富于洞见的话——"从长远观点看，我们都已死去"——只适用于个人，而不适用于制度。个人利益必然是短期的。制度的利益则会与世长存。制度的卫道士必然会为这个制度千秋万代的利益着想。亚里士多德说："对于民主政体和寡头政体同样适用的真正上策不是那种能确保民主或寡头本身最大限度膨胀的政策，而是能确保它们最长久地延续寿命的政策。"[28] 企图把眼前的权力和其他利益扩大到顶峰的官员们，从长远来看恰恰是削弱了他们的制度。从他们自身的眼前愿望出发，也许最高法院的法官们希望宣布某项国会议案违宪。但是，在决定这样做是否符合公共利益时，他们可能自问，这样做是否首先符合最高法院本身长远的制度性利益。只有像约翰·马歇尔（John Marshall）这样的司法大家才会借助马伯里对麦迪逊诉讼案件的判决，来加强最高法院的权力，以便使总统和国会没有提出挑战的余地。与此形成鲜明对照的是在 20 世纪 30 年代，最高法院大法官们几乎就是为了眼前的利益而牺牲了该院的长远利益。

"对通用汽车公司有好处的对国家也有好处"，这句话至少包含部分的真理。但是，"对总统有好处的对国家也有好处"，则包含更多的真理。问问任何一群知书达理的美国人哪五位总统最强，哪五位总统最弱，哪五位总统最好，哪五位总统最坏，如果把强与好，弱与坏联系在一起的人不是百分之百起码也是百分之八十。美国人民拥戴像杰斐逊、林肯、大小罗斯福和威尔逊这样的总统，因为他们在任职期间都扩大了总统的权力，人们把他们看作是促进公共福利和民族利益的仁慈的倡导者。而像布坎南、格兰特和哈丁这样的总统，他们没能维护自己机构的权力免受其他集团的侵扰，因而被认为没能为国家谋利益。制度利益与公共利益不谋而合。总统这一机构的权力与政体的公益融为一体。

同样，我们可以根据共产党最高机构的利益大致得出苏联的公共利益："对最高主席团有好处的对苏联也有好处。"如此看问题，斯大林主义可以被视为是统治者的个人利益高于党的集体利益的现象。从 20 世纪 30 年代晚期开始，斯大林就一直在削弱着党，1939 年至 1952 年间没有召开过一次党代表大会。第二次世界大战期间以及之后，中央委员会也很少开会。在此期间，新设置的各种争权机构削弱了党的书记处和党的各级组织。依此推理，这一过程本来是可能导致一套统治机构被另一套统治机构所代替的，一些美国专家和苏联领导人也的确曾经认为，是政府机构而非党的组织将成为苏联社会的统治机构。但是，这既非斯大林这样做的目的，也非他这样做的后果。他所加强的是他个人的权力，而不是政府的权力。当他去世时，他的个人权力也随他而消逝了。赫鲁晓夫赢得了填补由此而产生的权力真空的斗争，因为他将自己的利益和党的利益糅合在一起，而马林科夫所以在这场斗争中败北，乃因为他把自己和政府官僚糅合在一起。赫鲁晓夫权力的巩固标志着党的主要机关的东山再起。斯大林削弱党和格兰特削弱总统权力，可谓异曲同工，尽管他们这样做的动机和采取的方式截然不同。美国的公共利益要求有强有力的总统权力，苏联的公共利益则需要有强有力的党。

从自然法的理论来看，政府行为的合法性在于这些行为能与"公众哲学"[29] 保持一致。根据民主理论，政府行为的合法性来源于它们对人民意志的体现。根据程序概念，如果政府行为表达了有关各方进行冲突和达成妥协这一过程的结果，那它就是合法的。但是，从另一种意义上来说，也可以从政府行为是否反映政府机构本身的利益来寻索政府行为的合法性。这一概念显然和代议制政府理论不同。因为据此概念，政府机构的合法性和权威并非视其在多大程度上代表人民的利益或是其他什么集团的利益,而是视其在多大程度上具有区别于其他所有组织的自身利益。政客们常说,上台后往往发现许多事情和竞选时"看起来不一样"。这个"不一样"就是政府机构利益要求的一种表现。准确地说,正是这种当朝与在野时看问题角度的"不一样"才使政府官员对国民的要求成为合法。譬如说在美国,总统作为个人,他的利益可能先是部分地和暂时地与某一集团的利益相偶合,然后又可能与另一集团的利益相偶合。但是正如诺伊施塔特(Neustadt)所说的那样,总统作为一个职位,它的利益和任何集团的利益都不会偶合。[30]总统的权力并非来自他所代表的阶级、集团、地区或大众的利益,而是来自这样一个事实:他不代表上述任何一种利益。总统看问题的角度只有在当总统时才会有。正是基于这一点,总统宝座才既权力强大,又很孤独。总统职位的权威植根于其孤独之中。

美国总统和苏共中央委员会皆属能够赋予公共利益以实质性内容的政治制度。这种政治制度的存在,在政治上将发达社会与不发达社会区分开来。它同样能区分道德社会与非道德社会。制度化程度低下的政府不仅仅是个弱的政府,而且还是一个坏的政府。政府的职能就是统治。一个缺乏权威的弱政府是不能履行其职能的,同时它还是一个不道德的政府,就像一个腐败的法官、一个怯懦的士兵或一个无知的教师是不道德的一样。在复杂的社会中,人们需要有道德基石的政治制度。

社会文化和政治机构之间的关系是辩证的。德·茹弗内尔(de Jouvenel)说,共同体意即"信任的制度化","公共权威的关键性职能"就是"增加在全社会人们心中普遍存在的相互信任"。[31]相反,社会文化中缺乏信任将给公共制度的建立带来极大的阻碍。那些缺乏稳定和效能的政府的社会,也同样缺乏公民间的相互信任,缺乏民族和公众的忠诚心理,缺乏组织的技能。不同家族、村寨或部落成员间潜在的或实际存在的敌视行为就是他们的政治文化。这些特征可以在许多文化中找到,最突出的恐怕就是表现在阿拉伯世界和拉丁美洲。"阿拉伯人之间的猜忌",一位敏感的观察家评论道,

> 早在童年时代获得的价值体系中就孕育而成了……组织、团结和内聚力全不具备……他们的公共意识未得到发展,他们的社会觉悟微弱。对国家的忠诚很不牢固,与领袖的认同感淡薄。再者,阿拉

伯人普遍对当权者持怀疑态度,对他们缺乏信念。[32]

在拉丁美洲,类似的不良传统,如以我为中心的个人主义、对社会其他集团的不信任和仇恨比比皆是。"在美洲,无论是人与人之间,还是国与国之间,都不存在信任",玻利瓦尔(Bolívar)曾惋惜道,"条约只是一纸空文,宪法被束之高阁,选举只是互相残杀,自由就是无政府混乱,生活就是活受罪。在美洲,唯一能做的就是移居异国他乡。"一个世纪之后,我们又听到了同样的怨声。厄瓜多尔一家报纸说道:"相互伏击和充满没完没了的猜忌的政治,使我们除了破坏和摧毁民族灵魂以外,什么事也干不成。这样的政治已耗尽了我们的精力,使我们疲惫不堪。"[33]

除了阿拉伯文化和伊比利亚文化以外,在其他国家亦有类似的特征。在埃塞俄比亚,"相互猜忌,不合作成为这个国家政治气候的指示计。它使得人们对团结和达成一致性意见不抱奢望……认为通过相互间的彼此信任可能会超脱猜忌和疑虑的气氛的观点可谓是凤毛麟角"。伊朗政治素有"猜疑政治"之称。据说,伊朗人"觉得相互间信任或者和任何相当数量的人一起长期共事简直困难得不可思议"。在缅甸,孩子从小就被教导:"只有在家人中间才是安全的,所有外人,特别是陌生人,都是祸根,千万不能掉以轻心。"结果,缅甸人觉得,将自己纳入人们相互间客观存在的、常规的关系网络,不论其形式如何,都具有不可想象的困难。即使是像意大利这样经济发达的"西方"国家,也会有这样的政治文化:"政治隔离相对而言没有缓解,社会孤立和不信任依然存在。"[34]

笼罩着这些社会的互不信任的气氛,使得人们和与自己休戚与共的团体也是离心离德的。他们对自己的宗族,也许还有部落,尚能或勉强能保持忠顺。但是,对于那些范围再大一些的政治制度,他们就不会如此了。在政治上先进的社会里,人们对那些和自己有切身利益的社团的忠诚不仅从属于,而且融化在对国家的忠诚之中。柏克说:"对局部之偏爱不会影响对整体的爱……爱自己的小团体、小天地,实乃世人爱天下大公之要则(或谓胚芽)。"而在缺少政治共同体的社会里,人们对原生的社会、经济组织——家庭、宗族、部落、村寨、宗教、社会阶级——的忠诚与对在更大范围内存在的政治制度所具有的公共权威的忠诚是两回事,前者与后者竞争,并且常胜过后者。在今天的非洲,人们对部落的忠诚要比对民族和国家的忠诚强烈。卡尔曼·西尔弗特(Kalman Silvert)认为,在拉丁美洲,"人们对国家本来就不信任,加上政府内又有经济界和职业界的利益的直接代表,便毁坏了政党,腐蚀了多元主义,剥夺了最广泛意义上的政治行为的所有威严"[35]。一位学者曾指出:"在阿拉伯世界里,国家一向软弱无力,它比家庭、宗教团体和统治阶级等还要弱。私利总是高于公益。"H. A. R. 吉布(H. A. R. Gibb)也发出类似的感慨:"自从古老的社团崩溃以来,正是阿拉伯国家的极度虚弱,才使得没有一个社会机构能起到疏导、解释、表达和调动公共意志的作用……一言以蔽之,根本没有能起作用的社会民主机构。"[36]意大利人在自己家庭范围内表现出的"德行常常是其他国家人民献身于整个国家福利的德行;意大利人真正的爱国主义就是他们对家庭的忠诚……一切官方和法律权威在被证实为友好和无害之前,统统被认为是含有敌意的。"[37]因此,在一个缺乏政治共同体感的政治落后的社会里,每个领袖、每个个人、每个集团皆在追逐或被看作是在追逐自己眼前的物质目标,而置更广泛的公益于不顾。

彼此不信任和人心不齐使社会变为一盘散沙。政治发达社会与政治不发达社会的分水岭就是各自拥有组织的数量、规模和效率,这是一目了然的。如果社会和经济变革破坏或摧毁了人们结社的传统基础,获得高水平的政治发展便依赖于人们形成新的结社的能力。德·托克维尔就此说过:"在现代国家里,结社的科学乃科学之母;其他一切的进步实系于这门科学的发展。"班菲尔德笔下所描述的那种低级社会里的村落与同样规模的美国乡镇相比,两者之间最明显、最惊人的差别就是后者"频繁的社团活动是以本镇共同福利作为其目的的,或者至少作为其目的的一部分"[38]。相反,意大利村落只有一种社团,并且这个社团还不从事任何公益性活动。社团缺乏,组织发展层次低下,乃是政治混乱而动荡的社会的特点。乔治·洛奇(George Lodge)指出,拉丁美洲最大的问题就在于,"相对来说,那里没有美国人所熟知的社会组织"。于是就出现了"能动性组织的真空",它使民主难以实现,经济发展缓慢。传统社会能否得心应手地按现代化的要求改革其政治体制几乎直接依靠它的人民的组织技巧和能力。只有那些极富于这种技能的、为数极少的民族,例如日本人,方能相对平稳地过渡到具有发达经济和现代政体的社会中。白鲁恂(Lucian Pye)认为:"发展和现代化方面的问题,都渊源于能否建立起更有效、更灵活、更复杂和更合理的组织……鉴别发展的最终试金石在于一个民族是否有能力建立和维系庞大、复杂、灵活的组织形式。"[39]但在当今世界上,建立这种机构的能力实在很缺乏。共产党人为处于现代化之中的国家所提供的,首先就是这种满足道德需要和创建合法公共秩序的能力。

# 政治参与:现代化与政治衰朽

## 现代化与政治意识

现代化是一个多层面的进程,它涉及人类思想和行为所有领域里的变革。它就像丹尼尔·勒纳(Daniel Lerner)所说的,"是一个具有其自身某些明显特质的进程,这种明显的特质足以解释,为什么身处现代社会之中的人们确能感受到社会的现代性是一个有机的整体"。"城市化、工业化、世俗化、民主化、普及教育和新闻参与等,作为现代化进程的主要层面,它们的出现绝非是任意而互不相关的。"从历史角度来看,"它们是如此地密切相联,以致人们不得不怀疑,它们是否算得上彼此独立的因素,换言之,它们所以携手并进且如此有规律,就是因为它们不能单独实现"[40]。

从心理的层面讲,现代化涉及价值观念、态度和期望方面的根本性转变。持传统观念的人期待自然和社会的连续性,他们不相信人有改变和控制两者的能力。相反,持现代观念的人则承认变化的可能性,并且相信变化的可取性。用勒纳的话说,持现代观念的人,有一种能适应所处环境变化的"转换性人格"。这些变化要求人们把自己对具体和与己直接相关的集团——家庭、宗族和村社——的忠诚及认同扩展成为对更大和更抽象的集团的忠诚。随着这种忠诚范围的扩大,人们就会愈益依靠具有普遍性而非个别性的价值观,衡量个人的标准是其成就,而非其地位。

从智能的层面讲,现代化涉及人类对自身环境所具有的知识的巨大扩展,并通过日益增长的文化水准、大众媒介及教育等手段将这种知识在全社会广泛传播。从人口统计学角度来看,现代化意味着生活方式的改变、健康水平和平均寿命的明显提高、职业性和地域性流动的增长,以及个人升降沉浮速度的加快,特别是和农村相比,城市人口的迅猛增长。家庭和其他最基层组织的功能本来是包罗万象的,从社会角度来看,现代化一般会将它们和那些自觉组织起来并具特殊功能的高一级社团联系起来,从而使家庭和其他最基层组织的生活获得新的补充。在传统社会里,人们社会地位的分配结构是一藤两权,两权上人们的地位高低有别,其特征是"积累性不平等",这种结构在现代化社会里则让位于一种所谓多元化社会地位分配结构,其特征是"均散性不平等"。[41]在经济上,一些简单的职业被许多复杂的职业所代替,从而使经济活动多样化;职业技能的水平显著提高;资本对劳动的比率增加;基本自给的农业让位于市场农业;和商业、工业和其他非农业产业相比,农业本身的重要性下降。随着国家市场、国家资本来源和其他国家经济机构的出现,经济活动的地理范围趋于扩大,并集中到国家水平。经济福利水平自然而然地得到提高,经济福利上的不平等随之下降。

和政治关系最密切的现代化各层面可以广义地概括为两类。第一,用多伊奇(Deutsch)的公式,社会动员是一个过程,通过它,"一连串旧的社会、经济和心理信条全部受到侵蚀或被放弃,人民转而选择新的社交格局和行为方式"[42]。它意味着人们在态度、价值观和期望等方面与传统社会的人们分道扬镳,并向现代社会的人们看齐。这是扫盲、教育、更大范围的交际、大众媒介和都市化的结果。第二,经济发展指的是整个社会经济活动和产品的增长。它可以用平均国民生产总值、工业化水平来衡量,还可以用个人享受的福利水准来衡量,而确定福利水准又不外乎平均寿命、热量摄取数、医院和医生平均占有量一类的指数。社会动员涉及个人、组织和社会渴求的变化;经济发展涉及个人、组织和社会能力的变化。对现代化来说,这两种变化缺一不可。

现代化对政治的影响是千差万别的。学者们给政治现代化下定义的方法更是不胜枚举。这些定义大都着眼于现代政体和传统政体二者假定特点的区别。这样,政体现代化就自然而然地被认为是一种由此及彼的运动。政治现代化最关键的方面可以大致归纳为以下三个内容。第一,政治现代化涉及权威合理化,并以单一的、世俗的、全国的政治权威来取代传统的、宗教的、家庭的和种族的等五花八门的政治权威。这一变化意味着,政府是人的产物而不是自然或上帝的产物,秩序井然的社会必须有一个明确的来源于人的最高权威,对现存法律的服从优先于履行其他任何责任。政治现代化的含义还包括,民族国家享有的对外主权不受他国的干扰,中央政府享有的对内主权不被地方或区域性权力所左右。它意味着国家的完整,并将国家的权力集中或积聚在举国公认的全国性立法机构手里。

第二,政治现代化包括划分新的政治职能并创制专业化的结构来执行这些职能。具有特殊功能的领域——法律、军事、行政、科学——从政治领域分离出来,设立有自主权的、专业化的但却是政治的下属机构来执行这些领域里的任务。各级行政机构变得更加细致、更加复杂并具有更加严明的纪律。官位和权力的分配更多地根据实绩,选贤任能,摈弃阿谀奉承,使庸碌之辈无进身之阶。第三,政治现代化意味着增加社会上所有的集团参政的程度。广泛的参政可以提高政府对人民的控制,如在集权国家那样;或者可以提高人民对政府的控制,如在许多民主国家那样。但是在所有现代国家里,公民是直接参与政府事务并受其影响的。因此,权威的合理化、结构的离异化及大众参政化就构成了现代政体和传统政体的分水岭。

然而,假如就此下结论认为现实生活中的现代化就是权威的合理化、结构的离异化和参政的扩大化而已,那就错了。殊不知,把政治现代化定义为从传统政体到现代政体的一种运动,抑或把政治现代化定义为社会、经济和文化现代化在政治上的表现和后果,这两种定义之间有着常被人们忽视的基本区别。前者给政治变革在理论上指出了方向,后者则描绘了在实现现代化的国家里实际上发生的政治变革。两者之间的距离常常是很大的。实践中的现代化总是意味着传统政治体制的变革,还常常意味着它的解体,但它却未必就会朝着现代政治体制的方向作显著的运动。不过,带有倾向性的观点认为,只要广泛的社会现代化过程向前推进了,政治变革也就顺理成章地向现代化推进。在一定程度上,亚洲,非洲,拉丁美洲的社会现代化已成事实;都市化进展迅速,文盲慢慢减少;工业化在前进；人均国民生产总值缓慢上升；大众媒介的覆盖面日益广泛。所有这些都是事实。相比之下，学者们所认定的体现着政治现代化的许多其他目标——民主、安定、结构离异化、成就格局、国家完整等——是否有进展，至少是可疑的。然而人们趋向于认为，由于发生了社会现代化，政治现代化也一定会发生。结果，50年代许多对不发达地区表示同情的西方论著和二三十年代许多对苏联表示同情的西方论著如出一辙，往往把希望看作现实。这些论著充满了只能被冠以"韦伯主义"的东西：把属于一个政治体系之假定最高目标的那些特质误认为是该政治体系在成长过程中和发挥作用时所表现出来的那些特质。

实际上，在动辄被归入"政治现代化"概念的潮流中，只有部分的潮流确实体现了某些"现代化"领域的特点。对"民主的腐蚀"、军人专制政体和一党政体比比皆是，[43]而竞争和民主连影子也看不到；政变和叛乱屡屡发生，无国泰民安可言；种族冲突内战四起，民族一统和国家建设则无人过问；从殖民统治时代继承下来的行政机构日趋衰朽，独立斗争中形成的政治组织羸弱不堪、分崩离析，体制合理化和分权化几乎是空中楼阁。政治现代化概念中，似乎只有动员和参政这两点才广泛适用于"发展中"的国家。相反，权威合理化、国家完整和机构分权化看起来和现实的缘分太小。

区分现代化国家和传统国家，最重要的标志乃是人民通过大规模的政治组合参与政治并受到政治的影响。在传统的社会里，政治参与在村落范围内可能是广泛的，但在高于村落的任何范围内，它都局限于极少数人。规模巨大的传统社会，也许能够获得相对来说高水平的权威合理化和结构离异化，但同样的政治参与仍然局限于相对来说一小部分贵族和官僚上层人士的范围内。因此，政治现代化最基本的方面就是要使全社会性的社团得以参政，并且还需形成诸如政党一类的政治机构来组织这种参政，以便使人民参政能超越村落和城镇范围。

社会和经济现代化对政治和政治制度的破坏性影响有许多种形式。社会和经济变革必然分裂传统的社会和政治团体并破坏对传统权威的忠诚。村落原有的世俗和宗教领袖受到新的公职人员和学校教师这样一些精英分子的挑战，这些人代表远在首都的中央政府的权威，他们有技能、门路和雄心，这些都是传统的村落或部落领袖们所不能与之匹敌的。在许多传统社会里，最重要的社会单位就是老式的大家庭，它本身就常常足以构成一个小小的文明社会，履行着政治、经济、福利、安全、宗教和其他方面的社会职能。但是，在现代化的冲击下，大家庭开始解体，它被所谓核心家庭所取代。这种家庭太小，太孤立，太软弱以致不能履行上述这些职能。小的社会组织形式取代了大的社会组织形式，互不信任和敌对的趋势——个人对全体的战争——就加剧了。班菲尔德在意大利南部发现的非道德家族结构，不是传统社会的典型，而是落后社会的典型；在现代化第一阶段的冲击下，这种落后社会里基于大家庭之上的传统机构已经解体。[44] 因此，现代化免不了带来异化、沉沦颓废和无常等一类新旧价值观念冲突造成的消极面。在新的技能、动力和才智能在社会上站住脚并创立新的社会组合之前，新的价值观往往往会破坏社交和权威的旧基础。

传统制度的解体可能会导致社会心理上的涣散和沉沦颓废，而这种涣散和沉沦颓废又反过来形成对新的认同和忠诚的要求。它可能和传统社会中潜在的或实际的集团重新认同，或者和在现代化过程中演变出来的某一套新玩意或新团体挂起钩来。马克思认为，工业化首先在资产阶级中产生阶级意识，然后才在无产阶级中产生这种意识。他的着眼点仅在一个非常广泛的现象中的某一个次要的侧面。工业化是现代化的一个方面，而现代化不仅引起阶级意识，而且还引起所有新型集体的意识，如部落意识、区域意识、种族意识、宗教意识以及种姓意识和阶层意识、行业意识和社团意识。现代化意味着所有集团——新的和旧的、传统的和现代的——在它们与其他组织发生关系时都意识到自身是作为组织存在的，意识到各自的利益和要求。的确，现代化最惊人的现象之一，就是它能够在许多社会势力中间引起日益增长的意识、内聚力、组织和行动，而这些社会势力在传统社会里只是些相当低级的意识原生体或组织。现代化早期阶段的标志是常常有宗教激进主义运动的出现，例如埃及的穆斯林兄弟会，锡兰、缅甸和越南的佛教运动。这些运动把现代化的组织方法、传统宗教价值观念和广大民众的呼声结合在一起。

同样，在大部分非洲地区部落意识对传统的乡村生活来说几乎鲜为人知。部落意识是传统社会受到现代化和西方影响的产物。例如在尼日利亚南部,约鲁巴人(Yoruba)的部落意识只是在19世纪才形成的,连约鲁巴这个词也是英国国教传教士首次使用的。霍奇金(Hodgkin)写道:"大家都承认,'做个尼日利亚人'的说法是一种新观念,但是'做个约鲁巴人'这个说法也似乎老不到哪儿去。"同样,甚至在20世纪50年代,一位伊博族(Ibo)领袖 B.O.N.埃卢瓦(B.O.N.Eluwa)还能够跑遍伊博族人居住的地区,试图使该部落的人相信,他们是伊博人。但是他说,村民们"简直难以想象所有的伊博人是属于一个部落"。不过,经过埃卢瓦和其他伊博领袖的努力,"伊博人"一词总算有了些概念。对部落的忠诚"从许多方面来看是对现代化的反应,而且恰恰是殖民统治带给非洲的各种变革势力的产物"[45]。

一个传统的社会可能具有许多潜在的认同和结社的渠道。其中有些渠道可能在现代化进程中遭到了破坏和摧毁。而剩下的则可能获取新的意识并成为新组织的基础,因为对现代化进程所造就的个人认同、社会福利和经济发展等,这些老渠道也有办法来满足,例如非洲城市里的部落协会或印度的种姓协会。因此,集团意识的发展对社会体系既有结合又有分解的作用。如果村民们学会将他们最初的认同从一个村子移到许多村子组成的部落;如果农场工人不再只是简单地和本场工人认同,而和一般的农场工人认同,和一般农场工人的某一个组织认同;如果和尚将他们对当地寺庙的效忠扩及全国性佛教运动——凡此皆可视为效忠范围的扩大,在这个意义上来说,又何尝不是对政治现代化的贡献呢?

但是,在创设一套能代表更多的社会势力利益的有效政治制度时,这种集团意识也同样会是一种主要障碍。当不同的集团彼此频繁接触时,集团偏见也会伴随着集团意识而发展,例如,在政治、社会组织向更加集权化方向发展的过程中就会出现这种情况。[46]而集团偏见一出现,集团冲突也就会随之而来。社会和经济现代化引起社会各种集团的相互作用、紧张状态和不平等,其结果使在传统社会里和睦共处的种族和宗教集团卷入了暴力冲突。因此,现代化增加了传统集团之间、传统集团与现代集团之间以及现代集团之间的冲突。借助西方或现代教育起家的新贵和传统的上层人物发生了冲突。后者的权威建立在他们所承袭的地位之上。

x

在现代化了的新贵内部,政客和官僚之间、知识分子和军人之间、劳工领袖和商人之间也会产生对抗。这些冲突,在不少——如果不是多数——场合下,经常酿成暴力行动。

## 现代化与暴力

贫穷和现代化的论点 现代化与暴力之间的关系是复杂的。一般来说,现代化程度高的社会较之现代化程度低的社会来得稳定,国内暴力事件也少。有一项研究报告得出的结论指出,政治稳定与现代性复合指数之间的相关度为 0.625(n=62)。社会动员的程度与经济发展的程度,两者与政治稳定直接相关。人口识字率与政治稳定的关系尤其密切。爆发革命的频率与整个社会受教育程度之间成反比例。同样,死于国内集团暴力事件的人数与适龄儿童在校人数的比例也成反比例。经济福利与政治秩序也有着类似的关系。在 74 个国家里,人均国民收入与死于国内暴力事件者之间的相关度是 -0.43。另一项研究报告指出,在 1955 至 1960年间的 70 个国家里,人均国民总产值与爆发革命的频率之间的相关度是 -0.56。1958 至 1965 年的 8 年中,遍及赤贫国家的暴力冲突是富裕国家所发生的暴力事件的四倍,87% 的赤贫国家经历了严重的暴力冲突,相比起来,只有 37% 的富裕国家有同样的经历。[47]

显而易见,社会动员和经济发展水平高的国家在政治上更稳定、更太平。现代性与稳定性是形影不离的。由此,人们便易于轻信"贫困论"的说教,并得出结论,认为经济和社会的落后是政治动乱的根源,因此,现代化是通向稳定的康庄大道。正如麦克纳马拉(McNamara)部长所言:"暴力和经济落后之间有着无可争辩的关系,此点毋庸置疑。"或如一位学者的分析所示:"普遍的贫困会破坏一切形式的政府。它一直是不稳定的根源,它使得民主几乎无法实施。"[48]如果人们接受这些因果关系,那么,很明显,普及教育、扩大扫盲、提高大众传播、加速工业化、促进经济增长和城市化将造成更大程度的政治稳定。这种根据现代性与稳定性之间的相互关系进行的推论貌似顺理成章、合情合理,其实却是不能成立的。事实上,现代性孕育着稳定,而现代化过程却滋生着动乱。

表 1.2　人均国民收入与暴力冲突(1958—1965 年)

| 经济分类 | 国家总数 | 发生冲突的国家数 | 受影响国家的百分比 | 冲突次数 | 冲突次数与国家总数的比率 |
|---|---|---|---|---|---|
| 赤　贫<br>(100 美元以下) | 38 | 32 | 87% | 72 | 1.9 |
| 贫　困<br>(100—249 美元) | 32 | 22 | 69% | 41 | 1.3 |
| 中等收入<br>(250—749 美元) | 37 | 18 | 48% | 40 | 1.1 |
| 富　裕<br>(750 美元以上) | 27 | 10 | 37% | 11 | 0.4 |
| 总　数 | 134 | 82 | 61% | 164 | 1.2 |

资料来源：U.S. Department of Defense and Escott Reid, *The Future of the World Bank* (Washington, D.C.: International Bank for Reconstruction and Development, 1965), pp. 64—70.

　　贫困与落后,动乱与暴力,这两者之间的表面关系乃是一种假象。政治秩序混乱的原因,不在于缺乏现代性,而在于为实现现代性所进行的努力。如果贫穷的国家出现动乱,那并非因为它们贫穷,而是因为它们想致富。一般说来,纯正的传统社会虽然愚昧、贫穷,但却是稳定的。但是,到了 20 世纪中叶,所有传统社会都变成了过渡性社会或处于现代化之中的社会。正是这种遍及世界的现代化进程,促使暴力在全球范围内蔓延。第二次世界大战后的 20 年里,美国对处于现代化之中的国家的外交政策,在很大程度上是致力于促进经济和社会的发展,因为这似乎可以获得政治稳定。但是这一政策的成功不仅提高了这些国家的物质福利水平,也增加了这些国家内部的暴力冲突。人越是向他的宿敌——贫穷、疾病、愚昧——开战,他也就越与他自己过不去。

　　到了 20 世纪 60 年代,所有落后国家都成了处于现代化之中的国家。尽管如此,事实证明,在这些国家里,导致暴力冲突的原因还是在于现代化,而不在于落后。比较富裕的国家较之不甚富裕的国家来得稳定,但是那些位于国际经济水准最低档的赤贫国家,则不像那些比它们地位略高的国家那样容易发生暴力冲突和动乱。即使麦克纳马拉部长自己的统计数据也只部分地证明他的论点。例如,世界银行将拉丁美洲 20 个共和国中的 6 个国家列为"贫穷"国,这就是说,它们的人均国民总产值在 250 美元以下。1966 年 2 月,这 20 个国家中又有 6 个国家正经受着旷日持久的叛乱之祸,但是唯有玻利维亚在这两种划分中一身二任,它不仅贫穷而且饱尝暴乱之苦。在这些拉丁美洲国家中,不贫穷的国家发生叛乱的可能性是贫穷国家的两倍。同样,50 个非洲国家和领地,有 48 个被划为贫穷国,其中 11 个国家遭受叛乱之祸。但是,在利比亚和南非这两个非贫穷国中,发生叛乱的可能性却和其余 37 个国家和领地一样高。再者,在发生叛乱的 11 个国家中,有 4 个与仍然存在的殖民主义统治有关(例如安哥拉、莫桑比克),其他 7 个则与当地居民中的部落和种族分歧有关(如苏丹和尼日利亚)。殖民主义和五花八门的种族矛盾比起贫穷更能预示暴力冲突的发生。在中东和亚洲(不包括澳大利亚和新西兰),22 个被列为穷国的国家当中,有 10 个在 1966 年 2 月正经受叛乱之祸。另一方面,4 个非贫穷国(伊拉克、马来西亚、塞浦路斯、日本)中,有 3 个也在经受着叛乱。这里再一次表明,在比较富裕的国家里,发生叛乱的可能性是贫穷国家里的两倍。同样,种族矛盾比贫困更能导致暴乱的发生。

其他证据也表明,贫穷和动乱之间没有肯定的直接比例关系。尽管人均国民总产值与死于国内暴力冲突的人数之间的相关度为 - 0.43 (n = 74),但是人们发现,发生暴力冲突最多的并非是人均国民总产值在 100 美元以下的赤贫国家,而是人均国民总产值在 100 至 200 美元的较富裕的国家。人均国民总产值高于 200 美元的国家,暴力冲突的数量反而明显处于下降趋势。从这些数据中可以得出这样一个结论:"在一定时期内,不发达国家肯定会经受相当程度的内患;在今后的几十年内,赤贫国家所面临的国内暴力冲突将会增加,而不是减少。"[49]埃克斯坦(Eckstein)也同样发现,27 个于 1946 年至 1959 年间绝少爆发国内战争的国家,可以分为两种类型。其中 9 个是非常现代的国家(例如澳大利亚、丹麦、瑞典),而其他 18 个则是"相对来说不发达的国家,那里的上层人物仍然死抱着传统的生活方式和结构不放"。在它们当中,有一些仍然落后的欧洲殖民地和像埃塞俄比亚、厄立特里亚、利比里亚和沙特阿拉伯这样一些国家。[50]与此大致相仿的还有一种给国家分类的办法,那就是根据国民识字人数的比例,由低到高排列起来,结果表明,稳定性高的国家处于两极,处于这之间的国家则动荡不安。例如,人口识字率是 25% 到 60% 的国家中有 95% 的国家是不稳定的,相比之下,识字率小于 10% 的国家中,只有半数是不稳定的,而识字率高于 90% 的国家中,只有 22% 的国家是不稳定的。另一种分析表明,中等程度的动荡在 24 个现代国家中平均得分 268,在 37 个过渡性国家中平均得分 472,在 23 个传统国家中平均得分 420。[51]

### 表 1.3　识字率和稳定

| 识字率 | 国家数 | 其中不稳定国家数 | 不稳定国家的百分比 |
| --- | --- | --- | --- |
| 低于 10% | 6 | 3 | 50% |
| 10%—25% | 12 | 10 | 83.3% |
| 25%—60% | 23 | 22 | 95.6% |
| 60%—90% | 15 | 12 | 80% |
| 高于 90% | 23 | 5 | 21.7% |

资料来源:Ivo K. and Rosalind L. Feieraband and Betty A. Nesvold,"Correlates of Political Stability"(paper presented at Annual Meeting, American Political Science Association, Sept. 1963), pp. 19—21。

过渡型国家和现代国家的显著差别,令人信服地证明了现代性意味着稳定而现代化则意味着动乱这一论点。传统社会与过渡型社会之间的差别是很小的,两者之间的界限纯粹是人为的,它旨在划出一组与现代国家数目等同的所谓"传统"国家。因此,被列为传统社会的,实际上全都处于过渡的早期阶段。然而,数据也证明,如果还存在着纯粹的传统社会的话,那么它在政治上将比那些处于过渡阶段的社会要稳定得多。

这样一来,现代化的论点就能解释,为什么贫困导致政治动荡一说在 20 世纪晚期获得了一副貌似真理的面具。它同样能解释,为什么在某些特定国家里,现代性和稳定性之间的关系被搞颠倒了。例如,拉丁美洲最富有的国家,已经取得中等程度的现代化。结果,毫不奇怪,它们比起那些较为落后的拉丁美洲国家也就不稳定得多。正如我们所知,1966 年 6 个赤贫的拉丁美洲国家中,只有一个国家发生了暴乱,而 14 个较富裕的拉丁美洲国家中,却有 5 个国家发生了暴乱。共产主义和其他激进派运动在古巴、阿根廷、智利和委内瑞拉一直都很强大。这 4 个国家恰恰都属于拉丁美洲 20 个共和国中最富有的 5 国,而其中 3 个又属于 5 个识字率最高的国家。拉丁美洲发生革命的频率与其经济发展水平有着直接的关

系。就整个拉丁美洲大陆而言,人均收入和革命次数之间的相关度0.50
(n＝18);但在非民主国家,这一相关度就高得多(r＝0.85;n＝14)。[52]因
此,那些表明拉丁美洲国家现代性与动乱之间存在着正相关关系的数据,
实际上也肯定了现代化与动乱二者可以联系起来的论点。

把这一关系引申到国家内部,也是正确的。在处于现代化之中的国
家里,较富裕地区发生的暴动、骚乱和极端主义活动比起较贫穷的地区要
来得多。在分析印度的形势时,霍斯里茨(Hoselitz)和韦纳(Weiner)发
现:"政治稳定与经济发展的相互关系很模糊,甚至成反比。"英国统治时,
印度发生政治暴力冲突最普遍的是在那些"经济高度发达的邦里";独立
以后,暴力冲突仍然比较集中在实现了工业化的地区和城市,"而不是在
较落后和不发达地区"。[53]在许许多多的不发达国家中,主要城市的生活
水平一般高于乡村3到4倍,但是城市却常常是动乱与暴力冲突的中心,
而乡村则保持着原有的平静和稳定。政治极端主义在富裕地区较之在贫
穷地区,明显强大得多,这一点很典型。在15个西方国家里,共产党在城
市化程度最低的国家中的那些城市化程度最高的地区,得选票最多。[54]意
大利共产党力量的中心便位于繁荣的北方而非贫瘠的南方。印度共产党
势力最强的地区是喀拉拉邦(该邦识字率是印度各邦中最高的)和工业化
的加尔各答,而不是在经济较落后的地区。锡兰亦是如此,"基本上来看,
马克思主义力量强大的地区正是最西方化的地区"和那些人均收入及受
教育程度最高的地区。[55]因此,在一国内部,暴力冲突和极端主义的中心
集中于处在现代化之中的地区,而非那些仍保持传统方式的地区。

不仅社会和经济现代化产生政治动乱,而且动乱的程度还与现代化
的速度有关。西方的历史经验决定性地证明了这一点。科恩豪泽(Korn-
hauser)指出:"大批人迅速涌进新发展的城市地区,招致群众运动的兴
起。"欧洲的,特别是斯堪的纳维亚的历史经验同样表明,哪里"工业化进
展迅猛,形成工业化前和工业化后社会的严重脱节,哪里就会发生更加极
端主义的工人阶级运动"。[56]将1935至1962年间67个国家的8个现代化
指数(小学和小学后教育、卡路里消耗量、生活费用、收音机拥有量、婴儿
死亡率、城市化、识字人口比例和国民收入)的6个综合变化率与1955年
至1961年间这些国家发生的动乱进行比较,得出的相关度为0.647。"无

论是从静态角度,还是从动态角度来衡量,向现代性进展的速度愈快,政治动乱亦愈严重。"下边几句话足以勾画出一个动荡国家的大体轮廓:

> 在现代性面前感到眼花缭乱;社会的传统生活方式四分五裂;整个国家面临着经济、社会、政治各方面的要求改弦更张的压力;制造经济产品和提供劳务的新的"更好的"方法连珠炮般地杀来;现代化进程中的变革一般来说已使大家牢骚满腹,而政府未能满足群众日益提高的期待,尤其使百姓怨声载道。57

政治动乱所以在 20 世纪的亚洲、非洲和拉丁美洲到处蔓延,很大程度上要归咎于那里的现代化进程过快,其速度远远超过早期实现现代化的国家。欧洲和北美的现代化进程延续了几个世纪,大体上来说,每次只解决一个问题或对付一种危机。但是,除了西方,世界其他地区在现代化进程中,中央集权、民族融合、社会动员、经济发展、政治参与、社会福利等,不是依次而至,而是同时发生。所谓先行实现现代化的国家给后来实现现代化的国家所起的"示范作用",不过就是先吊起它们的胃口,接着就使它们大失所望。西里尔·布莱克(Cyril Black)曾用各国为了巩固主张现代化领导人掌权所需时间的长短来测量各国变革速度的差异。对第一个实行现代化的英国来说,这一阶段从 1649 年到 1832 年共延续了 183 年。第二个实行现代化的美国,从 1776 年到 1865 年花了 89 年时间。于拿破仑时代(1789—1815 年)进入这一阶段的 13 个国家,平均所费时间为 73 年。但是对于那些在 20 世纪开头 25 年进入这一阶段并且到了 60 年代已崭露头角的 26 个国家中的 21 个来说,这一阶段平均却只有 29 年。58 卡尔·多伊奇(Karl Deutsch)同样地计算出,在 19 世纪实行现代化的国家,社会动员的主要指数每年变化的比率在 0.1% 左右,而在 20 世纪实行现代化的国家中,这种变化的比率每年在 1% 左右。显然,现代化的发展速度是大大提高了。同样明显的是,社会经济变革与发展势头和日益加剧的政治动乱与暴力冲突两者直接相关,这是二次世界大战后亚洲、非洲和拉丁美洲各国的普遍特征。

**社会动员与动荡** 看来有理由认为,社会动员和政治动荡之间的关系是直接的。城市化、识字率、教育和接触传播媒介的水平的提高,都在提高人们的愿望和期待,而如果这些愿望和期待不能得以满足,就会刺激个人和集团投身于政治。在缺少强有力和灵活的政治制度的情况下,这种参与的增加便意味着动乱和暴力。这就淋漓尽致地反映了这样一种矛盾现象:现代性带来稳定,现代化引起动乱。例如,在 66 个国家中,适龄儿童的入学比例和爆发革命的频率之间的相关度是 - 0.84。相比之下,在 70 个国家中,小学入学率的变化和政治动乱之间的相关度为 0.61。[59]老百姓受到启蒙越快,政府被推翻的次数也就越频繁。

在许多国家里,教育的迅速普及对政治稳定有着明显的冲击。譬如在锡兰,1948—1956 年间教育体系迅速扩展。这种"在使用本地语言的学校里毕业出来的学生人数的增加,满足了一些人的愿望,但同时也使这些受过教育因而有表达能力的中产阶级人物成了新的社会压力"。无疑,这与 1956 年选举导致政府倒台及其后 6 年锡兰蒙受日益增长的动乱有着直接的关系。[60]同样,在 20 世纪 50 年代,韩国首都成为"世界最大的教育中心之一"。据估计,那儿法学院 1960 年的毕业生是该行业可容纳人数的 18 倍。大学以下各级教育普及的程度更是令人惊叹,识字率的提高从1945 年的不足 20%猛增到 60 年代初期的 60%以上。[61]这种文化教育的普及对 60 年代初期的韩国的动乱恐怕要负有一定的责任,动乱的主要来源就是学生。在校生和失业的大学毕业生实是 60 年代韩国民族主义军人政权、缅甸社会主义军人政权和泰国传统军人政权普遍感到棘手的对象。凡是未能缜密筹划高等教育,培养的人才与现代化需要不对口的国家,都普遍存在一种矛盾的现象:"一方面是技术人员缺乏,另一方面是具有高深知识的人泛滥成灾。"[62]

大体看来,失业的、疏离的或因其他缘故而牢骚满腹的人受教育的水平越高,不安定因素走向极端的可能性就越大。疏离的大学毕业生准备发动革命,疏离的技校和中等学校毕业生筹划政变,疏离的小学辍学者从事经常性的五花八门但无关紧要的政治骚动。例如在西非,"尽管这些辍学者恨不逢时,焦躁不安,但他们并不置身于重大政治事件的中心,而只是处在外围,因此他们在政治上捣乱的典型方式不是革命,而是针对政治反对派所搞的纵火,袭击和恐吓等行为"[63]。

迅速普及小学教育所招致的问题已经使许多政府重新评估它们的政策。例如,1958 年在有关尼日利亚东部教育问题的辩论中,阿西克维

(Azikiwe)认为,初级教育可能变为"徒劳的社会服务";一位内阁成员警告说,"英国奉行的是工业和提高生产力第一、免费教育第二的模式。首先实行免费教育是行不通的,因为必须让受教育的新人有工作可干,只有工业、贸易和商业才能提供大批的工作……我们必须慎之又慎,以免在政治上制造未来的失业问题"。[64]识字的和半识字的人会变成诱发动乱的极端主义运动的俘虏。50年代的缅甸与埃塞俄比亚的人均收入一样低,但和前者相比,后者的相对稳定也许反映了5%的埃塞俄比亚人识字而45%的缅甸人识字这一事实。[65]同样,古巴成为共产党国家时是拉丁美洲识字率第四高的国家,印度唯一选举共产党政府的邦——喀拉拉邦也是印度识字率最高的邦。显然,一般来讲,共产党更能吸引那些识字的人,而不是文盲。对于大批文盲享有选举权所造成的很多问题,讨论不少;有人说,如果大批选民目不识丁,便不能令人满意地实行民主。但是,正如印度的情况所表明的那样,文盲参政比识字者参政给民主政治制度造成的危险很可能要小。后者总是有更高的向往,对政府的要求也更高。再者,文盲参政毕竟有限,而识字者参政则会像滚雪球那样对政治稳定产生潜在的灾难性影响。

**经济发展和动乱** 社会动员使希求不断提高。经济发展理应能增加社会满足那些希求的能力,从而趋于缓解社会不满和随之产生的政治动乱。迅速的经济增长也可能为企业和就业创造新的机会,从而使可能要去搞政变的野心和才华转到发财致富的轨道上。但是,相反也可以认为经济发展本身就是一个造成不稳定的进程,并且正是这些能够满足希求的变革又趋于扩展那些希求,人们认为迅速的经济增长会造成以下情况:

1. 毁坏传统的社会集团(家庭、阶级、种姓),从而增加"失去社会地位的人数……这些人在某种情况下会助长革命的发生";[66]

2. 产生暴发户,他们难以完全适应并同化于现存秩序,他们要得到与他们新的经济地位相匹配的政治权力和社会地位;

3. 增加地区性流动,这种流动又破坏社会结构,特别促使农村人口向城市移动,从而产生社会疏离和政治极端主义;

4. 使生活水准不断下降的人数扩大,从而拉开贫富之间的距离;

5. 增加某些人的绝对收入而不是相对收入,从而增加他们对现存秩序的不满;

6. 为了提高投资而需要对消费实行总体的限制,从而造成公众的不满;

7. 增加识字率,提高教育水平和对新闻媒介的接触,这又使人们的希求提高到无法满足的地步;

8. 在投资和消费的分配方面加剧地区之间和种族之间的冲突;

9. 提高集团组织的能力,从而提高集团对政府提出要求的分量,而这些要求又是政府难以满足的。

在上述关系的范围之内,经济增长以某种速度促进物质福利提高,但却以另一种更快的速度造成社会的怨愤。

德·托克维尔在解释法国革命时,对经济发展,特别是迅速的经济发展和政治动乱的相互关系作了精辟的论述。他说,在这场革命前,"国家繁荣的步伐不仅突飞猛进,而且史无前例"。"这种持续稳定增长的繁荣,远没有使人民乐其所守,却到处都滋生着一种不安定的情绪",而且"正是在法国那些发展最快的地区,人民大众的不满情绪才最高"。有人说,在16世纪的宗教改革以及英国、美国、俄国革命之前,在18世纪末和19世纪初英国发生动荡不安之前,都曾有过类似的经济进步的状况。墨西哥革命也是在20年引人注目的经济增长之后发生的。1955年之前,亚洲和中东国家在任何反叛得以成功的7年中,人均国民生产总值的增长率与这些地区在1955年到1960年之间发生反叛的暴烈程度存在着很高的相关度,尽管在拉丁美洲并不如此。有人说,从30年代到50年代,印度的经历也同样表明,"经济发展远没有促进政治稳定,反而趋于造成政治上的动荡"[67]。第二次世界大战期间,美国空军中在官阶晋升方面所存在的不满情绪比其他军种要普遍得多,尽管——或者是因为——空军里的提官晋级要比其他军种来得频繁而迅速,这当然和以上所引证的各种材料是一致的。[68]

所以,有非常具体的实例证明,经济发展迅速和政治动乱,二者显然是相关的。但是,若从全球情况来看,两者之间的联系却又并不那么清楚。对53个国家的调查发现,在50年代它们的经济增长率和国内集团冲突之间略呈反比: -0.43。联邦德国、日本、罗马尼亚、南斯拉夫、奥地利、苏联、意大利和捷克斯洛伐克的经济增长率都很高,而国内冲突都很少或几乎没有。玻利维亚、阿根廷、洪都拉斯和印度尼西亚却相反,它们的经济增长率甚低,有的甚至是负数,但死于国内暴力的人却很多。同样,对 70 个国家的调查表明,它们在 1935 年至 1962 年间的国民收入变化率和 1948 年至 1962 年间这些国家政治动乱程度的相关度是 -0.34;同是这些国家,在相同时间内,其国民收入的变化与国内稳定的变化之相关度是 -0.45。尼德勒(Needler)同样也发现,在政治参与率高的拉丁美洲国家里,经济增长是制度稳定的前提。[69]

**表 1.4　经济迅速增长与政治动乱**

| 人均国民总产值年增长率 | 1950—1962 年间 53 个国家每百万人中死于国内集团暴力的人数 | | | | |
|---|---|---|---|---|---|
| | 无 | 低 (0.1—9.9) | 中 (10—99) | 高 (100—1 335) | 总数 |
| 很高:6%以上 | 4 | 3 | 0 | 0 | 7 |
| 高:4%—5.9% | 0 | 6 | 1 | 2 | 9 |
| 中等:2%—3.9% | 8 | 5 | 1 | 3 | 17 |
| 低:1%—1.9% | 3 | 4 | 6 | 1 | 14 |
| 极低:1%以下 | 0 | 1 | 2 | 3 | 6 |
| 总　　数 | 15 | 19 | 10 | 9 | 53 |

资料来源:Bruce Russett et al., World Handbook of Political and Social Indicators (New Haven, Yale University Press, 1964).增长数发生的时间不完全相同,但主要集中在 50 年代前后的 7—12 年间。

这种矛盾的例证表明,如果经济增长和政治动乱之间还存在着某种关系的话,那么这种关系应是很复杂的。也许,这种关系因各国经济发展水平不同而变化。从一种极端的意义上来讲,只有经济有所发展,动乱才能出现。简单地认为贫困就产生动乱,这个论点是站不住脚的。因为十足的穷汉,由于太穷而无法去过问政治,不会空着肚皮去大喊大叫。他们与政治无涉,麻木不仁,并且缺乏和传播媒介的接触,也无其他方面的刺激,故而提不起兴趣来投身于政治活动。埃里克·霍弗(Eric Hoffer)指出:"穷光蛋对他们周围的世界总是感到敬畏而不愿接受改革……因此,他们的保守主义思想和特权阶级的保守主义思想一样地根深蒂固,前者和后者一样,都是维持某种现存社会秩序的因素。"[70]贫困本身就是动乱的障碍。那些朝不保夕,吃了上顿没下顿的穷人是没有闲心去关切什么社会变革的宏图大计的。他们是观潮派和渐进主义者,仅希望在现实生活中能做到与自己切身利益绝对有关的小修小补。正如必须有社会动员才能给动乱提供动机一样,必须先有某些经济发展,才能给动乱提供手段。

从另一种极端的意义来说,在取得相对高水平经济发展的国家中,经济增长率高和政治稳定性强是相辅相成的。上述经济增长和动乱之间所以存在着负相关,主要是将高度发达国家和不发达国家的情况混在一起加以分析的缘故。经济发达国家较之经济不发达国家要稳定得多,而且经济增长率也高得多。不像其他社会指数,各国经济增长率的变化与其发展水平的高低成正比关系,而不是反比关系。那些不太富裕的国家,其经济增长率与政治动乱怎么看都没有什么重要关系,例如,考察人均国民总产值在 500 美元以下的 34 个国家,得出经济增长率和死于内乱的人数之相关度为 -0.7,由此可见,经济增长率和政治动乱之间的关系因经济发展水平不同而变化。经济发展水平低,两者之间成正相关;经济发展水平中等,两者之间无明显关系;经济发展水平高,两者之间成负相关。

**差距假设**　较之经济发展,社会动员乃是一个更不稳定的因素。这两种变革形式之间的差距为衡量现代化对政治稳定的冲击提供了某种线索。都市化、扫盲、教育和新闻媒介都给恪守传统的人士带来了新的生活方式、新的行乐标准和获得满足的新天地。这些新鲜事物打破了传统文化在认识和观念上的障碍,并提高了新的渴望和需要水准。然而,过渡型社会满足这些新渴望的能力的增进比这些渴望本身的增进要缓慢得多。结果,便在渴望和指望之间、需要的形成和需要的满足之间,或者说在渴望程度和生活水平之间造成了差距。[71]这一差距就造成社会颓丧和不满。实际上,这种差距的程度就为衡量政治动乱提供了可信的指数。

要弄清社会颓丧和政治动乱之间的关系看起来容易做起来难。在很大程度上这一关系的要害在于缺少两个潜在的干预变量,即社会经济变革的机会以及灵活适应的政治制度。自 16 世纪以来,富于进取精神的清教主义经济革新家和充满献身精神的新教主义革命家在目标上有质的区别,然而他们的崇高期望却有令人惊诧的相似之处,并且都是高水平社会动员的产物。[72] 所以说,社会颓丧所产生的政治参与,其形式和规模取决于传统社会的经济和社会结构的性质。如果传统社会相当"开放",足以提供流动机会的话,那么不难想象,通过这种流动就可以消除这些颓丧。局部来说,乡村的情况正是如此。那里横向流动的机会(都市化)有助于使处于现代化之中的国家得以维持乡村地区相对的稳定。相反,城市内部向上移动的机会(在职业上和收入上)甚少,从而导致城区更大的动乱。但是,除了都市化以外,大多数处于现代化之中的国家经济流动程度很低。相对来说,愿意促进经济活动而非政治活动的传统结构社会是很少的。在传统社会里,土地和其他各种形式的经济财富都被一小撮寡头牢牢地攥在手里,或被外国公司和投资者所控制。传统社会的价值观念常常对企业家式的人物持敌视态度,以致使某些少数种族得以垄断各大企业,例如,希腊人和亚美尼亚人在奥斯曼帝国、华人在东南亚、黎巴嫩人在非洲就是如此。另外,传播到这些传统社会的现代价值观和思想又常常强调政府至上(如搞社会主义、计划经济),这同样地也会使新潮人物不便担当起企业家的角色。

在这些条件下,参政就成了新潮人物的进身之阶。社会颓丧导致对政府提出各种要求,而参政面的扩大则坚持要实现这些要求。一个国家在政治制度化方面的落后状态,会使对政府的要求很难——如果不是不可能——通过合法渠道得到表达,并在该国政治体系内部得到缓解和集中。因此,政治参与的剧增就产生政治动乱。这样,现代化的冲击便涉及以下几项关系:

1. 社会动员 ÷ 经济发展 = 社会颓丧
2. 社会颓丧 ÷ 流动机会 = 政治参与
3. 政治参与 ÷ 政治制度化 = 政治动乱

在大多数处于现代化之中的国家里,流动机会的缺乏和政治制度化程度的低下导致了社会颓丧和政治动乱二者之间的正相关关系。一份分析报告列举了 26 个国家,在那里需要的形成和需要的满足之间的比率偏低,其"体制性颓丧"也低,而在另 36 个国家中,这一比率,其"体制性颓丧"也随之提高。在这 26 个人民感到心满意足的国家中,仅有 6 个国家(阿根廷、比利时、法国、黎巴嫩、摩洛哥和南非)政治动乱严重。而那 36

个民众感到不满足的国家中,只有两个国家(菲律宾、突尼斯)政治高度稳定。这些国家颓丧和动乱的总相关度为0.50。印度各邦的共产党选票多寡的差别也可以部分地利用这些邦的社会动员和经济福利的比率加以说明。同样,事实证明,拉丁美洲的宪政稳定是经济发展和政治参与的函数。除非伴之以相应水平的经济福利的好转,否则,政治参与的剧增势必导致动乱。[73]

因此,处于现代化之中的国家的政治动乱在很大程度上是渴望和指望之间差距的效应,而这一差距是渴望升级造成的,这一点在现代化早期阶段尤其如此。在某些情况下,指望变小也会导致类似的差距,并带来类似的后果。经过持续的增长阶段之后,如果经济陡然转向下坡路,往往就会爆发革命。这种经济下坡路在法国明显出现于1788—1789年,在英国出现于1687—1688年,在美国出现于1774—1775年和多尔起义前的1842年,在俄国出现于1915—1917年(作为第一次世界大战的结果),在埃及出现于1952年,在古巴出现于1952—1953年〔此时卡斯特罗(Castro)向巴蒂斯塔(Batista)发动第一次攻击〕。另外,在拉丁美洲,当经济条件由人均真实收入提高的情况走向恶化时,军事政变就更加频繁。[74]

不平等和动乱　亚里士多德在评述希腊的政治变革时指出:"纵观所有这些事例,煽动叛乱的原因全在于不平等。"[75]就其定义而言,政治不平等几乎可以说就是政治动乱固有的一面。经济不平等方面的情况如何呢?由于缺少有关收入和财富分配的数据,因而很难检验经济不平等与政治动乱相伴而生这一说法。考察18个国家,得出纳税前收入不平等的基尼系数和死于政治冲突的人数之间的相关度是0.34;考察12个国家,得出纳税后收入不平等和政治冲突的相关度是0.36。[76]但是,有更带实质性的例子证明,土地所有权的不平等与政治动乱有联系。考察47个国家,拉西特(Russett)得出土地所有权不平等的基尼系数和死于内乱的人数的相关度是0.46。土地所有权不平等和暴力事件的数目之间的相关度要低一些。但是,当把从事农业人口的百分比也考虑在内时,土地所有权的集中和暴力之间的关系便大大地加强。在以农业为主的国家里,假定从事农业的人所享有的社会—经济流动机会少,那么土地所有权的不平等必然更直接地与暴力联系在一起。此点在以农业为主的国家里是千真万确的,那里的土地所有权的不平等与死于暴力的人数之间的相关度大约是 0.70。[77]

现代化对经济不平等以及随之而来的动乱有两种影响方式。第一,贫穷国家的财富和收入分配通常比经济发达国家更不平均。[78]这种不平等在传统社会里被公认是自然形成的生活格局的一部分。但是社会动员却增强了对这种不平等的意识并可能增加对这种不平等的恼怒。新观念的输入不仅使原有分配方式的合法性成了问题,而且还指出了更均衡分配收入方式的可行性和可取性。迅速改变原有收入分配方式的一个明显的办法是通过政府。但是那些支配收入的人往往也支配着政府。因此,社会动员便使传统的经济不平等成了刺激造反的因素。

第二,从长远的观点来看,经济发展将产生比传统社会现有的收入分配方式更均衡的方式。但是在近期看来,经济增长的直接影响常常是扩大收入的不平等。经济迅速增长的集中受益者往往是少数人,而大多数人却蒙受损失;结果,社会上日益穷困的人便会增加。迅速增长常伴随着通货膨胀;通货膨胀时期的物价上升总是比工资增长得快,其结局则是趋向更加不平等的财富分配。在西方法律体制的冲击下,非西方社会的人们竞相以土地私有制形式去取代土地公有制形式,从而趋于产生比传统社会现存的土地所有制形式更加不平等的土地所有制形式。另外,在不发达国家里,现代化的、非农业部门的收入分配方式总要比农业部门的收入分配方式不平等得多。例如,印度乡村在 1950 年时,5%的家庭获得总收入的 28.9%;而在印度都市地区,5%的家庭却获得总收入的61.5%。[79]因为在不太依靠农业的发达国家里,收入分配总的来说较平等些,所以不发达国家非农业部门的收入分配较之发达国家相同部门的收入分配要不平等得多。

在个别处于现代化之中的国家,经济增长对经济不平等的影响会变得非常惹人注目。墨西哥革命前的 20 年,人们目睹了经济不平等的显著增长,特别是在土地所有制方面。50 年代墨西哥以及拉丁美洲总的趋势是贫富之间的差距再次趋于扩大。在同一时期,菲律宾高低收入之间的差距据报道也明显地扩大了。同样,巴基斯坦在 50 年代末和 60 年代初经济的迅速增长形成了"收入的巨额悬殊",并趋向于造成"社会金字塔底层的相对停滞"。[80]在非洲国家里,民族独立曾在一段时间内给少数掌权的人带来攫取巨额财富的频繁机会,而与此同时,大多数人的生活水平却停滞不前,甚至有所下降。在殖民社会的进化过程中,哪个国家独立得越早,哪个国家就越会被囚禁在经济和政治不平等的牢笼里。

经济发展使经济上的不平等越发严重,与此同时,社会动员又在削弱这种不平等的合法性。现代化的这两个方面合起来便产生了政治动乱。

### 现代化和腐化

腐化是指国家官员为了谋取个人私利而违反公认准则的行为。显然,在所有的国家都存在着腐化。但同样明显的是,某些国家中的腐化现象比另一些国家中的腐化现象更普遍;某个国家处于变革时期的腐化现象比该国在其他时期的腐化现象更为普遍。大致看来,有理由认为,腐化程度与社会和经济迅速现代化有关。18 世纪和 20 世纪美国政治生活中的腐化现象好似就没有 19 世纪美国政治生活中的腐化现象那么严重。英国亦是如此,17 世纪和 19 世纪末英国政治生活看上去就比 18 世纪的英国政治廉洁些。难道英美在上述时期内政治中的严重腐化现象和其时工业革命的冲击、新财源的开发和新权力的创设、新兴阶级的出现及其对政府的新的要求等,仅仅是一种偶然的巧合吗?美英两国政治制度在上述各自的政治腐化时期内受到了严峻的考验并遭到一定程度的腐蚀。当然,腐化乃是缺乏有效的政治制度化的一种表征。公职官员没有自律感,缺乏操守,妄取分外之利,不尽职内之责。腐化现象可能在某些文化中比在另一些文化中更普遍,但在绝大多数文化中,腐化现象在现代化进程的最激烈阶段,就会最广泛地蔓延于整个官场。大西洋两岸政治发达的现代化社会中的腐化现象和拉丁美洲、非洲和亚洲社会中的腐化现象,在程度上可能存在着差别,这种差别主要反映了两大地区之间有着不同的政治现代化和政治发展过程。军人政府和革命运动领袖们所咒骂的自己国家中的那种"腐化",实际上就是在咒骂他们国家的落后。

为什么现代化滋生腐化呢?原因有三。首先,现代化涉及社会基本价值观的转变。具体地说,价值观的转变意味着社会内部的集团会逐渐接受天下平等和以成就量人的那些规范,意味着出现个人和集团对民族国家的效忠和认同,还意味着所谓对国家来说,公民享有平等的权利并应尽平等的义务这一假定概念的传播。当然,这些规范通常首先被学生、军官以及那些在外国接触到它们的人所接受。然后,这些集团就开始用这些新的、外来的规范来判断他们自己的社会。那些按照传统规范是可以被接受并合法的行为,在这些现代人士的眼里就成了不能接受的和腐化的行为。因此,处于现代化之中的社会中的腐化现象,在某种程度上与其说是行为背离了公认的规范,还不如说是规范背离了公认的行为方式。这种判断是非的新标准和尺度至少把某些传统行为谴责为腐化。一位学者在谈到尼日利亚北部时这样说道:"英国人认为腐化的东西和豪萨人(Hausa)认为带有压迫性的东西,在富拉尼人(Fulani)看来,两者都是必要的和传统的东西。"[81] 再者,给旧标准打上问号会摧毁所有标准的合法性。新旧规范的冲突为个人创造了以这两种规范所不承认的方式进行活动的机会。

判断腐化与否,首先需要基本承认公职和私利之间的区别。如果某一社会在文化上对国王作为个人和作为国王这两重身份不加以区别,那就无法指控国王动用公款即属腐化行为。只是到了现代社会的初期,在西欧才逐步引出私囊和公款的区分。这种区分的某些概念是辨别国王的行为是正当还是腐化所必需的。同样,根据许多传统社会的传统法典,一个官员有责任和义务向他的家庭成员提供奖励并安插职位。这就无从区分官员对国家的义务和对自己家庭的义务。只有这种差别逐渐被社会内部占统治地位的各集团所接受,才有可能断定上述官员的行为属于裙带关系或腐化。的确,实行以成就作为量人标准会刺激人们更加注重家庭的概念并且更感到需要保护家庭利益免受外来的威胁。这样说来,腐化也就是现代化带来的对公共福利和私人利益加以区别的产物。

其次,现代化开辟了新的财富和权力来源,从而进一步助长了腐化行为,因为这些新的财富和权力的来源与政治的关系,在该社会居统治地位的传统规范中没有明确的定义,处理这些新旧财富和权力的来源的现代规范也没有被该社会内部居统治地位的集团所接受。从这个含义上来说,腐化是握有新资源的新集团的崛起和这些集团为使自己在政治领域内产生影响所做的努力的产物。腐化也许是通过非正常渠道将新兴集团吸收进现有政治体系的一种手段,因为该社会没能以尽可能快的速度为此目的提供合法而可能被接受的手段。在非洲,"腐化在掌握政治权力的人和拥有财富的人之间架起了一座桥梁,使这两个在非洲民族主义政府初期明显有距离的阶级得以相互同化"[82]。新兴的百万富翁用金钱在参议院或贵族院为自己买到了席位,从而成为政治体系的参与者而不是该体制离心离德的反对派,倘若他们无从获得机会去腐化该体系的话,他们确能变成这种反对派。同样,新近获得选举权或新入境的移民也可以借助他们的投票权利从当地政治机器中换取就业和好处。这既是穷人的腐化,也是富人的腐化。一方用政治权力去换取金钱,另一方则用金钱去换取政治权力。但两者都是通过出卖某种公物(一张选票或是一官半职或是一项决议)来达到的。

第三,现代化通过它在政治体制输出方面所造成的变革来加剧腐化。现代化,特别是处于后期现代化之中国家里的现代化,涉及政府权威的扩大和各种各样受制于政府的活动的增加。尼日利亚北部,"在政治集中化和政府职能增加的豪萨族中,压迫和腐化亦随之加剧"。正如麦克马伦(McMullan)所指出的,一切法律都会使某个集团处于不利的地位,这个集团最终就变成潜在的腐化根源。[83]这样,各种法令的增多也就使腐化的可能性增大。在实践中,这种腐化的可能性在多大程度上能变为现实,基本上取决于这些法令享有多大程度的民众支持,要看违法而能逍遥法外的难易程度以及违法所得的好处有多大。贸易、海关、税收方面的法令和管理那些牵涉面广而又有利可图的行当,诸如赌博、卖淫和贩卖烈性酒等方面的法令,就成了刺激腐化的温床。所以在一个腐化成风的社会里,采用严厉的反腐化的法令只会增加腐化的机会。

在处于过渡阶段的国家里,追随现代价值观念的集团在开创时期常常会走极端。正派、诚实、以天下为重和荣誉等理想被推崇到如此地步,以致新派的人士和集团会把他们社会中存在的那些在更加现代化的社会里被认为是正常的,甚至是合法的行为斥之为腐化行为。对现代思想行为的初步接触往往造成不合情理的清教式的标准,这种标准甚至会像在真正的清教徒中间一样严厉。此种价值观念的升华导致否认和拒绝在政治上是必要的讨价还价和妥协,从而促使将政治与腐化等同起来。倘使

一位政客保证,如果能当选,他将为某一村子的农民建造一条灌溉渠,对
于一个置身现代化之中的狂热分子来说,这和在选举前用金钱收买村子
里每一个选民的选票的做法是一样的腐化。主张现代化的精英分子都是
民族主义分子,他们强调,全社会的普遍福利是压倒一切的。所以像在巴
西这样的国家,"出于私方利益去影响公共政策被认为是卢梭所谓的内在
固有的'腐化'。同样,政府的决策如果适当照顾了社会上某些特定的要
求和压力,就会被认为是'蛊惑'"[84]。在巴西这样的社会里,主张现代化
的分子把为了报答朋友或是安抚批评者而去任命大使,或者为了换取利
益集团的支持而去确立政府的计划项目,一概斥之为腐化。反腐化走向
极端便会采取狂热的、激烈的清教徒形式,这是大多数革命政权和一些军
人政权的特征,至少在他们掌权初期是如此。但矛盾的是,这样狂热的反
腐化心理状态最终会带来和腐化本身类似的效果。两者都向政治的自主
性提出挑战:一个以私利目标取代公益目标,另一个则用法律技术价值去
代替政治价值。在处于现代化之中的社会里,标准的升格以及相伴而来
的贬低和排斥政治表明,现代性的价值观念战胜了社会的要求。

在一个国家里要肃清腐化常常包括两个方面:一方面要降低衡量公
职官员行为的准则;另一方面则要使这些官员的行为大体向此种准则看
齐。这样做,行为和准则虽都有所失,但却能获得准则和行为在总体上的
更大和谐。这样一来,某些行为就逐渐被认为是政治程序中正常的部分,
是"真诚"的而非"欺诈"的,与此同时,其他类似行为则可能逐渐受到人们
普遍谴责并加以回避。英国和美国都走过这样一段路,前者认可了爵位
可以出卖而大使头衔则不行,后者认可了大使头衔可以出卖而法官职位
则不行。"于是美国政治,"一位观察家指出,"就成了一个混杂体:政治上
任人唯亲的程度大大缩小,用金钱贿赂高级公职人员的现象基本消灭。
但同时,美国公共生活中的大部分领域迄今基本上仍是原封未动,几乎无
法改革。在一个领域内被斥为腐化的行为,在另一个领域内则被认为是
理所当然的。"[85]社会内部这种区别对待能力的增长就表明,该社会正从
现代化向现代性运动。

腐化的效应和原因与暴力冲突的效应和原因是彼此相似的。两者都
受到现代化的鼓励;都是政治制度软弱的征兆;都是后面我们将要说到的

普力夺(praetorian)社会的特点;都是个人和集团与政治体系建立联系的手段,也确是他们以违反体系通则的办法参与体系的手段。因此,一个社会能容忍腐化的程度高,该社会发生暴力冲突的能量也一定高。从某种角度来看,一种形式的越轨行为的发生,有可能使另一种越轨行为免于发生。但是,更常见的却是,不同社会势力会同时利用自身的能量使各种越轨行为同时发生,以求达到各自的利益。不过,暴力冲突的盛行比起腐化的盛行,给体制的运转构成更大的威胁。对社会公共目标缺乏一致认识时,腐化就成了合法达到私人目标的替代物,而在处理个人或公共利益的冲突时,暴力就成了论战的替代物。腐化和暴力都是向体制提出要求的非法手段,而腐化又是满足这些要求的非法手段。暴力经常是表达抗议的象征性姿态,抗议是无报酬的,本来也没打算要报酬。它是更加极端的离异的征兆。腐蚀警官的人比袭击警察局的人更能认同于现存制度。

像一般的朋党政治或帮派政治一样,腐化给许多集团提供眼前的、特定的和具体的好处,否则,这些集团便会完全被疏离于社会之外。因此,对于维持一个政治体系来说,腐化和改革有异曲同工之妙。腐化本身可能会成为改革的替代物,而腐化和改革又可能会成为革命的替代物。腐化能起到缓解各集团要求改变政策的压力的作用,正如改革能起到减轻各阶级要求改变体制的压力的作用一样。例如在巴西,"政府给工会领导人的贷款使他们放弃了工会提出的更广泛的要求。这种背叛一直是缓解阶级和工会对政府所施加的压力的重要因素"[86]。

在一个社会里,现代化所造成的腐化程度当然是传统社会性质以及现代化进程性质的函数。相互竞争的价值体系和文化在传统社会中的存在,其本身就会助长这一社会中的腐化行为。但是,对于一个相对同质的文化来说,现代化期间有可能滋生起来的腐化量与传统社会中社会层次的分明程度成反比。阶级或种姓的结构严密意味着,这种结构具有高度发达的规范体系去调节不同身份的个人之间的行为。一个人归属于自己的集团,当然受这个集团的约束;别的集团对他的言行有合乎常理的期待,对他的不合常理的言行可能会进行制裁。这两方面的因素使人们遵循各种社会规范。在这样的社会里,如果集团之间打交道而不遵循有关的规范,那就会导致个人的极大麻烦和不幸。

因此,封建社会进行现代化时出现的腐化,其规模一定比集权的官僚社会进行现代化时出现的腐化规模要小。在日本就比在中国小,在印度文化中就比在伊斯兰文化中小。直观的材料证明这种看法不无道理。在西方社会,一项分析资料表明,与美国和加拿大相比,澳大利亚和英国的"选举中表现出的阶级性相当高"。政治腐化在前两个国家中比在后两个国家中就普遍得多,魁北克也许是这4个国家中腐化最厉害的地区。所以,"阶级分化越严重的国家似乎政治腐化就越少"[87]。同样,在拉丁美洲黑白混血的国家(巴拿马、古巴、委内瑞拉、巴西、多米尼加共和国和海地),"社会平等程度和社会结构的灵活性"都比印第安国家(墨西哥、厄瓜多尔、危地马拉、秘鲁)或葡(萄牙)西(班牙)—印第安混血国家(智利、哥伦比亚、萨尔瓦多、洪都拉斯、尼加拉瓜、巴拉圭)要高。但相应的情况是,相对地"缺乏根深蒂固的上层阶级也意味着相对地缺乏统治阶级治国的伦理道德,没有贵族风范",因而,"毫无疑问,正是在属于这一类社会种族的国家里,政治欺诈行为达到了登峰造极的地步"。委内瑞拉的佩雷斯·希门尼斯(Pérez Jiménez),古巴的巴蒂斯塔,多米尼加的特鲁希哈(Trujillo)都出身卑微,但他们都在任职期间成了亿万富翁。同样,"巴西和巴拿马向来以更加'民主'、人人有份的贪污行贿而臭名远扬"[88]。非洲国家腐化盛行很可能要归咎于那里基本上没有严格的阶级划分。"由贫困向富裕和从一职业向另一职业的迅速流动,"一位观察家谈到非洲时这样说,"阻止了阶级现象的发展,即没有世袭地位或阶级意识。"[89]但是,正是这些流动增加了腐化的机会,加强了腐化的吸引力。同样,在菲律宾和泰国,两者都有着相当流动而开放的社会,社会流动性水平相对来说都比较高,然而,政治腐化的盛行几乎是这两个国家的特色,对这方面的报道,人们不绝于耳。

腐化的形式大都涉及政治行为和经济财富之间的交易。至于腐化采取哪种形式,这就要看哪种形式容易办得到了。在一个生财有道而做官无门的社会里,占主导地位的腐化形式将是利用前者换取后者。在美国,财富通常是通向政治权势的道路,而想通过当官去发财则找错了门。反对利用公职谋取私利的规定比反对利用财富获取官职的规定要严厉得多,而且人们也普遍遵守这些规定。美国的内阁部长或总统助手为了养家糊口弃官另就是美国政治中令人吃惊然而却又是司空见惯的情形,这种情形在世界大部分地区使人诧异不已和难以置信。在处于现代化之中的国家里,情况则恰恰相反。传统的规范,少数种族对经济命脉的垄断,外国公司和投资者对经济的控制,凡此都使通过个人努力获取财富的机会受到限制。在这样的社会里,政治成了获取财富的道路,那些富于进取心的精英分子因为在商界无用武之地,就跻身政坛以求一展抱负。在许多处于现代化之中的国家里,对于一个能干的、雄心勃勃的青年人来讲,从政而当上内阁部长比经商而变为富翁要容易得多。因此,与美国的做法相反,处于现代化之中的国家可能会认为利用五花八门的手段以职权谋私利的行为是正常的,而同时却对用金钱捞取官职的做法采取较严厉的态度。除了从政以外别无其他升迁流动机会,加上政治制度虚弱、僵化,这就将人们的精力引入政治上的歧途,腐化便应运而生,这和暴力出现的原因是一样的。

在一个外商无处不在的国家里,尤其会助长腐化的泛滥。其原因有二。首先,外国人对违反当地社会的规范顾忌较少;其次,他们控制了通向经济财富的重要渠道,这便驱使本国的企业家试图通过政治来获取钱财。泰勒(Jaylor)笔下的菲律宾的国情无疑也广泛地适应其他处于现代化之中的国家。他写道:"对于菲律宾人来说,政治是一项主要产业,是一种生活方式。政治是通向权力的主要途径,而权力又是敛财聚富的主要途径……借助政治影响去捞钱比其他任何方法都省时。"[90]利用政治权势谋取经济利益意味着政治的价值观和制度必须屈从于经济的价值观和制度。于是,政治的首要目的不是为了实现公共目标而是为了攫取个人利益。

在所有的社会里,顺着官僚金字塔和政治阶梯越向上攀,腐化的规模(即私人物品和公职服务在进行腐化交换时的平均价值)就越大。但是在政治或官僚结构内,某一特定官阶上的腐化事件的发生率(即特定数目的人口进行腐化的次数),情况在各个国家明显是不一样的。在几乎所有的政治体制里,较低层的官僚和政治机关发生的腐化事件较多。在某些社会中,腐化事件的发生率趋于稳定,或者只在政治机构的更高层,腐化才有所增加。就其频率和规模而言,国家立法官员比地方官员更腐化;高级官员比下级官员更腐化;内阁部长们比起其他人来是最腐化的,而总统或领袖更是腐化大王。这种社会中的最高领导人，诸如恩克鲁玛（Nk-rumah）、乃沙立（Sarit）、圣·马丁（San Martin）、佩雷斯·希门尼斯、特鲁希略等将几千万——如果不是几亿——美元纳入了私囊。在这种社会体系里，腐化趋于扩大现存的不平等。那些拥有最大权力的人有更多的机会去捞取最大的财富。这种高层领导严重腐化的状况意味着政治制度化程度很低，因为本应不受任何外来影响的最高政治机构事实上已经最容易受到这种影响。不过，只要通过政治机器或官僚系统向上升迁的大门敞开着，这种高层腐化状况就不一定和政治稳定不相容。然而，如果年轻一代的政客看到自己永远被排除在外，无从分享老一辈领导人的果实，或如果军队的校级军官们感到升迁渺若烟云，觉得油水都给将军们沾了，这一政体便易于被暴乱所颠覆。在这样的社会里，无论是政治腐化还是政治稳定，都取决于该社会垂直运动的状况。

在另一些社会里，腐化风却在低层官员中间刮得最盛，从政治或官僚的台阶向下看，越往低层腐化行为越加频繁。下级官员比高级官员更具腐化性；州和地方官员比国家领导人更具腐化性；比较而言，国家最高领导和内阁成员能杜绝腐化，而城镇委员会和地方官员却大量卷入腐化的漩涡。腐化的规模和发生率成反比。这种格局普遍地存在于高度现代化的社会，例如在美国，至少在某些处于现代化之中的社会里也是存在的，例如在印度。也许共产党国家中的腐化形式也是如此。这里的关键因素是，此类社会具有相当强大的国家政治制度，能使升入高层的新一代领导人接受那些强调政治领导应有公共责任感的整套的价值观念。国家一级的政治机构具有合理的自主性和职能划分，而低级的和地方的从政人员和政治组织却与其他社会势力和集团相互勾结，狼狈为奸。这种腐化格局会直接加强政治体系的稳定性。社会的最高领导人严守既定的政治文化规范，以执掌政权和树立功德自重，不屑在经济上有什么得益。而下级官员则以有机会去贪污腐化，来弥补他们在政治上没有取得显赫地位的缺憾，从小规模贪污实惠中得到的慰藉减轻了他们对高级领导人权力的妒忌心。

正如政治参与面的扩大所导致的腐化有助于新兴集团融合于现有政治体系中一样，政府法令的增多所导致的腐化会有助于刺激经济的发展。

腐化也许是克服阻碍经济扩展的那些传统法律和官府规定的一种办法。美国在 19 世纪七八十年代中，铁路、水电煤气等公益事业和工业公司对州立法机构及城市委员会的贿赂无疑加速了美国经济的增长。韦纳谈到印度时说："要不是巧立名目的各式小费给复杂、僵硬的行政体制带来灵活性的话，很多经济活动将会瘫痪。"[91] 库比契克（Kubitschek）年代的巴西也有大致类似的情况，由于实业家们出钱买到了乡村地区保守立法大员的庇护和支持，高速的经济发展和高度的议会腐化显然就相伴而来。有人甚至认为，在像埃及这样的国家里，政府整肃腐化的一个结果就是给经济发展制造了更多的障碍。从发展经济的角度来看，僵化、过于集中但却诚实的社会还不如一个同样僵化、过于集中然而带有欺诈性的社会。一个相对来说不太腐化的社会——例如在传统规范仍然强大有力的传统社会——可能会发现，一定量的腐化不失为一种打通现代化道路的润滑剂。发达的传统社会能因有少量的腐化而使自身得到改善——至少可以使它现代化；但是在一个腐化已经盛行的社会里，腐化进一步蔓延就于社会无所裨益了。

腐化自然会使政府官员手软，或使他们的手永远软下去。就此而言，腐化与政治发展是不相容的。但是某些形式的腐化有时能加强政党的力量，从而有助于政治发展。哈林顿（Harrington）说："腐化是新旧政府交换的催生符。"[92] 同样，某一政府机构的腐化有助于另一政府机构的制度化。在绝大多数处于现代化之中的国家里，与足以综合归纳全局利益并处理政治体制输入方面问题的政治设施相比，官僚机构一般都庞大而臃肿。只要政府官吏制度的腐化迎合政党利益，它便有助而不是阻碍政治发展。政党庇护如果真的也算得上腐化的话，那只不过是一种轻度的腐化罢了。对于一个官员来说，通过给别人封官而获得钱财，他明显是将个人私利置于公共利益之上。而如果一个官员把加官晋爵作为别人为自己的政党组织效劳或捐款的报答方式，那他只不过是将一种公共利益置于另一种更有必要的公共利益之下而已。

历史上大凡强大的政党组织不是通过自下而上的革命就是通过自上而下的庇护而建立起来的。英美在 19 世纪就经历过凭借公款和公职来建立政党组织的漫长的道路。此种形式在处于现代化之中的国家的再版,直接给某些最卓有成效的政党和最稳定的政治体制的建立帮了大忙。而在新近才实现现代化的国家里,私人财富太贫弱,对政党建设起不了什么作用。正如这些国家的政府在经济发展中起着比英美政府更重要的作用一样,它们在政治发展中也起着举足轻重的作用。20 世纪二三十年代,阿塔图尔克(Ataturk)掏土耳其政府的腰包扶植了共和人民党的发展。1929 年墨西哥革命党成立后也同样从政府的腐化和庇护中获益匪浅。60 年代初期,韩国民主共和党就是在政府资金和政府官员的直接帮助下形成的。在以色列和印度,政府庇护是以色列工党和国大党力量的主要源泉。西非的腐化部分原因是各政党没有其他的财源。当然,在这点上,共产党堪称为最著名的例子。他们一旦掌权,便直接利用政府机关和国库来达到目的。

为党派之私利去腐化政府官僚体制的基本原理,并非简单地出自对这两种组织的厚此薄彼。正如我们所看到的,腐化是现代化的产物,特别是政治意识扩大和政治参与扩大的产物。从长远的眼光来看,刹住腐化风需要对这种参与进行组织和协调。而政党便是现代政治中能履行这一职责的主要机构。混乱、集团之间缺乏稳定的关系、没有公认的权威模式,都是滋生繁衍腐化的温床。政治组织能行使有效的权威并促使集团利益——如“党派机器”、“组织”、“党派”——得以组织起来,超越个人和社会小圈子的利益。政治组织发展了,就能减少腐化的机会。腐化与政治组织的程度成反比关系;就腐化有助建立政党这一点来看,它破坏着自身赖以存在的条件。

在那些缺乏有效政党的国家里,在那些个人利益、家庭利益、集团利益或是宗族利益占优势的社会里,腐化最盛行。在处于现代化之中的政体中,政党越弱小、越不被社会所承认,腐化的可能性就越大。像泰国和伊朗这样的国家,那里的政党至多是半合法的,为着个人利益和家庭利益的腐化便一直是很普遍的。菲律宾政党的软弱举世皆知,故而腐化也就无处不在。巴西也是如此,政党的软弱体现在其政治和其他势力之间的“雇佣”关系之中,而腐化就是这种政治关系中的主要因素。[93] 相反,在那些为加强政党建设而动用或“腐化”政府财源的国家里,腐化发生率就比在那些政党软弱的国家里来得低。西方的历史经验反映了这一状况。政党起初是吸吮官僚体制的蚂蟥,但最后却变成了一层老树皮,保护着官僚体制免遭像蝗虫一般的破坏性更大的集团和家族的吞噬。正如亨利·琼斯·福特(Henry Jones Ford)所说的:"党派观念和腐化行为是两条全然对立的原则。党派观念偏重于某种建立在公开昭示的公责之上的联系,而腐化则以满足私人和个人的利益为出发点,在暗地里进行,不漏出任何蛛丝马迹。党派组织的弱点就是腐化的机会。"94

## 城乡差距:城市突破和绿色起义

现代化带来的一个至关重要的政治后果便是城乡差距。这一差距确实是正经历着迅速的社会和经济变革的国家所具有的一个极为突出的政治特点,是这些国家不安定的主要根源,是阻碍民族融合的一个主要因素(如果不是唯一的主要因素的话)。在很大程度上,城市的发展是衡量现代化的尺度。城市成为新型经济活动、新兴社会阶级、新式文化和教育的场所,这一切使城市和锁在传统桎梏里的乡村有着本质的区别。与此同时,现代化还会向乡村提出新的要求,这加剧了乡村对城市的敌意。城市居民在才智上的优越感和对落后农民的蔑视感与乡村老百姓在道德上的优越感和对城市骗子的妒忌感,是半斤对八两。城乡变为不同的民族,彼此有着格格不入的生活方式。

从历史的角度看,农民从自己的乡村草房移居城市的贫民窟是一种关键性的和不可抗拒的变迁。但是处于后期现代化之中的国家则并非如此,现代化过程本身缓解了这一流动的关键性意义并且缩小了城乡差别。收音机将城市的语言和希望传到乡村;汽车把乡村的语言和信仰捎进城市。在城市的表哥和住在乡下的表弟之间,接触频繁起来了。故而,现代化的一套新兴的内部基础结构缩小了城乡差别,但并没有消灭它。差别依然是本质性的。城市的生活水平常常是乡村的4—5倍。绝大多数城市居民都是识字的,而大多数乡村居民则是文盲。城市的经济活动和经济机会与乡村相比,简直不可胜数。城市的文化是开放的、现代的和世俗

55

的,而乡村文化依然是封闭的、传统的、宗教的。城乡区别就是社会最现代部分和最传统部分的区别。处于现代化之中的社会里政治的一个基本问题就是找到填补这一差距的方式,通过政治手段重新创造被现代化摧毁了的那种社会统一性。

从城乡之间变化着的关系和它们变化着的政治稳定和动乱的格局反映出政治参与的扩大。在典型的传统社会阶段中,无论在政治上还是在社会上,都是农村支配城市,而在农村里,则是由少数土地所有者组成的贵族集团支配着大群被动的农民。在村社的小天地以外,农民的政治参与水平很低。政治参与局限在贵族、土地所有者、高级官吏、神职人员和高级军官手里,所有这些人物又都出身于同一个人数很少的权贵阶层。各种不同的职位和功能的区分也都是相对原始的。除了中央集权的官僚帝国以外,在绝大多数传统社会里城市起着次要或第二位的作用。城市很可能是政府所在地,但政府本身并不需要多少专业性官员,它被那些倚仗对土地的控制而得到财富和权力的乡绅们所把持着。在这种社会里,乡村占统治地位,城乡都太平无事。

现代化改变了城市的性质,打破了城乡之间的平衡。经济活动在城市里骤增起来,导致了新兴社会集团的出现并使旧的社会集团滋长出新的社会意识。城市里出现了进口的新观念和新技术。在大多数情况下,特别是在传统官僚体制得到相当充分发展的传统社会里,首先接触现代事物的是军队和文职官员。接着,很快登上舞台的便是学生、知识分子、商人、医生、银行家、手工业工人、企业家、教师、律师和工程师。这些集团逐渐感到他们在政治上也有能耐并要求以某种形式参与政治体系。简而言之,城市里这种中产阶级在政治上的崭露头角,使城市成为不安定的发源地,并使城市变为仍被乡村所把持的政治和社会体系的对立面。

最后,城市力量确立了自己的地位,推翻了来自乡村的统治阶层,这样便结束了传统的政治体系。城市的这一突破往往伴随着暴力,从这一时期来看,社会在政治上变得极不稳定。[95]从社会整体来讲,城市的发展仍是小小的孤岛,但是城市内部的各集团却能够利用它们在技能、地利和集聚一处等优越条件去支配国家中央一级的政治。在缺乏有效政治制度的情况下,政治此时就成为新兴城市中产阶级各派力量之间相互角逐的游戏。一条大鸿沟将社会共同体腰斩为二,社会仍然是乡村性质的,但政治已变得城市化了。城市正在成为政治力量的主要来源,而城市的中产阶级各集团一方面都是已被他们逐出政治舞台的乡村精英的死对头,另一方面,他们相互之间也是对立的。现代化之中的社会的动乱源泉很少是来自其最贫穷、最落后地区,而几乎总是发生在该社会的最先进地区。政治越是变为城市化的政治,它就越加不稳定。

就这一时期而言,重建政治稳定就需要城市一些集团和农村大众能形成某种联合。在处于现代化之中的社会里,扩大政治参与的一个关键就是将乡村群众引入国家政治。这种乡村动员或"绿色起义"在政治上对后来处于现代化之中的国家来说,比现代化先驱国家重要得多。在后一类国家,乡村人口大批成为政治动员对象之前,城市化和工业化通常已达到了高水平。当乡村人口介入政治的程度提高时,其数量已经不属重要的因素。只有美国是个重大的例外。18 世纪在美国的城市出现以前,独立战争、平等和民主的准则,相对高水平的识字率和教育以及相对广泛的土地所有权分配(南方除外),这些因素加在一起,形成了农村人口对政治的广泛参与。这与晚近才搞现代化的国家不无某些类似之处。在这些国家里,由于现代化的来势迅猛,以致在城市发展和工业化程度还处在襁褓之中时,往往就在乡村播下了政治意识,造成了参与政治活动的广泛可能性。因此,这些国家政治稳定的关键就看能否在现存政治体系中动员乡村群众参与政治,而不是反对现存体系。

这样,绿色起义的时间、方法和对它的引导就对随后社会的政治演变有决定性的影响。起义也许会迅速地发生,也许会缓慢地发生并经历几个阶段。它的出现不外乎以下四种形式。在殖民地社会里,绿色起义可能在民族主义知识分子的引导下发生,如在印度和突尼斯,这些知识分子将农民各团体参与政治纳入民族主义运动的构架内,来支持他们的反殖民帝国的斗争。而一旦赢得独立,这些民族主义领袖的任务就是组织和维持乡村的参与和支持。如果民族主义政党没能做到这一点,其他一些城市反对派领袖或是这一政治体系内部的城市反对派领袖就会采取行动去赢得农民的支持。在具有竞争性的党派体制下,绿色起义常常采取的形式,是由城市某一部分精英分子提出对农村地区关键性的选民具有吸引力的号召或和他们结盟,并动员他们投身政治,以便在投票站上击败那些比较狭隘的城市政党。20世纪的土耳其、锡兰、缅甸、塞内加尔、苏丹以及其他一些处于现代化之中的国家也出现过类似当年杰斐逊和杰克逊击败亚当斯那样的人民的胜利。第三,绿色起义会在军人领导下发生,至少部分是这样,例如在韩国,也许还有埃及。因为那里军人政府发端于农村,他们执政后着眼于在乡村发展广泛的权力基础以击败或遏制城市反对派。第四,如果现存政治体制内没有任何集团带头动员农民参政,那么一些城市知识分子集团便会动员和组织他们参政来反对现存政治体制。结果就形成革命。

每一种形式的绿色起义都包括动员农民进行政治斗争。如果没有斗争,也就没有动员。形式区别的关键就是起义的目标和起义的组织结构。在民族主义一例中,目标是殖民帝国的势力,动员发生在民族主义运动构架的内部,这一运动代替殖民帝国势力并成为政治体系的合法来源。在党派竞争一例中,目标是执政党,动员发生在该政治体系的构架中而非执政党的组织构架中。在军政府一例中,目标经常是先前的统治寡头,动员是军人领袖们为建立一个新的政治系统所做努力的一部分。在革命一例中,目标是现存政治体系及其领导人,动员是通过一个反对党进行的,该党的领导决心取代现存政治体制。

表现为政变、暴乱和抗议的城市动荡从某种意义上说是现代化无可回避的特征。发生这种动荡的程度取决于该社会政治制度的有效性和合法性,因此,城市动荡虽是次要的,但却是普遍的。而乡村动荡是主要的,但却是可以避免的。如果和政治体制认同的城市精英分子没能担当起对绿色起义的领导作用,那么这便给反对派通过革命上台开辟了道路,他们在农民支持下创建一党制形式的新体制构架,从而去消弭与城市的差距。但是,如果和政治体制认同的城市精英分子能够使农民参与政治并站在自己一边,他们便能够包围并遏制城市的动荡。这个政权在乡村的势力使它能在现代化的早期阶段从城市的敌对中生存下来,但是该政权为换取乡村支持所付出的代价就是改变或放弃许多西方和现代化的价值观念和习惯做法。所以,捉弄人的是,绿色起义对该政治体制或者有高度的传统化影响,或者有深远的革命性影响。

表 1.5　政治现代化：城乡权力和稳定的转变

| 阶　　段 | 城　市 | | 乡　村 | | 说　　明 |
| --- | --- | --- | --- | --- | --- |
| | 政情 | 地位 | 政情 | 地位 | |
| 1. 传统稳定 | 稳定 | 从属 | 稳定 | 主导 | 乡绅统治；没有中产阶级；农民未觉醒 |
| 2. 现代化起飞 | 动乱 | 从属 | 稳定 | 主导 | 城市中产阶级出现并开始反对乡绅的斗争 |
| 3. 城市突破 | 动乱 | 主导 | 稳定 | 从属 | 城市中产阶级取代乡绅；农民仍未觉醒 |
| A4. 绿色起义：遏制 | 动乱 | 从属 | 稳定 | 主导 | 体制内的农民动员起来，重新建立了稳定和乡村的主导地位 |
| A5. 原教旨主义反应 | 稳定 | 主导 | 动乱 | 从属 | 中产阶级发展了，并趋于保守；工人阶级出现，主导地位转向城市引起乡村原教旨主义反应 |
| B4. 绿色起义：革命 | 动乱 | 从属 | 动乱 | 主导 | 动员农民反对现有体制，推翻了旧的社会结构 |
| B5. 巩固现代化 | 稳定 | 主导 | 动乱 | 从属 | 掌权的革命者将现代化改革强加在农民头上 |
| 6. 现代稳定 | 稳定 | 主导 | 稳定 | 从属 | 乡村接受现代价值观和城市统治地位 |

如果可以避免革命，城市中产阶级便会在适当之时发生巨大的变化；随着其队伍的不断扩大，它也变得更加保守。城市工人阶级也开始参与政治，但在通常情况下，它不是太软弱而无力向中产阶级挑战，就是太保守而不愿这样做。因此，随着城市化不断发展，城市在国家政治生活中起着更有效的作用，城市本身也就变得更为保守。政治体系和政府更多地依靠来自城市的支持而非乡村的支持。的确，现在轮到乡村来反抗由城市起主导作用的前景了。这种反抗常采取一种具有原教旨主义特征的乡村抗议运动的形式，徒劳地想要破坏城市的权力，阻止城市文化的传播。当这种反抗运动进展不下去或被击败时，从政治意义上来说，现代化就算大功告成了。这时城市和乡村又稳定下来，但是现在统治权力却在前者手中。曾经一度被传统的农村文化所统一的社会，如今被现代城市文化所统一。

因此，社会的演变是更多地还是更少地通过革命的道路，取决于它的领导人及其城市反对派在城市确立了自己在政治体制中的地位后所做出的选择。就这个节骨眼上，要么该体系的领袖们动员农民参政，成为遏制城市动乱的稳定力量，要么反对派动员他们参政，成为参与以暴力摧毁现存政治和社会秩序的革命力量，非此即彼。作如是观，只有当中产阶级中的反对派碰巧和农民中的反对派走到一起来反对政治体制时，社会才容易爆发革命。一旦中产阶级趋于保守，尽管发生乡村反叛的可能性依然存在，但却不可能出现革命。

# 政治稳定：公民政体与普力夺政体

政治体系可以据其政治制度化程度和政治参与程度的高低加以区别。不管是制度化程度还是参与程度，两者自身的差别显然只是程度上的差别，因为在高度制度化政体和无组织政体之间没有一条明确的界线；同样在两种不同程度的政治参与之间也不存在明确的界线。然而要分析这两个方面的变化，必须鉴别出不同范畴内所包含的各个体系，尽管我们心中十分明白，事实上没有任何一个实际的政治体系能正好符合某种理论上事先定好的标准。就制度化而言，能把那些政治制度化已经很高的体制和那些政治制度化程度低的体制区别开来，也许就足够了。就参与而言，似乎有必要鉴别三个层次：在最低层次，参与只限于少数传统贵族和官僚精英；在中等层次，中产阶级已经介入政治；在高度参与政体里，上层、中产阶级和广大平民都可分享政治活动。

文章写到这里结束，本来是很干脆的，但事情绝非如此简单。任何一种给定政体的稳定都依赖于政治参与程度和政治制度化程度之间的相互关系。政治参与程度低的社会，其政治制度化的程度和具有较高程度的政治参与的社会相比，可能要低得多，但是一个两者程度都低的社会，与具有较高程度的制度化和更高程度的参与的社会相比，其稳定性可能会更高。正如我们所论述的，政治稳定依赖制度化和参与之间的比率。如果要想保持政治稳定，当政治参与提高时，社会政治制度的复杂性、自治性、适应性和内聚力也必须随之提高。

从某种角度来说，现代政体之有别于传统政体就在于它的政治参与水平,而发达政体之有别于不发达政体则在于它的政治制度化的水平。除了这两个区别之外,现在还有必要加上第三个区别,即政治参与程度与政治制度化程度相对比起来偏高的政体和制度化与参与相对比起来偏高的政体二者之间的区别。在制度化程度低而参与程度高的政治体制内,社会力量借助它们各自的方式直接在政治领域里进行活动。称这样的政治体制为普力夺政体是恰当的,其原因将在后面加以细述。制度化程度和参与程度之间的比率与此相反的政治体制则可称之为公民政体。因此,一社会也许会比另一社会有较发达的政治制度,但也可能因为有更高程度的政治参与而具备更多的普力夺特征。

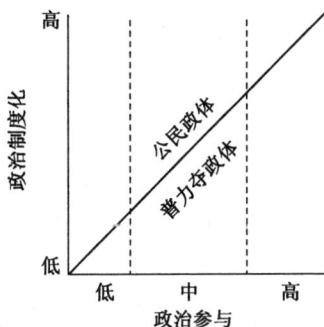

图 1.1 政治制度化和政治参与

故而,公民政体或普力夺政体可能存在于各种不同程度的政治参与之中。一方面,可以根据政治参与程度将政治体制加以归类;另一方面,也可以根据制度化和参与的比率将政治体制加以归类。把两者结合起来给社会分类当然就可以得出 6 种类型的政治体制,见表 1.6。

表 1.6 政治体制的类型

| 政 治 参 与 | 制度化和参与的比率 | |
|---|---|---|
| | 高:公民型 | 低:普力夺型 |
| 低:传统型 | 建制型(埃塞俄比亚) | 寡头型(巴拉圭) |
| 中:过渡型 | 辉格型(智利) | 激进型(埃及) |
| 高:现代型 | 参与型(苏联) | 群众型(阿根廷) |

此种分类法可能让政治思想史学家听起来觉得很耳熟。我们从各自

不同的一套范畴出发,却基于对政治稳定条件的同样关注,从分析中推导出的政治体制分类法和古典分类法竟有如此惊人的相似之处。古代理论家用两种方式来划分政治体制,其一是根据统治者人数的多寡,其二是根据统治的性质。他们把政治体制划分为一人统治、少数人统治和众多人统治的归类法,和我们以及其他现代政治分析家以政治参与程度为标准的归类法大体上是吻合的。公民政体和普力夺政体之间的区别基本上和柏拉图、亚里士多德和其他古典作家笔下的合法或尊法的国家与变态的或忽视法律的国家之间的区别不谋而合;尊法国家的统治者依公共利益行事,变态或忽视法律国家的统治者不顾政体利益而图谋私利。"凡崇尚共同利益的宪法皆为正确的宪法,"亚里士多德说,"凡只考虑统治阶级个人利益的宪法皆属错误的宪法,或谓正确形式的变态。"96

正如希腊人承认的,"正确"的宪法能寓于不同的形式之中,即使今天,美国、英国和苏联的政治体系之间的区别也是十分重大的。相反,具有变态宪法的社会就是缺乏法律、权威、内聚力、纪律和共识的社会,就是私人利益主宰着公共利益的社会,就是没有公民责任和公民义务的社会,就是政治制度软弱而社会势力强大的社会。柏拉图描写的堕落国家就被各种形式的欲望所统治着:势力、财富、帮派和领袖人物的魅力。这些都是马基雅维里所说的腐化国家的具体表现,借用一位评论家的语言来说,就是被"各种放纵和暴力、财富和权力的极端不平等、和平和正义的毁坏、野心的恶性膨胀、分裂、无法无天、欺诈和蔑视宗教"所统治。97古典腐化社会在现代的翻版就是科恩豪泽所说的群众国家和拉波波特理论中的普力夺国家。在所谓的群众国家里没有制度,社会精英分子轻易为群众左右,群众也容易被社会精英分子所动员;而在普力夺国家里"个人野心很少受公共权威感的约束,权力的作用(即财富和势力)膨胀到了最大限度"。98

要想以这些国家的政府形式来给它们分类,实际上是不可能的。毋庸置疑,美国是立宪民主制,苏联是共产党专政。但是,印度尼西亚的政治体制,还有多米尼加共和国、南越、缅甸、尼日利亚、厄瓜多尔、叙利亚等等国家的政治体制,究属何物? 这些国家也举行选举,但它们显然不是丹麦和新西兰这样的民主制国家意义上的民主制国家。它们有专制统治者,但它们又没有共产党国家那样有效的专政。个人说了算的、凭借个人非凡魅力的统治者或者军事独裁人物,都曾在这些国家坐过第一把交椅。把这些国家归入任何一种政府形式都不行,因为它们独具的特征是集中各种政府形式的脆弱性于一身,令人捉摸不定。具有非凡魅力的领导人、军人政府、议会政府、得人心的独裁者,像走马灯一样,今天你上台,明天他上台,简直令人眼花缭乱、不可预卜。政治参与的形成既不稳定也无定规,在一种政府形式和另一种政府形式之间能作来回剧烈的摆动。正如柏拉图和亚里士多德很早以前就指出的那样,腐化和普力夺会时常摇摆于专制主义和暴民传统之间。科恩豪泽说:"只要业已确立的政治权威是高度独裁的,那么在它被一个民主政体以迅速和暴烈的方式取而代之之后,形势就会极有利于极端主义群众运动的出现,而这种运动会沿着反民主的方向改造刚建立起来的民主政体。"拉波波特在吉本(Gibbon)的著作里发现了对普力夺统治国家政治运作节奏的精辟总结,即"它在绝对的君主制和暴乱的民主制两个极端之间来回摆动"。这种动乱是缺乏政治共同体且政治参与超越政治制度化限度的社会的标志。[99]

相反,公民政体具有明确而稳定的制度化权威结构,适宜于该政体的政治参与。在传统政体里,这些结构一般采取中央集权的官僚帝国形式,或复杂的封建君主国形式,或是这两者的结合。处在辉格党水平的中产阶级参政时,居统治地位的政治制度一般是议会会议,其成员是通过某种有限制的选举形式遴选的。在全面参与的现代政体中,政党作为组织群众参政的关键机构起着补充或取代传统政治结构的作用。但是,无论什么程度上的参与,政治制度都很强大,足以提供合法政治秩序的基础和有效的政治共同体。这些机构以推行政治社会化作为政治参与的代价。在普力夺社会里,各种集团在政治上尚未社会化的情况下,就参与了政治。相反,高度制度化的政体的突出特性就是它给权力标出价格。在公民社会里,权威的代价包括对可以用于政治的手段加以限制,对获得权力的程序加以限制,对掌握大权的人的作风加以限制,等等。如果一个社会是现代化而复杂的,并且有很大数量的社会势力存在,那么来自任何一个社会势力的个人在通过该社会的政治制度获得权力的过程中,都必须在行为、价值观念和态度各方面大大改观。他们也许必须抛弃许多他们从家庭、种族集团和社会阶级中已经学到的那一套,并使自己适应于一套全新的行为准则。

公民政体的发展可能和现代化以及政治参与所处的阶段有一定的关系,但它并不直接依赖于这一点。到 20 世纪中叶,许多较发达的拉丁美洲国家已经取得相对来说算是高指数的识字率、人均国民收入和都市化。20 世纪 50 年代中期,阿根廷俨然称得上是个经济和社会上均属高度发达的国家,几乎半数的人口生活在人口超过两万的城市里;86%的人识字;75%的人口从事非农业劳动;人均国民生产总值超过 500 美元。但是,阿根廷的政治处于不发达状态。萨缅托(Sarmiento)在 1850 年就说过"公益一词是一个毫无意义的词,因为不存在什么'公'"。100 年以后,依旧没能形成有效的政治制度,这意味着缺乏共同体的现象依然如故。这正如一位观察家所言:

> 自 1930 年以来,丘八的铁面孔和精于马基雅里权术的大花脸就是阿根廷政治所佩戴的两副面具。最不幸的是,两副面具粉饰不了现实,实际上,这两副面具就代表了阿根廷政府羸弱不堪这样一个现实,形成这种羸弱的基本原因又有好几个方面。国祚根基不稳,不足以充当阿根廷公共生活的最终仲裁者。其他政府机构竞相媚众取宠,徇情枉法,致使国家政令无人理睬。[100]

只要在像阿根廷这样的国家里,政变和反政变更迭发生的局面不变,疲弱的政府处于强大的社会势力的包围之中,那么无论它多么都市化,多么富裕,公民受教育的程度多么高,它在政治上仍然是不发达的。

与此相反,有的国家就现代化而言可能还相当落后,然而它却在政治上是高度发达的,具备着现代化的政治制度。印度就是这样一个典型的例子。用通常的现代化标准衡量,50 年代的印度还排名在末尾,人均国民总产值才 72 美元,80%人口是文盲,80%以上的人口在农村,70%的劳动力在务农,有 14 种主要的语言,种姓和宗教差异根深蒂固。然而,就政治制度化而言,印度却远非落后的国家。印度的政治制度化程度,不仅确实比亚洲、非洲、拉丁美洲的国家高,就是和某些现代欧洲国家相比也不逊色。印度高度发达的政治体制具有强大的和分工明确的制度来履行政治的输入和输出职能。印度赢得独立时,已经具备的国大党和文官制不仅是两个组织,而且是两个高度发达的——有适应性的、综合的、自治的和有内聚力的——制度设施,可以及时承担起这些职能的重责。创建于

1885 年的国大党是世上最古老、组织最完善的政党之一；印度的文官制度可以追溯到 19 世纪初叶，称它为有史以来最伟大的行政体系之一，亦非过誉。[101]印度独立后最初 20 年里能够有一个稳定、有效和民主的政府，大体上应归功于它所继承下来的制度，而不是尼赫鲁（Nehru）的个人魅力。另外，印度相对缓慢的现代化进程和社会动员没有给国大党和官僚机构带来难以应付的要求和压力。只要这两个组织保持它们的制度性力量，无论印度的人均收入多低，文盲率多高，认为印度在政治上是不发达的国家就是可笑的。

二次世界大战以后独立的国家，几乎没有一个像印度那样在制度上做好了自治的准备。诸如巴基斯坦和苏丹这样的国家，制度演进是不平衡的，文职和军事官僚机构比政党发达，军队有强烈的动机从政治体系的输入面去填补制度的真空，并试图履行综合各方利益的职能。当然这一模式在拉丁美洲也是司空见惯的。约翰·J.约翰逊（John J. Johnson）指出，像危地马拉、萨尔瓦多、秘鲁和阿根廷这样的国家，军队是"国内组织最完善的机构，因此比政党和利益集团更能客观地表达国家意志"。北越这样的政权则属于截然不同的另一种类型，它赢得独立时具有纪律高度严明的政党组织，然而它在行政管理方面就无能为力了。在拉丁美洲与此类似的有墨西哥，正如约翰逊所说，那里"组织形式最完善的团体不是军队而是制度革命党，能统一全国的力量是党而不是军队"[102]。属于第四类的是那些像刚果这样的不幸国家，它们独立时既没有政治制度，也没有行政制度。这两类制度，许多这类新国家在独立时或缺乏其一或两者都缺，却面对着广泛的社会动员和对政治体制迅速增长的要求。

### 表 1.7 独立时的制度发达状况

| 输　入　制　度 | 输　出　制　度 | |
| --- | --- | --- |
| | 高 | 低 |
| 高 | 印　度 | 北　越 |
| 低 | 苏　丹 | 刚　果 |

如果一个社会要想维系高水平的共同体，政治参与的扩大必须伴随着更强大的、更复杂的和更自治的政治制度的成长。但是，政治参与扩大

的后果通常破坏传统的政治制度并阻碍现代政治制度的发展。因此,现代化和社会动员,尤其是社会动员,趋向于造成政治衰朽,除非采取措施去缓和或者限制其对政治意识和政治参与的冲击。绝大多数社会,甚至那些有相当复杂和灵活的传统政治制度的社会,在现代化最激烈的阶段都会蒙受政治共同体的损失,形成政治制度的衰朽。

在大部分有关现代化的文献中,上述这种政治制度的衰朽往往被忽视或低估了。结果,一些作者一厢情愿地给自己的模式或概念贴上"发展中"或"现代化之中"一类的标签,然而一旦把这些模式或概念应用于他们心目中的国家时,这些标签就往往不完全对号。对那些突出存在着政治组织衰朽并被各种动荡势力所主宰的腐化或堕落的国家若能构建一些模式,那倒是很切题的。那么,在分析通常被称为"发展中"国家的政治进程时,真正有用的关于政治衰朽的理论或曰腐败政治秩序的模式,是谁提出来的呢?最切题的理论恐怕还是最古老的理论。一旦殖民保护者离开,许多当代新兴国家的演变皆和柏拉图的理论原型没有多大偏差。[103]独立以后,军事政变接踵而至,如"外国援军"夺取政权一样。寡头统治者的腐化燃起新兴集团的嫉妒之火。寡头和民众的冲突酿成内讧。巧舌如簧的煽动家和街头的乌合之众为暴君的出现铺平了道路。柏拉图对暴君用以笼络人心、孤立和消灭他的敌人、建立自己个人势力等方面手段的描绘,与过去发表的许多著作比较起来,更不会使你误解非洲和其他许多地方正在发生的现象。[104]

在现代化进程中,一个社会所经历的全面政治解体的程度基本上取决于它的传统政治制度的本质。如果这些传统政治制度是软弱的或是根本不存在的,又如果它们被殖民主义或其他因素摧毁了,那么该社会通常直接从传统的普力夺主义变到更严峻的过渡型的城市中产阶级广泛参政的普力夺政体阶段。如果一个社会在其传统阶段具有相当高度发展和自治的官僚结构,那么它自身这种结构的性质就决定了它在适应更广泛的参政情况时将要面临着许多棘手的问题。具有讽刺意味的是,在权威的结构职能划分和合理化方面好似是最"现代"的传统体系经常在适应更广泛的政治参与时所遇到的困难较大,而那些在合理化和职能划分方面都较差但制度却较为复杂和多元化的传统政治体制在这方面遇到的困难却较小。像中国和法国这样高度中央集权的官僚君主制国家和诸如英国和日本这些多元化的封建体制相比,看起来更加现代化。但是后两者却比前两者更具适应性。[105]在这两个国家里,寡头和中产阶级之间的斗争趋于销声匿迹,社会的政治制度适应性非常强,足以将新兴的中产阶级集团融解在政治体制中。

由于中产阶级的本性和城市以损害乡村利益来取得对政治的支配,中产阶级参政程度高的社会具有强烈的动乱趋势。正是在这一中产阶级扩张阶段,政治最可能出现普力夺形态,诚如麦考利(Macaulay)所言,政治成了一艘"帆众而锚缺"之舟。[106]在这样一种社会里,政治体系已经失去了乡村的铁锚,鼓满城市之帆,在浪涛汹涌的海洋上漂泊颠荡。政治制度,甚至是高度发达的制度,其所承受的压力是巨大的;在几乎所有的社会里,从过去承继下来的传统制度不是解体便是崩溃。

如果传统的政治制度真能适应中产阶级的参政,或者如果在原先的普力夺社会里建立起来的新的政治制度能把政治稳定在中产阶级的水平上,那么这种制度又势必有朝一日将面临着适应城市工人阶级和乡村农民参政扩大的问题。如果现存的中产阶级政体的政治制度能够不断进行调整,那么它就能朝着充分参与、高度制度化的现代政体过渡。如果这种制度不能适应群众参政或者在社会中激进的普力夺主义占了上风,那么该社会便将沿着群众普力夺主义的方向运动,占支配地位的社会势力就会变成大规模的运动,此乃高度现代的、充分动员的社会的特点。

群众社会和参与社会两者都具有高水平的政治参与。它们的区别在于各自政治组织和程序的制度化程度。在群众社会里,政治参与是无结构的、无常规的、漫无目的和杂乱无章的。每一股社会势力都试图利用自己最强的手段和战术来确保自己的目标。政治上的冷淡和激愤相互交替,它们是缺乏权威性政治象征和制度的孪生兄弟。在这里,政治参与的独特形式就是把暴力与非暴力、合法与非法、胁迫与说服结合起来使用的群众运动。群众社会缺乏能够把民众的政治愿望和政治活动与他们领袖们的目标和决定联系起来的组织结构。结果,领袖和群众之间就存在着面对面的直接关系,用科恩豪泽的话来说就是:领袖可以任意动员群众,群众可以随时影响领袖。而参与政体则不是这样,它的民众高度参政是通过政治制度来进行组织和安排的。在这一政治体制中，每一股社会势力都必须对自身的权力资本和行动方式——不论是人数、财富、知识，还是发生暴力的潜力——进行改造，以便使它们在该政治体系中成为合法的和制度化的。参与政体的结构能以多种多样的形式出现，权力可以是分散的，也可以是集中的。但是，无论哪种形式，参与总是广泛的和通过合法渠道加以组织和安排的。大众参与政治并不一定意味着大众控制政府。宪法民主制和共产主义专政皆属参与政体。

因此，现代政体区别于传统政体的关键乃在其民众政治意识和政治介入的幅度。发达的现代政体区别于发达的传统政体的关键乃在其政治制度的性质。传统政体的制度只需要组织社会上少数人的参与，而现代政体却必须组织广大民众的参与。故而这两种政体关键的制度性区别在于组织大众参与政治方面。现代政体的独具制度因此就是政党。现代政治体制中的其他制度都是传统政治体制在新时代的嫁接或延续。官僚机构并无现代化可言。中国、罗马、拜占庭、奥斯曼和其他一些历史上的帝国的官僚制度常常具有高度的结构性职能划分，具有按功名业绩来选拔和擢升官吏的严密制度，并具有精心制定出来的各种指导制度自身行为的程序和规章。就连国民代表大会和议会也非现代政体所独有。在古代城市国家里就存在国民代表大会；在中世纪的欧洲，代表各阶层的议会和会议是很普通的现象，这些大都在现代化进程中被破坏了。在非现代政体中也可找到选举；在部落社会里，选举酋长是习以为常的；古雅典的军事领袖和其他一些行政官，古罗马的护民官和执政官也都是选举产生的。立宪的思想和实践也同样是古老的。在现代国家远未出现之前，宪法、法律和法院在高度发达的政体中就已经存在了。内阁和行政院会也是如此。政党作为现代政体特有的制度，在以往时代的对应物大概只有联邦主义才有资格算得上一个。[107]在现代政体中联邦制度的存在要比在传统政体中的存在广泛得多，这反映了促进政党发展的同一因素，即从人口和领土的角度出发来扩大政体范围。不过，联邦主义既非现代世界所独有，亦非普遍存在于现代世界，但政党却恰恰是现代世界所独有，并普遍存在于现代世界。它是现代政治所特有的制度。

集团和派别存在于一切政治体系之中。同样，如果把追逐权力和影响的非正式团体都算作政党,那么它就是存在于一切政治体制之中的和古已有之的。但是政党作为一种组织却是现代政治的产物。政党存在于现代政体之中,因为只有现代政治体制才有需要去建立制度,以便组织群众去参政。有组织的政党的前身在 16 世纪和 17 世纪的革命中就有过。但是真正算作组织起来的政治党派应当说是在 18 世纪首先出现于美国,以及稍后的法国。那里的政治参与范围第一次扩大了。在鲁道夫(Rudolph)看来,从以地位论政治到以观点论政治的转变导致了作为政治制度的政党的诞生,[108] 1800 年还只有美国才有政党,而到了 1900 年整个西方世界都有了政党。政党的发展与现代政府的发展平行。传统政治制度越是能够适应现代政治的需要,政党的作用就越不明显。反过来说,在处于现代化之中的政治体系中,政党在提供合法性和稳定性方面的重要意义和传统社会的制度性遗产之间存在着反方向的变化关系。在那些传统政治制度(君主制和封建议会制等)得以在现代政治体制中延续的地方,政党只在此种现代政治体制里起着第二位的、辅助性的作用,其他制度设施才是连续性和合法性的主要依据。这时的政党总是先在立法机构内部形成,然后才逐渐扩大到社会上。它们设法适应于现存政体的构架,尤其是在自己的活动中反映出该体制所包含的组织和程序原则。它们在传统制度中扩大参与,从而使那些制度适应现代政体的需要。它们促使传统制度变得从主权在民论的观点来看是合法的,但它们本身并非合法性的来源。它们自身的合法性则来自其对这个社会体制作出的贡献。

　　然而在那些传统政治制度或崩溃或软弱或根本不存在的政体中,政党的作用就完全不同于那些生存于具有传统制度延续性的政体中的政党了。在这种情况下,强大的政党组织是唯一能最终排除腐化型的或普力夺型的或群众型的社会动乱的选择。政党就不仅仅是个辅助性组织,而是合法性和权威性的源泉。在缺乏合法性的传统根基的情况下,人们就只好在意识形态、领袖魅力和主权在民论中去寻求合法性。为了能够长期存在下去,意识形态、领袖魅力或主权在民论等各种合法原则又都必须体现在一个政党的身上。不是政党反映国家意志,而是政党缔造国家,国家是党的工具。政府的行动只有反映了政党的意志才是合法的。政党是合法性的根基,因为它是国家主权、人民意志或无产阶级专政的制度化身。

在传统政治制度软弱或根本不存在的地方,稳定的先决条件至少得有一个高度制度化的政党。有了这样一个政党的国家,比没有这样一个政党的国家显然要稳定得多。没有政党或者有许多弱小政党的国家是最不稳定的。在那些传统政治制度被革命所粉碎的地方,革命后的秩序实有赖于单一强大政党的出现,中国、墨西哥、俄国和土耳其革命证实了这一观点,否则,这些国家的历史就会大不相同。在那些摆脱殖民主义之后很少有或根本没有继承到政治制度的新生国家里,政体的稳定直接依靠政党的力量。

政党是现代政治特有的组织形式,但从另一种意义上说它又不是完全现代的制度。政党的功能在于组织参与、综合不同利益、充当社会势力和政府之间的桥梁。在履行这些功能时,政党必然反映政治的逻辑而非效率的逻辑。一个具有分工结构和选贤任能制度的官僚体制,从效率逻辑来讲,是比政党更加现代的制度,因为政党是依庇护、影响和妥协的原则行事的。因此,现代化的倡导者和传统的卫道士一样,都时常反对和诋毁政党。他们试图在不建立能保证他们社会政治稳定的制度的情况下使他们的社会现代化。他们在牺牲政治的情况下追求现代性,到头来,他们对一种东西的追求却因对另一种东西的忽视而失败了。

## 注 释

1. Walter Lippmann, *New York Herald Tribune*, Dec. 10, 1963, p.24.

2. Gunnar Myrdal, *Rich Lands and Poor* (New York and Evanston, Harper and Row, 1957), p.6; George D. Woods, "The Development Decade in the Balance," *Foreign Affairs*, 44 (Jan. 1966), 207.

3. Wallace W. Conroe, "A Cross-National Analysis of the Impact of Modernization Upon Political Stability" (unpublished M. A. thesis, San Diego State College, 1965), pp. 52—54, 60—62; Ivo K. and Rosalind L. Feierabend, "Aggressive Behaviors Within Polities, 1948—1962: A Cross-National Study," *Journal of Conflict Resolution*, 10 (Sept. 1966), 253—254.

4. Alexis de Tocqueville, *Democracy in America* (ed. Phillips Bradley, New York, Knopf, 1955), 2, 118.

5. Francis D. Wormuth. *The Origins of Modern Constitutionalism* (New York, Harper, 1949), p.4.

6. Plutarch, *The Lives of the Noble Grecians and Romans* (trans. John Dry-

den, New York, Modern Library, n. d. ), p. 104.

7. 关于制度和制度化的定义和讨论，见 Talcott Parsons, *Essays in Sociological Theory*(rev. ed. Glencoe, Ⅲ., Free Press, 1954), pp. 143, 239; Charles P. Loomis, "Social Change and Social Systems," in Edward A. Tiryakian, ed., *Sociological Theory*, *Values*, *and Sociocultural Change* (New York, Free Press, 1963), pp. 185 ff.。研究现代化问题时，制度化一词既有原来的含义，又有不同的含义，见 S. N. 艾森斯塔特的著作，特别是他的"Initial Institutional Patterns of Political Modernisation," *Civilisations*, 12(1962), 461—472, and 13(1963), 15—26; "Institutionalization and Change," *American Sociological Review*, 24 (April 1964), 235—247; "Social Change, Differentiation and Evolution," ibid., *24* (June 1964), 375—386。

8. 威廉・H. 斯达巴克《组织成长和发展》一文："适应性的基本性质是这样的：某一组织经历越久，就越能继续生存。"参见 William H. Starbuck, "Organizational Growth and Development," in James G. March, ed., *Handbook of Organizations*(Chicago, Rand McNally, 1965), p. 453。

9. Ashoka Mehta, in Raymond Aron, ed., *World Technology and Human Destiny*(Ann Arbor, University of Michigan Press, 1963), p. 133.

10. 见 Philip Selznick's small classic, *Leadership in Administration* (New York, Harper and Row, 1957), pp. 5 ff.。

11. 参见 Starbuck, pp. 473—475，他认为，老成组织不像新建组织那样，对目标的变化采取排斥的态度，但老成组织往往对社会结构和任务结构的变化采取排斥态度。

12. 见 Mayer N. Zald and Patricia Denton, "From Evangelism to General Service: The Transformation of the YMCA," *Administrative Science Quarterly*, *8* (Sept. 1963), 214 ff.。

13. Joseph R. Gusfield, "Social Structure and Moral Reform: A Study of the Woman's Christian Temperance Union," *American Journal of Sociology*, *61* (Nov. 1955), 232; and Gusfield, "The Problem of Generations in an Organizational Structure", *Social Forces*, *35*(May, 1957), 323 ff.

14. Sheldon L. Messinger, "Organizational Transformation: A Case Study of a Declining Social Movement," *American Sociological Review*, *20* (Feb. 1955), 10. 楷体为原文所有。

15. David L. Sills, *The Volunteers*(Glencoe, Ⅲ., Free Press, 1957), p. 266. 该书第 9 章就 YMCA、WCTU、汤森运动、红十字会等个别组织探讨了组织目标转化问题，写得很精彩。

16. Sigmund Neumann, "Toward a Comparative Study of Political Parties," in Neumann, ed., *Modern Political Parties* (Chicago, University of Chicago Press, 1956), pp. 403—405.

17. Aristotle, *Politics* (trans. Ernest Barker, Oxford, Clarendon Press, 1946), p.254.

18. Edmund Burke, *Reflections on the Revolution in France* (Chicago, Regnery, 1955), p.37.

19. *Politics*, pp.60, 206.

20. Burke, *Reflections on the Revolution in France*, p.92.

21. 见 Samuel P. Huntington, "Patterns of Violence in World Politics," in Huntington, ed., *Changing Patterns of Military Politics* (New York, Free Press, 1962), pp.44—47。

22. 可参见, 例如 Herbert McCloskey, "Consensus and Ideology in American Politics," *American Political Science Review*, 18 (June 1964), 361 ff.; Samuel Stouffer, *Communism, Conformity, and Civil Liberties* (Garden City, N. Y., Doubleday, 1955), passim。

23. Arnold J. Toynbec, *A Study of History* (abridgement of Vols. I — VI by D.C. Somervell, New York, Oxford University Press, 1947), pp.176—177.

24. David C. Rapoport, "A Comparative Theory of Military and Political Types," in Huntington, ed., *Changing Patterns of Military Politics*, p.79.

25. Harry Holbert Turney-High, *Primitive War* (Columbia, S.C., University of South Carolina Press, 1949), pp.235—236.

26. 见 Glendon Schubert, *The Public Interest* (Glencoe, III., Free Press, 1960); Carl J. Friedrich, ed., *Nomos V: The Public Interest* (New York, American Society of Political and Legal Philosophy, 1962); Douglas Price, "Theories of the Public Interest," in Lynton K. Caldwell, ed., *Politics and Public Affairs* (Bloomington, Indiana University Press, 1962), pp. 141—160; Richard E. Flathman, *The Public Interest* (New York, Wiley, 1966)。

27. Carl J. Friedrich, *Man and His Government* (New York, McGraw-Hill, 1963), p.150. 楷体为原文所有。

28. *Politics*, p.267.

29. 见 Walter Lippmann, *The Public Philosophy* (Boston, Little Brown, 1955), esp. p.42。他给公共利益下的定义是: "当人们能看得清楚, 想得合理, 行动起来不谋自利而乐善好施时, 他们自己所选择的就是公共利益。"

30. 见 Richard E. Neustadt, *Presidential Power* (New York, John Wiley, 1960), passim, but esp. pp.33—37, 150—151。

31. Bertrand de Jouvenel, *Sovereignty* (Chicago, University of Chicago Press, 1963), p.123.

32. Sania Hamady, *Temperament and Character of the Arabs* (New York, Twayne, 1960), pp.101, 126, 230.

33. 西蒙·玻利瓦尔这段话引自 Kalman H. Silvert, ed., *Expectant Peoples*

(New York, Random House, 1963 ), p.347。*El Dia*, Quito, Nov.27, 1943, 引自 Bryce Wood, *The Making of the Good Neighbor Policy*(New York, Columbia University Press, 1961), p.318。

34. Donald N. Levine, "Ethiopia: Identity, Authority, and Realism,"in Lucian W. Pye and Sidney Verba, eds., *Political Culture and Political Development* (Princeton, Princeton University Press, 1965), pp.277—278; Andrew F. Westwood, "Politics of Distrust in Iran,"*Annals*, *358*(March 1965), 123—136; Lucian W. Pye, *Politics, Personality and Nation-Building*(New Haven, Yale University Press, 1962), pp.205, 292—293; Gabriel Almond and Sidney Verba, *The Civic Culture*(Boston, Little Brown, 1965), p.308.

35. Silvert, pp.358—359.

36. P. J. Vatikiotis, *The Egyptian Army in Politics*(Bloomington, Indiana University Press, 1961), pp.213—214; H. A. R. Gibb, "Social Reform: Factor X," in Walter Z. Laqueur, ed., *The Middle East in Transition*(New York, Praeger, 1958), p.8.

37. Luigi Barzini, *The Italians*(New York, Atheneum, 1964), p.194.

38. De Tocqueville, 2, 118; Edward C. Banfield, *The Moral Basis of a Backward Society*(Glencoe, Ⅲ., Free Press, 1958), p.15.

39. George C. Lodge, "Revolution in Latin America," *Foreign Affairs*, *44* (Jan. 1966), 177; Pye, pp.38, 51.

40. Danicl Lerner, *The Passing of Traditional Society*(Glencoe, Ⅲ., Free Press, 1958), p.438.楷体为原文所有。

41. Robert A. Dahl, *Who Governs?* (New Haven, Yale University Press, 1961), pp.85—86.

42. Karl W. Deutsch, "Social Mobilization and Political Development," *American Political Science Review*, *55*(Sept. 1961), 494.

43. 有关"民主的侵蚀"和政治动乱,见 Rupert Emerson, *From Empire to Nation*(Cambridge, Harvard University Press, 1960), Chap. 5;以及 Michael Brecher, *The New States of Asia* (London, Oxford University Press, 1963), Chap. 2。

44. Banfield, pp.85 ff.

45. Thomas Hodgkin, "Letter to Dr. Biobaku," *Odü*, No.4(1957), p.42, quoted in Immanuel Wallerstein, "Ethnicity and National Integration in West Africa," *Cahiers d' Etudes Africaines*, No.3(Oct. 1960); David Abernethy, "Education and Politics in a Developing Society: The Southern Nigerian Experience"(unpublished Ph.D. dissertation, Harvard University, 1965), p.307.楷体为原文所有。

46. "Report on Preliminary Results of Cross-Cultural Study of Ethnocentrism," by Robert A. LeVine and Donald T. Campbell, *Carnegie Corporation of*

*New York Quarterly*(Jan. 1966)，p. 7.

47. Feierabend，"Aggressive Behaviors," pp. 258—262；Bruce M. Russett et al., *World Handbook of Political and Social Indicators*(New Haven，Yale University Press，1964)，p. 273；Raymond Tanter and Manus Midlarsky，"A Theory of Revolution," *Journal of Conflict Resolution*，*II* (Sept. 1967)，271—272；Raymond Tanter，"Dimensions of Conflict Behavior Within Nations，1955—1960：Turmoil and Internal War," *Papers*，*Peace Research Society*，*3*(1965)，175.

48. Speech by Robert S. McNamara，Montreal，Quebec，May 18，1966，*New York Times*，May 19，1966，p. 11；Brecher，pp. 62—63.

49. Hayward R. Alker，Jr. and Bruce M. Russett，"The Analysis of Trends and Patterns"，in Russett et al.，pp. 306—307. 另可见 Ted Gurr with Charles Ruttenberg，*The Conditions of Civil Violence：First Tests of a Causal Model*(Princeton，Princeton University，Center of International Studies，Research Monograph No. 28，1967)，pp. 66—67.

50. Harry Eckstein，"Internal War：The Problem of Anticipation," in Ithiel de Sola Pool et al., *Social Science Research and National Security*(Washington，D. C.，Smithsonian Institution，1963)，pp. 120—121.

51. Feierabend，p. 263.

52. Manus，Midlarsky and Raymond Tanter，"Toward a Theory of Political Instability in Latin America," *Journal of Peace Research*，4 (1967) 215. 另可见 Robert D. Putnam "Toward Explaining Military Intervention in Latin American Politics," *World Politics*，20 (Oct. 1967)，94—97。他发现，拉丁美洲经济发展（而不是社会动员）和军人涉政有正比关系。

53. Bert F. Hoselitz and Myron Weiner，"Economic Development and Political Stability in India," *Dissent*，8(Spring 1961)，173.

54. William Kornhauser，*The Politics of Mass Society*(Glencoe，III.，Free，Press，1959)，pp. 143—144.

55. William Howard Wriggins，*Ceylon：Dilemmas of a New Nation*(Princeton，Princeton University Press，1960)，pp. 134—135，138—140.

56. Kornhauser，p. 145，楷体为原文所有；Seymour Martin Lipset，*Political Man*(Garden City，N. Y.，Doubleday，1960)，p. 68，楷体为原文所有。

57. Conroe，"A Cross-National Analysis," pp. 65—73，86—87；Feierabend，pp. 263—267.

58. Cyril E. Black，*The Dynamics of Modernization*(New York，Harper and Row，1966)，pp. 90—94.

59. Tanter and Midlarsky，p. 272，citing forthcoming *Dimensions of Nations* by Rummel，Sawyer，Tanter，and Guetzkow；Conroe，p. 66.

60. 见 Wriggins，pp. 119，245。根据费拉本—纳斯沃德—康罗索引，锡兰的动乱从 1945 至 1954 年间的 3：012 增加到 1955 至 1962 年间的 4：089；Conroe，Table Ⅰ。

61. Gregory Henderson, *Korea: The Politics of the Vortex* (Cambridge, Harvard University Press, forthcoming, 1968), p. 170.

62. Hoselitz and Weiner, p. 177.

63. David Abernethy and Trevor Coombe, "Education and Politics in Developing Countries," *Harvard Educational Review*, 35 (Summer 1965), 292.

64. 引自 Abernethy, p. 501。

65. Deutsch, "Social Mobilization and Political Development," p. 496.

66. Mancur Olson, Jr., "Rapid Growth as a Destabilizing Force," *Journal of Economic History*, 23 (Dec. 1963), 532.

67. Alcxis de Tocqueville, *The Old Regime and the French Revolution* (Garden City, N. Y., Doubleday, 1955), pp. 173, 175—176; Crane Brinton, *The Anatomy of Revolution* (New York, Vintage, 1958), p. 264; Olson. pp. 544—547; Tanter and Midlarsky, pp. 272—274; 关于印度的引语，见 Hoselitz and Weiner, p. 173。

68. 见 Samuel A. Stouffer et al., *The American Soldier* (Princeton, Princeton University Press, 1949), 1, 251—258, 275—276。

69. Conroe, pp. 65—69; Martin C. Needler, *Political Development in Latin America: Instability, Violence, and Evolutionary Change* (New York, Random House, forthcoming), Chap. 5.

70. Eric Hoffer, *The True Believer* (New York, New American Library, 1951), p. 17; Daniel Goldrich, "Toward an Estimate of the Probability of Social Revolutions in Latin America: Some Orienting Concepts and a Case Study," *Centennial Review*, 6 (Summer 1962), 394 ff. 另可见本书第 231 页及其后的部分。

71. 使用这些术语的有 Deutsch, pp. 493 ff.; James C. Davies, "Toward a Theory of Revolution," *American Sociological Review*, 27 (Feb. 1962), 5 ff.; Feierabend, pp. 256—262; Charles Wolf *Foreign Aid: Theory and Practice in Southern Asia* (Princeton, Princeton University Press, 1960), pp. 296 ff.; 以及 Tanter and Midlarsky, pp. 271 ff. 。

72. 有关成就与共产主义之间的关系，见 David C. McClelland, *The Achieving Society* (Princeton, Van Nostrand, 1961), pp. 412—413。

73. Feierabend, p. 259; Wolf, Chap. 9; Needler, Chap. 5.

74. 见 Davies, pp. 5 ff.; Tanter and Midlarsky, passim; Martin C. Needler, "Political Development and Military Intervention in Latin America," *American Political Science Review*, 60 (Sept. 1966), 617—618。

75. Aristotle, *Politics*, p. 205.

76. Russett et al., p. 272.

77. Bruce M. Russett, "Inequality and Instability: The Relation of Land Tenure to Politics,"*World Politics*, *16*(April 1964), 442—454.

78. 见 Simon Kuznets, "Qualitative Aspects of the Economic Growth of Nations: Ⅷ. Distribution of Income by Size,"*Economic Development and Cultural Change*, *II* (Jan. 1963), 68; UN Social Commission, *Preliminary Report on the World Social Situation*(New York, United Nations, 1952), pp.132—133; Gunnar Myrdal, *An International Economy*(New York, Harper, 1956), p.133。

79. Kuznets, pp.46—58.

80. Gustav F. Papanek, *Pakistan's Development: Social Goals and Private Incentives*(Cambridge, Harvard University Press, 1967), pp.207, 67—72, 176—178, and Barbara Ward(Lady Jackson), Notes for Seminar, Harvard University, Center for International Affairs, March 11, 1965. 另见 David Wurfel, "The Philippine Elections: Support for Democracy," *Asian Survey*, *2*(May 1962), 25; John J.Johnson, *The Military and Society in Latin America* (Stanford, Stanford University Press, 1964), pp.94—95。

81. M.G.Smith, "Historical and Cultural Conditions of Political Corruption Among the Hausa," *Comparative Studies in Society and History*, *6* ( Jan. 1964), 194.

82. M.McMullan, "A Theory of Corruption,"*The Sociological Review*, *9* (July 1961), 196.

83. Smith, p.194; McMullan, pp.190—191.

84. Nathaniel Leff, "Economic Development Through Bureaucratic Corruption,"*American Behavioral Scientist*, *8*(Nov. 1964), 132; 楷体为原文所有。

85. Colin Leys, "What Is the Problem About Corruption?" *Journal of Modern African Studies*, *3*(1965), 230.

86. Leff, p.137.

87. Robert R.Alford, *Party and Society*(Chicago, Rand McNally, 1963), p.298.

88. Needler, *Political Development in Latin America*, Chap. 6, pp.15—16.

89. Peter C.Lloyd, "The Development of Political Parties in Western Nigeria,"*American Political Science Review*, *49*(Sept. 1955), 695.

90. George E.Taylor, *The Philippines and the United States: Problems of Partnership*(New York, Praeger, 1964), p.157.

91. Myron Weiner, *The Politics of Scarcity*(Chicago, University of Chicago Press, 1962), p.253; Joseph S.Nye, "Corruption and Political Development: A Cost-Benefit Analysis,"*American Political Science Review*, *61*(June 1967), 417—427.

92. James Harrington,引自 Sabine, *A History of Political Thought*(rev. ed. New York, Henry Holt, 1950), p.501。

93. Leff，pp.10—12.

94. Henry Jones Ford，*The Rise and Growth of American Politics*（New York，Macmillan,1858），pp.322—323.

95. 更详尽的有关突破性军事政变与激进的普力夺政治,参见本书第四章。

96. Aristotle，*Politics*，p.112；楷体为原文所有。

97. Sabine，p.343.

98. Kornhauser, passim；David C. Rapoport，"Praetorianism：Government Without Consensus"（unpublished Ph. D. dissertation，University of California，Berkeley，1960）；Rapoport，in Huntington，ed.，*Changing Patterns*，p. 72，where the quotation occurs.

99. Edward Gibbon，*The Decline and Fall of the Roman Empire*（New York，Macmillan，1899），*1*，235,引自 Rapoport in Huntington，ed.，*Changing Patterns* p.98。

100. Sarmiento，*Facundo*（New York，Appleton，1868），p. 33；Silvert，pp.358—359.

101. Ralph Braibanti，"Public Bureaucracy and Judiciary in Pakistan,"in Joseph LaPalombara，ed.，*Bureaucracy and Political Development*（Princeton，Princeton University Press，1963），p.373.

102. Johnson，*Military and Society*，p.143.

103. 见 *The Republic*，Book Ⅷ（Cornford trans.，New York，Oxford University Press，1946），pp.291—293，特别是关于极权政权的描述。

104. 也许最接近当代的模式来自一位小说家而非社会科学家:威廉·戈尔丁（William Golding）.《苍蝇王》(*The Lord of the Flies*)一书中的学童(新独立的精英分子)起初试图模仿成人的行为方式(前西方统治者)。但是纪律涣散了,一致性意见解体了。一位寡头军人领袖和他的追随者们赢得或强迫大多数人的支持。权威的象征(贝壳)被砸碎。责任[拉尔夫(Ralph)]和理智[彼基(Piggy)]的呼声被置若罔闻和搅乱。理智遭到破坏。最后,那个海军军官(英国海军陆战队司令)及时赶到,从"猎人"(叛军)手中挽救了拉尔夫(尼雷尔)。

105. 见 Robert T. Holt and John E. Turner，*The Political Basis of Economic Development*（Princeton，Van Nostrand，1966）。

106. Thomas B. Macaulay，letter to Henry S. Randall，Courtlandt Village，New York，May 23,1857，printed in "What Did Macaulay Say About America?" *Bulletin of the New York Public Library*，*24*（July 1925），477—479.

107. 见 William H. Riker，*Federalism：Origin，Operation，Significance*（Boston，Little Brown，1964），pp.1—10。

108. Lloyd I. Rudolph，"From the Politics of Status to the Politics of Opinion"（unpublished Ph. D. dissertation，Harvard University，1956）.

# 第二章
# 政治现代化：美国与欧洲之比较

## 现代化的三种类型

政治现代化涉及权威的合理化、结构的分离和政治参与的扩大等三方面。在西方，政治现代化历时达数世纪之久，其上述三个方面发展的程度及顺序在欧洲和北美的不同地区差异甚大。最为明显的是，在美国，政治参与的扩大远比在欧洲发生得更早且更为广泛。在 18 世纪的英属诸殖民地，政治参与——就选举权而言——按英国的标准业已普及，更不用说按欧陆的标准了。美国革命将英国王权逐出了美洲舞台，此后唯一享有合法主权的便只能是人民。正如罗伯特·帕尔默（Robert Palmer）所强调指出的，这场革命建立了人民的制宪权从而开创了历史。[1]一切政府的正当权力，是经被统治者的同意而产生的。据此原则便没有多少限制选举权的理由了。如果人民可以直接建立一种政府制度，他们当然也就可以参与这一制度。

这样，独立以后，选举权以及公众参政的其他形式便迅速发展起来。选举的财产资格限制尽管在许多州并未剥夺很多人的选举权，也还是先变为纳税的要求，继而最终完全被废止。那些加入联邦的新州，其公民的选举权均未受到经济上的限制。截至 19 世纪 30 年代，在美国，白人男性的普选权已是理所当然的事。但在欧洲，选举的财产资格要求仍然很高。

1832 年英国的改革法将其选民总数从全国人口的 2% 增加到 4%。而在美国实际参加 1840 年总统选举的人数已占全国人口的 16%。法国直到 1848 年才废除了对选民的高额财产要求，开始实行男性普选制，但随着第二帝国的到来，这个刚颁布的普选制也就成了一纸空文。在德国，男性普选权始于 1871 年，然而在普鲁士，三级选举制度却持续到第一次世界大战结束之时。在低地国家和斯堪的纳维亚国家，直至 19 世纪末 20 世纪初男性普选权才开始实行。

此外美国在公众参与统治方面的领先地位不仅表现在美国的选民数目上，而且，或许更为重要的，还表现在需经人民选举产生的政府官员的数目上。在欧洲，选举通常仅限于国会下院和地方议会，而在美国，正如托克维尔所指出的，"选举的原则是普遍适用的"。联邦、州以及地方各级的大批政府官员均须经公众批准方能任职。当然，托克维尔将他在美国所目睹的平等、民主与他所熟知的欧洲的状况所做的鲜明对比，只是表明美国在扩大公众参政方面领先的一例。

与欧洲相比，美国较早地普及了政治参与，这使得人们常常得出一种结论，认为总的来说，政治现代化在美国比在欧洲发生得更早些、发展得更快些。其实情况远非如此。实际上，在欧洲权威的合理化和结构的分离远比在美国发生得更早，完成得更为彻底。西方的经验表明，在政府结构的现代化和政治参与的扩大之间，的确可能存在一种反向关系。前者在欧洲发展得更为迅疾，后者在美国发展得更为迅疾。

就政府机构的现代化而言，可区分出三种截然不同的类型：欧洲大陆型的、英国型的和美国型的。[2] 在欧洲大陆，权威的合理化和机构的分离是 17 世纪的主导趋势。乔治·克拉克(George Clark)指出：

> 用一句话来概括任何一段漫长的历史进程都会造成误解。但是在 17 世纪，君主国的功劳未尝不可以描述如下：它以一种较为精简和统一的政府取代了封建制度的复杂性。君主制是单向集中的，即把地方事务集中于中央政府的监察或控制之下。而集中势必导致一种统一的趋势。[3]

这是一个伟人辈出的时代。法国的黎塞留（Richelieu）、马扎然（Mazarin）、路易十四（Louis ⅩⅣ）、柯尔伯（Colbert）和卢瓦（Louvois），普鲁士的选帝侯,瑞典的古斯塔夫·阿道夫(Gustavus Adolphus)和查理十一(Charles XI),西班牙的腓力四世(Philip IV)和奥里瓦列斯(Olivares),以及他们在欧洲大陆小邦国的无数仿效者,无不大力推行政治机构之精简、集权和现代化。现代国家取代封建公国,对国家的忠诚超越了对教会和王朝的忠诚。1630年11月11日,即著名的"愚人日"(Day of Dupes),路易十三(Louis XIII)拒绝了母后的家族权利要求而支持大主教的国家权利的要求。他宣称:"我对国家负有更大的责任。"弗里德里克认为:"这一天比其他任何时候都更有资格被称为现代国家的诞辰。"[4]随着现代国家的诞生,教会降到从属地位,中世纪领主受到抑制,贵族也随着新社会集团的兴起而衰落。此外,在这一世纪,国家官僚机构和公共机关迅速发展并日趋合理化,常备军建立并扩大,税收制度得以普及和完善。1600年欧洲还是中世纪政治的天下。到1700年就已成为民族国家的近代世界了。

英国式的政治制度现代化在性质上与欧陆类型相似,但结果却截然不同。在英国,教会也从属于国家,权力也集中起来了,主权及于内政和外交,法律和政治机构相分离,官僚机构扩大,一支常备军创立起来。然而斯图亚特王朝步欧洲大陆专制主义后尘,企图确立权威合理化的努力,却触发了一场宪政斗争,而国会最终成为胜者。在英国,如同在欧洲大陆,权威也集中起来,但它是集中于国会而非王室。尽管如此,这和发生于欧陆的革命一样,也是一场革命,或许更甚之。

相形之下,在美国,政治制度并未经历革命性的变化。相反,16世纪的英国政治制度的主要成分恰恰是当它在母国被摒弃时被移植到新世界的,并在那里生根,获得了新的生命。这些成分本质上是都铎时代的那一套,因此明显带有中世纪的烙印。英国政治在都铎时代已开始向现代化迈进,特别是在确立国家权力高于教会、强化民族认同意识以及大大增强王室和行政机构的权力等方面。然而即便是在伊丽莎白时代的政府中,英国政治的要义仍然是保持"中世纪基本因素的连续性"[5]。正如克赖姆斯(Chrimes)所说,16世纪是"中世纪政治制度的顶峰"。都铎王朝所带来的变化并未打破"封建政治制度的基本原则,甚至连封建政治结构也未能动摇"。[6]这些原则和制度包括:社会与政府乃是有机整体的思想,政府中各权力机关相互和谐，政府从属于基本法，法律领域与政治领域相交融，国会与国王权力均衡、二者互为补充并共同发挥代议作用，地方权力机构具有活力以及依靠民兵保卫疆土等。

17世纪上半叶，英国殖民者带着中世纪末期和都铎时代的政治思想、做法和制度漂越大西洋。这些思想和行为方式在新世界确立起来后，虽然有所发展，但在殖民地时期的一个半世纪里并没有发生根本性的变化。诺特斯坦（Notestein）指出，1603—1630年的一代英国人是处在"中世纪的思想和习俗尚未忘却而新观念和新行为方式正在形成的一代人。美国的传统，或曰源于英国的那些东西，至少在某种程度上已由早期殖民者建立起来。那些后来到美国的英国人一定发现英裔美国人的生活方式保留着许多英伦遗风"[7]。18世纪中叶殖民者与英国政府的冲突仅仅使殖民者更加信守传统制度。用我们最伟大的宪法史学家的话来说，

> 殖民者显然还高度地保留着英国都铎时代的传统。在我们对美国政治机构——不论是殖民地时期或是当代，公法还是私法——的所有研究中，必须将这一事实考虑在内。殖民地与母国的决裂很大程度上是由于相互间的误解，而误解主要又基于这样一个事实：国会把旧观念清除出母国后，殖民地却仍然保留了这些旧观念。[8]

在美国革命前的宪政辩论中，殖民者实际上是在为英国的旧宪政辩护，反对他们离开母国后的已存在了一个世纪的英国新宪政。正如波拉德（Pollard）所说："他们的理论本质上是中世纪的。"[9]

这些旧制度和旧观念，体现在独立后各州制定的宪法以及1787年的联邦宪法之中。美国宪法不仅是世界上最早的成文宪法，而且大部分是将殖民地时代已经存在的惯例和制度形诸文字并且在全国范围内加以正规化的产物。1787年建立的政治结构在此后的175年中变化甚微。因此要"正确理解美国政治制度——它的起源、发展、运作及其内在精神，必须考虑到英国内战期间和内战前的政治传统和先例"[10]。20世纪的美国政治制度比同时期的英国政治制度更接近16世纪的都铎政体。正如亨利·琼斯·福特所指出的："政治上的美利坚主义和语言上的美语一样，近于在英国泯灭了而在新世界幸存下来的英吉利主义。"[11]

英国人在 17 世纪打破了他们自己的传统模式。而美国人在当时没有，此后也没有完全这样做。因此美国政治现代化势头极弱也不彻底。就制度而言，美国政体虽并不落后，但也绝非彻底的现代化。在权威合理化、官僚机构集中以及专制独裁统治的时代，美国政治制度仍然很奇怪地不合时代潮流。在当今世界，美国政治制度仅因其古老这一点，也可以说是独特的了。

# 权威的合理化

在 17 世纪的欧洲，国家取代基本法，成为政治权威的本源。在各个国家的内部，单一权威机构取代了先前存在的许多权威机构。而美国却仍然把基本法奉为规范人类行为的终极权威。此外，在美国，人的权威或主权从未集中于某个机构或某个人，而是分散于整个社会和政治机体的许多器官之中。在欧洲，传统的权威结构被一劳永逸地摧毁并取代了。在美国，传统的权威结构虽经改造、补充却未得到根本改造。只要依然信奉法高于一切的原则，就必定断然拒绝主权观念。

毫无疑义，现代人与传统人之间，最重要的区别在于二者对人和环境之间的关系看法不同。在传统社会中，人们将其所处的自然与社会环境看作是给定的，认为环境是奉神的旨意缔造的，改变永恒不变的自然和社会秩序，不仅是渎神的而且是徒劳的。传统社会很少变化，或有变化也不能被感知，因为人们不能想象到变化的存在。当人们意识到他们自己的能力，当他们开始认为自己能够理解并按自己的意志控制自然和社会之时，现代性才开始。现代化首先在于坚信人有能力通过理性行为去改变自然和社会环境。这意味着摒弃外界对人的制约，意味着普罗米修斯将人类从上帝、命运和天意的控制之中解放出来。

这种从听天由命到主观能动的根本性转变，表现在许多方面，其中法的观念的转变尤为重要。对传统人来说，法是无法抗拒的外在旨意或约束。人只能发现法而不能制定法。至多他们也只能对亘古不变的基本法作些补充修改,使之适合于特定环境而已。这种观念只能在一个政府不实施根本性变革的社会里存在。如果政治机体要实施社会变革,政治权威就必须寓于这些机体之中而非外界限制之中。这些外界限制,在实践上常常就是现代化所要改变的社会秩序。

在中世纪晚期的欧洲,法有各种各样的定义:神法、自然法、公理法、普通法和习惯法。所有这些表述都将法看作是相对不变的外界权威,左右着人类的行为。特别是在英国,占统治地位的是"一切权威均来自于法这样一种典型的封建观念"。正如布拉克顿(Bracton)所说:"法创造了国王。"[12] 这些观念在都铎时代一直占统治地位,福蒂斯丘(Fortescue)、圣杰曼(St. Germain)、托马斯·史密斯爵士(Sir Thomas Smith)、胡克(Hooker)和科克(Coke)等人的著述怎么也没有跳出这个框框。即便在 1534 年颁行了最高权力法之后,国会仍被视为宣布法律而非制定法律的机构。甚至在 17 世纪英国宪政斗争的第一阶段,普林(Prynne)还争辩说,王国的"基本自由权、习俗和法律",特别是"大宪章"中所规定的那些,是"基本的、永久的和不可变更的"。[13]

自不待言,基本法的另一面就是拒绝接受人类主权概念。正如菲吉斯(Figgis)所指出的,对于 1600 年的人来说,"法是真正至高无上的,他们无须考虑构成国家终极权威的究竟是国王,还是贵族、平民或是这二者合在一起"[14]。法既是至高无上的,人间的权威便可以是多样化的,因为没有哪一种权威是法的唯一本源。人必须遵从权威,但是权威寓于国王、国会、法院、普通法、习俗、教会以及人民等许多组织系统之中。主权对于都铎政治体制的确是一个陌生的概念。正如霍尔兹沃思(Holdsworth)所说:"在都铎时代,没有一个律师或政治家能够回答在英国究竟谁拥有最高主权这一问题。"[15] 国家和政府、君主和人民和谐地寓于一个"单一政体"之中。克赖姆斯指出,都铎政权"实际上是中世纪君主政府的典范,为了某些目的,它与国会携手,在适宜之时承认普通法的至上权威。没有谁关心国家主权的归属"[16]。与博丹(Bodin)以及其他欧洲大陆理论家不同,16 世纪的英国著作家干脆就否认主权的存在。伊丽莎白宪法之最著名的诠释家托马斯·史密斯爵士的"整个观点","更接近于布拉克顿而不是博丹"。[17]

　　基本法至上以及权威的分散与现代化是不相容的。现代化要求具有变革能力的权威。社会和政治的根本变革源于人们有目的的行动。因此,权威必须属于人而不能属于不变的法。此外,人们必须拥有权力以实施变革。因此,权威必须集中于某些坚强有力的个人或集团手中。基本的、不变的法使得权威分散于整个社会,这样也就维护了现存的社会秩序。但是除了无关宏旨的微小修补之外,基本法不能成为推行变革的权威。在 16 世纪的欧洲大陆和 17 世纪的英国发轫的现代化运动需要新的权威概念,其中最重要的就是主权这一简明的观念本身。用博丹的话来说,主权就是"不受法约束的,统辖公民和臣民的最高权力"。系统阐述这一概念的是 16 世纪晚期在欧洲形成的一种新的君权神授理论。于是,这种宗教的,也可说是传统的形式,就被借用来为现代化服务了。"就其政治方面而言,君权神授无非就是主权理论的通俗表述。"[18]1594 年以后,这一理论在法国逐渐形成并由詹姆斯一世(James I)引入英国。这一学说极其适合 17 世纪推行现代化的各国君主的需要:让神的旨意服务于强权的目的。这是"中世纪和现代政治之间必要的过渡阶段"[19]。

　　此外,当然还有其他理论家顺应时代的需要,根据人和社会的本质提出了关于绝对统治权的更"合理的"论证。在欧洲大陆,博丹和法国宗教温和派期望建立一种最高王权,以便维持秩序并构成一种凌驾于一切朋党、派别和集团之上的集权化的公共权威;一切党派和集团只能在其容许之下存在。博丹所著《共和国论》于 1576 年出版;霍布斯的《利维坦》于 1651 年问世,阐扬了更为极端的主权学说。与绝对主权思想密切相联的是国家独立于个人、家庭和王朝的实体的观念。20 世纪的马克思主义者以党的需要来论证其现代化努力的正当;17 世纪的君主则以"国家利益"来论证其现代化努力的正当。"国家利益"一词是博泰罗(Betero)在其 1589 年出版的《论国家利益》一书中首先传播开来的。另一位意大利作家于 1614 年给这个词下了一个简短的定义:"所谓国家利益,即指为公益计,必须违反普通法。"[20]此后欧洲各国君主相继借助国家的名义来证明自身及其行为的合法性。

　　不论就其宗教意义还是世俗意义来看,不论是从菲尔默(Filmer)还是从霍布斯的观念出发,新的主权学说的含义都是臣民必须绝对服从国王。这两种学说都论证了集权和摧毁中世纪多元政治秩序的合法性，从而有助于政治现代化。这些理论之于 17 世纪犹如政党至上和国家主权理论之于当世，而后者正是今天人们用以摧毁传统的地方、宗族和宗教权威的武器。17 世纪还远远谈不上公众参与政治，因此，权威的合理化意味着权力集中于绝对君主一人。在 20 世纪，政治参与的扩大与权威的合理化同时发生，因此权力必须集中于某个政党或某个具有个人魅力的领袖，才能向传统权势挑战并唤起群众。但在 17 世纪，绝对君主所起的作用就等同于 20 世纪的一党政权。

在 17 世纪的欧洲大陆，中世纪各等级间的分权迅速让位于君主集权。在 17 世纪之初，"从葡萄牙到芬兰，从爱尔兰到匈牙利，西方基督教世界中的每一个国家都有所谓等级会议"[21]。而到了该世纪末叶，大部分等级会议不是被消灭就是极大地削弱了。在法国，革命前最后一次召开三级会议是 1615 年，而各省（除布列塔尼和朗格多克外）的三级会议自1650 年后就再未集会。[22] 至 17 世纪，原西班牙的 22 个王国只有 6 个还保留着它们的议会。卡斯蒂尔的议会已遭镇压，阿拉贡的那些议会也被腓力二世（Philip II）驱散。奥里瓦列斯经过一场持久的血战使加泰罗尼亚臣服。在葡萄牙，议会于 1697 年召集了最后一次会议。在那不勒斯王国，国会在 1642 年以后就不再议事。选帝侯镇压了勃兰登堡和普鲁士的等级会议。卡尼奥拉、斯提亚和卡林西尼的等级会议已失去权力，向哈布斯堡王朝称臣。在该世纪上半叶，哈布斯堡王朝就已经剥夺了波希米亚、摩拉维亚和西里西亚等地等级会议的权力。丹麦王位自 1665 年开始世袭，匈牙利的王位世袭亦始于 1687 年。临近 17 世纪末，查理十一重新在瑞典确立了他的绝对统治。[23] 截至 1700 年，传统的权力分散状况实际上已在欧洲大陆告终。现代化的推行者和国家的缔造者已经获胜。

主权取代法以及权力集中的趋势在英国也产生了。詹姆斯一世使王权与国会分离，向传统的法律和法官的权威提出了挑战。他鼓吹君权神授，宣称："国王创制法律而不是法律创制国王"。[24] 詹姆斯无非是要让英国政府沿着欧洲大陆国家业已开创的道路走向现代化。他在政治现代化方面的努力遭到了科克和其他鼓吹基本法和传统分权思想的保守派的反对。然而他们的主张在业已开始的社会和政治变革的形势下已经过时。

"科克和大部分英国国王的反对者一样,并未真正理解主权的概念。他所坚持的立场,在中世纪不无道理,但在一个已经发展起来的统一国家内则大谬不然。"[25]集权势在必行,而且英国有时似乎也将效法欧陆国家的模式。但是绝对王权的主张后来还是引起了国会的反对,反倒引出国会权力至上的要求。当詹姆斯一世、菲尔默、霍布斯将王权置于法律之上时,他们必然会引起弥尔顿(Milton)的反驳:"国会高于包括民法和普通法在内的一切成文法,并有权制定或废除之。"于是长期国会开创了国会至上的时代。至此,英国"实际上首次有了一个现代类型的立法机关——不再仅仅是宣布法律的机构而是创制法律的机构……"[26]基本法在英国遭到了与在欧洲大陆一样的命运。但在英国取而代之的是一个拥有主权的立法机构,而不是绝对君主。

美国的发展道路与欧洲迥然不同。正当致力于现代化的君主在镇压传统的权贵阶层,人们在宣称他们享有立法权,黎塞留在法兰西建立起一个专制国家,而霍布斯也在英国鼓噪专制之时,基本法和分散的管辖权的旧模式却被移植到了新世界,并在那里获得了新生命。传统的法的观念在美国以两种形式流传下来。第一,当欧洲确立了成文法的观念以后很久,人只能宣布法律而不能制定法律的陈旧观念在美国仍然根深蒂固。在某些方面,这种观念一直持续到 20 世纪。第二,人类无力改变基本法的旧观念被写入宪法并因此而被赋予新的权威。当然一部成文宪法可以被视作一项契约,其权威性亦可被视为来自自觉的、积极的人类行为。但是它同时也可以被看作是习俗与理性加诸政府的种种限制的法典化。正是在这后一种意义上,早期移民北美的人才接受了 16—17 世纪英国的基本法思想,并在他们的殖民地宪章和权利宣言中加以体现。这两种观点的结合使"高等法如枯木逢春,进入了法律史上的一个伟大时代"[27]。

坚持基本法与拒绝主权原则形影相随。社会与政府交相作用,以及宪法各部分之间和谐平衡的旧观念,仍然是当时政治思潮的主流。在英国,都铎时代的史密斯、胡克、科克等政治理论大家的思想"刚刚奠定就已经变得不合时宜了"[28]。但在美国,他们的学说却很盛行,而霍布斯倒一直无人理会。无论是君权神授,还是绝对主权抑或国会至上等观念,在大西洋的西岸都没有市场。正如波拉德所说:"可以把美国人归为英语世界中的这样一类——他们生来反对国家主权学说,从最早的清教徒移民至今,始终坚守着这一态度,虽然并不很成功。"18 世纪殖民地反对母国的论战实际上是反对国会拥有立法主权的论战。

> 美国革命的深长久远的意义乃在于否认一切主权……这些观念
> 是美国的,但它们从前却是英国的。它们是中世纪思想体系的一部
> 分,其中包括人生而平等、赋税并非义务以及自然法和上帝法等观
> 念。殖民者正是以此为武器来抗拒国会权威的。当人们告别英国
> 时,他们也携带着这些观念。确实,他们正是为了信奉这些戒律才背
> 井离乡的。现在他们又从美国把这些和其他一些劳什子带回英国,
> 想让我们重新皈依那些我们过去信奉却早已抛弃了的观念。[29]

如果说美国人在某种程度上承认主权概念的话,那他们也认为主权在"民"。但除了偶然机会,如选举过一个制宪会议,又或如批准过一部宪法,人民是无法行使主权的。权威寓于许多机构之中,每一机构皆可标榜其来自于民,从而为自己的权威辩护,但没有一个机构可以下结论说它比其他机构更具有人民性。主权在民之说同主权在神之说一样含混不清。人民之声和上帝之声一样,也可呼之即来。所以,它是一种隐伏的、被动的和终极的权威,而非积极的有活力的权威。

美国与欧洲发展道路的差异,在代表权的理论与实践上也是显而易见的。在欧洲,中世纪代议制实体——等级议会被消灭的同时,地方利益的合法性也逐渐式微。在欧洲大陆,绝对君主代表着或象征着国家。自法国大革命以后,国会便取代君主而成为国家的代表或象征。无论国王还是国会都具有权威和合法性,而地方利益、教区利益、集团利益则如卢梭所说,缺乏合法性,因此无法在政治体制的中央机关要求代表权。

在英国,权威的合理化同样带来了代议制的变化,这与美国继续信守旧传统观念形成鲜明的对照。在 16 世纪的英国,国王与国会都具有代议功能。国王乃是"王国整个领土的代表",[30] 而国会议员则行使着中世纪传统的功能,代表地方社区和特殊利益。在中世纪晚期的国会中,"议员就是其所在小镇的检察官。作为国会议员,他能够代表选民,请求批准特许证,申请扩大地方自由权,匡正冤情并在伦敦或其附近为自己的选民承办私人企业"[31]。这样,国王代表整个共同体,而国会成员代表其各个组

成部分。国会议员对其所在选区负责。亨利五世（Henry Ⅴ）统治时期确曾通过一项法案，规定国会议员必须居住在他们的选区内。到了16世纪晚期，这个法律规定虽已有名无实，但对于大部分国会议员来说，在选区居住并与选区保持密切关系仍然是当选的资格要求。伊丽莎白时代的英国人罗斯（Rowse）写道："绝对地方主义是国会代议制的主要特征，并使代议制具有活力、切实可行。无论在哪里，议员中的大部分成员——无论是乡绅还是市民——都是当地人。诸如担任枢密委员之类的官员兼任国会议员的人很少，即使有也都有地方根基……对代表成分的分析表明，不代表地方的人所占的比例很小，政府官员兼任议员的就更少。"[32]议员不仅居住在选区内，代表选区利益，而且还因其服务而领取选区支付的薪俸。通常每个选区都有2或3名国会议员。

17世纪的宪政革命给这种所谓的"老托利"代议制度以致命的打击。它被比尔（Beer）称之为"老辉格"的制度所取代。根据新制度，国王失去了积极的代议功能，国会议员变为"整个共同体的代表，而且也是其各组成部分的代表"[33]伯克曾发表过如下一段关于"老辉格"理论的经典论述：国会乃"议决举国大政之堂，它只代表一种利益，即整体利益——国会不应被地方的目的、地方的偏见所左右，而应从普遍理性出发，以对总体有益为行为准则"。因此，国会议员就不应为其选区选民的意愿所约束，而应使各选区选民的利益服从于全社会的整体利益。随着这一新观念的出现，议员必须是选区居民并由选区支付薪俸的老传统也就很快被弃置。由选区支付其代表薪俸的最后记载是1678年。在17世纪，愈来愈多的议员不再居住在他们的选区内。"由于允许外地人自由参加竞选"，该项旧法规便形同虚设并最后在1774年被废止。[34]同时，拥有多名议员的选区数目逐渐减少，并在1885年最终消失。所有这些变化都使国会成为国家的集体代表，而不是各个选区代表的集合。这样，英国代议制度终于从理论与实践上适应了国会至上的新现实。

但在美国"老托利"制度却获得了新生。殖民地的代议制照搬了都铎时代的做法，后来它们又被写入1787年宪法，在全国范围确立起来。美国和都铎时代的英国一样，有一套二元代议制，即总统犹如都铎时代的国王，代表着整个共同体的利益；立法机构的各个成员则主要效忠于自己的

选区。英国 16 世纪的一选区多代表制被输入美洲殖民地立法机关，这一
制度不仅适用于全国立法机构的上院，而且扩大到州立法机关。直到 20
世纪这种制度仍在许多州议会实行。[35]议员须在选区内居住曾是都铎时
代英国的法律要求和政治现实，亦逐渐成为美国的政治要求和现实。它
反映了"强烈的地方主义……这种地方主义在母国被弃置以后在美国仍
然根深蒂固"。这样，在英国，19 世纪和 20 世纪的许多政治领袖，因其能够
改变自己的选区而得以留任国会。正如一评论家所指出的，"如果大不列
颠没有在几个世纪以前就弃置了美国仍然保持着的那种中世纪惯例"，那
么，"英国政治将走上一条何等迥然不同的道路！"反之，美国人或许会对政
治现代化所造成的英国议员与选民间的差距感到惊讶并嗤之以鼻。[36]

# 结 构 的 分 离

在比较欧洲与美国的政治发展之时，必须区分"功能"与"权力"这两
个概念。在这一章里，单数的"权力"指影响或控制他人行为的能力；"功
能"则指活动的特殊类型，可以从不同的角度加以界定。我们将不使用复
数的"权力"，因为大多数论家在使用它时指的是"功能"。这样才可以和
美国的开国元勋们有共同的语言，去讨论立法、行政和司法功能或白哲特
（Bagehot）所谓的荣誉和效率功能以及法律和政治功能，军事和民事功
能，内政与外交功能。任何功能的行使都涉及某些权力。但功能与权力
毕竟不同。两个法院可能具有类似或完全一样的司法功能，但是两者所
拥有的权力却可能有大有小。两个机构的权力可能相仿，但它们所行使
的功能在数量和实质上可能都有差别。因此，政府各机构就可能在权力
上有大小之分，在功能上有专门化之分和重叠之处。

在欧洲，权威的合理化和权力的集中曾伴随着更为专门化的政府机
构和部门的出现以及职能的区分。当然，这些发展变化是对社会的日益
复杂及其对政府要求的不断增加的反映。行政、立法、司法和军事机构发
展成为半自主但又是从属的部门，它们以不同形式对行使主权的政治实

体(君主或是国会)负责。反过来,各种功能分散于较为专门化的机构之中也加剧了各个机构之间权力的不平等。立法或是制定法律的功能比行政和执法功能具有更大的权力。

在中世纪的政府和都铎时代的政府之内,功能的专门化发展得并不充分。一个机构常常行使多种职能,而一种职能又常常由几个机构所分担。这就使各机构的权力趋于等同。都铎时代的英国政府是一种"权力(即功能)混合的政府",即国会、王室和其他机构都行使着多种职能。[37]在17和18世纪,英国政府逐步趋于集权和功能的专门化。正如波拉德所论说的,在大不列颠,"行政、立法和司法机构同源共生,并逐渐适应了各自特定的目的,因为没有职能的专门化,英国政府可能仍然还是原始的、低效率的。但是主权并未分割,权力也未分立"[38]。

相形之下,在美国,主权被分割,权力分立而各种功能则寓于众多不同的机构之中。这并非18世纪盛行的分权(即功能)的理论使然,二者甚不相干。真正将立法、行政和司法功能授予分立的机构就会给一个机构以立法功能的垄断权,这样就会集中权力。在某种程度这是洛克所希望的,更是杰斐逊(Jefferson)所希望的。分权思想当然也能在孟德斯鸠(Montesguieu)的学说中找到,但是孟德斯鸠认识到,功能的严格划分会导致权力的不平等。他认为:"司法权从某种程度上说几乎等于零。"结果,为了能够真正分权,孟德斯鸠将立法功能划分给三个代表三种传统领域的不同机构之中。如同在都铎时代的英国一样,在美国的实践上,不仅权力因立法职能的分割而被分立,而且其他功能也由几个机构共同承担,这样便创立了一个均权的"制衡"制度。正如诺伊施塔特所说:"1787年制宪会议原打算建立一个分权〔即分职〕的政府,其实不然。毋宁说,它建立了一个由各个独立机构分享权力〔职能〕的政府。"[39]这样,当欧洲进行政治机构职能分离和权力集中之时,美国却使职能的混合和权力的分割永久化了。

美国开国元勋们对于分权、以野心抑制野心并建立一个前所未有的复杂的制衡制度的热情,当然是众所周知的。然而,任何东西多少都有个代价。正如许多英国人所指出的,分权的一个显而易见的代价就是政府缺乏效率。白哲特争辩说:"一言以蔽之,英国宪法的制定原则是选择一个单一的至上权威并使之完善,而美国的原则则是保留多个至上权威,希望能以多补拙。"[40] 50 年之后波拉德作了类似的比较,指出"为什么美国私营企业效率如此之高而政府效率如此之低,以及为什么对美国许多有识之士来说,美国政治如此缺乏吸引力",正是分权造成的。但他希望,将来"美国能把主权托付给一个全国政府,而分权则应相应地降低到职能专门化的恰当水平"。[41] 然而事与愿违,美国政治机构依然是权力分立,职能交叉。立法与司法功能、荣誉和效率功能混于同一机构;立法职能分属众多机构,各不同的军事机构也不完全分立,凡此种种便是明证。

中世纪的政府不存在立法职能与司法职能的明确区分。在欧洲大陆,诸如阿拉贡大法庭和法国高等法院之类的机构,直至 16 世纪仍行使着重要的政治职能。当然,英国国会本身直至 17 世纪之初仍主要被视为法院而不是立法机构。正如霍尔兹沃思所指出的:

> 法院在政府功能实行专门化之前,远不仅是个司法组织。在英国和其他地方,它们享有我们称为政治的功能,因而和当今欧洲大陆那些行使纯粹司法功能以及其他地区那些主要行使司法功能的机构有所不同。当政府各部门的职能已开始分离之后,法院仍继续行使较大的职能,这是由于法律至上的信念依然存在之故。这种信念乃是中世纪政治理论的主要特征。[42]

在英国,法律的至上权威在 17 世纪的内战之中消失了,而司法与政治功能的混合状况也随之消失了。英国的法官遵循了培根而不是科克的教诲,变成"王位下的狮子",不能"制约或反对君主的旨意"。到了 18 世纪,布莱克斯通(Blackstone)已经可以直言不讳地说,法院无权宣布一项国会立法无效,不管这项立法是多么不合理。他说,承认了这项权力"就等于将司法权置于立法机构之上,那就会动摇整个政府"[43]。国会已从高等法院演变为最高立法机构。

但在美国,司法与政治功能的混合依然故我。宣布法律是什么的司法权,变成了一种司法和立法的混合权,它可以告诉立法机关,什么样的法律是不允许的。美国司法审查的原则与实践在 16 世纪末期与 17 世纪初期的英国无疑只具雏形。的确,司法审查的完整概念意味着立法与司法功能有别。这在当时尚未被明确认识。尽管如此,都铎和早期斯图亚特法院确实运用普通法去"控制"国会立法,至少已可以在很大程度上重新解释国会立法的意愿。这些行动与其说代表了自觉的司法审查观念,毋宁说它表示司法职能与立法职能"尚未分离的混合"[44]。这种立法与司法职能的混合状况为美国法院所保留,并最终体现在司法审查的理论和实践上。如麦基尔韦恩(McIlwain)所争辩的,美国法院的立法功能远大于英国法院,"因为在英国类似的趋势为 17 世纪国会至上的新理论的发展抑制了"。与英国法院不同,"尽管我们各政府部门相互分离,美国法院仍然保留着都铎时代的许多不确定性。它们为政策问题和权宜之计所左右的程度,在当今的英国真是闻所未闻。最高法院屡屡按可能会改变初衷的原则行事,而这一原则对英国上院来说是绝对不能接受的"。[45]托克维尔之后的外国观察家都把法院的"巨大政治影响"当作美国政府最令人惊异的和最突出的特征。

美国政府中司法与政治功能的混合也可以从律师在美国政治中一直起着突出的作用中看出。在 14 世纪和 15 世纪的英国,律师在国会事务的发展中起着重要的作用。在英国,国会和法律联合在一起,这与三级会议和法兰西高等法院的分离适成对照,而这种联合有助于维护国会的权威。[46]在伊丽莎白时代的英国,律师在国会中的作用日益重要。例如,在1593 年,43%的下院议员受过法律教育。在议会,议长和其他头面人物通常都是律师。后来,律师在英国国会中的重要性逐渐下降,到了 19 世纪,已是微乎其微了。在 20 世纪大约只是 20%的下议院议员当过律师。但在美国,无论是殖民地政府、州政府还是全国政府,都铎时代律师充当议员的遗风犹存,律师通常在美国立法机构中占多数或绝大多数。[47]

正如白哲特所指出的,一切政治制度必须先获得权力,然后才使用权力。在现代英国政治制度中,这些功能分别由荣誉机构和效能机构行使。将每种功能分派给不同的机构是功能专门化的一个方面,而功能专门化则是现代化的一部分。当然这在君主立宪制中表现得最为明显,但在某种程度上也可以从所有现代政府中看出。[48]然而美国的政治制度,如同其他古老的欧洲政治制度一样,并未把荣誉和效率功能分配给不同的机构。美国政府的所有主要机构——总统、最高法院、参众两院以及各州的相应机构——都在不同程度上结合了这两种功能。当然这种结合在总统职位上表现得最为明显。几乎所有其他现代政治体制,从英国和斯堪的纳维亚半岛国家的所谓立宪君主制,意大利、德国和戴高乐之前的法国议会共和国制到苏联和东欧的共产主义独裁制度,都将国家元首和政府首脑区别开来。而苏联还进而把国家元首与政府首脑和政党领袖区别开来。但在美国,总统一身而三任。这种职能的结合是其权力的主要来源,但也是对其权力的主要限制,因为一项职责的要求常常与另一项职责的要求相冲突。这种多职责的结合保留了古老惯例。正如杰斐逊在 1787 年所宣称的,总统职位是作为一种"民选的君主"而设立的;它意在体现英国国王的广泛权力;而以总统为核心的政治也就是宫廷政治。[49]

总统制的确是当今世界唯一幸存的那种曾流行于中世纪欧洲的立宪君主制。在 16 世纪,立宪君主既当朝又执政。但他是根据法律并顾及其臣民的权利与自由而实行统治的。福蒂斯丘在区分"政治与君主权力"(dominium politicum et regale)和"君主权力"(dominium regale)时,所指的正是这类君主。在 17 世纪,新式的绝对君主取代了这类旧式立宪君主,把自己置于法律之上。此后,18、19 世纪又出现了一种新的所谓"立宪君主制",在这一制度之下,一个"尊贵"的君主统而不治。和绝对君主一样,他也是现代的产物,反映了集最高权力于一个机构的需要。但美国总统制却继续着最初的老式立宪君主制。在功能与权力方面,美国总统等于都铎时代的国王。无论在个性与能力方面还是在机构的职责方面,林登・约翰逊(Lyndon Johnson)都远比伊丽莎白二世(Elizabeth II)更像伊丽莎白一世(Elizabeth I)。英国保留着旧君主制的形式,而美国则保留着其实质。今天美国仍有一位国王,而英国则徒有一项王冠。

在大部分现代国家中,立法功能在理论上由一个人数众多的代议机构、国会或最高苏维埃行使。然而在实践上,它是由一小部分人,即一个在所有统治活动领域行使权力的内阁或常务委员会来行使的。但在美国,立法功能仍然分属三个不同的机构及其下属机关,很像欧洲中世纪晚期的立法职能曾经分属不同的等级及其组成机构。在全国范围内的这一措置与其说源于哪一位欧洲理论家,毋宁说源于"1606 到 1776 年间的殖民地制度史"[50]。在各殖民地,议会、委员会和总督之间的关系,反映了 16 世纪晚期英国王室、贵族院和下院之间的关系。

在现代政治之中,权力在议会两个团体之间的划分与议会整体的实际权力一般成反比。最高苏维埃权力很小,但却是真正的两院制。英国国会权力较大,但实际上只是一院。然而只有美国保留了直接从 16 世纪继承下来的实际运作的两院精神。只有在都铎时代,国会两院才在形式上和实际上都彼此分离。"该世纪之初国会乃是一单一的机构,真正的两院制只是一种前景。"当该世纪终了之时,下议院在"权力、地位和威望"上的增长使国会成为"王室和政府都必须刮目相看的政治力量"。[51] 在英国议会史上,16 世纪代表着两院精神的巅峰时期。一院常常否决另一院通过的法案。为解决分歧,两院便诉诸会商委员会。最初这只是一种"临时程序",在 1571 年,会商委员会变为"惯例"。在伊丽莎白时代的议会中,对于大部分议案,不是上院就是下院持有异议,因此都需召集会商会议来解决。会商代表常常受命不得在某些条款上妥协。当两院所通过的文本有重大分歧时,会商委员会可以重拟整个法案,有时女王及其枢密大臣也会敦促并指导他们这样做。虽然这一切好像发生在当今,可实际上却是道道地地的都铎时代的古董。会商委员会程序被带进了殖民地立法机构,并进而扩展到美国国会。然而,在英国,确立内阁对下院负责之后,这一惯例逐渐废弃了。英国最后一次诉诸"自由会议"(在那里允许讨论,因而也就允许政治活动)大约是在 1740 年。[52]

议会两院和行政首脑都参与立法过程的做法使美国还保留了许多其他类似都铎政府的立法方式。行使立法职能的议会必须将自己的某些工作委托给下属机构或委员会。这种委员会是在 16 世纪 60 年代和 70 年代的都铎议会中出现的。将议案提交委员会的做法很快几乎变成了普遍的惯例。随着委员会承担起愈来愈多的众议院职能,它们也就日益扩大并更成为常设机构。委员会还常常被那些对其所审议的法律有特殊利益的人们控制着。有关地方和地区问题的法案就由来自那些地方和地区的成员组成的委员会加以审议。[53] 到了 16 世纪末,那些较大的委员会演变成了常设委员会,负责审议涉及某一领域里的所有议案。下院在立法过程中所起的积极作用迫使它借助于这种委员会程序。而这些程序又在 17 世纪初期舶入了殖民地——特别是舶入了弗吉尼亚议会的下院——在那里这种形式很切合实际需要。150 年以后委员会程序又被国会的早期会议所袭用。但与此同时，英国内阁的兴起瓦解了先前在国会中存在的委员会制度。下议院原来的常设委员会早在 1832 年正式停止工作之前就已形同虚设，与议会全体委员会没什么两样了。

立法功能的划分也将类似的职责赋予了都铎时代的下议院和后来美国立法机构的议长。都铎时代的议长是政治领袖，同时为王室和下院双方效力。他能否成功主要取决于他能否出色地平衡与协调这两项常常是相互冲突的责任。在下院中，他是"国王事务的总管"，但在御前，他又是下院的代言人及其权力和特权的护卫者。他可以通过对法案辩论程序的控制——但受下院否决权的限制——和对"讨论问题的时间和方式"的影响来对国会施加很大影响。然而 17 世纪王室与国会之间的斗争使议长不可能继续对双方效忠，他基本上站到了国会一边。在 1727—1761 年间，昂兹洛（Onslow）担任议长时的不偏不倚的做法后来就成为 19 和 20 世纪议长所遵循的准则。这样，英国这个在效能和荣誉上都曾权重一时的议长职务便急剧地改变了性质，成为非政治的、中立的礼仪虚位。相比之下，在美国，都铎时代议长席位的政治性质延续到殖民地议会，并最终延续到联邦众议院。[54]

由两院和行政首脑分担立法功能，给当代美国立法程序打上了鲜明的都铎时代的烙印。正如罗斯所指出的，在伊丽莎白时代的英国，"王室与国会之间的关系更像美国总统与国会之间的关系，而不像今天英国王室和议会之间的关系"[55]。都铎时代的君主必须胁迫、哄骗、劝说下院制定他们所希求的法律。他们每每遇到强悍不羁的国会，它硬要推行国王所不希望的措施，辩论国王想回避的问题。当然，总的来说，国王的主要要求是经费的"立法计划"，一般能被通过。但有时下议院却不买账，这时国王只得撤回或改变其要求。负责协调伊丽莎白与国会关系的伯利（Burghley）"始终密切注意着国会议程，并在议会与会期间从议会书记那里获得有关两院所有法案审议的进行情况"[56]。为了赢得下院对其建议的支持，伊丽莎白常常给议会递送手谕或故意向议会"放风"，或者指导议长如何处理议会事务，或者"召见或传呼议会代表到白厅，当面予以申斥"，或者"御驾亲临，或由掌玺大臣代劳，向议会发表演说"[57]。

虽然君主并不"缺乏对国会两院正在审议的、令圣上不悦的法案进行扼杀的手段",但几乎每届国会总会通过若干国王所不喜欢的法案,这时国王就会行使否决权。虽然否决权更常用来反对私法案而非公法案,但重要的公法议案也有被国王所阻止的情形。在伊丽莎白一世治内,她共批准了 429 个法案,否决了大约 71 个法案。然而,否决权并不是一件可以不计得失而随意使用的武器,因为"政治作为一门可能性的艺术,就是都铎王朝的君主也摆脱不了它的纠缠。鲁莽或不慎地使用君主否决权会招致麻烦"[58]。所以,亨利八世或伊丽莎白一世对国会所使用的战术与肯尼迪或约翰逊对国会所使用的战术,并无多大差别。类似的权力分配形成类似的行政与立法行为的模式。

都铎君主确实比美国总统优越的地方是,他们的若干(虽非全部)枢密大臣可以列席议会。这些枢密大臣是处理国会中王室事务的总管,行使着英国国会多数派领袖的职能。与多数党领袖一样,他们有时也会感到不得不把对国会的忠诚置于对王室的忠诚之上。然而,枢密大臣列席国会的做法从未被当作合意的而被完全接受下来。在 17 世纪,国会一直在设法让这些"官吏"吃闭门羹,终于导致了 1701 年通过的《王位继承法》。虽然此项法律的有关条文,即行政官员不得参加国会,几乎立即在英国失效,但后来却写入了美国宪法。这样,美国在实践上继承并发扬了英国早期政治思想和行为的一个方面,而后来英国的实践却另辟蹊径。[59]故而,美国行政首脑与立法机关之间的关系使得美国内阁与行政长官颇似 16—18 世纪的英国内阁和枢密院。最能反映这种相似性和英国内阁作用的急剧变化的是,在美国,如同在 18 世纪的英国行政领导至今仍被称作"行政"(the Administration),而在英国本土行政领导现在则被称作"政府"(the Government)。

专门化的行政机构的分离过程,在欧洲也远比在美国发展得更为迅速。这种差异在军事机构方面表现得极为明显。一种现代化军事建制应拥有一支由募兵或征兵组成,并由一个职业军官团指挥的常备军。在欧洲,职业军官团出现于 19 世纪上半叶。截至 1870 年,欧洲大陆各主要国家都已建立起了职业军官组织的大部分主要制度。英国在军事专业化方面落后于欧洲,而美国又落后于英国。直至 20 世纪初,美国拥有的职业军官组织仅达到欧洲国家好几十年前就已达到了的数目。政府各机构间的分权使政治与军事事务的混合长期不能解决,并且使客观的文官控制这一现代制度很难出现。在民事的大部分领域,美国人已经愿意把功能的分离和专业化功能作为现代化内在的甚至是可取的方面。然而即使在第二次世界大战之后,许多美国人对于民—军关系仍然信守着"融合为一"的态度,并且相信军事领导和军事机构应当反映民间的态度和特质。[60]

美国不愿意接受一支常备军,这一点也与欧洲远为迅速得多的军事现代化形成了鲜明的对照。16世纪欧洲的军事力量是由家卒、雇佣军和地方民兵组成的。在英国,民兵古已有之。都铎时代的君主正式以郡为单位组成了由总管指挥的民兵,以取代封建贵族的私人扈从。这一发展变化是向"国内安定、军事羸弱"迈进的一步。在1600年,"没有一个西方国家拥有一支常备军。在欧洲唯一的例外是土耳其"[61]。然而到了该世纪之末,所有主要的欧洲强国都已拥有了常备军。军纪更为严明,军服开始统一,军规得以制定,武器实现了标准化,国家开始对军队实施有效的控制。法国的常备军始自黎塞留;普鲁士于1655年始于选帝侯;英国则始于1660年的复辟时期。在英国,地方民兵在1660年以后依然继续存在,但其重要性逐渐下降了。

然而当民兵在欧洲开始衰落的时候,在美国,它却成为主要的军事力量。当一个社会的军事需要是防卫性的而非进攻性的,是间歇性的而非经常性的时候,民兵乃是当然的军事制度。17世纪的殖民者继承并改进了曾在都铎时代的英国存在过的民兵制度。一个世纪之后,他们把民兵看作是民治政府的一部分,而把常备军看作专制君主制的象征。正如瓦兹(Vagts)所指出:"在军事方面,美国革命战争在某种程度上是一次抗击英国常备军的反叛。"[62]但就军事制度而言,它是一次反动的叛乱。乔治三世(George Ⅲ)的常备军代表着现代性,殖民地的民兵则代表着传统主义。然而独立战争却使美国更加信守这种军事传统主义。敌视常备军并把民兵当作保卫自由人民的前沿阵线,成了公众的信条和宪法准则——不管这与实际相差多远。幸运的是,在19世纪,外部对于美国安全的威胁尚少,因此美国人民能够对一种低效率的军事力量——它当然保卫了美国人民,因为危险根本不存在——持乐观的信心而安然度过那个世纪。

然而动乱的 20 世纪开始了很久之后,民兵仍然是美国军事事务上的重要因素。这具体体现在国民警卫队的政治影响力和军事力量上。即使是在第二次世界大战之后,职业军事武装优于亦民亦兵武装的思想在大西洋西岸仍未被完全接受。

# 都铎制度与大众参与

在西方文明的各民族之中,美国最先实现了广泛的政治参与,但在实现传统政治结构的现代化方面却是最后一家。在美国,都铎式的政治制度和大众参与融于一个政治制度之中。至今,这种融合之不可思议,就和它至今无人能加以复制一样。而在欧洲,权威的合理化和机构的分离却明显地先于政治参与的扩大。如何解释政治现代化进程中的这种差异?

这些差异多半与欧洲大陆上的战争和社会冲突绵延不绝而美国则相对安定这样一个事实有直接关系。在欧洲大陆,16 世纪后期和 17 世纪是激烈的斗争和冲突的时期。在欧洲大陆,整个 17 世纪只有三年是完全平静的。在这一世纪,几个大国彼此交战的时期比言和的时期还长。这些战争常常牵涉到许多由王朝和政治纽带联结在一起的国家,甚为复杂。战争之惨烈,实属前世所无,仅次于 20 世纪。[63] 战事频仍直接推动了政治现代化。竞争迫使列国君主建设自己的军事力量,而军事力量的创建则要求国家统一,要求镇压地方和宗教异己,要求扩大军事和官僚机构并大幅度增加国家岁入。克拉克(Clark)指出,在 17 世纪冲突的历史中,

> 最显著的事实是军队和战争规模的扩大。正如需要有现代国家来创立军队一样,军队也创立了现代国家,因为二者是相互影响的……行政机器和治理艺术的发展取决于将国家的自然和人力资源转化为军事力量的欲望。欧洲制度总的发展受制于这一事实,即欧洲大陆日益变得军事化,或者干脆说是穷兵黩武的。[64]

战争,正是刺激国家建设的巨大动力。

近年来,许多著述论及穆罕默德·阿里(Mohammad Ali)统治下的埃

及、18 和 19 世纪的奥斯曼帝国和明治时期的日本等非西方社会的统治集团所推行的"国防现代化"。在所有上述国家，现代化初期的努力都是在军事领域。采用欧洲的武器、战术和组织的尝试带动了社会其他制度的现代化。17 世纪欧洲又何尝不是如此？安全的需要和领土扩张的欲望推动了各国君主去发展军事机构。而要实现这一目标，君主必须统一治理并合理化其政治机器。

英国不完全属于那些战事频仍、动乱不定一类的国家，主要是由于其岛国的地理位置。即便如此，斯图亚特王朝的君主增加税收来建造并武装更多的战舰，以便与法国和其他大陆国家争雄，仍是推动英国政府集权的一个主要因素。如果不是因为英吉利海峡，斯图亚特王朝的集权努力可能早就成功了。然而在 17 世纪的美国，经常性的威胁仅仅来自印第安人，加之各殖民地十分分散，这就使得主要的防卫力量只能是殖民者自己组织的民兵部队。美国并不需要建立欧洲类型的军事力量和维持并控制这些军事力量的欧洲类型的国家。

国泰民安也有助于美国得以保持都铎时代的政治制度。这些制度反映了 16 世纪英国社会相对和谐而统一的局面。英国社会在经历了 15 世纪两次玫瑰战争的磨难之后，欢迎都铎王朝带来的天下太平。16 世纪社会冲突极少。贵族阶级在上一世纪的内战中被消灭殆尽。当时英国也许还称不上是中产阶级社会，但是其社会各阶级间的差别却比此前要小，比其后则要更加小得多。个人流动而非阶级斗争才是都铎时代的主要现象。"都铎时代的英格兰是一个空前的有机社会，它此后几乎马上就被遗忘了。"[65]和谐与统一使英国无需将主权固置于某一个专门的机构。只要社会冲突微少，主权就可以依旧分散。

破坏都铎时代和谐局面的唯一重大问题，当然是宗教争端。值得注意的是，在 16 世纪英国史上，《最高权力法》意味着国家权力高于教会，而不是一个政府机构凌驾于另一政府机构之上，或一个阶级凌驾于另一阶级之上。然而在玛丽王位之争的短暂插曲结束之后，伊丽莎白凭借她在政治上的老谋深算及在人民中间的感召力，在各宗教派别之间恢复了和平。这在当时的欧洲实是独一无二的。王室与国会之间的均势和一个活跃的君主与普通法的结合皆有赖于此种社会的和谐。与此同时，在欧洲大陆,各国内部争斗之激烈在16世纪末之前达到了一个新的阶段。从1562年到1598年的36年间,单是法国一国就发生了8次内战,而此时伊丽莎白统治下的英国则安然无事。此后的50年法国又历经黎塞留与胡格诺教派的斗争以及福隆德战争。西班牙也饱受内战之苦,特别是在1640年到1652年腓力四世和奥里瓦列斯试图制服加泰罗尼亚时期。在德国,君主和议会相互争雄。在那里,采邑主和王公常常支持不同的教派。宗教之争必然打破中世纪王公与议会之间的均势。[66]

英国的和谐局面随着16世纪的消逝而告终。在17世纪的英国,无论士绅阶层的兴衰沉浮如何,打破都铎社会安宁的势力都已在发生作用。重新建立类似都铎时代均势的努力因面临激烈的社会与宗教冲突而归于失败。例如,1630年和1640年之间王室统治的短暂阶段,在长期国会的初年(1641年),让位于“一个类似都铎时代均势的短暂的复辟时期。而要不是因为王室和好斗的新教党派在下院的激烈的宗教争端的兴起,这种均势本可能长久持续下去”[67]。和在法国一样,英国的内部冲突导致了对建立强大的中央集权以便恢复公共秩序的要求。社会统一的破裂激发了通过政府恢复统一的不可抗拒的力量。

移居美洲的清教徒和查理一世的保皇派分子都逃避了英国国内的冲突。离乱的过程反过来助长了同质性,同质性又有助于形成“一种固守的状态”[68]。在美洲,环境加强了继承性,因为边疆的挑战加之土地的广袤无垠有助于使都铎社会的平等特征和制度的复杂性长期延续下来。正如哈茨(Hartz)所指出的,1787年宪法的制定者在联邦一级复制了这些都铎式制度,以为美国的社会分裂和冲突需要一种复杂的制衡体系。然而,实际上,他们所制定的宪法之所以成功,正是因为他们对美国社会的看法是错误的。同样,也只有当没有重大社会分裂时,政治问题才能够通过奇特的司法审查制度不断地转变为法律问题。[69]分裂的社会没有集权就不能存在,而和谐的社会有了集权就不能存在。

在欧洲大陆,和在大部分当代正在进行现代化的国家一样,权威的合理化和权力的集中不仅对于统一是必要的,而且对于进步也是必要的。现代化的敌对力量主要来自宗教的、贵族的,以及地区和地方的传统势力。权力的集中对于铲除旧秩序,摧毁封建特权和封建束缚,并为新社会集团的崛起和新的经济活动的发展都是必要的。在某种程度上，绝对君主与新兴中等阶级之间的确存在着一致的利益。因此，欧洲的自由主义者对权力集中于一个绝对君主常常持赞同的态度，正如当今现代化推行者对于权力集中于一个单一的"群众性"政党持赞同态度一样。

但在美国，封建的社会制度并不存在，因此也就无须集权。因为没有贵族需要清除，也就无须建立一个能够荡涤他们的政权。[70] 推动欧洲政治现代化的强大动力在美国是找不到的。美国社会的发展和变革无需通过克服其利益系于社会和经济现状的社会阶级的反抗就能实现。平等的社会传统加上广袤的土地和其他资源使得美国社会和经济进步多少能够自发地产生。美国政府常常帮助推动经济发展。但是，除了废除奴隶制度以外，政府在改变社会习俗和社会结构上只起着很小的作用。在现代化之中的社会里，权力集中的程度随着抗拒社会变革的力量的强弱而变化。在美国，这种反抗既然微弱，集权程度也就不高。

欧美在社会共识程度上的差异亦足以说明二者在政治参与扩大的方式上为什么不同。在欧洲，政治参与的扩大表现为在两个层次上都产生了中断。在机构这一层次上，民主化意味着权力从君主手中转移到人民会议手中。这一转移在英国始于 17 世纪，在法国始于 18 世纪，在德国始于 19 世纪。在封建议会历经专制时代而幸存下来的国家里，它们通常变成了倡导主权在民而抵御王权至上的工具。王室的权力和特权逐渐受到限制乃至终止；议会成为占统治地位的政治制度。随着选举权的扩大，议会最终代表了全国。

在那些各式议会已在专制主义时代消逝了的国家里，要建立参与政府殊为艰难。在这类制度中，权威的合理化和机构的分离常常发展过了头，以致封闭了公众通过传统制度参与政治的途径。结果，君主常常被革命所推翻，被一个民选的议会所取代：卢梭是黎塞留自然的继承人。诸如法国和普鲁士一类在 17 世纪率先进行政治制度现代化的国家，就很难在 20 世纪维持稳定的民主制。在 17 世纪那些君主专制趋势被挫败（英国）、受阻遏（瑞典），或根本就不存在（美国）的国家，后来都易于发展更有活力的民主制度。中世纪的等级议会和多元议会继续保持生命力与后来的民主趋势密切相关。卡斯坦（Carsten）指出："在等级议会历经专制政府统治而幸存下来的日耳曼地区，19 世纪的自由主义运动最为强大，这当然不是偶然的。"[71]同样，在 17 世纪的西班牙，加泰罗尼亚是封建势力对抗奥里瓦列斯之集权和权力合理化努力的主要堡垒，而它在 20 世纪就成为西班牙自由主义和立宪主义的主要堡垒。在 18 世纪的欧洲，"民选团体"为维持和恢复其特权所作的保守的甚至是反动的努力，也为日后大众参与和反对专制主义的人民运动奠定了基础。[72]

在选举层次上，欧洲政治参与的扩大意味着选举议会的权利从贵族逐步扩大到上层资产阶级、下层资产阶级，进而到农民和城市工人。英国 1832 年、1867 年、1884 年和 1918 年的改革法案为这一过程勾勒了清晰的轮廓。在原来不存在议会的地方，议会的创立常常伴随着男性普选权的实施。这种普选权反过来直接助长了政治不稳定。在上述两种情形之下，控制议会就等于控制了政府。因此围绕着谁应享有议会选举权的斗争常常是激烈的，有时甚至诉诸暴力。而在美国，欧洲的那种阶级差别并不存在，因此导致选举权冲突的社会基础也不如欧洲广泛。此外，在美国，中世纪立宪主义的多元机构仍然存在，这也使得扩大选举权并不具有明显的重要意义。在一个有许多机构争夺权力的政治体制中，总有一个机构（通常是下院）应当由公民选举产生，这似乎是天经地义的。然而，一旦这一点实现了，各社会力量之间和政府各机构之间的竞争就会导致其他机构逐渐民主化。

这样，在美国，社会统一和政府各机构的分权就使政府成了民主化的关键所在。在美国，相当于英国 1832 年改革法案的是选举团——它随着政党的兴起而产生——性质的改变，结果，总统职位便从一个间接选举产生、半寡头式的官职转变为一个民选产生的职位。在美国，扩大大众参与的另一个重要步骤是将选举原则推广到州长、州议会两院、许多州的官署和委员会、许多州的司法机关以及美国参议院。在欧洲，政治参与的扩大意味着将选举某一机构的权力扩大到一切社会阶级。而在美国，它却意味着社会一个阶级的选举权的适用范围扩大到所有（或几乎所有）的政府机构。

为什么在美国虽然政治参与的扩大发生得较早、发展得较为迅速，却并未酿成动乱和暴力呢？其原因至少部分在于美国 17、18 世纪存在的传统的政治机构是相对复杂、适应性强、相对自主并具有内部凝聚力的。特别是这些机构在地方、州和联邦一级各不相同，它们为政治参与提供了大量的渠道。多样性的机构提供了通向政治权力的多种方式。那些不能影响全国政府的集团可以控制州或地方政府。那些不能选举行政首脑的可以控制立法机关或者至少是立法委员会。那些在人数上始终处于劣势的，可以到司法机关去寻求支持，以维护自己的权力和确定一个选区。18、19世纪美国社会中有影响的社会和经济集团，大多能够找到某种途径来参与统治并对政府当局施加影响，鲜有例外。

在欧洲，政治参与的扩大是与权力的集中联系在一起的。"民主运动必须是统一的、集中的。因为民主运动需先破而后立。"[73]相反，在美国，参与的扩大是与权力的分散和维持业已建成的政府各部门联系在一起的。只有像汉密尔顿（Hamilton）那样的推行现代化的独裁者才会在美国鼓吹欧洲民主分子所拥护的那种集权。然而，众多政府机构的民主化，使得各机构之间的权力趋于均衡，因而也就使得民主化的后果较为温和。同时，这种民主化也使多元化的历史传统变得合法化并得以加强。正如麦迪逊所认识到的那样，最受群众拥戴的政府部门也应当是最有权力的。政府各机构和正在兴起的社会力量之间的联系的建立，屡屡振兴了政治机构，而如若没有这种联系，这种政治机构就会像欧洲的君主和贵族院一样，丧失掉自己的权力。因此，历史上遗留的机构多元制有助于政治参与的扩大，而政治参与的扩大又反过来加强了机构多元制。

在欧洲，社会内部对现代化的反抗迫使政治体制实现现代化。在美国，社会内部现代化过于容易，以致阻碍了制度的现代化。因此，美国把世界上最为现代化的社会与世界上最古老的政体融为一体。美国政治经验的特点就是经常有立法创造却鲜有创新。自美国革命以来，美国人已经草拟了38部州宪法，然而部部雷同，根据这些州宪建立的政府都是依样画葫芦。20世纪50年代阿拉斯加和夏威夷的新宪法仅仅是在细节上与约翰·亚当斯（John Adams）在1780年起草的马萨诸塞州宪法有所不同。政治实验和创新的机会如此之多真是得天独厚，而这些机会几乎完全被错过，也是绝无仅有！

美国政治体制的这种静态性与美国社会其他方面经常不断的变化性适成对照。罗宾·威廉斯（Robin Williams）曾经争辩说，美国文化的一个鲜明特征是积极变革的倾向。另外两位评论家也表达过类似的看法:"在美国,变革本身受到尊崇。新的便是好的;旧的总是不令人满意。对美国人来说,能够首先拥有下一年的新型汽车便受到尊敬。在英国,人们却沉湎于让25年前的旧车能继续开动。"[74]当年星散在大西洋沿岸的几个贫穷的乡下居民点里,不过住着一些因受宗教迫害而漂洋过海的可怜人儿;短短的三个世纪之后,美国一跃而为一个巨大的、都市化的大陆共和国,变成了世界上首屈一指的经济和军事强国。美国向世界展示了最先进的、效率最高的经济组织。它开创了面向公众的社会公益:大规模生产、大众教育、大众文化等等。无论在经济上还是在社会上,一切都在运动。然而在政治机构方面,唯一重要的制度革新就是联邦制。而联邦制度本身也只是传统上厌恶集权的产物。这样,社会和经济的根本性变革就与政治的稳定性和连续性结合在一起了。在一个勉力求新的社会中,政体却依然是古老而陈旧。

美国在政治方面的独特贡献在于对大众参与的组织上。[75]美国发明的一个主要制度当然就是政党。美国人在革命前创立了秘密会议,在革命的危急关头创建了通讯委员会。在此基础之上,他们在18世纪末组织了世界上第一个政党。反过来美国的政党又直接反映了美国政治现代化的性质。作为对政治参与的扩大的反映,政党是首先在美国出现的,而后才传到其他国家。雄心勃勃的政治家如果要在权力的角逐中成功,就必须动员和组织选民。例如在1800年的纽约市,杰斐逊一派的共和党领袖认定要赢得选举就必须赢得纽约州,要赢得纽约州就必须首先赢得纽约市。为实现这一目标,阿伦·伯尔(Aaron Burr)实际上就发明了政党机器。正如一位学者所描述的,

> 伯尔面对的形势极险恶,因为联邦党人是由他的宿敌,即精明能干的汉密尔顿所领导的。汉密尔顿曾在上一次选举中大获全胜,而共和党内又正在闹分裂。伯尔冷静地劝说资深共和党领袖一致推举一个有名望的地方共和党候选人,并暂时秘而不宣,静候汉密尔顿拼凑起劣势的候选人之后,才宣布共和党的候选人名单。伯尔将其助手按选区严密地组织起来,做好选民索引,录下他们的政治历史、政治态度,以及如何劝说他们参加投票等等的资料;建立起委员会逐户

征募竞选资金；迫使阔绰的共和党人慷慨解囊；组织集会，并将当时处境艰难的共济团体坦慕尼协会成员争取到他的麾下；与汉密尔顿公开论战；在历时三天的选举的最后一天，连续 10 小时待在投票处，进行现场拉票。[76]

结果，伯尔获得了决定性胜利，他为美国政治带来的制度创新从此也就站稳了脚跟。

这样，政治参与在美国较早地扩大就能说明为什么群众性的政治组织在那里发轫。反之，缺乏权威的合理化和机构的分离以及传统的政治机构的延续，也能说明为什么美国政党从未像英国或欧洲大陆国家的政党那样强有力地组织起来。一个复杂的政府结构的存在，给政党所行使的功能留下了很小的余地，并使得政党在政治体制中所起的作用不如在欧洲那么重要。美国政党与欧洲政党相比，其组织较为松散、凝聚力较弱、纪律较为松懈，而且一般也不愿卷入各种辅助性的社会和经济活动。而积极参与此类活动正是欧洲政党特别是左派政党的特点。美国政党与欧洲政党之间的差异，在某种意义上，和美国政府机构与欧洲政府机构的差异一样。相比而言，"美国政党具有一种非常古老的整体结构"[77]。具有讽刺意味的是，产生于美国的政治组织形式却在西欧发展成为一种更为强大和复杂的结构，最后在苏联得到了最充分和完全的发展。

由此看来，现代性并非铁板一块。美国的经验充分表明，一个社会的某些制度层面业已高度现代化之时，其他制度和层面或许仍然保留着很多传统的形式或实质。这也许就是事物的本性吧。在任何体制之中，变革与继承性须保持一定的平衡。某些方面的变革会使得其他方面的变革变得不必要或者不可能。在美国，政府机构的连续性和稳定性保障了社会的迅速变革。而社会的迅速变革则又有助于政府的连续性和稳定。政体与社会之间的关系多半是辩证的而不是相辅相成的。在诸如拉丁美洲等国家的社会中，僵死的社会结构以及缺乏社会与经济变革始终与政治不稳定以及制度的衰微相伴而生。未尝不可以说，后者就是前者的结果。[78]

现代社会与都铎政治结构的融合，可以解释许多原来令人迷惑不解的美国政治观念。在欧洲，保守派是传统制度和价值观念——特别是社会中而不是政府中的制度和价值观念——的卫道士。保守主义与教会、贵族、社会习俗以及旧的社会秩序联系在一起。保守派对政府的态度是爱憎兼具,被视为社会秩序的卫护者,但同时也被看作是社会变革的推动者。保守派主要关心的是社会而不是政府。欧洲的自由主义者则对政府持一种更为积极的态度。杜尔哥(Turgot)、普赖斯(Price)和戈德温(Godwin)等人视集权为社会变革的前提。他们一贯主张将权力集中起来——或集中于专制君主或集中于享有主权的人民——以图社会变革。

然而在美国,自由派和保守派的态度混淆不清,有些方面恰与欧洲相反。保守主义在美国从未盛行过,因为美国本来就没有需要加以保住的社会制度。社会是变化着的、现代的。而保守派所怀疑的政府则始终是相对稳定而古老的。除了少数几所高等学府和教会等之外,美国社会中最古老的制度就是政府制度。反之,由于没有根深蒂固的社会制度,美国的自由主义者也就没有必要像欧洲自由主义者那样去支持集权。约翰·亚当斯可以把孟德斯鸠鼓吹的那种政体与杜尔哥的理想社会合二为一,使杜尔哥本人也会感到困惑。19 世纪的欧洲人完全有理由被美国的创举所迷住,因为美国将一个欧洲人尚未经历过的自由社会与一种他们差不多已经忘却了的保守政治融成了一体。

这些保守的制度将来很可能会比以前变化得快些。无内忧外患一直是阻遏美国政治制度实现现代化的主要因素。但外部安全在 20 世纪之初已不复存在,内部和谐也常常濒临瓦解。一个适宜于无外患之虞的政治制度或许并不适应一个常常卷入恐怖平衡、冷战以及海外军事干涉等事变的社会。同样,种族关系和贫困的种种问题也加强了要求全国政府采取行动的呼声。国防和社会改革的需要可能会瓦解传统的多元制度,并加速美国政治制度中权威的合理化和结构的分离。

# 都铎政体和现代化中的社会

许多著述认为,当今现代化之中的亚洲、非洲和拉丁美洲国家与美国现代化的初期阶段有相似之处。有人说,美国过去是而且现在仍将是一支革命力量。据说美国革命还"触发了一系列革命"，自法国革命始，直至俄国革命，都是美国革命引起的；而俄国革命又是"美国革命的产儿，虽然是一个不想要也不被承认的孩子"。[79]但是，硬要在发生于18世纪的美国与发生于20世纪亚洲、非洲和其他地区的事件之间找到什么联系或类似之处，那就只能加深对这两种不同历史经验的极大误解。美国革命不是像法国、俄国、中国、墨西哥或古巴革命那样的社会革命，而是一场独立战争，而且它也不是一场如同印度尼西亚人反对荷兰，或越南、阿尔及利亚人反对法国的那种抗击外国征服者的民族独立战争，而是一场移民者反对母国的战争。只有晚近的阿尔及利亚法裔移民与法兰西共和国之间，以及南罗德西亚和联合王国之间的那种纠葛，才和当年北美移民向英国闹独立有类似之处。换言之，只有像阿尔及利亚法裔人和南罗德西亚人这样最后的欧洲"支脉"与欧洲本土的分离，才能与美国独立相提并论。然而，美国的自由主义知识分子和政治家却不爱听人们提到这种雷同。

认为美国经验与当代现代化之中的国家具有类似性的观点，还表现在称美国为"第一个新国家"这种说法上。有人曾争辩说："美国是从殖民统治中挣脱出来的第一个名副其实的主权国家。不管在其他方面有多大差异，仅此而言，它与当今正在'崛起'的国家有某些共同点。"[80]但是"新国家"一词没能把国家与社会这两个概念区别开来，因而忽略了美国与现代化之中国家的经历之间的关键性差别。关于当今现代化中的国家，就其主要方面而言，可以说精确地表现在另一本著作的标题之中：《旧社会与新国家》。[81]而历史地看，美国是个新社会，但是个旧国家。因此，当今现代化国家所面临的，在政府和政治现代化方面的问题，与美国当年所面临的根本不同。

在亚洲、非洲和拉丁美洲的大部分国家里，现代化面临着巨大的社会障碍。贫富之间、现代的社会精英与传统的人民大众之间、强者与弱者之间的巨大鸿沟——这是当今致力于现代化的那些"旧社会"遭受的共同命运——与18世纪美国所存在的那种"一个阶级"的"和睦统一"形成了鲜明的对照。和17世纪欧洲的情形一样，这些鸿沟只有建立起强大的、集权的政府才能被填平。美国从来没有必要建立这样一个权威来实现社会的现代化，因此它也没有什么可供当今现代化之中的国家借鉴的历史经验。托克维尔曾说："美国无须经历民主革命即实现了民主"；"美国生而平等,无须去争取平等"。同样,美国社会天生就是现代化的,因此无须建立一个足够强大的政府来实现社会现代化。一个古老的政体可以与一个现代化社会共存,但却不能满足一个传统社会的现代化要求。

拉丁美洲国家的经验几乎正好与美国的经验相反。美国在独立之后基本上维持着独立之前的政治制度,这种政治制度也完全适应其社会需要。拉丁美洲国家在赢得独立之际,继承并维持了一个实质上是封建的社会结构。它们试图把美国和革命的法国的共和政体照搬过来,安在它们的这种封建的社会结构之上。但美国和法国的政治制度对于一个封建社会并无意义。建立共和政体的早期努力,给美洲留下一批软弱的政府。这些政府直至 20 世纪仍缺乏权威和力量去实现社会现代化。自由的、多元的和民主的政府反倒使拉丁美洲古老的社会结构延续下来。这样,在拉丁美洲,美国的政治目标——选举、民主、代议政府、多元制、宪政制度,和拉美的社会目标——现代化、改革、社会福利、更平均地分配财富、发展中产阶级,二者之间存在着一种内在的冲突。在北美历史上,这两类目标并不冲突。而在拉丁美洲,它们却常常截然对立。北美人乐于在拉美重建他们的政治体制。但在拉美的这种北美政治制度的翻版实在太软弱、太松散,以致无法动员起必要的政治力量去实现根本性的变革。这种政治力量可以通过革命动员起来,例如在墨西哥和古巴就是如此。革命的一个历史功能就是用能实现社会变革的强有力的政府去取代软弱的政府。拉美以及与拉美处境类似的国家所面临的问题是,除了以暴力革命去发动必要的政治力量迫使传统的社会现代化之外,是否还有其他出路。

如果 17 世纪与 20 世纪的现代化之间确有可比之处,那么前者对于后者的含义是清楚的。尽管有许多人不这样看,但实际表明那些需要集权于一个单一的、铁板一块的、等级森严的,但却是"群众性"的政党以推行现代化的国家,不可能是滋生民主的土壤。[82] 大众参与和集权专制形影相随。例如在几内亚和加纳,大众参与是 20 世纪现代化集权者反对传统多元制度的武器。较为可能出现民主的倒是那些保存传统社会和政治多元制成分的国家。而在那些使传统的多元制适用于现代政治的地方,民主的前景才最为光明。印度的种姓联合和非洲某些地方的部落联盟,就是这方面的例证。黎巴嫩是阿拉伯最民主的国家,实际上也许是阿拉伯唯一的民主国家,该国就具有一种教义多元制的传统政治。[83]和17世纪的欧洲国家一样,当世非西方国家可以实现政治现代化或民主的多元制度,但它们不可能二者兼得。

在每一个历史阶段,对于当时的人们来说,通常总有一种政治体制是特别适合于时代要求的。在17世纪欧洲国家建设的时代,用乔治·克拉克爵士(Sir George Clark)的话来说,"模范国家"是法国波旁王朝的专制君主制。又正如克拉克所言,该世纪新出现的国家"或许可以称作法兰西式的君主专制,这不仅因为君主专制在法国表现得最充分、最合理,而且因为其他地方的君主制是自觉地照搬法国模式的产物"。[84]这种集权的绝对君主制最符合那个时代的要求。在18世纪晚期和19世纪,模范国家是英国的议会制。此时,欧洲各国面临着民主化以及允许下层社会阶级参政的问题。英国的制度为这一时期的现代化提供了榜样。今天在亚洲、非洲和拉丁美洲的许多国家,政治体制同时面临着权威的集中、机构的分离和参与的扩大等三方面的需求。看来最适合于同时实现这三方面目标的制度是一党制。这并不奇怪。如果说凡尔赛和西敏寺分别为两个世纪树立了典范,那么克里姆林宫可能就是20世纪众多现代化之中国家的最合适的样板。正如德意志小公国的王公效法路易十四一样,非洲那些小国、弱国的首脑也会效仿列宁和毛泽东。这些国家面临的第一需要是积聚和集中权力,而不是分权。这一课应该到莫斯科和北京去学,而不是到华盛顿去学。

美国政体没有参考价值,这并没有什么可以大惊小怪的。在历史上,外国人总是发现美国社会比美国政体更有吸引力。如贝洛夫(Beloff)所指出的,即使是在17和18世纪,"这个国家政治的感召力不如其社会的感召力强"[85]。德·托克维尔对美国社会与习俗上的民主的印象,远比他对美国民主的政府制度的印象来得深刻。在19世纪里,欧洲人发现美国的企业组织和美国文化有许多可资借鉴之处,但他们发现没有什么理由去照搬美国的政治制度。议会民主制和一党独裁制遍及全世界。但当今世界政治的一个鲜明特点无疑是类似美国的那种政治体制绝无仅有。

然而也不宜过分夸大说美国政治体制对世界其他国家毫无可资借鉴之处。美国的政治体制,对于那些必须打破传统秩序以实现现代化的社会,没有多少借鉴作用。但是,正如美国自身经验所表明的,一个都铎式的政体与一个现代社会是完全相容的。当其他社会更充分地走向现代化,当废除传统的、封建的和地方的因素之需要逐渐下降时,维持一个能够推行现代化的政体的需要也就会理所当然地消失,这种趋势是可能的,虽然绝不是非这样发展不可。这样一种制度无疑既有传统的优点,又能成功地推行社会变革。因此,它可能不会发生重大变化。但它至少存在向美国式的制度演变的可能性。西欧发生的所谓"意识形态的终结"、阶级冲突的调和以及向"有机社会"的发展等趋势,都说明欧洲各国现在能够承受较为分散和松弛的政治制度。时隔三个世纪之后,美国制度中的某些因素又悄悄返回了其欧洲发祥地。[86] 司法审查制度就曾改头换面在欧洲重现。在戴高乐之后,第五共和国宪法可能会与美国宪法相去无几。在英国,威尔逊(Wilson)先生在执政前后曾遭到指控,人们说他办事就像个美国总统一样。也许这只是些蛛丝马迹,还不能说明什么问题。但是如果这些迹象的确有什么意义的话,那它们就预示着欧洲最终可能要采用新世界保留下来的老欧洲的某些古老的制度。

## 注 释

1. Robert R. Palmer, *The Age of the Democratic Revolution* (2 vols. Princeton, Princeton University Press, 1959—1964), *1*, 213 ff.

2. 为简洁起见,这里用美洲表示后来成为美利坚合众国的 13 个殖民地;欧洲指英国和欧洲大陆,而大陆则指法国、低地国家、西班牙、葡萄牙、瑞典和神圣罗马帝国。

3. Sir George Clark, *The Seventeenth Century* (New York, Oxford-Galaxy, 1961), p.91.

4. Carl J. Friedrich, *The Age of the Baroque*: *1610—1660* (New York, Harper, 1952), pp.215—216.

5. A. L. Rowse, *The England of Elizabeth* (New York, Macmillan, 1951), p.262.

6. S. B. Chrimes, *English Constitutional History* (2d ed. London, Oxford University Press, 1953), pp. 121—123. 另可见 W. S. Holdsworth, *A History of English Law* (3d ed. London, Methuen, 1945), *4*, 209 ff。

7. Wallace Notestein, *The English People on the Eve of Colonization*, *1603—1630* (New York, Harper, 1954), p. xiv. 另可见 Edward S. Corwin, *The*

*"Higher Law" Backround of American Constitutional Law*（Ithaca，Cornell University Press，1955），p.74。

8. Charles Howard McIlwain，*The High Court of Parliament and its Supremacy*（New Haven，Yale University Press，1910），p.386.

9. A. F. Pollard，*Factors in American History*（New York，Macmillan，1925），p.39. 另可见 Charles Howard McIlwain，*The American Revolution：A Constitutional Interpretation*（Ithaca，Cornell University Press，1958），以及 Randolph G. Adams，*Political Ideas of the American Revolution*（3d ed. New York，Barnes and Noble，1958）。

10. McIlwain，*High Court*，p.388.

11. Henry Jones Ford，*The Rise and Growth of American Politics*（New York，Macmillan，1900），p.5. 另可见 James Bryce，*The American Commonwealth*（London，Macmillan，1891），*2*，658。

12. Corwin，p.27.

13. McIlwain，*High Court*，pp.51 ff.，65.

14. John Neville Figgis，*The Divine Right of Kings*（Cambridge，England，Cambridge University Press，1922），p.230.另可见 Christopher Morris，*Political Thought in England：Tyndale to Hooker*（London，Oxford University Press，1953），p.1。

15. Holdsworth，*4*，208.

16. Chrimes，pp.122—123. 另可见 J. B. Black，*The Reign of Elizabeth*，*1558—1603*（2d ed. Oxford，Clarendon Press，1959），p.206。

17. John Neville Figgis，"Political Thought in the Sixteenth Century," *The Cambridge Modern History*（Cambridge，1904），*3*，748；J. W. Allen，*A History of Political Thought in the Sixteenth Century*（New York，Barnes and Noble，1960），p.262.

18. Figgis，*Divine Right*，p.237.

19. Ibid，p.258。见 Allen，p.386；Charles Howard McIlwain，ed.，*The Political Works of James I*（Cambridge，Harvard University Press，1918）。

20. 引自 Friedrich，pp.15—16。

21. Clark，p.83.

22. Plamer，*I*，461："在 1787 年曾有人要求在全国许多地方恢复省三级会议。这是一项针对黎塞留和路易十四的反应，是一过于拖延了的反应。它要求使法国成为立宪君主制国家，不是英国式的立宪君主制，而是早已成为历史陈迹的法国式的立宪君主制。"

23. 关于立宪趋势的概括，见 Clark，pp.86—87。另可见 F. L. Carsten，*Princes and Parliaments in Germany*（Oxfoxd，Clarendon Press，1959），pp.436—437 以及 Holdsworth，*4*，168—172。

24. James I, "The Trew Law of Free Monarchies," in McIlwain, ed., *Political Works*, p. 62.

25. Figgis, Divine Right, p. 232.

26. McIlwain, *High Court*, pp. 93—96. 楷体为原文所有。

27. Corwin, p. 89.

28. George H. Sabine, *A History of Political Theory* (rev. ed. New York, Holt, 1950), p. 455.

29. Pollard, pp. 31—33. 拒绝主权概念对政治体制适应大部分现代化问题的方式将产生某些影响,关于这方面的透辟的讨论,见 Don K. Price, *The Scientific Estate* (Cambridge, Harvard University Press, 1965), passim but esp. pp. 45 ff., 58, 75—78, 165—167。

30. Samuel H. Beer, "The Representation of Interests in British Government Historical Background," *American Political Science Review*, *51* (Sept. 1957), 64.

31. Faith Thompson, *A Short History of Parliament: 1295—1642* (Minneapolis University of Minnesota Press, 1953), p. 59。

32. *England of Elizabeth*, p. 306. 参见 A. F. Pollard, *The Evolution of Parliament* (2d ed. rev. London, Longmans, Green, 1926), p. 159。波拉德认为,在都铎王朝后期,国会开始向国家化转变。

33. Beer, pp. 614—615.

34. Herbert W. Horwill, *The Usages of the American Constitution* (London, Oxford University Press, 1925), p. 169.

35. Maurice Klain, "A New Look at the Constituencies: The Need for a Recount and a Reappraisal," *American Political Science Review*, *49* (Dec. 1955), passim, but esp. 1111—1113. 1619 年伦敦公司召集第一届弗吉尼亚议会时模仿了英国的惯例:"每一种植园两名议员……由当地居民自由选出。"

36. Horwill, pp. 169—170. 相反的观点见一美国新闻记者的评论,该记者在报道 1964 年大选时写道:"英国议员并不惦念着他们的选区。他们甚至不住在选区内……选区一般被视作为伦敦的全国共识提供素材的政治工厂。一名美国议员每周或许会从选民那里收到 1 500—2 000 封信,而一个英国议员通常只收到 10 封信。"Roderick MacLeish, *New York Herald Tribune*, Oct. 11, 1964.

37. McIlwain, High Court, p. xi. 楷体为原文所有。

38. Pollard, *Parliament*, p. 257.

39. Richard E. Neustadt, *Presidential Power: The Politics of Leadership* (New York, John Wiley, 1960), p. 33. 楷体为原文所有。

40. Walter Bagehot, *The English Constitution* (London, Oxford-World's Classics, 1949), p. 202.

41. Pollard, *Parliament*, pp. 255—257.

42. Holdsworth, *4*, 169.

43. Sir William Blackstone, *Commentaries on the Laws of England*, Thomas M. Cooley, ed.(Chicago, Callaghan, 1876), *1*, 90.

44. 见 J. W. Gough, *Fundamental Law in English Constitutional History* (Oxford, Clarendon Press, 1955), p.27。

45. McIlwain, *High Court*, pp. ix, 385—386.

46. Holdsworth, *4*, 174、184—185、188—189.

47. 见 J. E. Neale, *The Elizabethan House of Commons* (London, Penguin, 1949), pp.290—295; Rose, p.307; Thompson, pp.169—173; Donald R. Matthews, *The Social Background of Political Decision-Makers* (New York, Random House, 1954), pp.28—31; J. F. S. Ross, *Elections and Electors* (London, Eyre and Spottiswoode, 1955), p.444; W. L. Guttsman, *The British Political Elite* (New York, Basic Books, 1963), pp.82, 90, 105; D. E. Butler and Richard Rose, *The British General Election of 1959* (London, Macmillan, 1960), p.127。

48. Bagehot, pp.304. 另可见 Francis X. Sutton, "Representation and the Nature of Political Systems," *Comparative Studies in Society and History*, 2(Oct 1959). "白哲特谈到英国宪政中有'荣誉'部分和'效能'部分的区分。这种区分在许多国家中都清楚可见⋯⋯这里,功能上的差别当然是分析得出的,而这种分析上的区分,即象征代表和行政控制间的差别,则适用于任何政治制度。"

49. Thomas Jefferson, Letter to James Madison, Dec. 20, 1787, *Writings* (Washington, D.C., Thomas Jefferson Memorial Association, 1903—1905), *6*, 389—390; Ford, p.293.关于作为国王的总统的一篇出色而有说服力的论文,见 D. W. Brogan, "The Presidency," *Encounter*, 25 (Jan. 1964), 3—7。理查德·E.诺伊施塔特关于美国君主制的性质以及白宫政治与宫廷政治相类性的深刻见解,使我获益匪浅。另可见 Pollard, *Factors in American History*, pp. 72—73:"直至当今,美国总统仍远比英国国王更似君主,美国君主制比英国更个人化。'他'在美国是一个人,但'它'在英国则是一个复合实体。"

50. Benjamin F. Wright, "The Origins of the Separation of Powers in America," *Economics*, *13*(May 1933), 169 ff.

51. J. E. Neale, *Elizabeth I and Her Parliaments* (New York, St. Martin's, 1958), *1*, 16—17.

52. Ibid., pp.235, 287, 387—388, 412—413; G. F. M. Campion, *An Introduction to the Procedure of the House of Commons* (London, Philip Allan, 1929), p.199; Ada C. McCown, *The Congressional Conference Committee* (New York, Columbia University Press, 1927), pp.23—37.

53. Rowse, p.307.

54. Neale, *House of Commons*, p.381 and passim; Holdsworth, 4, 177. Campion, 2, 52—54.

55. Rowse, p.294.

56. Neale, *House of Commons*, p.411.

57. Rowse, pp.294—295.

58. Neale, *House of Commons*, pp.410—412; Neale, *Elizabeth I and Her Parliament*, passim.

59. 见 Campion, pp.37—38; Pollard, *Parliament*, pp.237—238; Richard F. Fenno, *The President's Cabinet*(Cambridge, Harvard University Press, 1959), pp.10—13。

60. 见 Huntington, *The Soldier and the State*(Cambridge, Harvard-Belknap, 1957), passim。

61. J. H. Hexter, *Reappraisals in History*(Evanston, Ill., Northwestern University Press, 1962), p.147. Clark, p.84. 关于欧洲军事实践的根本变化,见 Michael Roberts, *The Military Revolution: 1560—1660*(Belfast, Queen's University, n.d.)。

62. Alfred Vagts, *A History of Militarism*(rev. ed. New York, Meridian Books. 1959), p.92. 一般性论述,见 Louis Morton, "The Origins of American Military Policy," *Military Affairs*, 22(Summer 1958), 75—82。

63. Clark, p.98; Quincy Wright, *A Study of War*(Chicago, University of Chicago Press, 1942), 1, 235—240. 另可见 Sir George Clark, *War and Society in the Seventeenth Century*(Cambridge, Cambridge University Press, 1958), passim。

64. Clark, *Seventeenth Century*, pp.98, 101—102. 另可见 Wright, *Study of War*, 1, 256: "在17和20世纪当战事最为激烈的时候,欧洲的政治秩序似乎变动得最剧烈、最迅速。在17世纪,封建主义和神圣罗马帝国被欧洲世俗的主权国家所取代。在20世纪,世俗主权国家似乎正被其他东西所取代,究竟是什么现在还难说。"

65. McIlwain, *High Court*, p.336; Rowse, pp.223 ff.

66. Friedrich, pp.20—21. Sabine, pp.272—273.

67. Chrimes, p.138.

68. Louis Hartz, *The Founding of New Societies*(New York, Harcourt, Brace and World, 1964), pp.3, 4, 6, 23. 哈兹关于分裂的理论为分析殖民地的萎缩提供了一个出色的总框架。而他的美国自由和谐概念则在很大程度上解释了都铎政治制度的继续。

69. Louis Hartz, *The Liberal Tradition in America*(New York, Harcourt, Brace. 1955), pp.9—10, 45—46, 85—86, 133—134, 281—282.

70. Ibid. p.43.

71. Carsten, p.434; Friedrich, pp.20—25.

72. Palmer, 1, *passim*, but esp. pp.323—407.

73. Ibid., 2、350—351.

74. Robin Williams, *American Society*(2d. ed. rev. New York, Knopf,

1961），p. 571. Ell Ginzberg and Ewing W. Reilley *Effecting Change in Large Organizations*(New York，Columbia University Press，1957)，pp. 18—19.

75. 美国对于政治语言也有独特贡献。如本书第 81—82、96 页所指出的，美国人用来描述其政府机构的许多术语，曾在英国使用，但随着政治现代化的发展，英国已不再使用这些术语。而在政治参与及组织政治参与的机构等术语的使用方面，情况则正相反。许多术语（如同机构）不是由美国所发明（如政党核心小组、不公正地划分选区等），就是被赋予了新的、特殊的政治意义（如公民、初选、机器、党魁、分赃、竞选纲领、游说等）。

76. James MacGregor Burns，*The Deadlock of Democracy*(Englewood Cliffs，N. J.，Prentice-Hall，1963)，p. 34.

77. Maurice Duverger，*Political Parties*(New York，John Wiley，1954)，p. 22.

78. Merle Kling，"Toward a Theory of Power and Political Instability in Latin America，" *Western Political Quarterly*，9(March 1956)，21—35.

79. Arnold J. Toynbee，"If We Are to Be the Wave of the Future，" *New York Times Magazine*，Nov. 13，1960，p. 123.

80. 见 Seymour Martin Lipset，*The First New Nation* (New York，Basic Books. 1963)，Part I；J. Leiper Freeman，"The Colonial Stage of Development： The American Case" (unpublished paper，Comparative Administration Group，1963)，p. 4。

81. 见 Clifford Geertz，ed. ，*Old Societies and New States*：*The Ouest for Modernity in Asia and Africa*(New York，Free Press，1963)。

82. 见 Immanuel Wallerstein，*Africa*：*The Folitics of Independence* (New York，Vintage，1961)，pp. 159—163；Ruth Schachter(Morgenthau)，"Single-Party Systems in West Africa，" *American Political Science Review*，55 (June 1961)，294—307。论述了一党制国家的自由与民主潜力。更为现实主义的评论，见 Martin Kilson，"Authoritarian and Single-Party Tendencies in African Politics，" *World Politics*，15(Jan. 1963)，262—294；Aristide Zolberg，"The African Mass-Party State in Perspective，"(paper prepared for APSA Annual Meeting，September 1964)。

83. 见 Lloyd I. and Susanne Hoeber Rudolph，"The Political Role of India's Caste Associations，" *Pacific Affairs*，33 (March 1960)，5—22；Lloyd I. Rudolph，"The Modernity of Tradition：the Democratic Intarnation of Caste in India，" *American Political Science Review*，59(Dec. 1965)，975—989；Michael C. Hudson，"Pluralism，Power，and Democracy in Lebanon"(paper prepared for APSA Annual Meeting，September 1964)。

84. Clark，Seventeenth Century，pp. 83，90—91.

85. Max Beloff，*The Age of Absolutism*：*1660—1815* (London，Hutchinson，1954)，pp. 168—169.

86. 见，例如，Stephen Graubard, ed., *A New Europe?* (Boston, Houghton Mifflin, 1964); Stanley Hoffmann, "Europe's Identity Crisis: Between the Past and America," *Daedalus*, 93 (Fall 1964), 1249, 1252—1253。关于法院的作用，见 Taylor Cole, "Three Constitutional Courts: A Comparison," *American Political Science Review*, 53 (Dec. 1959), 963—984; Gottfried Dietze, "America and Europe—Decline and Emergence of Judicial Review," *Virginia Law Review*, 44 (Dec. 1958), 1233—1272。

# 第三章

# 传统政体的政治变迁

## 权力、制度和政治现代化

一种政治体制首先必须能够创制政策,即由国家采取行动来促进社会和经济改革,才能成功地处理现代化面临的问题。在这里,改革通常指改变传统的价值观念和行为模式,扩大通讯、发展教育,将对家庭、村落和部族的忠诚扩大至对国家的忠诚,使公共生活世俗化、权力结构合理化,发展具有特定功能的组织,以成就标准代替关系标准,以及更公平地分配物质性和非物质性的资源等等。其次,一个政治体制还应当能够成功地同化现代化所造就的获得了新的社会意识的各种社会势力。当这些新生的社会集团要求参与政治体制之时,政治体制或是以各种与现存制度继续存在相和谐的方式提供参与手段,或是将这些集团排斥在政治体制之外,从而导致公开的或隐蔽的内乱和叛离。

什么样的政治条件,更具体地说,什么样的权力组合状况有助于现代化社会的政策创制呢?一般证据表明,在复杂的政治体制中,既非高度集中也非十分分散的权力,有助于政策创制。例如,詹姆斯·Q. 威尔逊(James Q. Wilson)在综合考察了各类组织在政策创制方面的文献后得出结论说,创新提案的出现率与一个组织的多样性成正比,而创新提案的采用率则与该组织的多样性成反比。[1]他所说的组织的多样性是指组织的职能结构的复杂性及其奖掖制度的复杂性。就大规模的组织——政治体制而言,"多样性"大致等于权力的分散性。这样威尔逊的命题就可以修正并引申为,权力分散的政治体制提出的政策建议较多,但采用的较少,而权力集中的政治体制则提出的建议较少,但采用的较多。美国和苏联的政策创制大致符合这一模式。[2] 然而,正如威尔逊所指出的那样,这一双重命题本身并没有说明何种程度的多样性或何种权力分布状况会产生最高的创制率,而仅仅表明在两极——权力高度集中或完全分散——状况下的创制率比在中间状况下要低。

尽管如此,从这一理论出发,我们或许能够确定某些条件,将创新的可能性与权力的分布状况联系起来。在当今政治现代化的进程中,政策创制的步骤是众所周知的。值得注意的是,在较早进行现代化的英国、西北欧和美国,权力远比那些较晚进行现代化的国家要分散得多。那些构成现代化的各种政策创制,其最初的提出只能发生在诸多社会集团都能提出创议的社会中。在那些较晚进行现代化的社会里,政策创制则无需这些条件。实际上,只要社会上有某些集团能对早期西方国家的现代化有所了解,也就足够了。在那些较晚进行现代化的社会中,提出创新方案(就其被社会中某些重要的社会集团的提倡而言)所要求的组织的多样性和权力的分散程度,要比早期现代化社会为低。

因此,在较晚进行现代化的社会中,政策创制的采用而非提出就成了关键。在这些社会中,抵制现代化改革的势力,无论在数目和力量上都与美国不同。传统的社会势力、利益、习惯和制度在这些社会中根深蒂固。要改变或摧毁这些传统势力,须将权力集中于现代化的推行者手中。现代化与政治制度内权力的大幅度重新分配相关联:地方的、宗教的、种族的以及其他权力中心必须摧毁,权力要集中于全国性的政治机构。政策创制在权力结构较为集中的部族和村落比那些权力结构较为松散的部族和村落来得更为容易、更为迅速。[3] 在城镇,经济和人口的迅速增长是与权力集中到少数企业精英手中密切相关的。城市增长的减缓与权力分散于许多社会集团之中有关,因而众说纷纭的关于亚特兰大和纽黑文之间的差异,实属时代积累的差异而不是方式方法上的不同造成的。在美国,诸如取消种族隔离之类的社会变革,似乎较早和较易发生在权力集中而不是分散的地区和组织中。[4]因而我们有理由得出结论说,在一个进行现代化的社会中,政策的创制与其政治制度中的权力集中或多或少有着直接的关系。

要摧毁盘根错节的传统权益,常常需要动员新的社会势力参与政治,因此一个正在进行现代化的制度还必须具有将现代化造就的社会势力吸收进该体制中来的能力。在很多情况下,这些社会势力是一些在传统社会中并不存在的新的社会团体,例如企业家和工人。然而,至少同样重要的是政治体制还须能将那些在现代化进程中获得政治意识的传统社会团体结合进来。团体意识的发展使得这些团体对政治体制提出要求,并呼求参与政治体制。对这些要求的反应能力,在某种程度上,乃是对一个制度的考验。成功的同化既有赖于政治体制的接受能力,又有赖于参与团体的适应能力,即为了进入政治体制中来,这些团体能情愿放弃它的某些价值观念和权利要求。总的来说,这两种特性是直接相关的:团体的适应能力因体制的接受能力而增强。各种体制总是比较容易接受过去在社会中不曾存在过的新的社会集团,而不易容纳过去曾被该体制排除在外但却发展出新的政治意识的旧的社会团体。因而,对于一个进行现代化的社会来说,吸收工业家和产业工人比之吸收农民碰到的问题要少。

实际上,吸收新的团体进入政治体制,意味着该政治体制权力的扩大。政治制度中的权力犹如经济制度中的财富,有两个方面,而不仅仅是一个方面,换言之,权力能够扩大和缩小,也能集中和分散。正如帕森斯(Parsons)所说,权力

> 必须被分割或分配,但它也必须被制造。它有分散也有集合的功能。它是动员社会资源以实现某些目标——这些目标业已或能使其获得一般"公众"的承诺——的能力。最主要的,权力是对个人和团体行动的动员。而这些个人和团体因其在社会中的地位而有义务服从。[5]

更笼统的说,一个社会中权力的总量取决于该社会中相互影响关系——即一个人或集团的行为导致另一个人或集团的行为变化的那种关系——的数量和强度。这样,诸种政治体制在其权力的分配方面各不相同,在其权力的积聚总量方面也有差异。财富的增长有赖于工业化,同样,权力的积累则有赖于吸收新的集团进入政治体制之中。诸种经济体制在通过工

业化扩大其财富的能力方面各有不同,即它们对新的经济活动形式的接受能力不同;同样,诸种政治体制在通过吸收新的社会力量而扩大其权力的能力方面也不相同,即它们对新型的政治集团和政治资源的接受能力不同。现代政治体制与传统体制的差异在于权力总量的不同,而不在于权力分配的不同。无论在传统还是在现代的政治体制中,权力都可以被集中或者被分散。但现代政体较之传统政体有更多的社会力量更深地卷入权力关系之中;前者参与政治的人数比后者要多。简言之,现代政体比传统政体拥有更多的权力。

表 3.1　政治体制和权力结构

| 权力分配 | 权力总量 | |
| --- | --- | --- |
| | 小 | 大 |
| 集中的 | 官僚帝国,君主专制政体 | 极权专制制度 |
| 分散的 | 封建制度,"金字塔式结构" | 立宪民主制 |

在这方面,美国人和共产党人对政治发展的看法又有了一个重要差别。美国人爱把权力看成一个固定不变的总量,即一个人或团体对权力的获得必定伴随着另一个人或团体对权力的丧失。而共产党人则强调权力"集合的"或"可扩张的"一面。权力是一种必须被动员、发展和组织起来的东西,它必须被创造出来。美国人未能认识到这一点,这反映在他们经常担心共产党或其他敌对集团可能在落后的或正在进行现代化的国家中"攫取"权力。有时,他们的话听起来好似权力是某件躺在国会大厦或总统官邸地板上的东西,一伙阴谋家可以溜进来把它偷走。人们没有认识到,大多数这类国家正是苦于它们的政治制度缺乏权力。在这些国家里,只有很少或根本没有权力可被攫取,即使有那么一点权力存在,也是得之不难失之亦易。问题不在于夺取权力,而在于制造权力,在于动员各社会团体进入政治领域并组织它们参政。这个过程需要时间,通常也需要斗争,这才恰恰是共产党领袖们观察政治变迁的观点。

因此,正如弗雷(Frey)所提示的,现代化既涉及政治体制中权力分配的变化,也涉及该体制中权力总量的变化。[6]在逻辑上,权力的这两个方面的变化并无必然联系。然而在历史上,这两方面却可能是相联的。一个社会中财富的扩大与该社会中财富的分配有关。巨富与赤贫是贫穷国家的特点。在经济增长的初期阶段,财富尤为集中;但在以后的阶段中,经济的发展便使得更广泛地分享物质利益成为可能。最富有的国家其财富的分配往往是最平均的。在政治现代化的进程中,权力的集中和扩大之间或许也有类似的关系。在早期阶段,现代化需要改变传统的社会、经济和文化信仰及行为方式,因此也就需要政策创制,需要权力的集中。这样,有权者和无权者之间的差距就日益扩大。同时,由政策创制所促进的社会和经济变革,导致了新的团体要求进入到政治体制中来,这就要求该体制扩大。在晚得多的第三阶段,体制的扩大才使得在该体制内重新分配权力成为可能。

根据各人观察角度的不同,大家可以将政治现代化分别定义为权力的集中,或权力的扩大,或是权力的分散。有趣的是,政治学家们确实是从这些不同方面来界说政治现代化的。在一个国家历史发展的不同阶段,上述各方面的确都构成了"现代化"的组成部分,而每一方面又都是对政治体制的适应能力的挑战。现代化对一个分散的、组织薄弱的和封建的传统体制的第一个挑战,典型的是集中必要的权力以在传统社会和传统经济造就变革。接着的第二个问题是在该体制中扩大权力,以吸收新近动员起来的参政团体,从而创立一个现代体制。这是当今世界现代化中国家面临的首要挑战。在此后一阶段,该体制就面临参政团体进一步要求分散权力并在各团体与机构之间确立相互制约的制度。时下东欧的许多共产党国家正面临分权要求的压力,苦于应变。

如此看来,各政治体制既可按权力的总量上的差异又可按权力分布状况的不同来加以区分。就创制政策和同化团体而言,政治体制在集中权力和扩大权力的能力上也有差别,而且是更为显著的差别。体制的这些能力直接受到其政治制度性质的影响。缺乏有效机构的普力夺制度既不能长久集中改革所必需的权力,也不能持续地扩大权力,即不能将新团体吸收到该体制中来。普力夺制度的权力既不是可集中的,也不是可扩大的,除非只是暂时的集中和扩大。其特征是权力忽而高度集中,忽而极度分散,或在急速扩大和急遽收缩之间来回摆动。有时,一个得人心的独裁者或一位有超凡魅力的领袖人物,或是一个军事政府,皆既可以扩大又可以集中权力。然而这些变化发展必然是暂时的,取而代之的是权力分散于诸多社会势力之间的局面,民众对政治再度表现出冷漠和疏远。如果在无力的独裁者和众多软弱的党派交替统治,显示出该体制无力在积聚或分配权力方面引起重大变化。

一党制是另一种极端。对于现代化之中的国家来说,它极其实用,极有吸引力,因为它在很大程度上是一个既可以促进集中(因此也就能推进革新)也可以推动扩大(因此能够同化团体)的一种制度。墨西哥、突尼斯、朝鲜和北越建立的一党制,以不同的方式表现出了这两种能力。类似的能力很可能也在主从政党制中存在。在这种制度中,有一个单一的主要政党和多个较小的、地区性的、种族性的和为意识形态所左右的党。在诸如印度和以色列等这些具有此种制度的国家里,少数党能起到类似头羊或预警器的重要作用,它们的选票起落为执政党指示了必须采取行动的方向,主要政党从而能通过吸收新的团体,或是通过政策创新来维持其统治地位。意识形态的教条和选票压力一起使得执政党保持其革新和同化的能力。

更具竞争性的两党制或多党制可能具有相当强的扩大能力和同化团体能力,但其集权和促进改革的能力则较弱。例如,两党制下的政治竞争可能有助于动员新的团体参与政治,并在此意义上扩大了政治体制的权力;然而同时,这种动员也容易导致分权并使原来对现代化的共识遭到破坏。这方面的典型表现就是像1950年发生在土耳其、1956年发生在锡兰和1960年发生在缅甸的"农村选举"。[7]然而,仅仅有多党制的存在并不能保证制度具有扩大性能,扩大的动力来自竞争,而不是多元性。因为一个政治体制可以拥有许多政党,但它们之间却可能没有多少竞争性。甚至在一个两党制里,双方也可能作出隐含的或明确的安排(如在1957年后的哥伦比亚)来限制相互的竞争,从而削弱该体制扩大其权力及同化新团体的能力。因此,传统体制和现代体制推动改革和同化团体的能力会由于它们政治机构的性质不同而各有差异。关于现代政体在这方面的问题将在本书后面的章节中讨论。本章所要探讨的问题是,传统的君主制度在扩大和集中权力方面具有什么样的能力。

# 传统政治体制

传统的政治体制具有不同的形式和规模：村镇民主政体，城邦国家，部落王国，世袭制国家，封建政体，专制君主政体，官僚帝国，贵族政体，寡头独裁制，神权政治国家等等。不过，面临现代化挑战的大部分传统政体在政治分析中大致可以归纳为两大类。请看马基雅维里的这段话："历史上熟知的王国一直以两种方法来进行统治，或是通过一个君主及其奴仆们来统治，这些奴仆由君主恩赐和允准而作为大臣，辅理国事；或是通过一个君主和贵族来统治，这些贵族居位显赫并非出于君主的恩惠，而是由于具有古老的血缘。"前者马基雅维里以土耳其人为例，后者则以当时的法兰西政体为例。莫斯卡（Mosca）在官僚政治国家和封建国家之间作了类似的区分。他认为："封建国家"是"这样一种类型的政治组织，在这个组织中，社会的所有管理职能——经济的，司法的，行政的，军事的——都同时由相同的个人所行使；同时，国家由小的社会集合体组成，每一个集合体均拥有自给自足所需的全部机构"。而在官僚政治国家中，"中央政权通过税收征募数量可观的社会财富，并首先将其用于维持一支军队，其次用于维持一系列的公用事业上"。阿普特（Apter）以相似的方式对等级权威结构和金字塔式权威结构进行了区分。[8] 所有上述区分中的关键因素，乃是权力集中或者分散的程度。历史上最能代表这两种类型的传统政体就是官僚政治帝国和封建政体。

如马基雅维里所说，国王在集权的官僚制国家中，比在权力分散的封建国家中拥有"更多的权力"。在前一种制度中，他直接或间接地任命所有官员；而在后一种制度中，官职和权力是由贵族阶级世袭的。因而，官僚政治国家的特点是具有相当大的社会和政治流动性——那些来自最低阶层的人可以达到最高的官位；而封建国家则等级森严，能改变社会地位者极为罕见。官僚政治国家的"统治职能总是比封建国家更为专门化"[9]。因此，官僚政治国家一般总是趋于职能分离、权力集中，而封建国家则往往职能混合、权力分立。在官僚政治国家中,所有的土地通常在理论上归国王所有,在实践上国王对土地能行使主要处置权。而在封建国家中,土地的所有权通常是分散的和世袭的,大部分土地君主无法控制。在官僚政体中,国王或皇帝是唯一正统的权威;而在封建政体中,他则与贵族共同享有这种正统性,贵族对其子民拥有独立于君主的权威。官僚政治国家的实质是权力自上而下的单向流动,封建国家的实质是处于社会—政治—军事结构中不同等级的人们分享权利和义务的双向制度。把历史上出现的所有传统政体统统归入这两种范畴之内,尽管难免有削足适履的情况,但所有传统政体确实可以分为或较为集权或不那么集权的两类,且这两种范畴在政治分析中常常重复被引用这一事实本身,就表明它们确实具有普遍相关性和正确性。

除了功能专门化程度和权力分配方式之外,还可以用君主所起的作用来区分各种传统政体。在某些政体中,无论它是官僚政治的还是封建的,君主也许只扮演一个消极的角色。他统而不治,但在原则上主权在民和主权在党均未被接受,而且二者也都未在选举程序、政党以及议会中得以制度化。国王仍然是该体制正统性的主要来源,但实际权力是由官僚或封建寡头以他的名义来行使的。泰国和老挝在 20 世纪中期是寡头君主政体,日本在 19 世纪和 20 世纪早期也属于这种政体。在其他官僚的或封建的传统政体中,君主可能扮演一个积极的角色。国王是正统性的主要来源,此外,他既当朝又亲政。一个君主执政的政体未必是君主专制政体。政府的实际权力可能由君主与其他机构和团体分享,但在整个统治过程中,君主无一例外也都扮演着一种积极、有效的政治角色。20 世纪的君主亲政政体包括范围甚广,既有近乎君主专制的国家如埃塞俄比亚和沙特阿拉伯,也有在制度和宪法上对君权多少有所限制的国家如伊朗和阿富汗,还有以君主为一方,以军队、国会以及政党为另一方,双方既积极竞争又相互合作的国家,如摩洛哥和希腊。

当然,寡头君主政体和君主亲政政体都是传统政体,因此必须将它们与现代议会君主政体相区别开来。在现代议会君主政体中,君主虽然在位当朝,但合法性的终极来源却不在君主而在人民。君主是国家元首,是民族延续性、认同性和统一性的象征。政府的有效权力由一个经政党产生的并对民选的议会负责的内阁行使之。君主的有效权力通常仅限于在没有某一个领导者或党派在议会中控制多数的情况下,考虑决定由谁出任首相。这当然就是人们所熟悉的英联邦国家、低地国家、斯堪的纳维亚半岛国家和现代日本式的君主立宪制。

表 3.2　传统政治体制

| 政治结构 | 君主的作用 | |
| --- | --- | --- |
| | 积极的<br>(君主亲政的) | 消极的<br>(寡头统治的) |
| 中央集权的<br>(官僚政治的) | 罗马帝国<br>埃塞俄比亚<br>中国 | 朝鲜<br>明治时代的日本<br>泰国 |
| 分权的<br>(封建的) | 中世纪的欧洲 | 德川时代的日本 |

　　从欧亚历史上的官僚制帝国(如俄国,奥斯曼帝国和中国)的演化及从中世纪到 19 世纪欧洲的君主国和公国的演化中,人们当然可以对各类传统政休在进行社会改革和同化团体的变化模式一览无余。从此种研究中所要获得的教益自然并不仅仅是历史的兴趣而已。传统的君主政体的经验确实突出了当世政治现代化所面临的种种困境,其他类型的国家也面临同样的困境,只不过不那么引人注目罢了。

表 3.3　当代君主政体的各种类型

| | 传统的 | | 现代的 |
| --- | --- | --- | --- |
| | 君主亲政的 | 寡头政治的 | 议会政治的 |
| 君主的主要功能 | 既当朝又亲政 | 当朝 | 当朝 |
| 合法性的主要渊源 | 君主政体 | 君主政体 | 人民 |
| 首要的有效权威 | 君主政体,官僚政治,军队,也许还有政党 | 军队以及官僚政治 | 内阁、政党和议会 |
| 政治参与的范围 | 狭小—中等 | 狭小 | 宽广 |

此外,在当今世界上仍保留着一批古老而又相当奇特的政治体制。在这些体制中,合法性和权力大部分属于世袭君主政体中的高度传统化和机构,今天,这些君主政体大部分存在于在社会、经济和文化方面正开始经

历迅速变迁的国家中。我们对此进行分析的一个目的就是探讨现代化向这些传统政体所提出的问题。在多大程度上，国王已经只是一个历史上的古董？君主政体能解决现代化问题吗？在何种程度上，这类政权的政治演进会走向民主、独裁或导致革命？

在20世纪60年代，世界上或许还有15个主权实体是君主亲政政体或寡头君主政体。此外，部落君主政体的残余仍然存在于乌干达、布隆迪、莱索托和非洲的其他地方，没有一个传统的君主国是强国。但是伊朗、埃塞俄比亚和泰国各有2000万人口以上，而且全世界约有总数为1.5亿的人口生活在此类政治体制之中。与其他欠发达国家相比，君主政体的绝大部分社会和经济发展指数一般都很低。诚然，在1957年，就人均收入而言，世界上最富有的国家（科威特，2900美元）和最贫穷的国家（尼泊尔，45美元）都是君主亲政政体。但若从总的情况来看，它们的处境就大为不妙了。在14个传统君主制国家中，有8个国家人均国民收入为100美元甚至更低，4个国家在100美元和200美元之间，仅有2个国家超过200美元。同样，在14个国家中，仅有2个国家半数以上的人口识字，而有10个国家只有20%的人口识字。14个国家中的11个国家中只有1/4弱的人口居住在2万人口以上的城市里，8个国家中只有不到10%的人口居住在同样规模的城市里。[10]

尽管传统的君主政体一般说来皆处于经济和社会发展的低级阶段，但较之大多数欠发达国家，它们一般也较少受到民族认同和国家统一问题的困扰。大多数君主亲政政体没有经历过殖民统治，或者只有相对间接或短暂的殖民地经历。它们一般位于帝国主义大国相互冲突从而导致势力均衡的地带，致使这些处在夹缝中的较为弱小的君主政体能够维持其独立，尽管这种独立并不稳定。泰国位于英法两国势力之间，尼泊尔在中国和印度之间，阿富汗和伊朗在英俄两国势力之间，埃塞俄比亚则位于英国、法国和意大利三个帝国主义势力的交界点上。利比亚和摩洛哥的殖民地经历在某种程度上取决于以大英帝国和意大利为一方、以法国和西班牙为另一方的竞争。至于其他的当代的传统君主政体，它们大多数位于阿拉伯半岛，在这一半岛的大部分地区，奥斯曼帝国和欧洲人都未实施有效的统治。在一些国家，如埃塞俄比亚、泰国和伊朗等，君主政体能够绵延数世纪之久。尽管有些传统的君主制国家,如摩洛哥和埃塞俄比亚,有很多少数民族,但即使是它们,在国家统一问题上也似乎比大部分亚洲和非洲国家所面临的问题来得简单一些。传统君主制的主要问题,是如何保持独立及全国性权威制度所造成的优势,以便去对付迅速的社会和经济变迁及广泛的政治参与所带来的挑战。这是对其制度能力的一个考验。

这样,传统君主政体就给研究政治发展问题的学者提出了饶有兴趣的问题。它们的命运也同样为决策者所关注。由于那些使它们一直得以保持独立的种种历史条件,许多君主制国家占据着战略要地。希腊、伊朗、阿富汗、泰国和老挝都一度是冷战拉锯的焦点。摩洛哥、利比亚、沙特阿拉伯、埃塞俄比亚和泰国是美国重要的海外基地。此外,大多数传统君主制国家在冷战中皆站在西方国家一边。因此,美国对它们将来的政治发展极为关注。倘若这些传统的君主制度被革命的、混乱的、不稳定的或是激进民族主义的政权所取代,对美国的国家利益来说,当然不如和平演变为好。最后,尽管传统君主制国家拥有的自然资源,总的说来和其他发展中国家很难比较,但它们在现代经济生活的命脉即石油的产量方面却占有关键的地位。世界石油的 1/5 到 1/4 来自那些国王不仅当朝而且亲政的国家。


# 政策创制:改革对自由

在当今世界上,传统的君主政体极少是守旧的政体。君主政体中的寡头集团(如明治时期的武士,青年土耳其党人,或是泰国 1932 年的民党)是力行现代化的寡头集团,而亲政君主则是力行现代化的君主。现代化使君主队伍日益缩小,但它又在仅存的君主当中,空前提高了热心现代化者的比例。这些统治者推行改革和应变的内在动力,很可能比在西方帝国主义退却之后掌握权力的那些不太传统的民族主义的领导人要大一些。后者可以宣称具有现代的合法性,因此敢于把更多的注意力放在权力的分赃上。相形之下，前者所具有的传统合法性现在已受到质疑。他们必须通过良好的政绩来论证自己存在的合法，因而他们成了自上而下的王朝革命的主角。当然，他们这样做就与17、18世纪欧洲力行集权和国家建设的君主以及19世纪马赫穆德二世（Mahmud Ⅱ）、亚历山大二世（Alexander Ⅱ）、朱拉隆功和大院君等等同属一种类型了。

尽管君主政体进行改革和集权的形式在不同的时代和文化之中是惊人地相似，但这些变革背后的动因却随着岁月推移而发生了重大的变化。对于17世纪欧洲的绝对君主制国家来说，外部的威胁和冲突为改革和集权提供了主要动力。19世纪非西方国家进行的所谓"防御性现代化"源于类似的对外国侵略和征服的担忧。权力分散和缺少现代化改革的状况，只有在社会没有受外部威胁时才能维持。日本的封建制度（就像美国的多元制一样）之所以一直延续到19世纪晚期，乃是因为"在德川时代的两个世纪，日本完全没有遭受到那种迫使其他国家推行改革并废除封建制度的国际压力"[11]。正是因为无法继续与世隔绝，才产生了明治时代的集权与改革。

同样，一旦法国革命的队伍出现在中东，18世纪奥斯曼帝国权力分散于苏丹和总督之间并由"国家的三大台柱子——军人、官僚和教会"——共享的局面就不能维持下去了。塞里姆三世（Selim Ⅲ）和马赫穆德二世逐渐"确信，面临西方压力，这种权力的分享互惠或曰在特定问题上的相互制约，是奥斯曼帝国进步的障碍。他们相信将权力集中于苏丹手中是现代化的一个先决条件"[12]。同样，鸦片战争点燃了中国改革的第一道微光。1895年日本对中国的胜利导致了1898年的"百日维新"，而义和团起义之后，西方列强的干涉甚至使西太后也转而信奉改革。

在伊朗，俄国和英国日甚一日的入侵，加上1905年日本对俄国的胜利，导致了立宪主义运动；第一次世界大战后礼萨·汗（Reza Shah）的政策显然主要是出于维护国家领土完整和独立，抵御英国的和俄国可能的影响的愿望。而在俄国，亚历山大二世的改革恰在克里米亚战争的惨败之后，斯托雷平（Stolypin）的改革乃是日本1905年胜利的产物。如果现存的王朝或君主制不能自行改革，那它就很可能被推翻，被一个新的王朝所取代（如在伊朗），或者君主制度整个被取代，如在第一次世界大战之后的土耳其或巴勒斯坦战争之后的埃及。因此,政治现代化常常是军事失败的产儿;反之,在现代化和集权方面的成功则增加了军事胜利的可能性。例如在非洲,巴干达人(Baganda)的"成功的民族扩张"是与卡巴卡(Kabaka)建立起来的集权而等级森严的专制制度密切相关的。[13]

对于 20 世纪传统的君主国家来说,安全考虑无疑也成了一大问题。不过,更为重要的是要能认识到,还有国内的原因。对一个传统社会的稳定来说,构成主要威胁的,并非来自外国军队的侵略,而是来自外国观念的侵入,印刷品和言论比军队和坦克推进得更快、更深入。20 世纪传统的君主政体的稳定所受到的威胁,不是来自外部,而是来自内部。君主被迫推行现代化并试图变革社会,因为他担心自己不这样做,别人就会取而代之。19 世纪的君主为抵御帝国主义而推行现代化,20 世纪的君主则为防止革命而推行现代化。

传统君主政体的自新重点,依照传统政体性质的不同而有所不同。在官僚政体中,权力业已集中,首要的问题是如何改造传统的官僚制度,让它去贯彻现代化改革。在封建体制或其他权力广为分散的传统政体中,政策创制必不可少的前提乃是使权力得以集中。在这里,展开关键性斗争的双方是以君主及其官僚臣属为一方,以传统的地方、贵族和宗教势力中心为另一方。君主反对派的能量与该社会的官僚化程度成反比。为贯彻现代化改革,君主必须以不屈不挠的精神去追求集权。17 世纪欧洲的君主们,为结束中世纪权力分散状态、废除地方议会并树立高于教会的世俗权力进行过斗争,而且大都成功了。当非西方的君主制国家受到西方国家的影响时,这类斗争又重演了。马赫穆德二世被恰如其分地称作奥斯曼帝国的彼得大帝。"如马赫穆德所见,当务之急是将所有权力集中在他自己手中,铲除在首都和地方的所有中介权力机构。所有源于世袭、传统、习惯或是源于下层或地方人士同意的权力都将被压制,在帝国之内,唯有君权才是权威的唯一来源"。同样,在 20 世纪的埃塞俄比亚,海尔·塞拉西(Haile Selassie)的首要目标是"一劳永逸地消灭强大的地方贵族的半自治力量,将权力和威望集于自己身上,这种集权程度在埃塞俄比亚历史上是空前的"[14]。

现代化通常不仅需要将权力从地方的、贵族的和宗教的集团手中转到世俗的中央国家机构中,而且需要将权威集中到国家机构中的某一个人手中。君主必须有权坚持国家和民族的权利要求,以抵制较为狭隘的家族、阶级和宗族的权利要求。路易十三拒绝母后的家族权利要求以支持黎塞留的国家权利要求之时,即是现代国家在法国诞生之日,类似的情形在大多数20世纪的君主国家中屡屡重现。阿富汗现代国家的诞辰也许可定为1963年3月12日,因为就在那一天国王穆罕默德·查希尔(Mohammed Zahir)将掌握国家实权的堂兄穆罕默德·达乌德(Mohammed Daud)赶下台,并禁止王室家族成员今后再参与政治。沙特阿拉伯成为现代国家的时间也许可以从1964年3月20日算起,是日国王沙特被费萨尔亲王(Prince Faisal)所取代,这实际上标志着确认公共目标和公共需要高于家庭和亲属关系的权利要求。国王及其亲属、子女的巨额花销从占国家预算的15%被削减至6%。节省下来的资金被用于教育、通讯和社会福利。这种权力转移涉及费萨尔和沙特之间一场激烈的政治斗争,这场斗争导致了王室家族的分裂,并且几乎演化成公开的暴力冲突。

现代化君主进行改革的重点在各国亦有不同,没有一个君主是在一个纯粹传统的社会中着手改革的。因此,大多数推行现代化的国家需要连续出现几位热心现代化的君主。然而,改革的前提是权力的巩固,因此,君主把注意力首先放在创立一支有效的、忠诚的、合理的和集中指挥的军队上。军权必须统一。对于马赫穆德二世来说,他的其他改革的先决条件是镇压禁卫军。同样,埃塞俄比亚的马纳利克(Manelik)和伊朗的礼萨·汗首先将注意力放在创立一支整齐划一的军事力量上。第二个重点通常是创建一个更有效的政府官僚体制。如果传统政体已经具有一个庞大的官僚机构,其职能也达到一定程度的专门化,并按照传统的功过标准录用官员,那么改革官僚体制问题就可能是十分艰巨的。因此,与那些一直是封建性质的,因而能白手起家来创立行政机关的政体相比,中央集权的官僚政治帝国(如俄国、中国和奥斯曼帝国)所进行的改革更难推行,而且总的来看也不那么广泛。在封建政体中,一如在欧洲的绝对君主政体中,君主能够起用更多的新人,并利用社会和政治的流动性为自己赢得好处。简言之,从传统的凭关系取人到现代的凭成就取人的转变,比从传统的凭成就取人到现代的凭成就取人的转变,要容易一些。

军事和行政改革为社会变革提供了动力和手段。政府活动的增加通常需要大幅度改组财政制度,对海关和商业征收新的间接税。接踵而来的通常是变革法律制度,鼓励经济发展和工业化,扩大运输和通讯,改善公共健康状况,提高并普及教育,改变传统的社会道德规范(诸如在妇女作用之类的问题上),向世俗化和宗教团体与公共事务相分离的方向迈进,等等。完成诸如此类的变革显然需要耐心和毅力。在大多数社会里,急剧改革的时期与静止甚或向传统化倒退的时期,往往会交替出现。传统的改革者,如果要成功,甚至不得不比现代改革者走得更慢一些。一旦旧秩序被推翻,社会上总的气氛通常是同情改革思潮的。

可是,在一个传统社会中,君主改革者显然处于少数,因而,过于迅速和全面的行动会促使潜在的反对派转化为积极的反对派。1898 年光绪的"百日维新"提供了一个鲜明的例证,表明毕其功于一役的做法会如何导致突然之间的万事皆休。约瑟夫二世(Joseph Ⅱ)的帝王乌托邦主义和光绪的改革下场大体相同,也是一个不成功的例子。从 1780 年到 1790 年期间,约瑟夫二世在哈布斯堡辖域内几乎尝试了后来法国革命给法国带来的所有改革。他抨击教会并使之臣服,下令废除苦行忏悔的宗教戒律,没收教会财产,将对穷人的抚恤责任由教会转交给国家,宽容新教徒,确立民事法庭在婚姻方面的最高权力,并将牧师归并到国家官僚体制之中。他规定,贵族犯法与庶民同罪。他允许资产阶级担任文官职位,允许犹太教徒参军。他抨击农奴制,宣布任何一个农民都可以成为公民、企业家、纳税人,都可以服兵役。农民将拥有对其土地的占有权,可以自由将土地出卖和抵押。他希望统一土地税收,"对任何等级或阶层的人们的财产一视同仁"。在巴士底狱陷落前 5 个月,他发布了一项引人注目的法令,规定农民将拥有他们自己的土地,其收入的 70% 归为己有,18% 付给原先的地主,12% 交给国家。[15]事实上,在法国自下而上的革命开始之前,一场自上而下的革命就已在奥匈帝国尝试过,并且以失败告终。

传统社会中的主要政治力量通常是君主、教会、土地贵族和军队。如果该政体业已官僚制度化,那么文职官员也起着极为重要的作用。随着现代化的推进,新的团体出现了:先是知识分子阶层,接着是商业或企业集团,尔后是自由职业和经营管理者阶层。到了一定时候,一个城市工人阶级会逐步成长起来,而那些存在于政治领域之外的农民最终也会变得具有政治意识并在政治上活跃起来。试图改革传统社会的君主所面临的问题是在这些社会力量之间创造并维持一种有利的平衡。宗教势力、地主、军人和官僚在现代化的第一阶段,是举足轻重的人物。君主的成功与否主要取决于他在多大程度上能够赢得后二者的支持以反对前二者。只要君主仍然依靠教会和贵族的支持,他从事改革的能力就将受到限制。如果教会是传统权力机构的一个组成部分,那么君主的成功就取决于他将自己的权威置于教会之上,并控制其人员任免和财政的能力。在这样的情况下如在奥斯曼帝国和20世纪的埃塞俄比亚及摩洛哥,教会和君主之间的冲突可能会缓解并推迟。教会在某种程度上就会像军队一样,尽管其最高领导人对君主推行的政策无疑是反对的,但却是传统上忠于君主制度的一支力量。而如果教会和国家是分离的,如果教会有自主的等级制度并独立控制土地和财富,那它就很可能是反对君主的积极力量。土地贵族历来独立于君主,而且几乎必然反对君主的改革。因而,君主的成功与否取决于他培植一个官僚阶层的能力。这一官僚阶层应有不同于贵族的整体利益,其成员至少部分是从非贵族分子中征录来的。这样,专制主义的发展便与不断增加的社会和政治流动性联系在一起了。

因而,在一个现代化之中的君主政体中,主要的政治分野是在君主及其官僚支持者和宗教及贵族反对派这二者之间。后者的目的是维护传统社会和他们在该社会中的特权地位。在为达到此目的而进行的斗争中,尽管他们的利益是传统和保守的,但这种利益最终却将迫使他们拥护并鼓吹自由、宪政和代议制政府等这样一些现代价值观念,并以此来反对君主的改革和集权的目标。这是政治现代化第一阶段典型的悖论:传统的多元政治抗拒厉行现代化的专制;自由被用来反对平等。R. R. 帕尔默(R. R. Palmer)在描述1787年比利时反抗约瑟夫二世的现代化改革时,恰如其分地概括了这种窘况:

> 显然,问题就是要在社会改革和宪政自由之间作出选择。改革的到来的代价就是以专断政府来压制意愿的表达和历史悠久的国家制度;而维护自由的代价就是继续保留已经过时的老一套特权、财产、专权、阶级结构和教会参与国家政治……这也算是一场革命,矛

头不过是指向现代化政府的革新，某种意义上，这也是一场反对启蒙运动的革命，就此而言，这在当时并不乏典型性。[16]

18 世纪哈布斯堡辖域内所发生的事，在 19 世纪的罗曼诺夫帝国和奥斯曼帝国重演过。在 19 世纪 50 年代后期，当时亚历山大二世准备解放农奴，而贵族就向他提议建立一个全国会议。贵族的这些旨在限制皇权的行动既得到了"那些要求增加贵族影响的寡头的支持，也得到了宪政的忠实信徒们的支持"。亚历山大二世竭力推进农奴的解放，但却拒绝建立会议，理由是它将"在我们国家建立一个寡头统治式的政府"。正如 W. E. 莫斯（W. E. Mosse）所说，农奴的利益，掌握在沙皇及其内政部官员的手中，远比"掌握在当时俄国任何可能由选举产生的会议手中，要安全得多。在一个被'种植园主'及其朋友主宰的'立宪'会议中，农奴解放问题结局会怎样，是不难想象的"[17]。俄国的这种例子确实证明，专制主义"能成为一种解放力量。这种力量通过'打破根深蒂固的野蛮习俗的锁链'，可能为建立更加复杂的机构、开辟更加广泛和更加多样化的人类活动范围廓清道路"[18]。

在奥斯曼帝国，苏丹阿卜杜尔·迈吉德（Abdulmecid）于 1839 年接替了马赫穆德二世，迈向所谓"新法律"的改革时期。这些改革最后导致了一个立宪反对派——青年奥斯曼人的崛起。青年奥斯曼人像大多数反对派一样，诞生于巴黎，其领袖纳米克·基马尔（Namik Kemal）深受孟德斯鸠思想的影响，欲以宪政体制取代奥斯曼的专制主义。乍听起来，这些都是自由和现代的东西。然而事实上，纳米克·基马尔不得不求助于传统主义，以求找到某些能约束奥斯曼苏丹的办法。实际上，他成了一个反对"新法律"改革的伊斯兰教传统的卫道士。他争辩说：改革废除了旧的权力和特权而没有创立新的；苏丹应服从伊斯兰法规；奥斯曼帝国曾经拥有的代议制机构应当重新建立。他还说，马赫穆德二世于 1826 年废置的旧秩序的堡垒——禁卫军，实际上是"全国的武装协商会议"。[19] 多么奇特而又迷人的现代自由主义与传统多元论的结合！1876 年，青年奥斯曼人成功地推翻了苏丹，并迫使他的继任者采纳了一部以 1831 年比利时宪法为模式的宪法。然而该宪法生效仅一年左右，新苏丹阿卜杜尔·哈米德（Abdul Hamid）就于 1878 年解散了议会，重新建立起专制和改革两位一体的政权。

本世纪初伊朗的立宪运动也是类似的一种传统主义和自由的结合。1896 年,一个新的君主登上了伊朗的王位,但他缺乏其前任那样的威望。许多波斯人也曾旅行海外,并吸收了有限政府的思想。1906 年,伊朗突然爆发叛乱,国王被迫颁行了一部同样是以 1831 年的比利时宪法为蓝本的宪法。同样,推动这次宪政运动的班底也属于社会上形形色色势力的大杂烩,其中自由派人士包括学生、商人、知识分子,传统派人士则包括部落集团、宗教领袖和城市行会。伊朗宪法比奥斯曼帝国宪法更为成功,实际上它至今仍然有效。但是它的权威性却随着现代化和改革的速度而发生了逆向变化。在 20 世纪 20 年代和 30 年代,礼萨·汗在使其国家现代化的同时悄悄地抛开了宪法。同样,他的儿子穆罕默德·汗(Mohammed Shah)进行的最为意义重大的改革——1961 至 1962 年的土地改革,也只是在他避开了宪法并解散了议会时才得以完成的。

面对着自由派和保守派的联手反对,推行现代化的君主究竟从何处获得对其改革的支持呢? 他所面临的问题颇为棘手。君主国的政策是改革政策,但是君主制度则是高度传统化的。正如他的反对派是传统多元论者与现代立宪主义者的联合一样,推行现代化的君主也必须以现代化和传统力量为基础建立一个支持他的联盟。实际上,现代化的君主可以得到来自四个方面的支持,其中三方面来自社会内部,一方面来自外部。

第一个,也是最关键的一个支持力量,当然是国家官僚。官僚是贵族的天敌,通过对官僚机构的控制,君主可以把贵族以外的社会集团中的人士提拔到掌权的位置上。然而,在正常情况下,他不能一下子就换掉整个官僚队伍,否则就会削弱官僚机构的权威,并有可能激起贵族更顽固而坚决的反抗。他可以提拔个人而不提拔社会集团。他必须设法将新老人士融合在官僚体制之中,使官僚机构既为新人的改革服务,同时又保持老派人士的名望。官僚体制中最重要的成分当然是军官团。诸如在奥斯曼帝国等多数情况之下,军官们可能会与君主的目标保持一致。在例如伊朗和埃塞俄比亚等国,军官团中的主体在本质上可能具有传统的价值观念,正因为此他们仍然忠于君主,因为君主乃权威的传统来源。无论如何,君主的权力主要有赖于他的军队以及军队和君主一致利益的共同认识。

一个意志坚定的君主和一个有效的官僚体制能够给传统社会带来颇

大的冲击。然而,他们的权力极少足以实现重大的改革。他们需要其他集团的支持。在西欧,传统的支持力量当然是中产阶级,亦即新的金融资产阶级、商业资产阶级以及后来的工业资产阶级。不过,在许多社会中,中产阶级还没有强大到足以帮忙的程度。正如帕尔默所指出的,"革命皇帝"约瑟夫的重大问题在于,他的主张"不能表达普遍的公众要求,不能代表具有系统思想和合作习惯的有关社会团体,没有什么人理会他的呼声,他的重要追随者就是他自己的官吏"[20]。在哈布斯堡辖域之内,根本没有足够的中产阶级分子可以给君主以有效的支持。在许多进行现代化的君主制国家中,国家主义以及本土的精英集团乐于宦途生涯的传统阻碍了一个自主的中产阶级的产生。商业和金融活动是由少数种族从事的,如在奥斯曼帝国和埃塞俄比亚的希腊人和亚美尼亚人,在泰国的中国人等等,他们不能构成政治支持的主要来源。

另外,即使有一个本国的中产阶级,它也很可能是一支反对君主的力量。在18世纪,伏尔泰和新的中产阶级还能热衷于仁慈的专制主义。但这是在人民主权和政党时代之前。然而,20世纪知识分子和中产阶级集团的思想和观点则倾向于把甚至是最仁慈的专制主义也看成是封建而悖时的,君主政体在中产阶级圈内没有市场。无论他们在多大程度上能支持现代化君主的社会和经济政策,他们都反对把君主政体当作一种制度。他们反对进行现代化的君主政体加诸通讯、选举和议会上的限制。他们必然会认为君主的改革是微不足道的,姗姗来迟的,虚情假意的,骨子里仍然是为了拼命维持现状。因此,在一个像伊朗那样的国家里,城市中产阶级远不是推行现代化的君主政体的支持力量,而与传统的教士一样,也是推行现代化的君主国家的死敌。的确,一般说来中产阶级会比其他所有社会集团更激烈地反对君主制。

第三种可能的支持力量是人民大众。国王通常是受爱戴的,至少比地方贵族和封建地主更受拥戴。君主提出的许多改革对农村和城市的普通人民群众有利。在19世纪60年代,朝鲜的大院君从下层阶级和先前的贱民集团中动员力量,以支持其集权和推进现代化改革的努力。在布干达,部落寡头政治集团通常试图限制每一个新君主的权力。但是,"每次卡巴卡总是越过这些首领和行政机关而诉诸公众,并赢得了大众对国王拥有全权的这一传统思想的支持"[21]。然而,赢得并维持这种广泛的支持涉及许多问题,求助于民众远比求助于资产阶级更易于引起传统权贵益发激烈的反对,这符合内围集团比传统的外围集团更倾向接纳新团体的一般原理。其次,贵族的担心可能是有道理的,因为求助于公众也许会走得太远,以致农民会自行其是。约瑟夫二世就遇到了这个问题,当时农民为了响应国王的全面农村改革,就拒绝劳作,拒绝向任何人交纳租税,劫掠民宅和庄园,袭击以前的地主。第三,尽管民众完全能够进行自发和鲁莽的暴力行动,他们却不可能提供持恒的、有组织的和明智的政治支持,而且君主也缺乏组织基础广泛的民众集团的条件。最后一个困难,就是民众与君主之间常常没有共同目标。农业改革有利于农民而不利于土地贵族,在诸如此类的具体经济问题上,君主与农民会有利益上的偶合。正如斯托雷平和阿米尼(Amini)所看到的,君主政体的长久稳定,完全依赖于它通过这类改革去唤起农民支持的能力。但是在法律改革、世俗化、习俗的改变,甚至教育改革等其他问题上,群众,特别是农民群众,可能是相当传统化的,他们完全可能追随其他传统权贵,如教士或本乡地主,而反对君主的现代化政策。

第四种潜在的支持力量是某个外国政府或存在于政治体制之外的其他团体。对于一个在本国遭冷眼的现代化的君主来说,这是一种极不合意但又必不可少的支持力量。在确保伊朗国王掌权的联盟中,美国的支持一度是一个不可或缺的因素。所有形形色色的社会力量的作用和相互影响在这里可以看得相当清楚。对国王的反对,来自民族主义的中产阶级和传统的教士阶层。他的主要支持力量是军队、官僚和美国。起初,土地贵族也是与君主政体相一致的。然而,由于 1961 年的危机,政府开始认为,当时地主的反抗比将来农民的反对,危险性要小一些。实际上,政府曾试图重新组建其联盟,把由小地主和农民组成的新的社会力量引入政治,以使其具有人民基础,减少其对保安力量和美国的依赖。在伊朗,外国的支持为现代化君主在其本国人民中发展更广泛的支持力量的努力,赢得了时间。

然而从长远观点来看,外部的支持也会危害君主对潜在于本国一切社会集团中最强有力的情绪即民族主义情绪加以利用的能力。与民众的民族主义保持一致的君主则存,仍然固守传统的价值观念、阶级观点和家族利益而不是民族观念和利益的君主则亡。诸如奥斯曼帝国或奥匈帝国的那种多民族帝国的统治者的危命早已注定。因而,一个如满人那样的外族建立的王朝就难以使自己与日渐发展的民族主义精神认同,因为皇室既出身少数民族,又无力保卫国家,无力抵御其他外族人的入侵。然而,在日本,天皇就与民族主义主张,与旨在保卫民族独立的新型军事和工业计划相认同;国家的神道也发展成为新的爱国主义和旧的帝国价值观之间的纽带。

在 20 世纪 20 年代和 30 年代期间,伊朗的礼萨·汗使自己成为抵御外来影响的民族主义的化身。40 年代和 50 年代早期,君主政体的危机主要是因为他的儿子不能全面把握住伊朗的民族主义感情。于是这些感情通过"民族阵线"日益猛烈地表达出来。"民族阵线"的怨愤先是对准俄国人,随后又对准英国人和美国人。当冲突达到高潮时,外国的支持和干涉在维持国王的统治上起了某些作用——或许是决定性的作用。其代价则是中产阶级和反动的民族主义者更为激烈地反对君主制。在 1953 年以后的 10 年中,国王竭力表明,他的"积极的民族主义"与摩萨台(Mossadeg)及"民族阵线"的"消极的民族主义"有所不同。但是,许多社会团体仍然觉得君主对其统治的国家有几分不忠。一个君主如要获得政体内部的支持与其借助外国势力来苟延残喘,倒不如让自己被外强废黜。法国和英国在殖民统治的末期曾将摩洛哥的苏丹和布干达的卡巴卡流放,这反而使得他们后来受到其人民极其热情的支持,重登王位。


# 团体同化:多元制对平等

莫斯卡争辩说:"所谓官僚制国家,就是在组织方面业已获得进步和发展,因而变得更为复杂的封建国家";官僚政体国家是"文明水准"较高的社会的特征,封建国家则是文明水准较低社会的特征。[22]政治形式与发展水平之间的这种关系,看起来颇有道理。与封建政体相比,官僚政治体制确实体现出政治机构职能的分工更明确,行政组织更复杂,劳动分工更为专门化,机会更为均等,社会流动更为频繁,成就标准重于关系标准等等。所有这些特点大概都反映了官僚政体比分散的或曰封建的政体的政治现代化水平更高。同时,官僚政体的权力集中增强了国家在社会中实施现代化改革的能力。

然而,若要在现代性与集权和政策创制之间画上等号,也将失之偏颇。事实上,一个传统政体在这个意义上越是"现代化",它就越难以适应政治参与的扩大。而参与的扩大却是现代化的必然结果。在一个君主政体之中,如果推动改革的权力业已充分集中,那么这种权力就可能变得更加集中,以致无法吸收改革所释放出来的各种社会势力。现代化造就了新的社会集团,并在旧的社会集团中创造了新的社会和政治意识。一个官僚君主政体很有能力去同化个人,它比其他任何传统的政治体制更能为有才干之士提供社会流动的途径。然而,个人流动是与集团参与相冲突的。等级制度和权力的集中使君主政体易于同化个人,同时也为同化集团所必需的权力扩大制造了障碍。

这个问题归根到底乃是一个合法性的问题。改革的合法性取决于君主的权威,但从长远观点看,政治制度的合法性则有赖于更广范围的社会集团参与其中。选举、议会和政党是现代社会中组织此种参与的办法。然而,传统君主的现代化改革必须在没有选举、国会和政党存在的环境下才能实行。另一方面,改革的成功削弱了君主政体的合法性。在传统社会中,对君主政体的支持原出于那些忠于传统制度的团体,尽管它们可能不赞成君主的现代化政策。然而,随着社会的变化,新的团体出现了,它们可能赞成君主政体的现代化趋向,但却根本不赞成作为一种制度的君主政体。在传统社会发生变革的初期,参与的扩大对传统势力有利。正是由于这个原因,君主就会去削弱或取消传统的议会、等级会议、咨询会议和国会。这样君主改革的成功就将造就新的团体,它们同情现代化,渴望参与政治,但却缺乏制度化的参政途径。

这种进退两难的处境乃君主制度特性的产物。君主的现代化政策需要破坏或削弱那些本来能够促进政治参与扩大的传统机构。另一方面,作为一种制度的君主政体,其传统性质使之难以(如果不是不可能的话)形成政治参与的现代途径和机构。其他类型的政治精英通过别种类型的机构，也许既能自上而下推进改革，又能从下层动员起支持力量，并提供更广泛的政治参与的途径。一党制通常具有这种能力，这也许就是官僚君主政体寿终正寝后常被一党政体所取代的一个原因。一个军事统治者也能为改革而集中权力，然后又为团体参与而扩大权力。然而，他可以比君主有更大的回旋余地去组织政党、创建新型政治参与的组织结构（如巴基斯坦的基本民主派），并使自己能应付裕如地和立法机关及选举制度共存。现代化的君主是使其现代化成为可能的那种制度的奴隶。他的政策需要政治参与的扩大，但他的制度却不允许这样。在第一阶段，现代化的成功有赖于加强这一传统制度的权力，而现代化的进程则逐渐削弱了传统制度的正统性。

另外，君主政体不能适应扩大了的政治参与的需要，最终也就限制了君主社会改革创新的能力。君主的效力有赖于他的正统性，而正统性的下降则有损于他的效力。改革的成功削弱了君主创制政策的动力，增强了他对于维护君主制度的关切，日益现代化的社会和产生现代社会的传统政体二者之间就产生了差距；传统政体能够改造社会，却不能够改造自己。君主政体之父最终被其现代化之子所吞噬。

权力高度集中的传统政体，具备政策革新能力，权力分散的传统政体则不具备这种能力，于是二者在能否令人满意地扩大参与方面就迥然不同，许多社会演进的历史为此提供了例证。在西方世界，如我们已经看到的，权力的集中和现代化改革先发生在欧洲大陆，然后发生在英国，最后才发生在美国。[23]在18世纪，法国的集权专制制度被看作是改革和进步的载体。只有诸如孟德斯鸠这样的保守派才能够在一般人认为是腐败的、混乱的、分裂的和落后的英国政治体制中看到优越之处。然而，在传统势力支持下的权力集中也阻碍着政治参与的扩大，而那些权力仍然分散的政体则更能将新崛起的社会阶级吸收进政治体制之中。也正因为如此，美国权力的集中程度甚至还不如英国，而政治参与的扩大却进行得较为迅速和顺利。故此，那些在17世纪和18世纪政治上不太现代化的政体到19世纪，则成为政治上更为现代化的政体了。

中国和日本在政治演化过程中也存在着类似的区别。在19世纪中叶，权威和权力在中国远比在日本集中得多。中国是个官僚政治帝国，而日本实质上仍是封建的。日本社会等级分明，社会流动几乎不可能；中国社会则比较开放，允许个人在社会和官僚的阶梯上上下流动。用赖肖尔（Reischauer）的话来说，在日本，世袭是"权威的基本来源"，而在中国，世袭所起的作用要小得多，在官僚政体内仕途升迁基于严密的科举制度。[24] 正如洛克伍德（Lockwood）所指出的，在 1850 年，设使一个外人被问道，中日两国未来的发展潜力孰大孰小，他会"毫不犹豫地把宝押在中国身上"。在政治上，

> 日本的封建传统把政治权力保留在一个有自我意识的武士阶级手中，（其）对没有自由的人民的传统的统治手段和习惯是否有利于现代化，至少是大可怀疑的……比较起来，在亚洲民族之中，只有中国给现代世界带来了平均主义的传统，个人自由和社会流动的传统，私有财富自由买卖的传统，今世的实用主义和唯物主义传统，庶民有权反抗的人道主义政治理想的传统，以及学而优则仕的传统。[25]

然而，就是这样一个使得德川时代的日本与清代中国相比显得如此落后的封建体制，却为政治参与的扩大，为将传统的宗族和"新生商业集团一起融入政治体制之中，提供了社会基础。在日本，由于封建的政治制度，产生领导者的基础甚广，不仅能在 265 个'自治的'家族中产生领导人，甚至也能在具有不同社会功能的其他各种社会集团中产生领导人。如果日本社会的一个地区或部门不足以应付由西方压力造成的危机，另一个就能应付这种危机。事实正是如此"[26]。在封建主义的象征性终结（1868 年）和第一个现代政党的建立（1881 年）之间的间隔十分短暂，因而后者得以在前者的废墟之上建立起来。这样，在日本，政治参与的扩大和制度化与现代化的政策创制是同时并行的。而在中国，儒家的价值观念延误了政治精英投身改革事业。而且，一旦政治精英转向改革，权威的集中又妨碍了和平地对现代化所造就的社会团体进行同化。

非洲的政治发展模式似乎与欧洲和亚洲并没有什么重大的差异。例如，卢安达和乌隆迪\* 是两个大小相仿，地理位置相似，经济制度类似和

---

\* 卢安达（Ruanda）即今卢旺达，乌隆迪（Urundi）即今布隆迪。两国于 1962 年独立后，分别改用现名。——译者注

种族构成——约有85%的巴胡图（Bahutu）部落成员以及约占15%的构成政治及经济精英的瓦图西（Watutsi）武士——也差不多的传统社会。两个王国之间的主要区别在于权力分配和社会结构灵活性二者上的差异。卢安达的国王"是一个专制君主，他通过一个高度集权的组织来进行统治，这就大体上使他能有效地控制拥有军事实力的封建领主"。但在乌隆迪，国王与王室宗族或巴干瓦（Baganwa）分享权力，王族成员"通过世袭权成为乌隆迪的统治阶级"。在卢安达，国王可以把土地授予王室家族成员，但他们"没有特别的权利或权力"。然而，乌隆迪的王室家族成员则可以委任他们自己的部下"带领他们的私人军队并经营他们的土地"。靠这些私人军队以典型的封建方式来对付国王，并不是稀罕事。因此，尽管乌隆迪的国王在理论上是专制独裁的，但在实际上他只是"一个权力分散的国家内平等同僚中的首席而已"。王室联姻和王位继承制度在卢安达有助于"巩固王权"，但在乌隆迪却起着"削弱王权"的作用。卢安达连绵不断的对外战争也能使国王"通过增加王室财富，从而将新的土地、牛群和其他物资置于自己的控制之下，用于分配给有战功的封邑，从而使王权得到巩固"。[27]而相反，乌隆迪的王公之间的内战则有助于削弱王权。

尽管在某些方面卢安达比乌隆迪更加保守而传统，但显然它也更为集权和官僚政治化，而乌隆迪则较为分散和封建。这两个国家对社会—经济变革的接受能力反映了这些差别。卢安达人表现得"更善于领悟书本知识"，"在学校制度、宗教教育以及对欧洲人提出的经济或政治改革的响应上，更有兴趣，并有能力学习欧洲人的这一套"。卢安达人赞誉说："欧洲文化为他们提供了增加威望和权力的机会，他们尽力使之成为他们自己的文化。"而对于乌隆迪人来说，"新的制度和方法似乎是上头强加于他们的，接受它们乃出于不得已，而非心悦诚服，因此尽力规避之"。人们发现，在对变化的接受力方面的这些差异，主要是"一个高度集权和一个权力分散的政治体制"之间的差别的结果。[28]

然而，在这两个制度之间，扩大政治权力和吸收团体进入政治体制的能力似乎恰恰呈反比例变化。在较为现代和"进步"的卢旺达，政治变革的过程包括1959年的一场暴力革命。在这场革命中，过去处于从属地位的胡图人对瓦图西统治者发难，屠杀了数千人，驱逐了国王，建立了一个胡图人(Hutu)统治的共和国,并放逐了约 150 000 名图西人(Tutsi)。和在俄国、中国及奥斯曼帝国一样,卢安达集权的君主政体被一党制取代。在 1963 年末,瓦图西游击队员越过边界进入卢旺达发动袭击,挑起了另一场野蛮的部落大屠杀。在这场残杀中,胡图人显然杀害了万名以上仍留在其边界内的图西人,让图西人的尸体沿着鲁齐齐河漂到布隆迪,另外还有上千人被砍伤或致残。据报道,卢旺达首都基加利弥漫着尸体的恶臭。一位当地欧洲居民评论说:"在几星期内,卢旺达后退了 500 年。"29 如此看来,卢旺达集权的、等级森严的、较为开放的传统政治体制能够适应社会和经济的改革,却显然不能和平地吸收过去被排除在外的社会团体进入政治体制,结果导致流血的革命和冲突。迄至 1966 年,40 多万的瓦图西人约有半数不是被屠戮就是被迫背井离乡。

布隆迪的政治演化谈不上是和平进展的模式。在短短的 4 年里,两名总理遇刺身死,一名重伤。然而暴行毕竟受到了限制,部落大屠杀得以避免。"在卢旺达,多数统治摧毁了传统等级制度的根基并直接威胁着精英政体的存在。相形之下在布隆迪,等级差别不那么绝对,传统和现代力量的结合就较为和谐。"30 乌隆迪软弱的、权力分散的君主制在独立以后以君主立宪制的形式保留了下来;政党以贵族为基础建立起来,打破了部落的界限;国家领导来自双方部落集团。然而在卢安达,独立所引起的紧张状态和部族冲突造成的影响,使君主在政治体制中承担了更为积极的作用。这种与农民参政同时产生的集权趋势,"不仅破坏了干瓦(Ganwa)之间势均力敌的旧模式,而且实际上为胡图人和图西人之间种族感情上的对立铺平了道路"31 胡图人在 1965 年的选举中获胜,控制了国会。国王以更积极地维护自己既统又治的地位作为回答,向国会的权威挑战。这就促使一些胡图人于 1965 年 10 月试图发动政变,政变失败,一批巴胡图首领遭到政府的处决。结果国王实际上成了图西人的阶下囚。1966年 7 月政变再度发生,国王被其子所取代。1966 年秋的第三次政变彻底结束了君主制度,建立了瓦图西人占统治地位的共和国。在这一系列动乱之中,布隆迪一直没有发生过其邻国卢旺达那样的大屠杀。实际上,布隆迪发生的动乱在某种程度上恰恰是其邻国大屠戮的结果。图西人和胡图人无法在卢安达的集权体制之下共处,已成定论,但他们能否在布隆迪的分权制度下共存,虽尚不能证明,但至少还是可能的。[32]

其他政治体制可比的国家也存在着类似于这两个非洲国家在政治进程中所表现出的那种差异。例如,在乌干达,巴尼奥罗人(Banyoro)建立了一种高度集权的国家制度,而与其相邻的伊特索人(Iteso)却只有一种松散的政权结构,"按照西方标准,这种政权结构近乎无政府状态"。但与巴尼奥罗人的较为先进的传统制度相比,伊特索人却更快地适应了现代有组织的政治参与形式。他们"很快摒弃了许多传统的社会组织,较快地适应了新的联合形式"[33]。

戴维·阿普特(David Apter)也同样发现,非洲政治体制适应现代化的能力是他们传统的价值系统和权威结构的一种函数。具有完满性价值系统的社会不太可能成功地适应现代世界。在具有工具性价值系统的社会中,应变的形式主要是由传统的权威结构的等级式或金字塔式的特性决定的。诸如布干达的那种具有高度社会流动性的等级制度,其对现代化的反应与卢安达的制度相似,很快便吸收采用了现代社会、经济和技术的惯常做法。但是这种制度扩大政治参与的能力却十分有限。巴干达人强烈地反对政党和其他类型的机构去组织这种参与。他们在1958年抵制引进选举制,其原因,如布干达总理所论说的:"自古以来,巴干达人就只知道卡巴卡是王国至高无上的统治者,没人能超越他,而且他们现在也不承认有谁的权力不是来自卡巴卡并代表卡巴卡来行使它。"[34]简言之,权威是不能来自代议机构的。结果,布干达成了独立的乌干达国内的一个独特的、难以综合的实体。它在中央政府内的代表成了主要的反对党——卡巴卡耶党,该党独树一帜,竭力护卫君主的权威,作为一种妥协办法,卡巴卡成为总统,而总理则由主要民族主义政党——联合人民大会——的领袖来担任。该党的势力主要在乌干达的非布干达地区。然而在现代政权结构和传统政权结构之间和稀泥,最终还是失败了。1966年初,总理奥博特(Obote)独揽大权,罢黜了卡巴卡总统。几个月之后,乌干达军队攻入布干达,镇压了对中央权威的反抗,并在短暂的围攻后占据了卡巴卡的王宫,将卡巴卡驱逐出境。至此,布干达传统的集权君主制至少算是暂告终结。布干达首领声称有15 000名族人被杀害。这样看来,传统的布干达的等级君主制不能容纳现代的政治参与形式,而乌干达现代的政治体制也无法容纳布干达传统的君主制。正如阿普特所表述的,"工具—等级式体制"能够轻易地创制新政。但在君主制原则受到了挑战之后就不同了,此时整个政治系统都联合起来抵制变革。换言之,这种制度抵制的是政治上的现代化,而不是其他形式的现代化,特别是它难以用代议制权力原则替代等级制权力原则。[35]

未尝不可将布干达的命运与尼日利亚北部的富拉尼—豪萨制度的发展变化对照一下。和布干达一样,富拉尼—豪萨制度也有一套工具性价值结构;但其权力结构是金字塔式的,这点与布干达又有不同。这样,富拉尼—豪萨人在实现社会、经济和文化的现代化方面,远不如巴干达人积极。在许多方面,他们仍然是十分传统的。乌干达和尼日利亚两国在独立前的10年中都建立起了现代民族主义政治,而富拉尼—豪萨人也和乌干达的布干达人一样,仍然跟不上历史潮流。但与布干达人不同,富拉尼—豪萨人确实使自己适应了参与现代政体的新形势。他们的确能够"成功地将自己组织起来参与现代政治生活,以至于实际上几乎控制了全部尼日利亚"。1966年初期,来自尼日利亚西部的伊博人发动了一场军事政变,结束了北方人占主导地位的时期。但与乌干达政府不同,尼日利亚的新中央政府无意也无力去摧毁北部权力分散的政治结构,因此在中央政府和北方权力机构之间逐步达成了一系列的妥协,正如阿普特所说:富拉尼—豪萨人的工具——塔式体制"是具有适应性的,但同时仍是保守的。既然能够谈判和妥协,而且清楚地意识到眼前的利益,富拉尼—豪萨人就不会去搞什么大规模的发展或沉醉于变革和进步"[36]。显然,政治演化的过程远未完成。但不无理由预计,尼日利亚北部的穆斯林统治者将会以类似英国贵族的方式去适应政治参与的扩大。

说到这里,可以公允地下一个结论说,一个传统的政治体制,其结构越是多元化,权力越是分散,则其政治现代化引起的动乱就越小,适应政治参与的扩大也就越容易。这些条件使一个现代化的参与体制的出现成为可能。这种体制更可能是民主的而不是集权的。那种以社会等级森严、社会流动性很小为特征的松散的或封建的传统制度更容易产生现代民主政体,而那种高度集权的、较为专业化的、平等的、开放式的、流动性强的传统官僚体制,反而难以做到这点,尽管这种现象颇令人费解,但确是事实。20 世纪的亚洲和非洲再现了 17、18 世纪的欧洲历史。那些在政治参与扩大之前最接近现代化的传统制度，最难以应付政治参与扩大所带来的后果。

# 国王的困境：成功对生存

在 20 世纪下半叶，摩洛哥、伊朗、埃塞俄比亚、利比亚、阿富汗、沙特阿拉伯、柬埔寨、尼泊尔、科威特、泰国等国家的传统君主，都在竭力对付现代化问题。这些国家的政治体制都陷入了一种根本性的困境。一方面它们必须集权于君主以图推动社会与经济改革；另一方面，集权却又使扩大传统政体的权力和吸收现代化所产生的新集团变得更为困难、甚至不可能。要使这些集团参与政治似乎只能以牺牲君主制为代价。君主无不关切的问题是：难道他只能是自己成就的牺牲品吗？ 他能摆脱成功与生存二者不可兼得的难题吗？ 广而言之，从创制新政所要求的权力集中过渡到同化社会集团所需要的权力扩展，能否找到某些办法，使其间发生的破坏尽量减少呢？

从根本上说，这个问题涉及传统权威与现代权威之间的关系。有三种可能的战略供君主选择。他可以尝试削弱或结束君主权威的作用，逐步扶植起一个将权力委诸人民、政党和国会的现代化立宪君主制。或者，他可以自觉地将君主的权威和人民的权威结合在该同一政体之中。再或者，君主制可以作为政治体制中主要的权威来源保留下来，并尽量减少政治意识扩大而施于政体的破坏性影响。

## 嬗 变

在现代立宪君主政体中，国王统而不治，权威来自人民通过选举、政党和立法机关所表达的意愿。为什么今世尚存的君主亲政政体不能（如果君主立意这样做的话）和平地转变为现代统而不治的君主政体呢？ 在理论上，这应该是可能的。但是那些 20 世纪尚存的传统君主政体，几乎都是高度集权的政权。仅有的例外就是阿富汗和摩洛哥两国。阿富汗的部落多元制长期以来就一直支持分权；而摩洛哥的殖民地经历使统治者有了与政党相处的经验，这在君主亲政制度中是独一无二的。从绝对君主制向民选政权——其政府对国会负责，国王统而不治——的直接和平转变，尚无历史先例。在大多数国家，这种转变涉及从主权在君到主权在民的根本性转变。这种转变通常需要漫长的时间或者需要通过革命。当今世界上的现代君主立宪制几乎都是从封建的而不是集权的传统政体中发展出来的。亚里士多德曾说："君主享有的特权领域越小，其权威越能持久而不受侵害。"例如在日本，天皇自古就是合法性的本源，但他实际上从未实行过统治。从幕府制到明治寡头制，从 20 世纪 20 年代的政党政权到 30 年代的军政府政权，这样一系列权力更迭，都能通过天皇的认可取得合法地位。只要天皇不试图自己实行统治，君主的正统性不但不会与人民、政党和议会的权威争雄，反而会加强后者的权威。门德尔（Mendel）曾指出："日本天皇在使民众领导人相对顺利接班方面的象征性权力，怎么估价也不算太高。"[37]

应变的另一种选择，就是传统的亲政君主为维持其实际的统治权而放弃他的正统君主头衔。1955 年西哈努克退位，将柬埔寨王位转让给乃父。随后他组织起一个政党，并在国会选举中获胜，重新回到政府充任总理。1960 年其父去世后登基，君主立宪制正式延续下去。但宪法修改了，规定需有一个经由国会选举产生的国家元首。西哈努克旋当选充任该职。这样，西哈努克以一种与英国贵族相似的方式，使传统的精英统治适应了人民合法性的形式，保存了旧统治的实质。

然而，更常见的嬗变却是从君主亲政制向寡头君主制的转变，而不是从君主亲政制向议会君主制的转变。君主的合法性虽然维持着，但实际统治权已从君主转到官僚精英手里。1908 年青年土耳其党在奥斯曼帝国起义即属此类，在 20 世纪的第二个 10 年，军政府就以苏丹的名义行使实权。1932 年革命将泰国从绝对君主制转变为有限君主制。一个由军人控制的寡头政权以泰王的名义统治着该国，而寡头政权中的各个集团通过极其有限的、通常是不流血的政变周期性地轮流执政。这种寡头政权与土耳其青年党人建立的政权一样使先前的政治参与有所扩大。然而,它没有建立起任何机构去同化更多的社会集团。泰国目前仍没有一种可扩张的政治体制。1932 年推翻绝对君主制的那类事件似乎还会在将来发生,但那就将是革命推翻军人寡头政权了。

一个君主行使权威越是强有力,将这种权威转变到另一种机构就越困难。不能想象,一个厉行现代化的君主——他曾竭力集中权力,不顾顽固派的强烈反对强行改革——会放弃自己的权力,自愿去充当摆设而没有实权。他会很自然地认为,他对于国家的秩序、统一和进步是必不可少的,没有他,似乎其臣民就会迷失方向。据说曾有人问伊朗国王,为什么他没有当立宪君主。他回答说:"当伊朗人像瑞典人那样行事时,我就会像瑞典国王那样做了。"[38]任何一个厉行现代化的君主都可能具有同样强烈的父亲般的情感。此外,政体和社会本身也期待权威性的君主统治。如果统治受到削弱,则可能发生派系争权,并会出现各种暧昧的合法原则。取代君主合法地位和君主统治的政权之后,究竟会出现什么局面,殊难逆料。这种忧虑会在许多阻碍变革的团体中形成强大的情感力量。如果王权不复存在,那么还有什么力量能够把共同体联合起来呢? 在极端的特例中,共同体的存在或许完全依赖君主制的权威。

部分地出于上述缘故,君主的生老病死这类偶然事件可能会有利于君主亲政制向君主立宪制的转变。因为此类事件表明,君临一切对于政治稳定并非必不可少。适时出现一个疯君、幼主或花花公子,能够在维持政治制度的延续性方面起到关键作用。乔治三世的癫狂症(如所传非虚)对英国政体的演进实乃一大幸事。日本现代化之所以较为顺当,正因为明治天皇"复位"之时年方十五。泰国从绝对君主制转变为有限君主制也得益于国王巴差提勃(Prajadhipok)不勤朝政,治国无术。他心甘情愿地接受了 1932 年革命并在 3 年后逊位,将王位传给了在瑞士读书的 16 岁的太子。如果穆罕默德国王和哈桑二世(Hassan Ⅱ)在其子嗣成年之前逊位或辞世,那么伊朗和摩洛哥的亲政君主向统而不治的君主的转变本来是会容易些的。埃塞俄比亚现在的王储是一个颇为软弱而随和的人,据称他表示愿意在继承王位后将实行有限的立宪君主式的统治。然而也有传闻说他急于重振 20 世纪 50 年代一度减缓了的改革。一旦登上王位,他将不得不在消极无为和积极行动之间作出抉择,前者具有潜在的政治上的好处,后者符合社会的迫切需要。他本人和其他国家的几乎是普遍的经验表明,后一种选择可能会占上风。

## 共 存

如果现代化是不可避免的,那么怎样才能扩大政治体制的权力使它能被承受呢? 有何理由不能将君主统治和政党政府结合起来,将这两个独立的权力来源在一个政体中的竞争共存关系加以制度化呢? 这样一种妥协或许能持续相当长的一段时间,如在德意志帝国,这种妥协的确持续了半个世纪。但二者的这种关系将一直是难处的。来自于此种制度内部的压力会迫使君主要么变为仅仅是一种摆设,要么试图限制政治体制的扩张,而这样就会触发如 1965 年发生于希腊的那种宪政危机。实际上,在战后大多数传统的君主国内,其他权力机构是软弱的,或者根本就不存在。除了少数例外,第二次世界大战之后,所有传统的君主国都有这样或那样的立法机构。但一般而言,它们都是王权统治的驯服工具。如果它们有时确实试图独行其是或坚持它们自己的权威,那也往往表现为阻挠君主的改革建议。在伊朗,自 1906 年颁布宪法以来,国会作为一个机构,就一直在活动。因其过于活跃而又保守,以致 1961 年阿米尼坚持以解散国会作为他出任总理的条件。阿米尼评论说:"眼下,议会是伊朗人尚难接受的奢侈品。"39

要使君权与民权的和平共处制度化,一个经常遇到的难题是总理及其内阁与国王和国会之间这种一仆二主的关系。实际上,在战后所有君主亲政政体中,总理仍然主要是对国王而不是对国会负责。在伊朗,总理不能是国会议员,阿富汗 1964 年宪法也有类似规定。如果总理无视王权而图自行其是,就必然会产生冲突。伊朗国王十分谨慎地限制多数总理的行动自由,随时罢黜那些露出培植其他支持力量之迹象的总理。当某位总理自行其是之时(如摩萨台),就会导致一场宪政危机。

在大部分传统的君主政体中,政党是软弱的,甚至根本不存在。至 20世纪 60 年代中期,埃塞俄比亚、沙特阿拉伯和利比亚都不存在政党。在尼泊尔和泰国,政党已被取缔。对大多数君主政体来说,缺乏殖民地经历,也就缺少组织民众运动和政党的一个主要动因。在那些受制于殖民主义的君主国(如摩洛哥和布干达),君主政体本身就充当了政党的替代物或竞争者,成为民族主义情感的集聚中心。在那些存在政党的君主政体中,政党通常也不过是国会中的小集团而已,缺乏有影响、有组织的群众支持。

第二次世界大战之后,将君主权威和现代权威相结合的最引人注目的尝试,发生在摩洛哥。部分是得益于其殖民地经历,摩洛哥发展起了远比其他亲政君主国更为强大的政党。在 1956 年独立之际,占统治地位的政党是独立党。该党始建于 1943 年,并曾辅助君主促成了摩洛哥的独立。事实上,正如一政治领袖所写的,摩洛哥的制度既不是"传统的、封建的绝对君主制",也不是国王仅具象征意义的君主立宪制,而是"一种基于伊斯兰教支持,国王个人负责的绝对君主制的变种"。[40] 然而,政党和王室双方的权力要求,必然使一个对双方负责的内阁即便不是不可能,也是很难维持下去的。扎特曼(Zartman)曾简洁地概述了摩洛哥面临的这一问题,他写道:

> 在最初两届国务会议中,穆罕默德五世(Mohammed V)试图建立一个由独立派领袖领导的全国统一政府。两届内阁皆因无视政党的要求和具体国情而倒台了。第三届政府中的某些成员及第四届政府的所有成员是作为无党派技术专家选出的,这在逻辑上符合当时的准伊斯兰教总理(quasivizirial)制。然而在一个像摩洛哥这样的年轻国家里,每个人及每个事物都具有政治色彩,不存在无党派的技术专家。政府既对国王负责又对党派团体负责,既有总理制特征,又有部长制特征,陷于四分五裂。因此这届政府也垮台了。因为它不对可掣肘政府的政治集团负责,这些政治集团也不受国务会议的集体责任的约束。

> 即便没有国王要求能更多地过问政务这一因素的刺激,政府也自会出于名分的需要而争取稳定,采取纯粹的总理制或是纯粹的部长制。党派趋势必有助于向后一种制度方向的发展,但国王却反其道而行之。穆罕默德五世统治之下的最后一届政府及其在穆罕默德五世死后的延续和哈桑二世统治时期的历届政府都是总理制,其成员分别由国王委任,各自单独对国王负责。[41]

君主也可以设法组织起自己的政党,并将民众的支持制度化,使他继续得以积极执掌国政。1961年穆罕默德五世死后,新国王哈桑二世为使政权进一步向宪政的方向迈进,乃于1962年颁布了一部宪法。1963年5月,根据这一宪法举行了选举,主要参加者有在这时已变得保守的独立党,左派社会主义党人民力量全国联盟和一个实际上是国王朋友所组建的党——保卫立宪制阵线。国王原指望阵线会获得有效多数,但实际上该党在国会全部144席中仅得69席。在美国,广泛的国是共识使总统可以与由反对党甚至是由与他的政策主张相左的人所控制的国会共事。在一个现代化之中的国家,议题往往较为尖锐,敌对情绪也就较为强烈,在这种情况下,两方对立的合法性原则此时已闹到生命攸关的地步,致使统治陷于停顿。哈桑乃于1965年6月关闭议会,决定亲政。他当时说,国会已被"徒劳无益的辩论所瘫痪",议会政府加速了政治体制的衰退,因此"必须采取果断行动","国家需要一个强有力的、稳定的政府"。[42]将君主统治和议会政府相结合的这次努力终以失败告终。此后发生的事件表明,国王将愈来愈依赖官僚体制和保安部队,甚至成了它们的俘虏。

将积极的政党和君主亲政制结合起来的努力,在伊朗也同样是不成功的。从历史上来看,伊朗政党比摩洛哥政党要软弱得多。然而,在20世纪40年代末期和50年代,人民党和民族阵线确曾发展起了足够的实力和感召力去阻止国王干涉国会,并在1953年向君主制存在本身发起了挑战。待王位较为稳固以后,国王开始向政党发难,以防它们羽翼丰满之后成为独立的权力中心。在50年代后期,他发动建立了自己的"两党制",一个为执政党,一个为反对党,后者由国王的政治密友所领导。在1960年的选举中,国王竭力推举同情其纲领的候选人。然而由于保守势力与国王作对,反对君主制的激进民族主义势力再度抬头。于是国王不得不以腐化和反动势力操纵选举为借口宣布选举无效。1963年4月,国王通过实际上直接圈定候选人的办法终于组成了一届能够支持他的国会。当有人对这一明显违背民主程序的做法提出质疑时,据传他回答说:"怎么,难道这种由指定的办法(即他的办法)组成的国会,不比政客为私利而组成的国会更好些吗?我们第一次有了一个真正代表人民而不是代表地主的议会和参议院。"[43]这样,在伊朗,君主使议会和政党向他臣服,而在摩洛哥,君主中止了议会和政党并取而代之。两个国家都未能把一个积极的亲政君主和积极的独立政党结合起来。自主的国会反对君主的改革,而自主的政党则危及君主的统治。

在 20 世纪五六十年代,君主亲政政体的主要趋势,是重新确立君主权。然而如前所述,1954 年伊朗的穆罕默德·汗成功地将王室重新树立为权威的中心,1963 年哈桑二世在摩洛哥也如法炮制。1950 年在尼泊尔,特里布文(Tribhuvan)国王推翻了一向充任总理的拉纳(Ranas)家族。在 1959 年,他的继承人马亨德拉(Mahendra)国王尝试建立起议会民主制并准许进行选举。尼泊尔大会党在选举中赢得议会多数。把君主和议会权威结合起来的这次尝试,仅持续了 18 个月。1960 年 12 月发生宫廷政变,国王中止了宪法,取缔了尼泊尔大会党,监禁了总理和其他政治领袖,重新确立了王室的直接统治。[44] 1963 年阿富汗国王查希尔,像尼泊尔的特里布文一样,罢黜了一位铁腕总理,确立了他自己的统治权威。但他还是作出了一系列努力,以建立一个立宪政权。同样,1964 年不丹国王在与该国的第一大家族进行一番较量之后,独揽了全国大权。即便是希腊也在 1965 年经历了一场总理(他享有基础广泛的政治组织的支持)与君主的权力之争。在这场斗争中,国王至少暂时算是获胜了。虽然这些事件逆转了先前的分权趋势,但在利比亚、沙特阿拉伯、约旦和埃塞俄比亚,亲政君主都未表现出放松权力或接受其他合法权力本源的迹象。现代化的政治压力似乎使上述两种途径都不是可行的选择。

## 维 持

如此看来,在现代化之中的君主国家,要想在政治机构和合法权力本源方面产生重大变化,前景实属渺茫。那么,撇开这种根本性变革之外,君主政体适应现代化世界生存下去的能力——如果有这种能力的话——究竟又有多大? 君主亲政制在多大程度上能成为一种有生命力的政治制度? 这并不是一个新问题。莫斯评论说:

> 亚历山大二世的政策,可能会遭到前后夹攻。改革必然侵害地主、商人和官员的既得利益;拒不允许公共参与统治则又难免招致自由派的怨愤。亚历山大的统治将改革与镇压兼施并用,然而这样做也未能取悦任何一个重要阶层。[45]

　　君主怎样才能应付这个难题,同时仍能维持其权威呢？他也许可以安抚自由派,将他们请进政府;他可以讨好保守派,在改革方面打退堂鼓;他还可以坚持改革并加强压制措施,以便粉碎来自自由和保守两方面的反抗。

　　集权而官僚的君主制的一个现代性方面,就是它为个人流动提供了一定的条件。在理论上,大多数这类君主国家能使出身卑微的人才通过官僚制的阶梯爬到一人之下万人之上的高位。在实践上许多君主国家也的确有这种情况。难道传统君主制的这种能力就不足以提供一种手段来吸收现代化所产生的向上进取的人士么？在现代化初期阶段,君主确实是这样做的。委任具有现代素质的人担任官职乃改革之所需,也是君主减少其依赖官僚体制中传统精英的重要手段。在 20 世纪 60 年代,阿拉伯的费萨尔和阿富汗的查希尔,在历史上首次任命了由平民控制的内阁,来维护国王自己的权威,以反对传统的贵族顽固派。(具有博士学位者在阿富汗的一任内阁中占据半数,这很可能是史无前例的。)在伊朗,1963年选举之后,有一大批精力充沛的进步的中产阶级专家被引进了哈桑·阿里·曼苏尔(Hassan Ali Mansur)领导的政府。1945 年以后,埃塞俄比亚皇帝实际上建立了一个"新贵族"集团,包括旧贵族(他们被授予荣誉官职)、野心勃勃的机会主义分子和技术专家。[46]无疑,这些任命使那些本来可能会反对君主制的人,放弃了对立。

　　然而,随着现代化的前进,传统君主制通过吸收个人参政以缓和不满情绪的能力就会减弱。例如,埃塞俄比亚的制度就不能吸收 1955 年以后开始出现的大批新知识分子。在私人企业无法提供大批就业机会,而向私人企业谋职又遭蔑视的这种传统观念依然存在的情况下,官僚机构因财政和设置的限制根本就无法吸收现代化所产生的这批受过教育的人们。于是,君主国的天然财富就成了关键因素:中东盛产石油的君主国吸收新阶层的能力,远远超过那些自然财富不怎么充裕的王国。此外,虽然有些官运亨通者会与为之提供晋升机会的制度完全认同,但另一些人可能仍然对该制度怀有极其矛盾的心理。在所有传统的君主制国家中,人们常会见到,官员是现代化的、进步的、受过教育的人,他原想从制度内部推动改革,又不愿放弃他供职的制度所给予他们的报酬,很难保持良心上的平衡。埃塞俄比亚的一位知识分子不无伤感地说:"为官之吉凶甘苦,使我们一直碌碌无为。"[47]

尽管吸收个人参政能使某些最活跃的中产阶级领袖与该政权的前途共命运，但它还有最后一条限制性，那就是它无法将中下层阶级作为团体整个地吸收进政治体制中来。这只是一种缓兵之计而已。因为新兴利益集团仍将在社会中出现；高度的个人流动会降低这些集团追求其利益的强度和技能，但不能消灭这些利益本身。虽然吸收社会集团参政的问题不再那么紧迫，但仍未解决。

第二种可能的选择，是现代化君主中止现代化。他之所以陷入此种困境，是因为他试图把传统权威与现代化改革结合在一起。他可以放弃改革的打算而在实际上变为一个非现代化君主或传统君主，以此摆脱困境。这乍听起来颇为荒唐，其实未必。任何社会都可能按自己独特的方式来实现传统和现代因素的融合。在现代化之中的民主国家，党派竞争能给传统化运动注入了新的力量。也许现代化君主面临的问题，可以通过放慢现代化和改革的速度来解决，从而逐渐与社会中的传统分子相调和，争取他们的支持，维持住一个部分现代化的但不是完全现代化的制度。当然，君主能够采取对其政权危害最小的手段，来把握社会各部门变迁的速度和方向，最大限度地保持政权的稳定。例如，他们可以像埃塞俄比亚政府那样，减少出国留学生数目，阻止国内组织严密的学生团体在大学里蔓延。运用这一战术的第一个难题是，一旦现代化进程开始——即一旦一个醉心现代化的知识分子核心在政治舞台上出现，要阻止或逆转这一进程，即便不是不可能的，也是十分困难的。如果知识分子不被纳入官僚机器中去推进现代化君主的改革，他们必然会转入地下以推翻君主。此外，放慢改革速度本身，尽管可能减少更多敌视现政权集团的出现，但也可能增强现存集团的敌意。一位年轻的埃塞俄比亚人曾在 1966 年说道："10 年前，甚至是 5 年前，皇帝还在前面领导着我们，但现在走在前面的是我们，是我们这些奉诏受过教育的优秀人物，落在后边的是皇帝。"[48]

传统化政策通常是与那些地方观念强、眼界狭隘的领导人联在一起的。传统的君主制，比包括极权制在内的任何其他类型的政治制度，更需要孤立于世界文化之外。然而其政治机构的传统性质，却使它不能像极权体制那样有效地闭关自守。由于诸如对外政策等其他原因，闭关自守可能是不利的。埃塞俄比亚政府成功地使非洲团结组织和经济合作署设在亚的斯亚贝巴,提高了埃塞俄比亚的国际威望,但与此同时也破坏了埃塞俄比亚的政治稳定。

最后,君主可以继续推行现代化,但加紧必要的镇压措施,将反对改革的保守派和反对君主制的自由派置于自己的控制之下,以便保住权威。君主的正统性,本来是以整个社会都接受传统观念为基础的。然而随着现代化的推进,新崛起的集团摒弃了这些观念,而老集团则因君主的改革政策而与君主离心离德。现代化瓦解了传统阶级对君主的支持,而在现代化所产生的新阶级中,君主也是敌众友寡。出于政治考虑,君主需要对官僚集团分而治之;需使高级官员频繁更迭;任命敌对者充任具有竞争性的职位,让自己的心腹充任枢要职位。凡此种种,都降低了官僚机器推行现代化的效能。这些行动也加深了中产阶级知识分子的疏离感和敌对情绪。一位年轻的埃塞俄比亚官员在 20 世纪 60 年代初曾说:"想到皇帝也许会寿终正寝,我就会从梦中惊醒而大叫。我想要他知道:他将受到审判!"49

一方是贵族和宗教权贵,另一方是受过教育的中产阶级,君主夹在当中成了孤家寡人,支持他的只有军队。随着其合法地位逐渐下降,他愈来愈依赖军人的武力。这样,军队在其政权中所起的作用就愈来愈大。为获得军队的支持,君主不得不满足军方在名义上和物质上提出的犒赏要求。埃塞俄比亚的军队在 1960 年 12 月镇压了一场禁卫军试图发动的政变,保卫了皇帝。事后,皇帝只得认可军队加薪的要求。君主为军队提供薪俸、特权和装备,势必要花掉不少本来就已为数可怜的资金。这些资金原可用于营建与改革更为直接有关的学校、道路、工厂和其他建设项目上。在伊朗,热衷于改革的阿里·阿米尼(Ali Amini)总理于 1962 年 7 月辞职,部分原因显然是他想把军队从 20 万人削减至 15 万人,以获得用于土改和其他现代化目的的资金。在土改已经疏远了大批传统贵族分子,而农民又在政治上还远未能组织起来的情况下,国王不能冒险得罪军队,从而危及自己的地位。他只好在军队和阿米尼之间选择了前者。促使国王在所有社会集团中特别青睐军队的这种需要,也促使他试图瓦解并削弱军队,使军队不在他的领导下就无法统一行动。因此,君主常常创建其他军事力量,例如埃塞俄比亚的宫廷卫队和守土民兵等,以降低军队采取一致行动反对君主制的可能性。同样,君主常会乘机利用军队头目个人之间的邀功请赏,以及军官团内部的种族和辈分分歧,达到自己的利益。没有一个推行现代化的君主制能够免遭政变的威胁,但在像伊朗和埃塞俄比亚这样的国家,君主尚能暂时挫败这些政变企图。

随着现代化向前推进,不仅军队会成为支持君主制的主要组织力量,警察和国内保安部队也会起着日趋重要的作用。那些醉心改革的君主,变得愈来愈依靠赤裸裸的镇压手段来维持自己的当权地位。且不说革命皇帝约瑟夫二世一生的为政得失,他确实创立了欧洲第一个现代秘密警察系统,这颇具讽刺意味,却也不无道理。同样,亚历山大二世最初是所谓"沙皇解放者",最终也被迫成为"沙皇独裁者"。[50] 专制与改革的结合,乃 19 世纪奥斯曼帝国的特征。这种结合到了 19 世纪之末达到了顶点,其时阿卜杜尔·哈米德二世到处采取毫不留情的镇压方式。教育和通讯媒介的扩展,使阿卜杜尔·哈米德"建立了一个精密的情报网,以监视其臣民的一切有丝毫可疑的不轨行动"[51]。

20 世纪的君主国家也有类似的倾向。在摩洛哥,皇帝重新确立统治地位后,紧接着发生了本巴卡(Ben Barka)事件,关于该政权的"压制性质"的评论也与日俱增。[52] 在沙特阿拉伯,第一次大规模将青年自由派分子当作共产党嫌疑犯和纳赛尔同情者加以逮捕,发生在费萨尔登基进一步推行改革的同时。在 50 年代的伊朗,随着穆罕默德·汗在指导国家向前发展方面起着愈来愈重要的作用,秘密警察组织 SAVAK 也就在缉捕现政权的敌对者和潜在反对者方面愈来愈积极。因此,在某种程度上,一个君主促进国家现代化方面的成就可由他认为需要维持的警察部队的规模和效率来衡量。改革与镇压两方面都是集权和不能扩大政治参与的表现,其结果自然是反叛或革命。

现存的传统君主制前景是黯淡的。这些国家的领导,除了力图推动社会和经济改革,实在没有多少其他选择,而为了达到这个目标,他们必须集中权力。但在传统制度庇荫下,集权过程已达到了山穷水尽的地步,任何一个君主国(阿富汗和摩洛哥可能是例外),想要和平地适应更广泛的政治参与,似乎都极不可能。因此最需要关注的问题在于,君主制覆灭之时所发生的暴力行为规模将有多大，以及由谁来把握这种暴力。有三种可能性存在。最有限的变化形式是发生一场政变，将亲政君主制度变为寡头君主制，即泰国模式。这种模型只能有限地扩大政治参与，而不建立起一个可以容纳未来扩大参与所需要的制度，并且可能丧失某些创制政策的能力。然而，这种模式确实可以将君主制保留下来，使之成为统一和合法性的象征。在诸如埃塞俄比亚那样的国家，这条道路大概是所能预期的最佳选择。一种更为剧烈、对大多数亲政君主制来说也许是更为可能的变化形式，是卡塞姆(Kassim)式政变，这种类型的变化既废除了君主也废除了君主制，但却不能产生具有合法性的新原则和新制度。在这种情况下，政治体制退化为毫无形式的普力夺状况。最激烈的解决办法将是一场全面的革命。在这种革命中，一些不满现状的团体联合起来摧毁传统的政治和社会秩序，最终产生一个现代政党的独裁统治。一些现存传统君主制统治下的社会，也许太落后，以致连革命都搞不起来。不管他们选择哪条道路，可以肯定的是，现存君主制在获得任何足以应付改革所产生的政治参与问题的新能力之前，将丧失某些甚至全部业已在传统形式下发展起来的政策创制能力。

## 注　释

1. James Q. Wilson, "Innovation in Organization: Notes Toward a Theory," in James D. Thompson, ed., *Approaches to Organizational Design* (Pittsburgh, University of Pittsburgh Press, 1966), pp. 193—218.

2. Zbigniew Brzezinski and Samuel P. Huntington, *Political Power: USA/USSR* (New York, Viking, 1964), Chap. 4. 另可见 Mayer N. Zald and Patricia Denten, "From Evangelism to General Service: The Transformation of the YMCA," *Administrative Science Quarterly* 8 (Sept. 1963), 214—234。

3. Norman E. Whitten, Jr., "Power Structure and Socio-cultural Change in Latin American Communities," *Social Forces*, 43 (Mach 1965), 320—329. 另可见 David E. Apter, *The Politics of Modernization* (Chicago, University of Chicago Press, 1965), Chap. 3; Ethel M. Albert, "Sociopolitical Organization and Receptivity to Change: Some Differences Between Ruanda and Urundi," *Southwestern Journal of Anthropology*, 16 (Spring 1960), 46—74。

4. Kenneth Clark, "Desegregation: An Appraisal of the Evidence," *Journal of Social Issues*, 9 (1953), 54—58, 72—76. H. 道格拉斯·普赖斯(H. Doug-

las Price)的手稿表明,在一个城市中,集权怎样导致经济和人口的迅速增长以及分权如何导致这种增长的下降。

5. Talcott Parsons, "The Distribution of Power in American Society," *World Politics*, 10(1957), 140; italics in original.

6. 见 Frederick W. Frey, *The Turkish Political Elite* (Cambridge, Mass., M. I. T. Press, 1965), Chap. 13 and esp. pp. 406—419 和 "Political Development, Power and Communications in Turkey," in Lucian W. Pye, ed., *Communications and Political Development* (Princeton, N. J., Princeton University Press, 1963), pp. 298—305。在第 309 页注释中,费雷(Frederick W. Frey)提出政治发展涉及权力的集中和扩大。另可见他的 "Democracy and Reform in Developing Societies" (unpublished paper presented at Seminar on Political Development, University of Minas Gerais, Brazil, 1966)。

7. 见本书第七章第 372 页及以下各页。

8. Niccolò Machiavelli, *The Prince and The Discourses* (New York, The Modern Library, 1940), p. 15; Gaetano Mosca, *The Ruling Class* (New York, McGraw-Hill 1939), pp. 80 ff.; David E. Apter, *The Politics of Modernization* (Chicago, University of Chicago Press, 1965), pp. 81 ff. 另可见 S. N. Eisenstadt, "Political Struggle Bureaucratic Societies," *World Politics*, 9 (Oct. 1956), 18—19, 和 *The Political Systems of Empires* (New York, Free Press, 1963), pp. 22—24。

9. Mosca, p. 83.

10. 数字引自 Russett et al., *World Handbook of Political and Social Indicators*。

11. Rushton Coulborn, "The End of Feudalism," in Coulborn, ed., *Feudalism in History* (Hamden, Conn., Archon Books, 1965), p. 303.

12. Frey, "Political Development, Power and Communications," pp. 310—311.

13. Apter, *Modernization*, p. 104.

14. Bernard Lewis, *The Emergence of Modern Turkey* (London, Oxford University Press, 1961), p. 88; Donald N. Levine, "Ethiopia: Identity, Authority, and Realism," in Pye and Verba, eds., *Political Culture and Political Development*, p. 272; Levine, *Wax and Gold* (Chicago, University of Chicago Press, 1965), pp. 212—213; Margery Perham, *The Government of Ethiopia* (London, Faber and Faber, 1947), p. 76. Eisenstadt, "Political Struggle," pp. 15—33.

15. 见 R. R. Palmer, *The Age of Democratic Revolution*, *I*, pp. 373—384。

16. Ibid., *I*, 347. 楷体为原文所有。

17. W. E. Mosse, *Alexander II and the Modernization of Russia* (London, English Universities Press, 1958), pp. 69—70, 131—132.

18. C. C. Wrigley, "The Christian Revolution in Buganda," *Comparative*

*Studies in Society and History*，2（Oct. 1959），48.

19. 见 Lewis，Emergence of Modern Turkey，pp. 137—156。

20. Palmer，*Democratic Revolution*，I，381.

21. Lloyd Fallers，"Despotism，Status Culture and Social Mobility in an African Community," *Comparative Studies in Society and History*，2（1959），30.

22. Mosca，p. 81.

23. 见本书第二章。

24. Edwin O. Reischauer，*The United States and Japan*（rev. ed. Cambridge，Mass.，Harvard University Press，1957），p. 157.

25. William W. Lockwood，"Japan's Response to the West：The Contrast with China," *World Politics*，9（1956），38—41.

26. Edwin O. Reischauer and John K. Fairbank，*East Asia：The Great Tradition*（Boston，Houghton Mifflin，1960），pp. 672—673. 罗伯特·T. 霍尔特（Robert T. Holt）和约翰·E. 特纳（John E. Turner）用类似的分析方法试图解释为什么英国和日本经济发展较快，而法国和中国经济发展较慢。见 Robert T. Holt and John E. Turner，*The Political Basis of Economic Development*（Princeton，N. J.，Van Nostrand，1966），passim，but esp. pp. 233—291。

27. Albert，pp. 54—60. 另可见 René Lemarcbhand，"Political Instability in Africa：The Case of Rwanda and Burundi"（unpublished paper），p. 34。关于卢旺达传统制度的一般性论述见 Jacques，Maquet，*The Premise of Inequality in Ruanda*（London，Oxford Universitty Press，1961）。

28. Albert，pp. 66—67，71—73.

29. New York Times，January 22，1964，p. 2，Feb. 9，1964，p. 1；Newsweek，63（Feb. 24，1964），51.

30. Lemarchand，"Political Instability," p. 18.

31. René Lemarchand，"Social Change and Political Modernization in Burundi"（paper prepared for Annual Meeting，African Studies Association，October 24—26，1966），pp. 43—44.

32. 这里，有趣的是特德·格尔（Ted Gurr）关于 119 个政体在 1961—1963 年期间发生内乱的预测。他主要是用衡量国家的统一、社会动员、经济发展、政府对经济的渗透和内部军事保安部队等 29 个因素来进行推算。对于 99 个政体来说，他的预测很不错。但对我们这里讨论的 2 个中非国家则不准。在这 119 个政体中，暴力事件超出预测的是卢旺达；在布隆迪则相反，暴力事件则大大低于预测。这种偏差可以通过两个地区不同的社会—政治权威结构来解释。见 Ted Gurr with Charles Ruttenberg，*The Conditions of Civi*，*Violence：First Tests of a Causal Model*（Princeton，Princeton University，Center of International Studies，Research Monograph No. 28，1967），pp. 100—106。

33. Fred G. Burke，*Local Government and Politics in Uganda*（Syracuse，N.

Y., Syracuse University Press, 1964), p. 124.

34. Apter, *Modernization*, p. 114 n.

35. David E. Apter, "The Role of Traditionalism in the Political Modernization of Ghana and Uganda," *World Politics*, *13*(1960), 48.

36. Apter, *Modernization*, p. 99.

37. Aristotle, *Politics*, pp. 243—244; Douglas H. Mendel, Jr., "Japan as a Model for Developing Nations"(paper prepared for Annual Meeting, American Political Science Association, September 8, 1965), pp. 8—9.

38. Claire Sterling, "Can Dr. Amini Save Iran?" *The Reporter*, *30* (August 17, 1961), 36.

39. 引自 Donald N. Wilber, *Contemporary Iran* (New York, Praeger, 1963), p. 126。

40. 引自 I. William Zartman, *Destiny of a Dynasty: The Search for Institutions in Morccco's Developing Society*(Columbia, S. C., University of South Carolina Press, 1964), p. 17。

41. Zartman, pp. 60—61.

42. *New York Times*. June 8, 1965; Ronald Steel, "Morocco's Reluctant Autocrat," *The New Leader*, August 30, 1965.

43. 引自 Jay Waltz, *New York Times*, Semptember 25, 1963。另可见 Andrew F. Westwood, "Elections and Politics in Iran," *Middle East Journal*, *15* (1961), 153 ff。

44. Eugene B. Mihaly, *Foreign Aid and Politics in Nepal*(London, Oxford University Press, 1965), p. 108; Anirudha Gupta, *Politics in Nepal*(Bombay, Allied Publishers, 1964), pp. 157—160; Bhuwan Lal Joshi and Leo E. Rose, *Democratic Innovations in Nepal*(Berkeley and Los Angeles, University of California Press, 1966), pp. 384—388.

45. Mosse, pp. 176—177.

46. Levine, *Wax and Gold*, pp. 185—193.

47. Ibid., p. 215.

48. *New York Times*, March 8, 1966, p. 10.

49. Levine, *Wax and Gold*, pp. 187 ff. Leonard Binder, *Iran*(Berkeley and Los Angeles, University of California Press, 1962), pp. 94—95; David S. French, "Bureaucracy and Political Development in African States"(unpublished paper, Harvard University, 1966).

50. Mosse, Chaps. 3, 6.

51. Frey, "Political Development, Power and Communications," pp. 311—313.

52. 见,例如,*New York Times*, November 21, 1966。

# 第四章
# 普力夺社会和政治衰朽

## 普力夺社会的根源

谈到政治现代化,没有比军人干预政治这一点更为引人注目和司空见惯了。军人政府和军事政变、军人反叛和军人政权一直是拉丁美洲国家中绵延不断的现象,中东亦大体如此。50年代末和60年代初南亚、东南亚的许多国家也是在军人统治之下。60年代中期,加纳、达荷美、刚果(利)、中非共和国、上沃尔特和尼日利亚相继发生了军事政变,此前阿尔及利亚、多哥、苏丹和刚果(布)等国家业已发生政变,凡此种种完全暴露出所谓非洲或许能避免拉丁美洲、中东、东南亚军人专制经历的希望和论点是无稽之谈。无论在哪一块大陆或哪一个国家,军人干预明显是政治现代化不可分离的一部分。这提出了两个问题供我们进行分析。第一,在实现现代化的国家中,军人干预政治的原因是什么?第二,军人干预带给现代化和政治发展的后果是什么?

军人干预成风本身就表明,对其存在原因的通常解释缺乏说服力。例如,有人争辩说,美国军事援助是促使军队倾向于卷入政治的重要因素。据说,这种援助怂恿军队的政治独立性,给予军队以额外的权力、额外的影响以及更大的胃口,从而使他们采取行动反对文职政治领导人。在某些情况下,这种观点可能有部分的道理。由于扩大和加强了军方的力量,军事援助计划可能会使政治体制的输入和输出机构缺乏平衡的状况进一步恶化。然而若把军事干预的起因一股脑儿地归咎于军援,那它确实是无辜的。接受了美国军事援助后发生军事政变的大部分国家在它们成为慷慨大方的五角大楼的受惠者之前,军事政变的频发率是一样的。没有令人信服的证据表明,在美国军事援助和军人卷入政治之间有相应关系。还必须指出,相反的假设也同样是与事实不符的。许多人曾经抱着希望,认为经过列文沃思(Leavenworth)＊的深造、英美式的文官驾驭武将的原则熏陶及和职业化的美国军官相交往便会减少外国军事干预的趋势,这种希望已成泡影。接受过美、苏、英、法军事援助和从没有接受过军事援助的军队都干预过政治。同样,接受过美、苏、英、法的军事援助或从没有接受过军事援助的军队也都回避过对政治的干预。军事援助和军事训练本身从政治角度来看,是中性的。它们既不怂恿也不减弱军官们插手政治的意向。[1]

　　试图从军队的内部结构或从事干预的军官们的社会背景作为主要线索来解释军队干政同样是虚妄的。例如,莫里斯·雅诺威茨(Morris Janowitz)就是从一个国家的"军事系统的特点"中去寻找军队干预政治的原因,并且试图将干预政治的军官们的意向和能力与他们的"为公效命的气质",他们那种"将干练和勇武集于一身"的技能结构,他们的中产阶级或中产阶级下层的社会出身及他们的内聚力等方面因素联系起来。[2]有些迹象能证明这种联系,但也另有迹象不能证明这种联系。有些干政的军官系出于为公效命的崇高动机,另一些人却明显是出于私利。在管理、魅力、技术和政治各方面都有一手的军官有的干预过政治,有的却回避政治。同样,出身于各种社会阶级的军官都曾在不同时期领导过政变。内聚力强的军队干预政治的可能性未必就比团结性较差的军队干预政治的可能性要大。相反,政治干预和军队派性是如此之密切相关,以致几乎不可能找到两者之间的因果关系。"在一个新兴的国家,军方系统的何种特质会促使它卷入国内政治?"在这个问题上花功夫是方向性的错误。因为军队干预政治的最重要原因不是来自军事方面,而是来自政治方面,它所

＊　列文沃思位于美国堪萨斯州,是美国陆军指挥参谋学院所在地。——译者注

反映的不是军队体制在社会和组织方面的特点,而是社会在政治上和制度上的结构问题。

从军队本身去解释军事干预是说明不了问题的。军人干政的原因实际上很简单,它乃是不发达国家中的一种更加广泛的社会现象的特殊表现,这种更加广泛的社会现象即指各种社会势力和制度普遍带有政治性。在这些国家里,政治缺乏自治性、复杂性、连贯性和适应性。各种各样的社会势力和团体皆直接插手全局政治。具备政治性军队的国家也同样会具备政治性的牧师、政治性的大学、政治性的官僚、政治性的工会和政治性的法人团体。整个社会控制失调,何止军队。所有这些特定的团体都热衷于政治,不仅热衷于牵涉到它们特殊的利益或组织的政治问题,还插手于全局政治问题,插手于牵动整个社会的政治问题。在每一个社会里,军人都为了提高薪俸和扩充军事力量而干政,即使在像美国和苏联这样政治制度的国家里,尽管具有文官绝对控制军队的体系,情况也是如此。在不发达国家里,军队关心的不仅仅是薪俸和擢升,虽然这些确实也是他们所关切的,他们还关心整个政治体系中权力和地位的分配。他们的目标是普遍而分散的,又是有限而具体的。其他社会团体也是如此。校官和将军,学生和教授,穆斯林阿訇和佛家僧侣,全都直接卷入全局政治之中。

从狭义上说,所谓腐化就是指在政治领域内干预财富。所谓普力夺社会,从狭义上说,就是指军人对政治的干预,而教权主义就是宗教领袖参与政治。而眼下还找不到适当的字眼儿来描述学生的广泛参与政治。然而,所有这些术语指的都是一种现象的不同侧面,即各种社会势力的政治化。为了简明起见,这里使用的"普力夺"一词形容的是一种政治化的社会,在这种社会里,它不仅指军人干政,而且指各种社会势力都干政。[3]

对实现现代化国家社会制度的学术分析无不强调所论制度的高度政治化问题。对处于现代化过程中的国家的军队的研究,自然也就集中在这些国家中的军队在政治上充当的活跃角色与比较先进国家的军队所起的作用迥然不同这一点上。对工会的研究就着重渲染作为处于现代化过程中的国家的劳工运动特征的"政治工团主义"。研究处于现代化过程中的国家的大学,则强调教师和学生对政治的积极介入。研究宗教组织的则强调政教分离仍然还只是一个遥远的目标。[4]各种类型的著述家都着眼于现代化之中的国家中与他们自己特定领域有关的社会团体,多少都将之和其他的社会团体割裂开来,同时,他们也都或明或暗地强调他们所研究的那一种团体广泛地介入政治。显然,这种介入不单单只是军队或其他任何某一种社会团体的癖好,而是整个社会的通病。致使军队干预政治的原因同样也就是劳工、商人、学生、牧师卷入政治的原因。这些原因并不存在于这些团体的性质上,而寓于社会的结构中,特别寓于国家有效政治制度的缺乏或软弱之中。

在所有的社会里,专业性的社会团体都会卷入政治。在普力夺社会,这些团体之所以更加"政治化",乃是由于缺乏有效的政治制度去调停、升华、缓解各团体的政治行动。在普力夺制度下各种社会势力相互赤裸裸地对抗,没有什么政治制度也没有一批职业政治领袖被公认或接受为调节各团体之间冲突的合法中介。同样重要的是,在这些团体中,对于什么才是解决它们之间冲突的合法而权威的途径,亦不存在共同的认识。在一个制度化的政体中,大多数政治活动家对于解决政治争端所使用的程序,亦即对于官职的分配和政策的抉择,有同样的看法。官职可能通过选举、继承、考试、抽签等办法来分配,或者通过把这些方法和别的什么方法结合起来使用。政策上的争议可以通过上下级行文、请愿、听证和上诉等途径来解决,可以通过多数选票、协商一致或其他办法来解决。但是,无论在何种情况下,究竟应采取何种方法,总会有个一致的看法,并且各个参与政治角逐的团体都承认它们有义务只使用这些办法。事实上西方立宪民主国家和共产党专政国家都是这样的。然而在普力夺社会里,不仅政治活动家是各路好汉,用以分配官职和决定政策的方法也同样是五花八门。各个团体是八仙过海,各显神通。富人行贿,学生造反,工人罢工,暴民示威,军人就搞政变。由于缺乏公认的程序,政坛上发生诸如此类的直接行动是司空见惯的。和其他团体相比,进行军事干预,其手段更有戏剧性和有效性,因为这正如霍布斯所言,"没人叫其他牌时,梅花也能当王牌"。[5]

在缺乏有效政治机构的普力夺社会里,权力是支离破碎的:衙门众多,授权有限。控制整个体系的权威是短命的,政治机构的软弱意味着权威和官职来得容易去得也容易。因此,对一个头头或团体来说,为寻求权威而作出重大让步没有什么激励。个人在政治上的变化只是当他在社会团体之间改换门庭时,而不是当他将自己原来对小团体的效忠扩大到对能体现众多利益的某种政治机构的效忠时,才被迫发生。故而,"出卖"就是普力夺社会的家常便饭。在制度化社会里,政治家在攀登权威阶梯的过程中,把对社会团体的忠诚扩大到对政治机构和政治共同体的忠诚。在普力夺社会里成功的政治家不过是将他在一个团体的身份与对它的忠诚转到另一个团体,如此而已。此类政客最极端的例子是,蛊惑民心的煽动家一朝跳出来,可能会组织起一大批乌合之众,威胁到富人和贵族的既得利益,接着就被选入官府,继而被他原来攻击的势力所收买。另一种不太极端的例子是攀登财富和权力阶梯的分子简单地将他们对群众的忠诚转向对寡头统治者的忠诚,被其利益比他们原先效忠的社会势力所代表的利益要狭窄得多的社会团体所溶解和俘获。在制度化的公民政体中,升迁到顶层使一个人眼界开阔,而在普力夺社会升迁到顶层反而使个人变得鼠目寸光。

缺乏共同体和有效政治机构的普力夺社会几乎能在政治参与演变过程中任何一个水平上存在。在寡头统治水平上,政治行为体们即使在缺乏有效政治制度的情况下也具有相对的同质性。共同体仍是社会关联以及政治行动的产物。然而,随着政治参与的扩大,政坛上的行为体就越来越多,他们采取政治行动的方法也越来越多样化。结果,在激进的中产阶级普力夺社会里,冲突越来越激烈,而在群众的普力夺社会里,冲突就更加激烈。

在普力夺的一切阶段里,各种社会势力直接相互作用,很少或压根儿就不将他们的私人利益和公众利益联系起来。在普力夺寡头统治社会里,政治就是个人和家庭集团之间的斗争;在激进的普力夺社会里,政治就是各小圈子之间的斗争加上制度性和职业团体之间的斗争,在群众普力夺社会里,各种社会阶级和社会运动主宰一切。各种社会势力的规模、力量和差异性的扩大使它们之间的紧张关系和冲突令人越来越不能忍受。在一个制度化的社会里,新兴团体参与政治体系会缓和紧张形势,通过参与,新兴团体被政治秩序所同化,比如英国扩大选举权就是一个典型的例子。然而在普力夺社会里,新兴团体的参与不是缓和而是恶化这种紧张形势。新兴团体的参与使得政治行动中采用的对策和手段变得光怪陆离,从而促使政体分裂。新兴团体动员起来了,然而没有被同化。不列颠政治参与的扩大使得迪斯累里(Disraeli)的一分为二的英国融合为一。政治参与的扩大,在同样一分为二的阿根廷,却使双方成了不共戴天的仇敌。

如此看来,公民政体直接随政治参与范围的变化而变得更稳定,普力夺社会却随着政治参与范围的变化而变得更不稳定。随着参与的扩大,持久性随之降低。军人寡头统治能延续几个世纪,中产阶级体制能延续几十年,群众政体通常只能延续几年。群众普力夺政府体制或者是通过极权政党的夺权而被改造,犹如在魏玛共和国时期的德国,或者较倾向传统的社会精英试图通过独裁途径降低政治参与的水平,犹如在阿根廷。在一个既没有效的政治机构也没有能力去发展这些政治机构的社会里,社会和经济现代化带来的后果就是政治混乱。

# 从寡头普力夺制度到激进普力夺制度:
# 突破性军事政变和作为改革者的军人

寡头普力夺政府主宰过 19 世纪的拉丁美洲。西班牙和葡萄牙的帝国统治并没有促进地方自治政治制度的发展。独立战争造成了制度上的真空——用莫尔斯(Morse)的话来说,独立战争将国家"斩首"[6],当地欧洲人后裔就试图照抄美国和共和政体法国的宪法章程来填补这个真空。然而在一个极为专制和封建的社会里,这些章法无法生根。这就使得拉美国家各种社会势力壁垒森严,政治制度软弱而低劣,无从使社会现代化。于是,在处于政治参与扩大时期的国家里,政治运动一直带有"人人有份、利益均沾"的格调,犹如工团主义和法人团体那样。甚至在 20 世纪的加勒比、中美洲、南美洲西部国家和巴拉圭等地仍然存在寡头普力夺政府。在中东地区也普遍如此,因为奥斯曼帝国政权瓦解之后,英法两国只部分地或间接地取代了统治权,其余地区就形成了合法权威真空,缺乏有效的政治制度。

在寡头普力夺社会里,大地主、教会头面人物和握有军权的人是主宰社会的势力。各种社会机构的权力划分仍然不明确,统治阶级成员易于而且经常集政治、军事、宗教、社会和经济各方面的领导权于一身。政治上最活跃的集团本质上仍然是农村的。家族、集团、部落之间为权力、财富和地位而进行无情的斗争。政治上带有霍布斯式的个人专断模式。对于如何解决争端,不存在一致的认识;政治组织或制度如果存在,也是极少的。

几乎所有寡头普力夺政府最终都演变为激进的普力夺政府,但是,并非所有激进的普力夺政体都曾经是寡头普力夺政体。有些激进的普力夺政体乃是由中央集权的传统君主制演变而来的。此种政治体制只要政治参与是有限的,通常都具有高度的合法性和有效性。然而,它们的政治制度碰到社会变革时,仍然是僵硬而脆弱的。它们不能适应中产阶级参与政治这种情况的出现,中产阶级集团的出现导致传统君主体制统治的覆亡或崩溃,预示着社会将进入普力夺阶段。于是,社会就从公民传统秩序演变到激进的普力夺秩序。政治参与扩大的代价就是制度的衰朽和公民政体的紊乱。

激进的普力夺体制的第三个来源就是西方殖民主义。在非洲、中东和南亚,西方殖民主义削弱了甚至常常彻底摧毁了当地原有的政治制度。即使在采取"间接统治"的地方,它也破坏了合法性的传统源泉,因为当地统治者的权威显然要看帝国主义宗主国的脸色行事。殖民主义的反对派通常在当地上层或次等上层集团的后裔中形成,此等人士强烈信奉现代价值,他们的观点、职业和功能本质上是中产阶级那一套。由于殖民帝国在大多数情况下具有军事优势,独立运动在性质上就是意识形态和政治的。在伦敦和巴黎受过教育的知识分子看中了民族独立和民众政府,并试图发展群众组织以使之成为现实。只要殖民政权维持住自己的统治,它就常常会阻止政治组织的建立,然后它也常常会仓猝地结束它的统治。殖民主义者反对建立政治组织,后来又匆匆忙忙准备让殖民地人民实行民族独立,二者加起来就形成了这样一种局面:当地上层还没有来得及建立各种政治组织之前,民族独立就来临了。甚至在那些于争取独立斗争的年代里已经发生过大规模群众卷入的地方,这种斗争赖以立足的社会动员水平仍然常常是很低的。从这个意义上讲,它只是一种人为的现象,并不足以在永久性的基础上组织起来。

不管属于上述情况中的哪一种,独立之后,人数不多、现代化了的知识分子上层所面临的都是一个庞大的、光怪陆离的、无组织的且仍然是高度传统的旧社会。20世纪60年代的非洲和19世纪20年代的拉丁美洲何其相似乃尔。在拉美,欧洲人后裔试图强行推行一种不适合他们社会的共和制机构。在非洲,上层人物也试图强行推行一种同样不适合他们社会的群众制度。在这两地,政治权威衰朽了,制度枯萎了:拉丁美洲各国的宪法变成一纸空文;非洲的一党之国变成无党之国。制度真空就只好由暴力和军人统治来填补。在拉丁美洲,低水平的现代化意味着一个相当持久的寡头普力夺统治时期。在非洲,较弱的社会分层和历史时机的差异造就了激进的普力夺政体。这样,摇笔杆的民族主义知识分子在中产阶级的政治参与中领导了"突破"。这些人然后又被中产阶级的军官们撵下台,因为他们缺乏持续的动员政治支持和组织政治力量的后劲,无力填补卷了铺盖的殖民统治者所留下的权威和合法性真空。

相反,从绝对君主专制或寡头普力夺转变到激进普力夺政体,军人起到了关键的作用。中产阶级在政治舞台上初露头角时不是穿着商人的外衣而是佩戴着上校的肩章。在寡头普力夺社会,权力之争常常是政变,但这些只不过是寡头统治者内部彼此取代的一种"宫廷革命"罢了。最高领导人更换了,但在政府权威和政治参与的范围内,并没有发生重大的改观。军人机构与规章缺乏自主存在。寡头统治社会的大头目很可能是一位"将军",但他通常又是一个地主、一个企业老板和一个独断专行的领袖,这种人,像索摩查(Somoza)或特鲁希略之流那样,对自己同时从政、经商、当地主的一身多任,从不加区别。事实上,他滥用一切的政治手段——贿赂、武力、哄骗、威胁、花言巧语,这些手段在一个比较复杂的普力夺社会里是各特定集团的拿手好戏。军人参政或各军人集团集体参政时,必然会有军官团分化出来,这种伴随着中产阶级兴起而分化出来的军官团乃是一种半自主性的机构。

此种军官团在适当时机就开始获得一种独具的特点和精神。它越来越多地从稳健的社会阶层中吸收新成员;它的成员在国内外受到不同凡响的教育;军官们能够接受舶来的民族主义和进步思想,发展出了在社会其他地方很少见的干练和技能。与大学生特别是曾经在国外留过学的大学生在一起,这些军官构成了社会上最现代化最进步的团体。经常和教师、公务人员、技术人员等民众团体紧密结盟的这些中产阶级军官越来越厌恶寡头统治的腐化、无能和消极状态。这些军官和他们的民间盟友会伺机组织起秘密团体,探讨国家的前途,并密谋推翻统治者。有时,这种密谋导致反叛并推翻寡头统治。这种政变不同于寡头统治时代的政府政变,因为其领导通常来自中层而不是上层军官。军官们团结起来是为了效忠于一个共同目的,而不是追随某一个领袖人物。他们通常有一个社会、经济改革和振兴国家的计划,伴随着政变,暴力发生有量的升级。

这种变化标志从寡头统治模式下的政府政变或宫廷革命转变到激进中产阶级模式的改革政变。[7]例如,伊拉克从1932年独立起到1958年一直牢牢地控制在寡头普力夺的铁腕之中,其政治就是炙手可热的军界高层人物之间的政变和反政变的把戏。1958年推翻努里·赛义德(Nuri-es-Said)并没有打破普力夺政治的占压倒性的格局。然而随着君主制的结束及革命和民族振兴的新口号和新计划的颁布,努里·赛义德的倒台确实标志着政治的性质和合法基础发生了质的变化。同时,它还标志着,政治参与的范围在量上也有了显著的扩大,因为中产阶级出身的军官夺取了政权,官僚和职业阶级进入政治的道路也已廓清。1949年叙利亚军人推翻议会政权也同样使政治参与由原来相对人数较少的上层集团大体上扩大到了中产阶级分子。[8]

在从传统的君主统治转变到中产阶级普力夺政体的过程中,军人也起了中介作用。在君主集权官僚体制中,军队是最现代和最有内聚力的典型,君主为了达到自己的目的而去加强军队,到头来往往变成这支军队的牺牲品,这也是很典型的。但是,和从寡头统治开始转变不一样,在传统的君主政体中,那些导致中产阶级出身的军官夺取政权的政变,总要与先前的惯例一刀两断,同时为了刷新政治,也免不了要浴血奋战。它一下子就打破了正统,结束了原先那种平静的(如警棍下的)统治。请看,1889

年巴西军人推翻了君主制,戏剧化地使政权从东北部的甘蔗种植园主手中转到了圣保罗和里约热内卢经营咖啡和商业的人士手中。反对君主独裁的泰国"1932年革命"确立了本质上是中产阶级的官僚、军界人士的权力,矛头直指与朝廷和王室勾结在一起的传统统治集团。1952年埃及的政变同样导致了中产阶级军人掌握政权,虽然埃及被推翻的王朝并没有多少合法性和权威性。

在政治现代化过程中的这些早期阶段,军官在促进现代化和进步方面起了很大的作用。他们向寡头挑战,推动社会和经济改革,推动民族融合,在某种程度上也推动了政治参与的扩大。他们抨击浪费、落后和腐化,他们向社会宣传效率、诚实和效忠国家一类典型的中产阶级观念。像西欧信奉新教的企业家一样,这些非西欧社会的军人改革者体现并推进着清教主义;尽管这种清教主义也许不太像激进革命派那样走极端,然而仍然堪称是他们社会里别具一格的创新。19世纪后期军人领袖和军人团体在拉丁美洲颇为庞杂的社会里起到了这种创新作用。在巴西,墨西哥和其他国家,军官们和他们的民间盟友采用实证主义作为他们发展的哲学。

在20世纪,军官团的专业化促使他们对现代化和国家振兴产生了更大的决心,并将军队参与政治的典型方式从个人大权独揽转向集体军人政府。[9]在20年代的智利和巴西,中产阶级军人团体推行过激进的社会改革计划。在二次世界大战期间和战后,其他拉美国家诸如玻利维亚、危地马拉、委内瑞拉、萨尔瓦多、秘鲁和厄瓜多尔的军官也同样发起过类似的计划。而在这些国家,传统的保守主义和寡头的势力仍旧是很强大的。二次世界大战后中东的军人起过类似的作用,现代化中产阶级军人1949年在叙利亚、1952年在埃及、1958年在伊拉克先后夺取了政权。1958年巴基斯坦和缅甸的军事接管者们和中东的情况大体雷同,虽然被黜的政治权贵和继任的军人头目之间社会背景的差别比中东的要小些。

激进的普力夺政体的出现是一个长期而复杂的过程。它通常牵涉到一长串的政变和沿革,其间各种团体为争夺政治权位而相互倾轧不已。最初推翻传统的政治机构或破除寡头统治政治模式时,表面上看起来简单,实际上问题通常要复杂得多。实际政变发生之前,酝酿和准备往往已进行了好几年。1932 年泰国民党的成员 20 年代曾在巴黎参加过留学生和青年军官组织的讨论会。埃及军事学院的士官生在 1938 年就组织过"埃及的社会和政治动乱"的专题讨论；在 40 年代，埃及军界的民族主义派别和团体曾经历过一系列的组合和再组合。1949 年自由军官团正式成立，3 年以后它夺取了政权。[10] 通常中产阶级军官在推翻现政权之前，已经进行过一次或数次不成功的夺权尝试。这些"可预料性政变"是火力侦察过程的一部分，看看谁支持、谁反对，考验一下在位王朝或寡头统治的实力怎样。当权集团采取镇压行动，对流产政变的始作俑者进行处决或流放。这种斩杀某些"上层反对派"的做法只能达到现政权的眼前利益，从长远观点看，这样反会使剩下的"上层反对派"分子加强内聚力、谨慎和精明，从而削弱了现政权。

军事政变取代传统或寡头统治的政治格局在其节制性和有限性方面与大家熟悉的布林顿（Brinton）革命模式有相似之处。在为了发动政变而建立军民联盟的过程中，必须强调最有广泛号召力的那些目标，拥戴一个既能获得所有参与政变团体信任又比其他成员跟旧政权更有联系的温和、折中的军事首领为政变团体的头目。这样，旧政权崩溃后，温和派接掌政权就水到渠成。然而好景不长，参与政变诸方之间的争端很快就激化，内讧层出不穷，比较激进的雅各宾式分子伺机试图通过强化政变，从温和派中夺取权力。强化政变彻底埋葬了旧政权，中产阶级分子随之建立起自己对政坛的控制。

这种复杂的可预料性政变、突破性政变和强化政变构成了大多数从传统或寡头普力夺政权向中产阶级普力夺政权转变时的特点。在埃及，自由军官团原计划于 1952 年 3 月发动政变，但是后来推迟了。政治骚动的升级促使自由军官团于 7 月果断地夺取了政权。嗣后 18 个月中，政变又经历了其强化阶段：共产党人、华夫脱、穆斯林兄弟会等反对派集团相继被干掉了，比较保守的分子曾试图团结在颇得人心的温和派人物纳吉布（Naguib）周围，但在 1954 年 4 月，他被比较激进的纳赛尔（Nasser）所取代。[11]

泰国君主专制王朝被推翻之前，历史进程也大致相似。泰国的第一次政变发生于 1932 年 6 月，其时一批百姓和军人夺取了政权，将王室成员投入监狱,并敦促国王接受有限的君主制。颇为保守的文官披耶玛诺(Phya Mano)出任总理。1933 年春,披耶玛诺总理拒绝了政变时民间知识界领袖人物比里·帕侬荣(Pridi)起草的经济计划,导致了一场危机。军方头目们从内阁辞职,然后就采取反政府的行动。"同样是不流血的第二次政变成功了,不过这次政变的矛头是对着披耶玛诺及其追随者。披耶玛诺被指控为袒护王室全面复辟"。第二次政变完成了第一次政变未竟的工作。

> 在第一次政变之后,民党分子或者表示谦让,或者隔岸观火,等待时机。他们并没有派出自己人马到旧衙门去当官,而是宣称自己缺乏从政经验,需要挽留一批旧的王党分子坐守原职。第二次政变纠正了第一次这种错误的策略。这一次民党用自己的人取代了旧政权所有的文武百官,不管他们如何缺乏从政经验。[12]

1949 年 3 月,胡斯尼·扎伊姆(Husni Za'im)上校领导的叙利亚新兴的中产阶级政变推翻了库阿特利(al-Quwwatli)总统的政府,夺取了政权,同年 8 月萨米·哈纳维(Sami Hinnawi)上校发动政变,又赶走了扎伊姆。有人用过类似上述的语言来描绘这两次政变之间的关系:

> 事情逐渐明朗,第二次政变实际上只是实现第一次原定的意图。扎伊姆在推翻库阿特利政权时的盟友们感到,他们必须首先剪除扎伊姆才能达到第一次起事的原定目的,即是说,必须从文职政府里撵走那些在管理国家行政和指挥巴勒斯坦战争中表现不称职的人,以便让那些在批判旧政权中表现得最正直和最有才能的人取而代之。[13]

拉丁美洲中产阶级突破性政变也走过类似的道路。玻利维亚在查科战争中的失败激发了一批青年军官改革者在 1936 年 5 月推翻了旧政权,建立了一个以戴维·托罗(David Toro)上校为首的社会主义共和国。这个政权创始了很多改革措施。但在 1937 年 7 月,"曾经一手策划政变并把托罗推上台的赫尔曼·布施(Germán Busch)中校又推翻了托罗"。布施政府仍"继续推行并强化了托罗政府的基本政策"。[14]同样,危地马拉根深蒂固的寡头统治模式也受到挑战,40 年代初有人试图推翻豪尔赫·乌维科(Jorge Ubico)将军的传统政权。1944 年 6 月政变终于发生并获得成功,以庞塞·巴尔德斯(Ponce Valdez)将军为首的温和政府上了台。但这位庞塞将军"力图维护旧秩序"。[15]然而他无力阻挡变革的进程。"陆军军官中有许多人战时曾在美国受过训练,意识到危地马拉需要改革,现在他们长期盼望的时机到来了。他们和拉迪诺人(混血儿)、首都的中产阶级从业人员以及知识分子一道策划赶走了将军们。"[16]1944年10月,一次强化性政变推翻了庞塞并最终建立起阿雷瓦洛(Arévalo)的激进派政权。

在萨尔瓦多,情况略有出入。在那里,1944年4月,人们以总罢工的形式,率先打破了14家族一统天下的局面,矛头指向进行独裁统治达13年之久的马克西米利亚诺·埃尔南德斯·马丁内斯(Maximiliano Hernández Martinez)将军。这次罢工是"圣萨尔瓦多市部分中层阶级颇为自发的行动",导致温和的民间人士卡斯塔涅达·卡斯特罗(Castañeda Castro)取代了马丁内斯。在4年后的"1948年革命"中,一批下级军官驱逐了卡斯特罗,成立一个新政府,计划进行"有控制的革命"。这些军官和中东领导此类运动的军官们如出一辙。

自1948年以来控制萨尔瓦多政治的军官们实为一丘之貉。几乎所有的人都来自少校、中校这两级中级军阶,从这里再往上升迁一般是很慢的。在军界官梯上爬不动所造成的沮丧使得他们感到,搞政治才是大有可为的出路。

或许更有意义的是,这些青年军官们的立场也和被他们所取代的老军头们迥然有异。他们中许多人出身中产阶级或中产阶级下层。由于居住地区、教育、社会交往、经济地位和希求以及社会态度的关系,他们紧密地认同于新兴的中产阶级而不是富豪门第。大多数人曾经在美国的军事学院学习过,并与美国军事代表团有密切的联系。[17]

在比较复杂的拉丁美洲国家里,政治机构较为发达,它比较早地从保守的传统政权转变成为中产阶级的改革政府,而且在这种转变过程中军人团体和政党之间也是相互合作的。在阿根廷,中产阶级的改革政党——公民联盟成立于1889年。第二年一批进步军官成立了"军人共济会"。他们曾于1890年、1893年和1905年与民间盟友合作组织了反对保守政权的起义,但皆未成功。[18]这些可预料性政变表示,中产阶级军人改革者必将在适当时机通过一次成功的政变而掌权。然而阿根廷当时还不全然是个普力夺式社会,军方在民间的激进盟友"公民联盟"通过1916年的和平选举赢得了政权,因此也就未发生政变。

在智利,各派政党较为发达,寡头统治对中产阶级的渗透较为开放,军人专业化程度也较高。因此,在向中产阶级政权的过渡中,军人干预只起了辅助性作用。改革的主要动力来自自由同盟,其领袖阿图罗·亚历山德里·帕尔马(Arturo Alessandri Plama)在1920年"寡头统治垮台时"当选为总统。[19]当国会阻止亚历山德里的改革计划时,军人于1924年9月插手政局,并劝导国会批准改革。亚历山德里辞职,由高级将领执政团组成的军人政府接替。然而这批将军比较稳健,又着手将权力重新移交给较保守的文官政府。结果,1925年1月曾经参加过一个高度改良性质的军友社的青年军官起来造反,进行了一次强化政变,把卡洛斯·伊瓦涅斯(Carlos Ibáñez)中校推上台。他的改良主义和镇压性专政于1931年垮台并短暂地被另一个宣布智利为"社会主义共和国"的军人政府所接替。[20]

# 激进普力夺制度:社会势力和政治技巧

20世纪中叶在拉丁美洲和中东一些比较落后的社会里仍能发现寡头普力夺制度。在另一个极端上的民众普力夺政体,曾以庞隆主义形式出现于阿根廷,但这种政体主要还是发生在未来的处于现代化之中的国家中。亚洲、非洲、拉丁美洲大多数普力夺社会还处于政治参与扩大的中间阶段。激进普力夺政体的社会根源乃是城乡之间的差别。城市取代乡村,成为主要的政治活动地点,成为政治持续不稳定的发源地。如哈林顿所预言,城市对国家政治生活的"强烈影响"导致更大政治动乱。[21]在激进普力夺社会里,城市不足以向政府提供稳定的基础。动荡的程度取决于政府在多大程度上能够并愿意利用农村来遏制和稳定城市。如果政府能架设起通往农村的桥梁,如果它能动员起农村的支持,那么,政府就能遏制并根除城市的不稳定。如果农村消极而冷漠,如果乡村上层分子和大众都被排斥于政治之外,那么政府就会为城市的动乱所禁锢,只好听从城市暴民、首都卫戍部队和京城大学学生的任意摆布。然而,如果农村掉过头来反对该政治制度,如果农村大众被动员起来反对现行秩序,那么政府面临的将不仅是动荡,而是革命和根本的变革。激进普力夺政体的显著特征就是城市不稳定。排斥农村于政治之外使城市的不稳定稳定化。

比较进步的、西方化的或激进的军官造反,推翻传统政治制度或寡头统治,会为其他中产阶级分子进入政治扫清道路。从军人推翻君主或寡头统治到其他中产阶级集团登上政治舞台之间,可能会有一段相当长的间隔。在这种激进普力夺政体的早期阶段,政治典型地表现为主要由军人组成的结构松散的集团之间层出不穷的阴谋和冲突。譬如,这就是1908年到1921年间的土耳其和"1932年革命"后30年来泰国的政治局面。这也就是拉丁美洲许多国家在突破性政变后的政局。其时,将军和校官集团为争夺控制权而彼此进行斗争,然而因为没有一个集团愿意将其影响(及其权力)扩展到军界以外,将其他社会势力动员起来站在自己一边,所以也就没有哪个集团得以建立一个有效的权威基础。然而,一旦传统的合法基础威信扫地,其他中产阶级集团在适当时机就在政治舞台上增援军人,并力图以他们自己独具的方式参与政治。这些中产阶级包括专业界和文学界的知识分子,商人,实业家,律师和工程师。普力夺社会发展到中等水平时,有两股最积极的社会势力。典型地来说,一个就是知识界特别是学生,另一个就是军队。学生参与政治和军人参与政治,很像一对孪生兄弟。两者都是激进普力夺社会的显著特征。

在激进普力夺社会,参政分子的多样化导致不同集团的政治行动、技巧,明显地各不相同。这种政治体制下的参与集团,比起在较为高度发达而一体化的政治体制下的参与集团来,其政治性要强得多。但是与此同时,在功能上,它们的专业化和分工程度却比在较为发达的体制下的参与集团要差得多。例如此时的大学,一般都聘兼职教员,招收半工半读学生。这种大学往往算不上是地道的大学,作为其主要功能的教学和研究,水平都很低,学术声誉很差,而在社会和政治方面的作用却又很闻名。知识和学术价值很少受到尊重;学生可以指望通过他们的社会地位和赤裸裸的贿赂来混日子;委任教授很可能不考虑学术水平。总之,学术价值和程序常常只获得了低水平的制度化。作为一个在社会上具有特殊功能的学术机构,大学没有制度的自主性。

　　然而,这种功能自主性的缺乏常常又和高度的政治自主性联系在一起。例如,在许多亚洲和拉丁美洲国家的警察看来,大学处于他们采取适当行动的范围之外。在校园之外非法和立即遭禁的活动,如果要是在校园内进行,是能被容忍的。正如利普塞特(Lipset)曾指出:"在沙皇俄国,大学自主性有时是存在的,以便让非法革命团体中的成年人在校区举行会议而不受警察干预。最近几年,委内瑞拉的恐怖主义者就钻了大学自主传统的空子,把学区作为逃避警察的庇护所"。[22]大学的政治自主性,部分来说,是从中世纪大学和其他行会享有的法人自主性中继承下来的。学生的自主性,部分来说,是他们历来出身于上层阶级这一状况的产物。"既成权力机构内部人物的子女"比起与既成权力机构不太沾边的人有更大的自由去破坏这个既成权力机构。"我们能把机关枪对准他们吗?"一位伊朗警官在一次重大的学生反对当局的示威时问道,"我们不能那样做,他们毕竟是我们的孩子嘛。"[23]以法人特权和社会地位的形式体现出来的传统遗产,赋予处于现代化之中的国家的大学及其成员一种现代化国家所没有的政治根据地。

　　在普力夺社会里,大学的特点是学术职能居次而政治自主性居首,这种现象在军队中表现得就更加突出了。军事职业化水平较差,军事价值像学术价值一样,从属于其他方面的考虑。社会的、政治的、经济的因素涉足军事领域。同时,军方亦竭力保卫自己的政治自主;武装力量被认为处于文职政治领导人的直接权威之外;军事预算总是由宪法或习惯加以规定;军队控制其内部活动,几乎是针插不进,水泼不进;内阁中掌管军队的阁员来自军方。军队和大学一样,为了政治权势而牺牲职能自主性。在大学里不能发号施令的政府,大体上也奈何不了军队。

　　在激进的普力夺社会里,盛行的政治活动形式——贿赂、罢工、示威、政变,都是给政治权威带来压力的手段,而非行使权威的办法。它们不是国家或者主要从事政治的机构的行动形式,而是从理论上讲其主要职能乃是非政治性的一些团体的行动形式。因此,这些团体对政治的介入是因时而异的。在一个高度制度化的政治体制中,各集团对政治的参与是随着选举和代表大会的周期,或随着政治问题的起伏而发生变化的。一个政治集团的活动家为了赢得选举或通过立法而进行的努力会刺激其他各反对派集团采取类似的行动。结果,参与升级,但在正常情况下,这种参与会采取类似的形式,并通过类似的机构渠道来表达。在一个普力夺社会中,各社会集团对政治的参与也倾向于同起同落。但是,一个集团的政治行动刺激另一个集团采取不同形式的政治行动。这些依次又可能引起第三集团及其他形式的政治行为。冲突激化,方法亦多样化,于是导致一场重大政治危机,而只有当各集团的政治行动松劲时,危机才得以缓解。政治活动有助于现代的制度化政体的稳定,却促进普力夺社会的不稳定。

对当权者施加压力的"最高手段"就是把他们从权力位置上拉下来。在普力夺社会,达到这一目标的最直接手段就是军事政变。所有社会集团都按照他们各自直接行动的形式行事,而军队的形式显然最富戏剧性而且最有效。不过,军事政变通常是其他集团采取别的政治行动形式的反应或产物。在激进普力夺社会,军人干预政治并不是偏离正常的和平政局的孤立现象。它只是各种冲突的中产阶级集团所采用的五花八门的直接行动手腕中的一种而已。在这样一种社会里,没有大家接受的表达利益的制度渠道,而这就意味着,会"通过民众暴乱和军事干预这两种机制"来向政府提出自己的要求。各种社会势力诉诸直接行动并不偏离这种制度的准则,相反,"持续使用暴力正体现了这种制度,或者说,至少是这个制度的一个非常大的部分"。[24]

在激进的普力夺社会里,暴乱和示威是学生和有关的中产阶级集团采取政治行动的普通形式。典型地说,这些行动只有当其促使形势向两极分化到迫使军队起来反对政府的地步,才会造成政府的垮台。例如,1957年在哥伦比亚,学生骚动导致了意在防止独裁者罗哈斯·皮尼利亚(Rojas Pinilla)再次正式当选从而继续执政的总罢工。军队最初拒绝采取反对罗哈斯的行动,但是随着暴乱的升级,教会和军队先后站到了学生一边。至此,罗哈斯只好完蛋。1960年在韩国,学生反对选举的示威导致冲突,186名学生被枪杀。学生的行动迫使其他社会势力转而反对李承晚政权。美国率先谴责李承晚政府的行径,接着军队就宣布在这场争执中保持中立。军队撤回支持造成李承晚政权的垮台。1963 年在南越,和尚和学生的行动造成了类似的情况,首先是美国,然后是军队,都撤回了对吴庭艳政府的支持。

另一方面,如果军队强烈地认同政府或坚决效忠政府,学生的造反活动将不会对政府的存在构成威胁。例如在 1961 年和 1962 年,德黑兰的学生骚动扰乱了社会秩序,但军队仍然忠于政府,动荡遂被遏止。1960年秋天在加拉加斯,学生骚动导致军队包围了中央大学,这也是因为士兵和劳工组织忠于政府。同样,1962 年在缅甸,学生反对军人政权的斗争导致了一场士兵和学生之间的激烈战斗,学生会大楼被夷为平地。学生的示威和骚动在诱导或迫使政府作出实质性让步时是有些能量的,然而很有限。他们的力量主要来自他们具有使形势向两极分化并迫使其他社会集团或支持或反对政府的能力。

在普力夺体制中,政治参与的扩大意味着政治技巧的多样化。政治参与扩大到城市工人阶级,就将示威的方式增加到一切可能的类型,并将作为直接政治行动主要形式的罢工也引了进来。当然,在某种程度上,劳工参与政治标志着普力夺社会已开始从激进普力夺阶段向大众普力夺阶段迈进。然而,处于现代化之中的社会里有组织的劳工,从经济、社会方面来说,并不完全是下层阶级的运动。凡是能组织起来的,通常包括工业劳动大军中经济处境优越的人,而最强大的工会经常是中产阶级和白领职业者的组织。大规模的示威和骚动是学生的拿手好戏,而罢工,特别是总罢工,则是劳工独具的杀手锏。劳工采取罢工行动的能力像军队发动政变的能力一样,部分来说,取决于其团结的程度。如果劳工内部团结得不错,那么,其政治行动的成功就取决于劳工能在多大程度上促成其他集团采取协调或平行的行动,而最重要的又是军队的动向。在格局上,存在下述四种关系。

1. 劳工对政府和军队　在这种情况下,劳工的政治行动几乎总是不能达到其目的。如果举行总罢工,就会被政府、警察和军队的联合行动所瓦解。在这种情况下,罢工常常证明劳工的软弱(1962 年在秘鲁,1966 年在智利)。

2. 劳工加上军队对政府 在这种情况下,总罢工起到学生暴动一样的作用,也就是说,使形势发生分化。如果军队本来就对政府怀有反对情绪,它会乘罢工之机,与劳工采取相应或合作的行动去推翻政府。然而,这种局面的出现,相对来说较少(1946年在海地,1958年在委内瑞拉)。

3. 劳工加上政府对军队 这种形势最常出现于军队率先采取直接行动推翻得到劳工支持的政府时。劳工马上会团结在政府周围,宣布总罢工,以便挫败军队的政变。德国的卡普暴动就是这种模式;1923年在墨西哥,军队反叛,试图推翻奥夫雷贡(Obregón),而劳工起来支持奥夫雷贡,也属这种模式。1949年危地马拉发生过类似情况,其时一个军人集团反叛了阿雷瓦洛总统,而劳工支持阿雷瓦洛,号召进行总罢工,并组成志愿军,忠于政府的军队为这批志愿军提供了武器。一般来说,劳工和政府联合起来对付军队,其胜利取决于军队内部的某种不和。

4. 劳工、政府、军队三者相互对抗 这种情况指的是,劳工以罢工和造成国内混乱相威胁,给政府施加压力;而这又可能诱使军队为了钳制劳工并恢复秩序转而去推翻政府。政府面临着要么就改变其政策,要么就失去政权的选择。这种"通过暴力实行民主"的模式在秘鲁政坛上盛行。在拉丁美洲其他国家的政治中,这样的例子也比比皆是。例如1964年,玻利维亚铅矿工人反对帕斯·埃斯登索罗(Paz Estenssoro)政府的罢工导致国内动荡和混乱,从而招致军队起而推翻帕斯。军队领导人对工人并无特殊的好感,几个月后他们就与工人干了起来。政府权威的削弱和文职官员的无能使局势不堪收拾,给军队造成了可乘之机,得掌大权。在厄瓜多尔,贝拉斯科·伊瓦拉(Velasco Ibarra)在类似的局势下,三起三落。每次当选总统后,他都使自己的追随者大失所望。"昔日的党徒,特别是学生和工人开始示威,反对他的政府,社会秩序遭到破坏;武装力量就认为必须把他赶下台。"[25]在这种冲突模式中,普力夺制愈演愈烈:军队采取直接行动的可能性怂恿劳工和学生采取直接行动。一个社会集团的力量促使另外一个集团以削弱政权的力量为代价来加强自己的力量。[26]

这样说来,在激进的普力夺社会,军人干预通常是对几个社会集团冲突升级及任何可能存在的政治制度的有效性和合法性衰弱的反应。军人干预能起到阻止各种社会势力被急速动员起来投入政治或涌上大街(二者在一个普力夺社会里其实是一回事)的作用,并通过消除冲突升级的目标和直接刺激,收到缓和爆发性政治形势之效。简而言之,军人干预常常标志着一连串政治暴动的终止。从这个意义上来说,它显著地有别于其他社会集团所能采取的手段。虽然骚动、罢工和示威可以直接或间接地迫使政府修改其政策,然而这些手段本身不能改变执政者。军事政变是使政府换马,而不仅仅是改变其政策的直接行动方式。妙的是,要达到仅仅改变政策的有限目标,军界领导实际上是无计可施的,它当然可以以政变胁迫政府改变其政策,但它若是真的发动了政变,也就无从给政府施加压力,令其改变政策了。在这一点上,民间社会势力,甚至部队中的义务兵(他们可以罢工或哗变)也比军官有更多回旋的余地。事实上,军官只有动武或威胁要动武这两种选择,别无他法。

军队采用的政治策略的实质,反映了军队的组织内聚力,也反映了其他社会势力能给政府施加压力而军队却能取代政府这样一个事实。和尚、牧师能示威,学生会闹事,工人能罢工,但是除非在极不寻常的情况下,他们当中谁也不能证明自己有能力治理全局。一位学者曾就 1960 年韩国李承晚被推翻一事说,动乱中最严重的因素是,"首先发难的学生和城市势力既无组织,也没有足以恢复社会秩序的纲领,国内尚存的其他政治势力在推翻李承晚时也未曾与他们密切配合"[27]。相反,在激进的普力夺社会中,军队确有某些能力,至少使秩序短时期内得以恢复。政变是直接行动反对政治权威的极端手腕,但它也是使其他形式的反对该权威的行动告一段落的办法,它还是重建政治权威的潜在办法。这样,在冲突升级的情况下,军事政变能收到立即降低政治参与的水平的效果,包括使纷争不已的社会势力各方从大街上撤退,从而产生令人一种松口气的和谐气氛。举例来说,在 1962 年 3 月缅甸政变以后,"人们普遍感到,谢天谢地,总算可以松口气了;局势至少不会进一步恶化"[28]。在激进的普力夺社会里,大多数情况下,政变取代文官政府之后,人们都会有这种感觉,冲突的严重性也会有所减弱。在政治暴动逐步升级之后,随之而来的是各集团在政治上急速地(即便是暂时地)降温,离开街垒回家,以观事态的发展。

作为一种政治手腕,军事政变有这样一些特征:(1)它是一种政治联合体的行动,旨在以暴力或以暴力相威胁去非法地取代现存政府的领导人;(2)通常使用暴力的规模较小;(3)卷入的人数不多;(4)政变参加者已在现存政治体系中拥有权力基础。显而易见,政变只有在满足下述条件时才能成功:(1)参与现存政治体系的全部人数很少,或者,(2)参与现存政治体系的人数量很大,其中有相当多的人却赞同政变。后一种情况很难得,因为如果参加者人数极多,实际上就很难建立一种有效的联合来支持政变。此种联合建立不起来,政变不是被其他各集团组成的反对派所击败,如卡普政变,就是导致一场全面的内战,如1936年西班牙军队的反叛。

在一个成熟的普力夺社会里,导致军人掌权的政变,是一种军事行动,同时也是一种政治行动。它是各种社会派别和集团——通常包括军方和文职官员——联合行动的产物,在大多数情况下,他们此前已经酝酿了相当长一段时间。在这个酝酿阶段,各派政治人物的底牌都已摸清,对支持的人,要他们作出保证,对反对者,要使他们中立。如果政变的发生是由于知识界、劳工或其他民间团体制造了国内一系列的混乱,政变的预兆明眼人一看就知。即使政变之前未曾发生公开的暴乱和动荡,从政治上的改换门庭、效忠和结盟的分化改组诸迹象中,人们也完全可以预感到,政变是迫在眉睫了。

一个谋划政变的上校,如果他是精明的,其准备的方式大体上和美国参议院多数党领袖就一项关键提案进行点名表决前所作的准备差不多:他利用过去给人的恩惠做交易,承诺将来还有好处,晓以爱国和忠诚的大义,力图分化离间反对派,而在最后摊牌的紧要关头,他尤需有把握,使自己的支持者都动员起来,严阵以待。正是这种精心的准备工作——煞费苦心地建立起政治上的多数——才能使政变免于痛苦和流血。真正把权力本身夺过来,可能只消少数人马,但在发动政变之前,通常已取得了社会上大部分政治头面人物的支持。实际上,就干得最干净利落的军事政变而言,被推翻的对象实难进行任何抵抗,他们心里很清楚,一旦政变发生,他们就大势已去,赶快悄悄地奔向飞机场,溜之大吉。在此意义上,夺权表明政治斗争的终止和结果,正如民主国家里选举日发生的状况一样。

# 从激进普力夺制度到群众普力夺制度：
## 否决政变和军人的护卫作用

在 20 世纪 60 年代，学者们花费了很多的笔墨和时间，辩论军人在现代化过程中基本上是起了进步作用还是保守作用。大多数人似乎同意，在中东，军队总是变革的倡导者，正如哈尔彭（Halpern）所说，军队"是民族主义和社会改革的先锋"，是"新兴中产阶级"中最有内聚力和纪律性的成分，其对社会的影响主要是革命性的。至于在拉丁美洲学者们的意见就不一致了。持"进步"说和持"保守"说的人都能在事实、逻辑或统计方面举出突出的例证来自圆其说。[29]

双方的观点都正确。拉丁美洲的情况只是比中东来得复杂而已。除了土耳其，实际上中东所有的普力夺或半普力夺制社会仍处在二次世界大战后的政治参与从寡头统治向中产阶级扩展的过程中。军官们出身于中产阶级，在专业化和官僚体制的环境中，执行中产阶级的功能。当政治上的基本争端涉及由中产阶级进入政权取代寡头统治时，军队必然就会站在改革一边。这在拉丁美洲也是如此。在比较发达的拉丁美洲国家——阿根廷、智利、巴西，军队在 20 世纪初期起过改革作用。在二次大战期间和战后，玻利维亚、萨尔瓦多、危地马拉、洪都拉斯和委内瑞拉的军官们领导过或配合过中产阶级的改革运动。60 年代初期，秘鲁军官形成了强大的中产阶级改革运动的中坚，厄瓜多尔军官亦起了进步作用，然而，在 50 年代的巴西、阿根廷，以及在 60 年代的玻利维亚、危地马拉和洪都拉斯，军队却开始扮演较为保守的角色。军队的这种角色显然是动员下层阶级进入政治的效应。

若泽·努（José Nun）论证说，拉丁美洲军事政变的频率与中产阶级的大小无关。[30]普力夺政治存在于社会动员的所有阶段上和政治参与扩大的全部进程中。然而，军人干预政治的影响和意义却随着中产阶级的大小而变化。在 20 世纪 50 年代的拉丁美洲，在那些中、上层阶级很小即不到总人口的 8% 的国家里(尼加拉瓜、洪都拉斯、多米尼加共和国、海地),政治仍然是个人或寡头统治那一套,中产阶级的军人改革者尚未登上政治舞台。在三四十年代,在那些中产阶级比较强大即占总人口的 8% 到 15% 的国家里,军队中举足轻重的集团总是扮演着更为倾向现代化和改革的角色。这些国家包括危地马拉、玻利维亚、萨尔瓦多、厄瓜多尔和秘鲁。在 50 年代的巴拿马和巴拉圭,中上阶级估计分别占到 15% 和14%,情况却略有出入。在那些较大和较复杂的国家,中产阶级占到了总人口的 15% 到 36%,军队或者是回避政治,主要作为一种职业力量(智利、乌拉圭、哥斯达黎加、墨西哥),或者是干预政治,扮演着日益保守的政治角色(阿根廷、古巴、委内瑞拉、哥伦比亚、巴西)。

随着社会发生变化,军队的角色也就发生变化。在寡头统治的世界里,军人是激进派;在中产阶级的世界里,军人是参与者和仲裁人;当群众社会出现在地平线上的时候,军人就变成现存秩序的保守的护卫者。这样,微妙而又可以理解的是,社会越落后,军队扮演的角色就越进步;社会变得越进步,其军队的角色就变得越加保守和反动。在 1890 年,阿根廷的军官成立了军人共济会来促进改革。30 年以后,他们又成立了"圣马丁共济会"反对改革,并谋划了 1930 年旨在恢复正在被伊里戈延(Yrigoyen)总统的"大众统治"所颠覆的"稳定的民主宪政"的政变。[31] 土耳其也是这样,青年土耳其党在 1908 年和基马尔分子在 20 年代都扮演了极为进步的改革角色,这和二次大战后其他中东国家的军队所扮演的角色是如出一辙的。在当时的土耳其,军人干预政治意在阻止得到农民支持的新兴商人阶级出来掌权。士兵的立场没有变,他们仍旧支持基马尔时代的改革。但是,他们此时不愿让那些可能会使改革发生变化的社会阶级染指权柄。

军队部门和军方人士变得政治化的程度,是文职政治机关软弱和文职官员无法处理国家面临的重大政策问题的一种函数效应。政治化的军官团在政治上起的保守或改革作用的程度,也是社会上政治参与职能扩大的函数效应。

与中产阶级出现相关联的动荡和政变,归因于军队性质的变化;与下层阶级出现相关联的动荡和政变,归因于社会性质的变化。在前一种情况下,军队已现代化,并形成了使其疏远于现存秩序的概念,如效率、诚实和民族主义。他们干预政治,想使社会与军队并肩前进。他们是中产阶级的先锋队,目标是在政治领域中先行突破。他们推动社会和经济改革,促进国家统一,并在某种程度上扩大政治参与。一旦中产阶级的城市集团成了政治上的主导因素,军队就担负起一种仲裁或稳定的作用。如果一个社会从中产阶级过渡到大众参与时具有相当发达的政治制度(诸如在拉丁美洲的智利、乌拉圭和墨西哥),军队起的作用就是非政治性的、专门化的、职业性的,"客观"的文职控制的体制皆具此种特征。事实上,拉丁美洲只有智利、乌拉圭和墨西哥在战后 20 年间没有发生过军事政变。然而,如果一个社会过渡到大众参与阶段而没有形成有效的政治制度,那么,军队就会竭力去保护现存的制度,反对下层阶级特别是城市下层阶级插手政治。军队成为现存中产阶级秩序的护卫者。故此,他们在某种意义上成了普力夺制社会政治参与扩大时的门卫:他们的历史作用是为中产阶级开门,而将下层阶级拒之于大门之外。普力夺社会的激进阶段始于别开生面的现代化军事政变。它推翻了寡头统治并预示着开明政治已经发端。它结束于一系列令人沮丧的、有害社会的拦路虎行为,力图阻止下层阶级攀登政治权力的高峰。

此种"否决"型的军人干预就是对下层阶级日益扩大的政治参与的直接反应。1930 年以后,阿根廷军队扮演的角色更加积极,同时工业无产阶级在这 10 年多的时间内从 50 万增加到 100 万,这二者同时发生并非偶然。同样在巴西,"正是由于城市大众的吵嚷和政客放肆地到处乱拉选票才导致军队于 1950 年重返政坛"。1954 年,当瓦加斯(Vargas)像庇隆(Perón)那样唤起民众迅速再次站出来支持政府并信口向工人许诺时,军队就把矛头指向了他。[32]

更具体地来说,否决性干预通常发生在两种情况下。一种情况是在军方反对的党或运动,或代表着军方欲排斥于政权之外的集团的党或运动,在选举时获得或可指望获得胜利的时候。1962—1964 年在拉丁美洲发生的七次军事政变中,有五次就是这样。1962 年 3 月,阿根廷军队插手推翻弗朗迪西(Frondizi)总统,并取消这次选举的结果,因为在这次选举中,庇隆分子获得了 35% 的选票,在 14 个州中他们选出了 10 个州长,在众院占了几乎 1/4 的席位。1962 年 7 月在秘鲁,军方在一次选举之后接管了政权,以阻止美洲革命联盟党的阿亚·德拉托雷(Haya de la Torre)或前将军曼努尔·奥德里亚(Manuel Odría)成为总统。1963 年 3 月的危地马拉军事政变,旨在阻止激进派胡安·阿雷瓦洛(Juan Arévalo)可能当选为总统。1963 年 7 月在厄瓜多尔,军队废黜了阿罗塞梅纳(Arosemena)总统,部分原因乃在防止他们于 1961 年 11 月推翻的贝拉斯科·伊瓦拉东山再起。[33] 1963 年 10 月在洪都拉斯,军队再次插手,以阻止深得人心的改革者罗达斯·阿尔瓦拉多(Rodas Alvarado)当选总统。拉丁美洲军队否决民众下层阶级或改革派运动获得政权的这种日益保守的作用,反映在军事政变越来越和选举相联系在一起。从 1935 年到 1944 年间,拉丁美洲的政变,只有 12% 发生在预定选举前 12 个月之内或选举后 4 个月之内。从 1945 年到 1954 年,这个比例上升到 32%;而在 1955 年到 1964 年,大约有 56% 的政变就发生在选举前后。[34]

否决性政变发生的第二种情况是在当权的政府开始推行激进政策,或开始争取那些军队希望排斥于政权之外的集团的支持之时。1948 年在秘鲁,1963 年在多米尼加共和国,1964 年在巴西情况就是如此;1960 年在土耳其,1965 年在印度尼西亚,背景略有不同,但情况也是这样。在这两种情况下的所有例子中,军队中占主导地位的集团反对一个相当得人心的政党或运动——美洲革命联盟党、庇隆主义者、共产党人、民主党人等——并采取行动把这个集团撵下台或阻止其上台。

在从传统的或寡头统治体制转变到中产阶级起关键作用的体制的过程中,社会和经济改革的推进与政治参与的扩大是齐头并进的。而在社会从激进转变到民众阶段的过程中,这两者之间的关系就并不那么明确。政治化的军官团反对城市下层阶级涉足政治,这几乎是通则。在这种情况下,军事干预的矛头所向具有保守性:它阻止政治参与扩大到更激进的集团,从而减缓社会经济改革的进程。然而在中东和亚洲国家,群众可能比随着西方殖民主义衰微而掌权的中产阶级民族主义上层更加保守。在这种情况下,意在阻止新兴集团步入政坛的军事干预,可能对政府政策产生完全属进步性的影响。简而言之,促进社会经济改革和扩大政治参与是冲突的。例如 1960 年,土耳其的门德里斯(Menderes)政府被逐,就是要剥夺得到较为传统和保守的乡村大众支持的领袖人物参与政治。在这样的社会里,政治可以说是首足倒置的,传统秩序的卫护士不在上层而却处在底层。

甚至在拉丁美洲,高度严密的阶级结构本足以使扩大参与和促进改革之间形成高度的相关度,局势还是能发展到军队采取行动支持改革但反对扩大参与的地步。例如在秘鲁,军队没能在历史上更早地扮演改革的角色,在很大程度上仍是由于美洲革命联盟发展成为中产阶级和工人阶级改革运动,以及某些历史事件和偶合使得这个联盟在 20 世纪 30 年代与军队疏远了。事实上,中产阶级集团发生了内讧,使"上层阶级集团坐收渔利、挑唆并扩大其已经存在的分歧"[35]。结果,一直到 50 年代后期新的非美洲革命联盟的文人改革运动发展起来之前,秘鲁一直很不正常地处在寡头控制之下。1962 年的军事干预在某种意义上缩短了历史进程。就其阻止美洲革命联盟上台这一动机而言,军事干预表现出一个保守的卫道士的角色。就其先是造成具有改革观点的军政府上台,继又造成具有改革观点的文职政权上台这一点来看,此种军事干预又属于较老式的、进步的模式,其行动使人们联想到 20 年代智利的军事干预。1962—1963 年事件的模式,在某些方面,确实是在步古典改革的后尘。1962 年 7 月政变把一个由三人组成的军政府拥上台,开始筹划乡村和社会改革大计。然而军政府首领佩雷斯·戈多伊(Pérez Godoy)将军更加保守,正如理查德·帕奇(Richard Patch)所说,他是"旧时代将军中的最保守者"。他还计划让保守派的曼努尔·奥德里亚将军重新上台。因此,1963 年初一次巩固政变排除掉戈多伊,代之以围绕在高级军事研究中心周围的进步军官团体的领袖尼古拉斯·林德利·洛佩斯(Nicolás Lindley López)将军。一位分析家曾写道:"除掉军政府首领佩雷斯·戈多伊将军是倾向改革派军官巩固地位的又一征兆。"[36]

军队的护卫作用自有一套为其辩解的堂而皇之的大道理,这种大道理能说服许多国家的军方,也常常能说服美国舆论界的头面人物。军队卷入政治带有间歇性,目的是有限的;因此,军队既不自视为社会现代化的实现者,也不自视为新政治秩序的创造者。他们以现存秩序的保卫者或净化者自诩。用玻利维亚总统(兼空军司令)巴里恩托斯(Barrientos)

的话来说,军队应当是国家的"监护机构……它热切关注着法律的实施和政府的操持"[37]。所以,军队干预是腐化、停滞、僵持、无政府状态、颠覆既成政治制度等现象所引起的。军队声称,一旦这些因素被剪除,他们将还政于民。他们的任务只是整顿一下混乱局面,然后告退。他们的干预只是短暂的专政——或许有点类似古罗马的模式。

关于军队的这种护卫作用的理论基础,各国都差不多。这种理论在拉丁美洲自然是最完备的,因为那里普力夺制度和政治参与两者都相当盛行。正如一位阿根廷将军所说,军队应当干预政治,以便对付"危及我国稳定和统一的重大灾难,对那些无碍大局的问题,倘若一插手就徒使我们丢掉自己的使命、混淆自己的职责,则大可不予理会"。拉丁美洲许多国家的宪法或含蓄或明确地承认军队的护卫功能。例如,秘鲁军队曾引用该国宪法的下述条款来证明他们阻止美洲革命联盟掌权的行动是正当的:"武装力量的目的是捍卫共和国的法律,保障宪法和法律受到遵从,公共秩序得到维护。"[38]军队在某种意义上又承担了类似美国最高法院的宪法功能:他们有责任去维护政治秩序,故而在发生危机或争议时介入政治,否决政府的"政治"部门偏离国家制度要则的行为。他们也当然关心自己机构的完整性,所以他们又分为所谓的军事"司法积极派"和"司法自约派"。

也许能从巴西军队的观点中找到护卫作用最广泛而明确的表现。在巴西军队推翻帝国的时候,一个军方知识分子论证了他所描述的"武装力量具有不可否认的权利去废黜合法政权……当军队感到它的荣誉需要它这样做,或当它判断这样做对国家利益是必要而适时的时候"[39]。在某种程度上,军队的护卫作用载入了 1946 年的宪法,该宪法规定武装力量的功能是"保卫祖国、保障宪法权力以及法律和秩序"。所以,军队的首要责任就是保卫社会治安和巴西政府的共和体制。军队也因此必须是非政治的和超越政治的。如果军队判断共和国处境危险、面临动荡,它就义不容辞地要进行干预并恢复宪法。一旦完成其使命,然后它也就应义不容辞地急流勇退,还政于文官(保守的、中产阶级的)领袖。卡斯特略·布朗库(Castello Branco)总统说:"军队应当作好准备,采取协调而适时的行动,在绝对必要时能保障巴西走在正确道路上。这种必要和机会,不是指军队渴望充当国家的太上皇,而是认识到形势要求它挺身而出,采取紧急行动,报效国家。"这种观点,曾被称为"超级使命",但也许叫它"公民精神"更为贴切。它反映了军队对个人独断和强有力、得人心的通过直接选举产生出来的受广大群众拥戴的行政首长,不管他是张三李四,是存有戒心的。军队不需要庇隆主义,不需要能够组织起足以威胁它作为国家利益的解释者和护卫者的主宰地位的得人心的政党。[40]因此,一个得人心的领袖,只有在他着手组织自己的民众队伍并从而向军队作为国家价值的仲裁人身份进行挑战之前,方能见容于军队。

美国经常鼓励军人作为护卫者的观念,并常常为军队干掉它不喜欢的政府而十分高兴;然后,为了对得起自己的民主良知,就坚持军事统治者及早地将权力移交给一个新的——被认为是可靠的——通过自由选举产生的文职政府。从现代化和发展的观点来看,美国这样做前后犯了两个错误;而第二个错误只不过又加重了第一个错误。因为,虽然军队护卫具有最崇高的理由和理论,但很显然,对政治制度它也具有最令其堕落和腐化的作用。责任和权力这样就分了家。文职领袖可能负有责任,但他们知道他们没有权力,而且他们也不被允许去创造权力,因为他们的行动受到军队否定的掣肘。军人政府行使权力,但他们知道他们对自己行动的后果并不负责任,因为一旦治理的问题对他们太棘手,他们可以将权力交还文官。也许有人会想,这样做会形成相互制衡的关系,文职人员会克尽责守,以免军队干预,而军队也将谨慎行事,避免在政治上受到损害。然而事实上,此类体制将双方最低劣的东西都暴露出来了。

军队对中产阶级观点的固守程度表明,指望军队将日益成为改革的力量,可能是没有根据的。例如,曾经有人提出,将来会出现拉丁美洲的纳赛尔主义,即是说"拉丁美洲的军队将像近东军队那样,担负起现代化和改革的重担"[41]。拉丁美洲许多人,文职官员抑或上校,都认为纳赛尔的解决方式是走向社会、经济和政治发展的最有希望的途径。实现这些希望的机会是很小的。大多数拉丁美洲社会超出了实行纳赛尔主义的可能性。这些社会太复杂、结构太严密而经济又太过发达,以致不易借助军队领导的改革来挽救国家。拉丁美洲越现代化,军队的作用就变得越保守。1935 年到 1944 年,拉丁美洲的政变有一半以变革经济社会的现状为

目标；1945 年到 1954 年只有 23% 的政变具有这样的目标；而从 1955 年
到 1964 年这样的政变则只占 17%。[42] 认为 20 世纪 60 年代的巴西需要一
个纳赛尔，无异说 60 年代的苏联还需要一个斯托雷平。这两种类型的领
导跟这些社会已达到的发展阶段简直风马牛不相及。60 年代，斯托雷平在
伊朗或埃塞俄比亚或许还可能派上用场，拉丁美洲的海地、巴拉圭、尼加拉
瓜甚至多米尼加共和国也还可能有纳赛尔存在的余地，但在拉美大陆的其
他地方，由于太发达，以至于此种诱人的万应灵药已经于世无补了。

当社会变得越来越复杂时，军官们要想有效地行使权力，继而去成功
地夺取权力，都会更加困难。军官团的骨干分子一般人数不多，意气相
投，是具有高度纪律性和内聚力的团体，可以在一个简单而差异很小的社
会里起到相当有效的领导核心作用。当普力夺社会变得比较复杂、差异
性增多时，社会集团和势力的数目就成倍增长，在它们之间进行斡旋和调
节它们的利益问题，就越来越令人头疼。在缺乏能有效地解决社会冲突
的中央政治制度的情况下，军队也只不过是一些相对来说孤立和自主的
社会势力之一罢了。它们争取支持和寻求合作的能力下降。此外，对于
复杂社会中采取政治行动不可缺少的一套谈判、妥协和号召大众的高超
艺术，军官们自然不一定十分精通。发动、指挥并引导一个较为简单的社
会走向某一目标，能做得到。但是在一个具有高度差异性的社会里，政治
领袖必须是个平衡者和妥协者。军队在一个较为复杂的社会倾向于选择
护卫作用，这本身就表明它在某种程度上已经意识到统一各方社会势力
的困难。

在一个高度复杂的社会里，对于一个极为专业化的集团来说，不仅行
使政治领导权变得越加困难，而且军队获得权力的手段也失去了效力。
随着政治参与范围的扩大，作为一种政治行动技巧的政变，其实用价值也
跌落了。在寡头统治社会和激进普力夺社会的初期阶段，暴力是有限的，
因为政府软弱，政治范围狭小。政治参与者人数少，常常构成一个相对紧
密的集团。例如在缅甸，军政领袖通过联姻而紧密结盟。[43] 然而，随着参
与扩大，社会变得越加复杂，政变也变得越加困难、越加血腥。1935 年到
1944 年，拉丁美洲的政变有 81% 基本上是不流血的，没有发生巷战和其
他民众的参与。1945 年到 1954 年，68% 的政变也是低程度的暴力。然

而,1955 年到 1964 年这个比例却只有 33%。[44] 政变牵涉暴力成分的增长,自然是和其他社会势力广泛运用暴力形式相伴而来的。当社会变得比较复杂时,其他集团也形成了对抗军队行动的手段。如果军队践踏了它们的利益,它们就可能以自己的暴力或威胁手段来进行报复。例如,总罢工在推翻 1944 年危地马拉政权和 1945 年阿根廷庇隆的巩固性政变中,起到了主要作用。[45] 当众多的集团参与政治时,希望获取政权的人需要拥有比通常的传统政变更为广泛的基础。总罢工能阻挡住卡普暴动,但阻挡不了希特勒。同样,西班牙宫廷政变的传统也在 1936 年被打破了。当西班牙的劳工、激进派、加泰罗尼亚人和其他集团起而支持政府时,军队的叛变没有形成政变,而是导致了一场内战。在更加极端的否决型政变中,工人组成民兵支援政府而反对正规军,或者在正规军夺权之前与之抗衡。

作如是观,一连串的军事政变最终将削弱政变发生的可能性。权力和政策的变化或者需要在众多集团之间进行复杂的讨价还价,或者就要打一场血腥的内战。随着政治范围的扩大,暴力行动的次数虽减少,可是格斗却更加强悍了。正如丹克沃尔特·罗斯托(Dankwart Rustow)曾指出:

> 一两个世纪以前,首相们可能会被放逐或处死,苏丹们亦可能会被废逐或谋杀,可普通的工匠、村民和牧人很少会发现有什么变化。现在却今非昔比了,任何政治谋杀或政变——有时甚至是纯粹的选举——也会伴随着广泛的警察乃至军事行动,伴随大规模的逮捕和放逐、报纸被禁以及政治审讯。不稳定一度只是表面上的一丝波纹,可现在却能吞噬整个社会。[46]

在一个暴力是政府的关键部分的社会里,政府民主化也意味着暴力的普及化。军事政变——国内暴力的有限战争——可能被革命战争或其他由许多社会成分卷入的反叛所取代。可以想象,保守分子在新兴集团的要求面前,可能会体面地退却,从而容许和平变革的进程得以发展。如果他们不这样做,那么,随着军队在社会和政府中的作用下降,暴力的作用就会加强。

军队发动旨在否决政治参与扩大的政变来夺取政权,只能给政治体制带来暂时的解救。通常参与政变的集团之所以团结一致，只是由于它们都同样希望去阻止或扭转被它们认为是破坏政治秩序的趋势。一旦军队大权在握，政变联盟就开始分裂。它可能分化成许多小派别，各自企图推行一己之主张。更常见的则是分裂为两大派别：激进派和稳健派，强硬分子和温和分子，游击派和法制派。稳健派与激进派之间的斗争可能集中在许多问题上，但症结照例都在还政于民这个问题上。在否决政变中上台的军政府都毫无二致地许诺将尽快还政于正常的文官政府。而强硬派则认为，军队必须留在台上，以便永远排除被赶下台的民间集团，并对政治体制实施结构性改革。强硬派通常在经济上是国家主义者，在政治上是独裁主义者。在另一方面，稳健派通常认为政变的目标是比较有限的，一旦不顺眼的政治领袖被撤换下来，再着手进行一些政治和行政方面的变革，他们就觉得自己已经完成任务，并准备退居政治第二线。正如在标志着中产阶级于政治行动上崛起的突破性政变中一样，稳健派在否决政变中通常首先掌权。他们之所以是稳健派并不是因为他们愿意与现存寡头统治者妥协，而是因为他们可能愿意与新生的民众运动进行妥协。在另一方面，激进派则抵制政治参与的扩大。在突破性政变中，激进派不和寡头统治者妥协，在否决政变中他们不和民众运动妥协。这两派中，一个促进历史进程，另一个却阻碍历史进程。

稳健派与激进派的分歧意味着，像突破性政变一样，否决性政变经常相继发生两次，首次政变之后又发生一次巩固性政变。在巩固性政变中，强硬派企图推翻稳健派并防止还政于民。然而这种情况下的巩固性政变和把政治参与扩大到中产阶级时的巩固性政变相比，成功的可能性较小。例如，1958 年和 1962 年在阿根廷，希望还政于民的军人稳健派将反对这种权力转移的游击派的阻挠压制下去了。1960 年和 1961 年在土耳其，古赛尔(Gursel)将军也击败了激进的校官们试图发动的巩固性政变。韩国在 1961 年的军事政变之后，类似的一场斗争在那些希望还政于民或将军事统治文官化的高级将领和坚持军队必须在长时间内掌权以纯洁韩国政治体制的青年校官们之间展开了。1962 年秋，朴正熙将军表示他愿意使他的统治文官化并在公开选举中竞选总统。1963 年冬，军政府的成员反抗朴正熙的做法。然而稳健派后来还是占了上风并在 1963 年晚秋举行了选举。另一方面,在 1962 年 3 月缅甸政变之后的斗争中,稳健派失败了,他们的代言人昂吉(Aung Gyi)准将由于主张恢复文官统治而在 1963 年 2 月被开除出政府。

护卫作用的基本困境牵涉到下述两个假设:(1)军队是超越政治的;(2)军队必须干预政治以阻止政治体制的变化。军队的护卫作用赖以立足的前提是,军队干预的原因来自暂时的或非常情况下的政治体制的分崩。然而事实上,这种原因却是政治体制本身特有的,也是社会现代化不可避免的后果。靠搞掉几个人是无济于事的。此外,一旦军队真的阻止住了另一个社会集团夺权,那么,为了保住现存制度和个人自身利益,军官们将整日提心吊胆,唯恐一旦放弃否决便会遭到报复。因此,对军人干预的刺激逐步看涨,部队铁了心,决不让被逐出的集团卷土重来。

巴西军方在 1964 年 4 月发动政变后所面临的,也就是部队通过否决性政变干预政治之后通常所遇到的抉择。泰森(Tyson)当时就写道:“究竟是进一步卷入巴西政治,从而导致内部意见分歧、毁掉军队的团结,抑或让其他的新兴的集团组织起有效的政治活动,从而导致军队放弃大权独揽的局面和最高仲裁人的地位,巴西军队必须在这二者当中作出选择。”[47]更准确地说来,以这种方式进行干预的军队,在究竟是把持政权还是还政于民、是默认抑或反对政治参与扩大这两个问题上,其出路有四条。但是,每一条出路都会使军队和政治体制付出代价。

1. 还政并限制参政(阿兰布鲁选择)  军队可以在短暂的统治和清洗政府官员之后还政于民,继续限制新兴集团问鼎政坛。这样,军事干预就总是一再发生。例如在 1955 年,阿根廷军队撵走了庇隆。在一场斗争之后,温和派在 P. 阿兰布鲁(P. Aramburu)将军领导下打败了强硬派,把权力还给了人民。经过选举,稳健派的弗朗迪西当选为总统。其后的 1962 年选举表明,庇隆分子仍拥有三分之一阿根廷选民的支持。有鉴于此,弗朗迪西感到需要与之妥协并试图建立某种形式的合作。也是有鉴于此,军队感到需要再次干预,并撵走了弗朗迪西。继而又举行新的选举,庇隆分子就被关在参与大门之外,中间分子赢得了全部选票的 26%,选举阿图罗·伊里亚(Arturo Illia)为总统。然而,庇隆分子势力一直很强大,军队则一直虎视眈眈,反对他们参与政权。因此政治体制仍是一个普力夺国家,军队站在一旁,挥舞着否决的大棒,随时准备介入。1966年当伊里亚政权发生动摇时,军队再次插手政坛实为不可避免。这种局势堪与1931年到1963年间的秘鲁局势相比。当时,秘鲁陆军三次干预,以防止美洲革命联盟获取政权。显然情况像这样发展下去,护卫之说就打了自己的耳光。军队实际上等于放弃了自己标榜的所谓立于政治秩序之外、充当政治秩序公正保障人的身份。他们变成了政治舞台上的积极参与者和竞争者,利用他们优越的组织并以武力相威胁,来抗衡其他集团对群众的号召力量和选票力量。

缅甸为这种政治格局的局限性提供了另一例证。1958年,当执政的人民反法西斯联盟党分裂时,奈温(Ne Win)将军掌了权,取代了吴努(U Nu)总理的政府。不过,奈温清楚地表明,他打算还政于民,并尽一切努力去缩小军人政权在政治制度上所造成的变革。1960年他确实交出了权力,举行选举。由于两个政党参加角逐,吴努重新当选。奈温勉强却也真心地将权力交给了吴努。然而两年之后,局势又恶化到了使奈温将军感到不得不再次干预并赶走吴努的地步。这一次,奈温进行了一劳永逸的干预。吴努与他的同僚锒铛入狱。奈温明确表示,他打算长期掌权。

2. 还政并扩大参政(古赛尔选择)  军事领袖可以还政于民并允许以前被禁止的社会集团在新的条件下和新的领导下重新掌权。在1960年政变后,土耳其陆军推翻了门德里斯政府,军方还处死了前政府许多领导人。但是古赛尔将军同样也坚持还政于民。1961年举行了选举。主要竞争者是得到军队支持的人民党和先前支持门德里斯政府的正义党。谁也没有赢得多数,但古赛尔将军当选为总统,人民党组成了一个软弱的联合政府。然而很明显,土耳其的主要选民阶层是倾向于正义党的。这里的关键问题有二:其一是正义党是否能足够稳健到不致引起军队的对抗并挑起另一次干预;其二是军队是否能有足够的器量允许正义党通过和平选举而上台。在阿根廷庇隆分子和军队的关系上,上述两个条件都不具备。然而在土耳其,妥协和克制占了上风。得到军方高级将领支持的政府粉碎了军中激进派发动第二次政变的图谋。在1965年的选举中,正义党在议会中赢得了明显的多数席位,并组成政府。军队默认了由商人和农民形成的联合政府上台,尽管过去当门德里斯领导这同一个商人和

农民的联盟时,军队曾把它拒于政权门外。可以设想,真到将来政治参与
发展成为一场新的危机——很可能就是城市工人阶级要求分享权力——
之前,土耳其军队大概不会闯进政治之中。1958 年在委内瑞拉及 1966 年
在危地马拉,军队也同样默许了他们先前反对过的社会集团和政治势力
登上权力的宝座。在所有这些情况下,得掌政权的文官领袖的态度是对
军队限定的条件采取妥协,或者至少在某种程度上接受;他们最起码也得
表明,对军队当权时的任何行为,放弃进行报复的权利。

　　3. 军人恋栈并限制参与(卡斯特略·布朗库选择)　军人可以恋栈
并继续抵抗政治参与的扩大。在这种情况下,不管他们怀有何等美好的
动机,他们必然会被迫采取越来越严厉的镇压措施。巴西军队在 1964 年
4 月推翻戈拉特(Goulart)政府之后走的就是这条路。政变使得到商界和
技术官僚界人士支持的军人政权上了台。然而,1965 年巴西的全国大选
举清楚表明,广大选民站在反对派一边。这次选举马上促使军中的强硬
派要求取消选举结果——和阿根廷军队 1962 年所干过的及 1961 年土耳
其青年军官试图要干的如出一辙。土耳其的古赛尔将军镇压了强硬派试
图发动的政变。在大选后的数周内,巴西好像也将重演这一幕。大家预
料强硬派将试图驱逐稳健派的总统卡斯特略·布朗库将军,建立独裁统
治以阻止反对派染指政坛。同样也有许多人指望卡斯特略·布朗库能够
统一稳健派的意见并粉碎强硬派的政变。但是,卡斯特略·布朗库并没
有从正面去抵抗政变,而是出人意料地决定自己去发动政变,停止了议
会,取缔了政党,对政治活动和言论自由实施了新的限制。姑且不论卡斯
特略·布朗库此举出自何种理由,这次政变的结果使得巴西难以模仿土
耳其模式,同时也难以达成一项让经过整肃的反对派和平地获得政权的
妥协。巴西的形势进一步向两极分化;曾为自己过去坚守严格的非政治
的、护卫性的作用而感到自豪的巴西军队,现在发现自己的处境是不能把
权力交出去,要交就只能交给自己的死对头。为排除别人可能唤起民众,
1966 年总统选举,干脆就在旧的国会内间接举行,因为旧国会中的反对
派人士早就被军队请出去了。没有一个反对派的候选人站得出来和军方
候选人科斯塔·席尔瓦(Costa e Silva)将军竞选。在随后的新国会选举
中,对反对派候选人施加了许多条件和限制。

4. 军人恋栈并扩大参与（庇隆选择）　军队可以恋栈保留权力并允许甚或乘机利用政治参与的扩大。这就是庇隆遵循的道路，哥伦比亚的罗哈斯·皮尼利亚的道路也与此相差无几。在这些例子中，军官凭借偏离于否决型模式的政变上台，然后利用吸收新集团进入政界作为自己支持者的办法，改变其政治基础。这种行动的代价通常是双重的。它使军人领袖与军队中原来支持他的力量源泉相疏远，因而易遭保守的军事政变的攻击。它同样也会激化保守的中产阶级和激进的广大民众之间的对抗。在某种意义上说，它也将寡头普力夺社会的模式颠倒过来了：在这种社会里，名不见经传但深得人心的鼓动家总是背弃追随自己的群众，以便能投靠社会上层分子；而中产阶级的领袖则背弃自己的阶级，以便赢得广大民众。军队司令企图变为人民拥戴的独裁者。然后，最终和他的文官对手一样，以同样的方式，出于同样的原因，他失败了。庇隆重蹈了瓦加斯的覆辙；罗哈斯·皮尼利亚遭到了阿亚·德拉托雷同样的命运：他们的努力被仍忠于护卫职守的老战友们所否决。


# 从普力夺体制到公民秩序：
# 军人作为制度建设者

在简单的社会里，共同体的观念使政治制度的发展成为可能。在较为复杂的社会里，政治制度之首要的——如果不是唯一首要的——功能乃是使共同体更加像个共同体。故而，政治秩序和社会秩序之间的相互作用是能动的和辩证的，即是说，始则是社会秩序在形成政治秩序过程中起着主要作用，继则是政治秩序在缔造社会秩序过程中起着更加重要的作用。然而普力夺社会却陷入了恶性循环之中。形式较为简单的普力夺社会缺乏共同体，这就阻碍着政治机构的发展。在形式较为复杂的普力夺社会又因缺乏有效的政治制度而阻碍了共同体的发展。结果，在普力夺社会就存在着鼓励保持原状的强烈倾向。观念和行为的方式一旦形成，就趋于固守而往复。普力夺政治逐步禁锢在该社会的文化窠臼之中。

普力夺制度在某些文化(例如西班牙、阿拉伯)中比在其他文化中更为流行,在政治参与的扩大和较为复杂的现代社会结构兴起的过程中,它仍能顽固地存在于这些文化之中。拉丁美洲普力夺制度之所以存在的渊源有二。一是没有从殖民时代继承下来任何政治制度,二是其后又竭力将美国和法国的中产阶级共和制度引进到 19 世纪早期拉丁美洲的那种高度寡头统治型的社会当中来。阿拉伯世界存在的普力夺制度,其渊源有三。一是在奥斯曼征服下阿拉伯国家的崩溃;二是长期的奥斯曼统治,而奥斯曼统治却又从高水平的制度化发展退化成一个软弱的异族统治,它因阿拉伯民族主义的兴起而失去其合法性;三是阿拉伯世界其后大抵都沦落为英、法两国的半殖民地。这些历史上的经历使得阿拉伯世界在政治上一直脆弱不堪,与拉丁美洲是难兄难弟。个人和集团之间的猜疑和仇恨使政治制度化一直处在低水平上。当一种文化中存在这种情况时,人们不禁会问:怎样才能使它们得救? 在什么情况之下,方可使一个充满政治化社会势力的社会步入一个具有合法性和权威性的社会? 在这样的一种社会里,能否找到个支点夫把社会从这种状况中拖出来? 谁人或者何物能够缔结共同的利益和统一的制度,俾使普力夺社会转变为公民政体?

这些问题没有明显的答案。不过,关于从普力夺乱世到公民秩序的社会进步,或者可以作出两种理论上的概括。第一,这种演变在现代化和政治参与扩大化的过程中发生得越早,社会付出的代价也就越小。反过来说,社会越复杂,要创建统一的政治制度也就越加困难。第二,在扩大政治参与的每一阶段,政治行动的成功机会取决于不同的社会集团和不同类型的政治领袖。对于处在激进普力夺阶段的社会来说,创建持久性政治制度的领导显然应当来自中产阶级方面的各种社会势力,并必须求助于这些社会势力。有人认为,领袖人物的英勇和魅力能够起到这种作用。在传统政治制度脆弱——或已崩溃或已被推翻——的地方,具有超凡魅力的领袖常常能临危受命,力图以强大的个人号召力去弥补传统和现代性之间的差距。在这些领导人能集大权于一身的情况下,可以认为,他们就足以推进制度化的发展,担当起"伟大的立法者"或"开国之父"的角色。马基雅维里认为,腐败国家的改革或新国家的建立,只能是单独一个人的作品。然而,个人的利益和制度化的利益二者之间存在着冲突。制度化的权力意味着限制魅力十足的领袖人物的权力,否则他们就会专横武断地运用这种权力。制度建设者需要个人权力去创造制度,但是他若不放弃个人权力也就无从来创造制度。制度化的权威是超凡领袖个人权威的对立面,如果超凡领袖人物想建立公共秩序的稳定机构,他们就自己推翻了自己。

可以想象,在一个激进普力夺社会里,统一政治制度可能是由政治组织派生出来的产物,这些政治组织原先只代表一些狭隘的种族或经济集团,但是它们扩大自己的影响范围,超出其原先赖以生存的那些社会势力。然而,普力夺社会的政治能动力会阻挠这样做。冲突的本质造成政治组织路子越走越窄,更趋于专门化并带有更大的局限性,更加致力于自身的特殊利益,更加依赖他们自己独特的政治行动手段。这样,得到眼前好处的是拼命致力于自身利益的人,而不是那些试图集中众多利益的人。

所以,从理论上说,更有效的制度建设的领导应当来自那些并不怎么直接与特定的种族或经济阶层相认同的集团。学生、宗教领袖、军人可能多少就属于这一类人。然而,史录显示,不管是学生还是宗教领袖,在政治制度的发展方面都不能起到建设性的作用。就其本性来说,学生一般是反对现存秩序的,他们通常不足以构成权威或树立起合法性的原则。学生和宗教界的示威、骚动和造反的例子不胜枚举,但从未有过学生政府。宗教政府也是凤毛麟角。

另一方面,军人在一个激进普力夺社会里却可能在建立秩序方面具有更大的能力。不错,有军事政变,但也有军人政府和军队孕育出来的政党。军人有内聚力、条理化和纪律性。上校们能管理政府,学生与和尚则不能。军事干预的效力来自于其组织上的特性,这至少不亚于它通过掌握和使用暴力而达到的效力。如果说在政治上发生暴力和政治上出现军人干预之间是有关联的,那么这种相关也最多只能说是时多时少。世界上大多数地区的大多数政变牵涉到的死伤人数实在不多。学生闹事,或工人总罢工,或宗教示威,或种族抗议通常比军事政变造成的伤亡多得多。军人高度的组织能力,使其干预比起其他社会势力的干预来,更带戏剧性、危险性,然也更具把握性。许多人认为军人干预是普力夺社会中罪孽的渊薮，实则不然，它与学生干预不同，倒可能是剪除罪孽的良策。

军队起到此种改进性的甚或是推动现代化的作用，其能力大小有赖于社会上各种社会势力的布局。在一个普力夺社会里，军队的影响随参与水平的不同而变化。在寡头统治阶段，军人和文职领袖之间通常没有什么差异，将军或至少挂着将军头衔的人物主宰着政治舞台。当社会进入激进的中产阶级阶段时，军队通常比较明显地形成了一种制度化的机构，它和其他社会势力分享着对社会的影响；一种有限度的政治制度化可能在狭义的、非扩张型的政治体制中得以形成。军人干预经常是间歇地发生，军人政府和文官政府轮流坐庄，更加强大的民间抗衡集团逐渐兴起。最后，在大众普力夺阶段，军人的影响就受到了浩大的民众运动兴起的制约。所以，军人主持建立政治制度的最佳机会是在激进普力夺社会的早期阶段。

一个社会欲摆脱普力夺制度，第一需要城乡利益的结合，第二需要创立起新的政治制度。激进普力夺制度特有的社会外观就是城乡无涉，于是政治就成了中产阶级各城市集团之间的相互讨伐，谁也看不出促进社会共识或政治秩序的道理。确立稳定的社会先决条件是农村主导社会势力再现于政治舞台之上。知识分子有头脑，军队有枪杆子，但是农民有数量和选票。政治的稳定至少需要这三股社会势力中两方的联合。有鉴于中产阶级的这两股具有鲜明政治性的势力通常相互敌视，头脑和枪杆子联合起来对付农民实属罕见。然而，确实出现了这种局面，例如土耳其在阿塔图尔克时期就是那样。不过，稳定的出现也只可能是短暂而脆弱的，终将被农村大众的进入政治所倾覆。对照起来看，知识分子和农民的联合通常又会出现革命，即把摧毁现存体制当作是创立新型的稳定体制的先决条件。通向建立稳定政府的第三条道路是军人和农民结合起来反对知识分子。这种可能性倒给军队提供了在激进普力夺社会中将社会从普力夺制推进到公民秩序的机缘。

军人建立稳定政治制度的能力，首先取决于他们使自己的统治认同于农民大众并动员农民在政治上站到他们这一边的能力。在许多情况下，这正是在激进普力夺统治早期取得政权的现代化军事统治者们所试图做的。军官时常就出身于农民阶级或和农村有联系。例如在 20 世纪

40年代末，朝鲜的军官大多数"来自境况勉强可以凑合的乡村或小镇"。[48]
60年代早期的韩国军人统治者是：

> 35岁到45岁的具有农村背景的青壮年，不少人曾亲身体验过贫困的滋味；他们自然会倾向农村，惦记着农民。这种人总是对城市的那一套既爱又憎。近年来，韩国政治（的确也可说是整个韩国的社会生活）特有的沉沦、腐化和自私，难道不是城市造成的吗？然则他们也明白，韩国的经济现实需要进一步的城市化，而非相反。军人政府很清楚，工业化是这个劳动力过剩的社会的唯一出路。[49]

1952年埃及政变领袖们有着相似的背景。纳吉布证实，"军队是地道的埃及农民子弟兵，当官的出身于农村的小康人家。"而军官团则"大部分是由公务员和兵士的儿子以及农民的孙子所组成"。[50]在缅甸，人民反法西斯联盟的精英分子已经西化。相比之下，缅甸军人领袖"与乡村佛教徒的联系更为密切"[51]。军人的农村社会背景常常导致军政权优先考虑实行有利于农村大多数人的政策。在埃及、伊拉克、土耳其、韩国和巴基斯坦，军事政变产生的政府都推行土地改革计划。在缅甸和其他地方，军政府在预算方面都是先农村后城市。在一个处于现代化过程中的国家里，基本满足农村大多数人及有势力分子的愿望乃是任何一家政府稳坐江山的命根子，军政府如此，其他任何政府亦如此。一个不能争取到此种支持而仅仅依靠营房和城市的军政权，就缺乏建立有效政治制度的社会基础。

然而，对于军人政权来说，农村的支持只是发展出政治制度的一个前提。首先，现代化军人政权的合法性来源于它对未来的许诺。但是，这种许诺作为合法性的来源是终归靠不住的。如果这种政权不发展出一种政治结构，使某些合法性的原则得以制度化，其结果就只能是形成军人寡头统治。而由于这样的政权在参加逐鹿的寡头们手中经常借政变而易手，从而就有被其他新的、无法被它借制度化的途径来吸收的社会势力所彻底推翻的危险。埃及和缅甸可能在一段时期内保持某种社会变革和从事现代化的形象，但除非这两个国家能建立起新的制度结构，否则泰国就是它们的未来。在泰国，1932年也有一个致力于现代化的军政府夺取了政权，铺开了全面变革的计划。然而到了一定时候，它也就逐渐偃旗息鼓，自安于官僚寡头统治了。

和具有超凡魅力的领袖或具有特殊社会势力的领袖不一样,军人领袖在政治制度的发展过程中不会面临进退维谷的困境。作为一个集团,军政府能够保持政权,同时使之制度化。在他们个人利益和政治制度化的利益之间,不存在必然的冲突。在某种意义上说,他们能够把军人干预政治转换成军人参与政治。军人干预违反任何公认的官场准则,破坏政治秩序的完整性和合法基础。而军人参与却意味着老老实实地按政治上的规矩办事,以图建立起新的政治制度。最初的干预可能不具合法性,但是当干预转变为参与,并承担起创设新的政治制度的责任,从而使未来的军人或其他社会势力的干预成为不可能或不必要时,干预也就能获得合法性。阻止或中断政治的间歇性军事干预是普力夺制度的实质。持久的军事参与政治则可能导致社会摆脱普力夺制度。

在激进普力夺社会,军队要这样做,主要障碍不是来自于客观的社会和政治环境,而是来自军人对政治和对自身的主观态度。问题就在于军人是反对政治的。军事领袖很容易想象到自己的护卫作用,并能以本国的社会和经济改革的眼光远大、公正无私的促进派自居。但是,除去极个别的例外,他们总是回避担当起政治组织者的角色。他们特别厌恶政党。他们试图不通过政党来治理国家,从而也就切断了本来有指望把他们的国家从普力夺状况中解脱出来的一条主要渠道。阿尤布·汗(Ayub Khan)说,“政党使人民分裂而迷惘”,使他们无辜地受到“不择手段的煽动家的宰割”。——这话听起来好似出自乔治·华盛顿之口。阿尤布·汗说,立法机关应由“不属任何政党的,品德高尚的,大智大睿的人士所组成”。[52] 纳赛尔则宣称,“政党是分裂因素,是外国的移植和帝国主义的工具”;帝国主义企图“分裂我们并在我们中间制造分歧”。[53] 同样,奈温将军提到,在1958年夺取政权后,有两个政治领袖曾经来访并要求他组织领导一个新的全国政党,但他却说,

> 我马上把他们打发走了。组织另一个政党有什么用? 我必须站在政治之外以确保下一次选举将是公正的。在缅甸没有哪一个政党不是靠腐化而赢得选举胜利的。如果我当初接受了他们的要求去组织自己的政党,我就不得不也去腐化。鄙人实在不敢领教。[54]

奈温的这番话是军人希望兼得鱼与熊掌的极好例子。好似政治、党派和选举都是腐败的；军人必须干预，以把它们洗刷干净。而军队万万不可参与党派政治使自己变得肮脏而腐化。无论是带有改革性还是护卫性的军政府，在夺取权力后的第一个行动，通常是废除一切现存的政党。1943年罗森（Rowson）将军在发动政变后第二天就宣布："现在，政党已不复存在，大家都是阿根廷人。"这种态度十分普遍。莱尔·麦卡利斯特（Lyle McAlister）在归纳拉丁美洲军人的观念时写道："（军队范围之外的）政治就是'搞分裂'；政党就是'拉山头'；政治家就是'耍阴谋'或'闹腐化'；公众舆论表达就是犯上。"[55]与社会上的其他集团比起来，军官最倾向于认为党派不是建立共识的机制，而是分裂的祸根。他们的目标是没有政治的共同体和强迫命令下的共识。通过批评和贬低政治的作用，军队阻止社会获得它需要的也是军队珍重的共同体。

可见军人领袖陷于他们自己的主观偏好及价值观与其社会制度的客观需要二者之间的矛盾中。所谓社会制度的客观需要通常指三个方面。第一，需要有政治制度能够反映现存的权力分配，并同时足以吸引和同化各种新兴的社会势力，从而建立起一种独立于造成这些制度的那些社会势力的存在。具体地说，这意味着制度必须反映已经掌权的军人集团的利益，但还需具有最终超越这些集团利益的能力。第二，在那些军人掌权的国家，政治体系的官僚输出部门常常极为发达，相比之下，理应能表达和集中各种利益功能的输入部门却处在混乱和无组织的状态之中。军人当家的官僚机构将政治和行政两方面的职责集于一身。因此，就需要有政治制度能在这当中起到平衡作用，将政治功能从官僚机构中分离出来，使官僚机构专司其职。第三，还需要有能够控制接班问题的政治制度，俾使权力从一个领袖或领导集团移交给另一个领袖或领导集团时，不至于诉诸政变、造反或别的流血手段。

在现代发达的政体中，这三种功能大部分由政党制度来履行。由于军人领袖一般不喜欢政治，更不喜欢政党，这就使他们难于创造出能履行这些功能的政治制度。实际上，他们试图逃避政治，把政治理想化，认为若把其他较为容易处理的问题解决了，政治冲突与共识的问题就将迎刃而解。虽然也有几例军人领袖带头建立政党的，但是普遍地看来，他们总是倾向于建立诸如全国协会和咨询团体一类的非政治的或至少是非党派的组织,来填补政治制度的真空。然而,这些组织都无法去履行必要的政治功能,炮制者最终还是不得不被迫接受实质上颇像政党的组织形式。

全国协会所以能吸引军人,就在于其成员具有广泛性,并且被认为足以动员和组织民众,达到军人认定是全民皆可受惠的国家发展目标。这样,就形成一种"非政治的建国模式",这种模式体认不到任何社会固有的,特别是在一个处于急遽变化中的社会里到处存在的利益和价值之间的冲突,故而也就无从提供斡旋冲突及调节利益的方法。[56] 例如在 1958 年到 1960 年缅甸军人掌权期间,他们组织了一个全国团结联盟,作为一个非党派组织来推动政治参与,防止腐化和对政治冷漠。该协会既不反映缅甸政治体制中的权力分配,也不反映那个体制中大众参与的水平。结果,它既无法成为官僚体制的抗衡机构,也不能在制约权力转移方面提供一个框架。

缅甸军人领袖于 1962 年再次掌权时,鉴于以往政治上的失策,纠正了对党派组织的敌视态度,在政治机构的建设方面,走上一条颇为不同的道路。他们这次不搞民众性组织,而是创建一个所谓的干部党,即缅甸社会主义纲领党,其目的在于使它能履行"招纳称为干部的核心人员并通过分配具体任务来对他们加以训练和考验等一类的政党的基本功能"。一位观察家说道:"这个干部党规定申请人必须履行个人入党手续;它制定了一套十分严格的纪律,包括党内派别、利益冲突、个人收入、礼物馈赠、保守秘密和惩处等;它要求其成员掌握知识,进行自我批评,承认'缅甸式的社会主义'。"[57] 该党打算建立在民主集中制的基础上,意欲最终演变为一个民众政党的先锋队。

埃及政局也发生过类似的演化。1952 年 7 月自由军官团发动的政变是一场典型的军人改革运动。在政变后的两年内,其领导人组成革命指挥委员会,对竞争对手的合法性来源及呼吁民众的渠道,进行系统的清除。国王很快被流放。一年之后君主制遂被废除。三个足以向军官的权力提出挑战的政党——华夫脱党,共产党和穆斯林兄弟会——皆遭明令禁止,其领袖受到迫害和监禁。1954 年春,在自由军官内部,纳赛尔战胜了纳吉布,预示议会体制将肯定被抛弃。到 1954 年底,所有政变前就已存在的主要政治合法性来源和政治制度都已被摧毁或被搞得威信扫地。这样一来,纳赛尔的反对派已从政治舞台上被赶尽杀绝。现在的问题是:创造什么样的政治制度才能取代它们呢?

1956 年开始实施新宪法,规定必须有民选的国民议会。1957 年选出第一届国民议会,1964 年选出第二届。国民议会不时批评政府的施政纲领并获得政府的一些让步。[58]然而,任职于政府的军人领袖仍然是大权在握。特别是纳赛尔,此公一再以 99% 的选票当选为总统。很清楚,正式的政府结构本身是不可能为自己提供权威合法化和组织大众参与机制的。在建立政治组织来弥补制度差距方面的探索,实际上只落实到了军人领袖连续建立起来的三个全国协会身上了。第一个全国协会就是自由军官团在巩固自己的权力之前于 1953 年 1 月所组织起来的解放大会。纳赛尔说:“解放大会不是一个政党。它是组织民众力量在新的、健康的基础上重建社会的一种工具。”[59]它确实也起到了政党的某些功能。在军队和其他社会集团特别是穆斯林兄弟会的斗争中,在打入并控制住诸如工会、学生团体等其他大众组织方面,解放大会曾经作为一条渠道帮助过军方去动员和组织民众的支持。然而,1954 年革命指挥委员会权力的巩固使解放大会丧失了存在的理由,同时,这又促使其成员急遽扩大。后来它拥有数百万成员,结果,作用随之下降。

1956 年新宪法规定:“埃及人民应当组成一个民族联盟以实现革命的目标,并竭尽全力在政治、社会、经济诸方面赋予国家一个牢固的基础。”1957 年春,该民族联盟组织起来,并取代了解放大会,成为政府在组织群众支持方面的工具。联盟吸收成员的方针是来者不拒,因为纳赛尔说过,联盟“就是整个国家”。[60]由于很快就发展了好几百万成员,它变得如此之庞大而杂乱无章,以致无效力可言。1962 年在和叙利亚分裂之后,埃及又创立了一个新组织,即阿拉伯社会主义联盟,以动员和组织民众。

阿拉伯社会主义联盟在组织上着眼于避免解放大会和国家联盟的某些弱点,这很有意义。像缅甸军人一样,埃及军事领导人至少在理论上放弃了大众组织的形式,开始重视一种由精英分子组成的组织或者干部组织。他们将其成员区分为积极的和不积极的两类,并在开始时将阿拉伯社会主义联盟的全部成员限制在总人口的 10% 之内。[61]然而到后来该组织还是急遽膨胀起来,两年后据说就拥有 500 万盟员。1964 年,传说纳赛尔曾试图另组一个成员只有 4 000 人的核心集团来弥补阿拉伯社会主义联盟的缺陷,使之成为联盟内的"统治党"。纳赛尔的用心是,"当他万一遭到不测时",这个新组织"能够实现权力的和平移交,并使他的政策继续得到贯彻执行"。[62]

在缅甸和埃及,军人开始皆试图建立起群众性的全国协会,让所有人都去参加;当这样做不顶事时,他们就掉过头来在缅甸和埃及分别建立了正式的或非正式的干部党,其党员人数有限,但条件却很严。军人领袖这样做反映了他们规避政治的初衷。正如一位评论家指出的,其他国家竭力把"融合各集团之间的利益和协调各集团之间的斗争,视为合法化进程和正常政治生活的一部分,而埃及人却憧憬一种能有效地运作并能公平地将个人作为个人来对待的组织"[63]。人人加盟是因为假定了人人一心。这当然正是政治组织所要达到的目标。然而,无论缅甸还是埃及的此种组织都不足以起到那些必须由政治制度来起的作用。这些组织吸收所有的人加入,但权力仍集中在少数人的手里。它们既不能反映各种社会势力的结构,也不能成为主导的社会力量借之扩大、节制权力并使权力合法化的工具。

缅甸和埃及的军人领袖并不是从既存的团体,即军人统治集团着手,对之加以整顿并使之制度化,而是从零开始,去搞民族共同体,并企图把它组织起来。他们使劲给并未在具有凝聚力的社会势力内部生根的组织打气,以为这样就可以马上使这种组织获得生命力。其存在价值受到自己的成员及外界人士尊重的组织才称得上制度化的机构。一个人人都能参加或必须参加的组织,比起一个很小部分人才得以参加的组织,其成为制度化机构的可能性要小得多。"如果人人都是党员,"哈尔彭问道,"那谁还会在乎是不是个党员呢?"[64]在缅甸和埃及,参加政变军官们将自己组成有形的实体——在缅甸是革命委员会,在埃及是革命指挥委员会——来指导政府,这样的实体本应成为新的政府结构的中枢机关。埃及的自由军官,如瓦蒂丘蒂斯(Vatikiotis)所说,是"一个粗具党派规模的政治团体"[65]。然而,自由军官拒绝承认他们已经具备雏形政党的实际,从而也就自甘放弃了使自己的作用制度化的机会。他们并未使革命指挥委员会成为新的政治制度的中枢机关,反而于1956年新宪法颁布纳赛尔当选为总统之时,解散了这个委员会,以为政府文件和全民投票将会缔造制度。

结果,埃及就没有建立起能够推动新的统治上层在社会组成方面发生变革的组织。据说纳赛尔曾渴望"与专业人员和知识阶层中的文职团体形成更密切的联盟"[66],以改变政府高级官员都是来自军队的状况。而问题却在于:引荐新人的同时不能使原来军队中最重要的支持力量疏而远之。要做到这一点,党组织确实不失为一种办法,因为它能为军民双方提供一个尽忠和认同的焦点,这样也就有了区分人才良莠的标尺,而无需顾及其出身是文还是武。

军方不是首先巩固核心,然后再向外层扩大,而是由外而内,企图一下子把全体国民都组织起来。伦敦《经济学家》杂志就埃及的民族联盟评述道:"由边缘向中心建立起许多委员会,形成一个蜘蛛网,围绕着首都开罗,这种设想可能颇有吸引力,甚或是有用的。使阿拉伯联合共和国*伤脑筋的是,很多事往往都办不成,人民对国家的施政更缺乏理解。一到选举之际,村民仍然把票投给当地的权势家族,蜘蛛网上的线在尚未达到开罗之前早就分崩离析了。"[67]

在建立此种超党派的政治框架方面,巴基斯坦尝试过别的办法。和1952年前的埃及一样,1958年前的巴基斯坦表面上具有一个统治基础狭窄的议会制政权,参政者只有少数寡头人物和知识阶层的团体。然而,行政官僚机构才是权力的重心所在。1953年4月,当总督顺利地解除了在国民议会一直拥有相当多数支持的总理时,巴基斯坦短暂的民选政府或曰党派政府也就随之呜呼哀哉了。实际上,这次变迁造成了由官僚和政客两方合作的政府体制,而后来在1958年发生的政变也只不过是将无效能的文职官僚手中的领导权转移给有效能的军人官僚而已。然而穆罕默德·阿尤布·汗陆军元帅不像纳赛尔,他充分理解政治制度的重要性,并对如何缔造起适合巴国国情的制度结构,早就胸有成竹。早在大权在握

---

　　* 1958年,埃及与叙利亚合并组成阿拉伯联合共和国。1961年,叙利亚退出。埃及一直延用"阿拉伯联合共和国"国名至1971年。——译者注

的四年之前，即1954年10月，当他担任国防部长时，阿尤布·汗就写了《巴基斯坦当前和未来的问题》这部备忘录，确定了他的治国蓝图。[68] 1958年后巴基斯坦创立的新制度基本上是有意识的政治计划的产物。和二次世界大战后现代化过程中国家的任何领导人比起来，只有阿尤布·汗最接近于担当起了梭伦或来库古的角色，抑或柏拉图或卢梭理想中的"伟大立法者"的角色。巴基斯坦新的政治制度是分三步建立起来的。其中两步是阿尤布·汗的得意之笔，另一步则是政治现代化的需要迫使他不得不采取的。阿尤布·汗设计的两步意在一方面规定权力集中，一方面规定有节制地扩张权力。

所谓"基本民主制"，是阿尤布·汗的第一步棋，实际上就是提供民众参政的主要制度性手段。"基本民主制"是在军事政变一年后创设的，旨在产生出民主制度的体系。这种体系，用阿尤布·汗的话来说，"将简单明了，实行方便，花费不大；交付选民议决的问题，应能被选民理解，无需别人越俎代庖，保证所有公民皆得以充分发挥他们的才智，有效地参与，从而产生相当有力而稳定的各级政府"[69] 各级委员会建立起来了。基层的联盟委员会大致由10名成员组成，每个成员代表1000人，由普选产生。由基层联盟委员会的主席加上相同数量官方任命的成员组成了上一级的县委员会。再上一级就是专区委员会，同样由一半文职人员加上一半由省长在民选的基本民主派人士中任命的成员组成。再上一级就是省委员会，其组成和专区委员会相似。这些组织主要是在经济和社会发展、地方政府、行政协调和主办选举方面发挥作用。

基层的联盟委员会选举于1959年12月至1960年1月举行，50%合格的选民投了票。当选的近80 000名基本民主派人士构成了政治积极分子的核心队伍。他们多数都是政治上的生手，根据当时的选举办法，就全国人口分布而言，他们颇具代表性。大多数当选的基本民主派代表都识文解字，家境自然也都是富裕的。其中50 000多人务农为生。[70] 1959年前的巴基斯坦政治几乎就是城市政治。

巴基斯坦公众舆论仅见于城市中产阶级、地主和某些宗教领袖的议论之中。对于建立一个持久而有效的国家来说，这个基础就显得狭小而不稳……政治活动大部局限在立足于城市地区的政客小圈子之内。普通人,特别在农村区域,对于省会或首都进行的纵横捭阖,是一无所闻或漠不关心。老百姓还不觉得自己是正儿八经的选民。[71]

基本民主制将政治带到农村地区,并建立了一支农村政治积极分子的队伍,准备在地方和全国的政治生活中发挥作用。巴基斯坦的政治活动首次开始从城市向外延展到广大的农村。这样一来,政治参与就扩大了,政府获得了新的支持来源,在建立政府与农村之间的制度化联系方面也前进了一步,而这种联系又正是现代化过程中的国家为了政治稳定而不可或缺的。

基本民主派的这些代表,在某种意义上与另外两个已经活跃于巴基斯坦政坛上的社会集团是相互竞争的。既然立足于农村,他们就与城市中产阶级知识分子有隔膜,并与后者在利益上有抵触。一位巴基斯坦部长曾警告基本民主派人士说:"整个知识界是反对你们的。"[72]另一方面,基本民主制的结构必然使得官僚利益和大众利益之间不断发生冲突。用阿尤布·汗的话来说,基本民主制的目的就是要确保"每个村庄,以及每个村庄的每位村民都能在处理国家事务上成为政府的平等伙伴"[73]。该国并没有在行政结构之外另起炉灶,搞一套完全自主的政治结构,而是致力于创建融官僚体系和民间人士于一体的混成结构,其上层由吏或官僚掌舵,其基层由民间人士撑腰。这不可避免地会引起文职官员和民选领袖之间的摩擦。然而,两者之间的斗争在单一的制度框架之内进行,这反而有助于加强此一框架,并使官员和民选代表皆能与之认同。民众表达对官僚的不满和官僚执行政府的政策都是通过基本民主制结构这个渠道。

这样,基本民主制在政治上,(1)使全国一大批地方政治领袖介入了政治体制;(2)在政府和农村人口之间架起了一座桥梁,而农村人口的支持正是局势稳定所必需的;(3)建立了能对官僚作风进行抗衡的民众力量;(4)为疏导今后政治参与的扩大,提供了一种结构。这样,基本民主制就成了一种工具,借此构筑政治体系中权力扩张的大框架。

在制度革新的重大措施上,阿尤布·汗盘算的第二步棋,首先着眼于制定出有效的集中政府权力的办法。这个目标是通过在阿尤布·汗指挥下制定于 1962 年 6 月生效的新宪法达到的。新宪法结束了此前使得权力集中在阿尤布·汗手中合法化的军事戒严法。这个宪法以强有力的总统制代替了 1958 年前的软弱议会加上强大官僚的统治体系。虽然宪法有些地方似乎是仿照美国体制的模式，但在实际上，巴基斯坦行政首长的权力远远超过美国的总统，甚至比法兰西第五共和国总统的权力大得多。对总统权力在制度上的主要约束乃是来自司法机构而不是立法机构。在这方面，该国体制更近似于法治国家模式，而不是自由民主模式。但是，集权于总统确实也就建设起一种制度，借此可以对过去一直是真正的权力中心——官僚体系——实施有效的制约。总统任期为 5 年（可连任一次），由 80 000 名基本民派代表组成的选举人团投票选出，这些代表当然也是民选的。

　　基本民主制加上总统制宪法，为巴基斯坦提供了政治制度的框架。对于阿尤布·汗来说，这些已经足够了。他和纳赛尔一样，特别激烈地反对政党。在从 1958 年 10 月到 1962 年 6 月实施军事戒严法期间，政党被宣布为非法。制定宪法时，许多领导人促请写上允许党派存在的条款，但阿尤布·汗一直拒绝这些要求。所以宪法明文规定，除非议会作出相反的决定，党派是违禁的。当宪法即将生效时，加上反对派又发起了一场攻势，阿尤布·汗的僚属再次力劝他把政党作为现代政体中必要的机构接受下来。他们认为，

　　　　受法律节制的政党，能为代表政府动员群众提供组织框架。政党能明确区分哪些集团只是反对政府的某些政策，哪些集团主张废除全部宪政结构，从而进一步有助于政府动员民众。最后，政党还能分化反对派的领导。[74]

　　这些论点终于使阿尤布·汗勉强地默认了政党的合法化。好几个政党组成了，其中包括一个由支持政府的人所组成的政党。由于阿尤布·汗希望保持其作为国家领袖的超党争地位，他的追随者所组成的党成了"一个幕后党而非在朝党"[75]。然而，在第二年中，因需要为即将来临的总统选举谋取支持，阿尤布·汗被迫慢慢放弃了他的超脱地位，与认同于他的政党开始认同。1963 年 5 月，他正式参加了该党，不久就当选为其主席。他就此解释道："我这样做，实在是违心的。因为我不得不按他们的

那一套办。而他们那一套迫使我必须有所归属。否则,谁又来归属于我?这个理由很简单。我承认自己失败了。"[76]政治参与逼着他勉强而违心地但在实际上却是全盘地接受了政党。

1964年秋的总统选举加速建立了自上而下发展起来的党派与自下而上发展起来的基本民主制结构二者之间的联系。在选举第一阶段,人民选出了80 000名基本民主派代表;他们之所以当选,部分是根据他们对有关地方问题的态度和他们的声望,部分是根据他们对两个主要总统候选人的认同。在第二阶段,候选人及其政党必须动员基本民主派的代表来支持自己。这样,竞选活动就促使并刺激全国性的领导人深入下层,求助于当选的基本民主派的地方头面人物,并与他们结盟。在宪法规定的权力集中和基本民主制带来的权力扩张两者之间建立起不可缺少的制度性联系方面,阿尤布·汗原本不想要的政党,现在帮了大忙。

在缅甸和埃及,军人领袖为使参与制度化和权力合法化而致力于组织民众协会,到头来是一事无成。两国领导人后来都不得不改弦更张,下功夫去组织如果不是名义上至少是事实上的所谓干部党。在巴基斯坦,阿尤布·汗在制度上的创新,为了能够有效地运作,终究还是需要引进政党。在所有这三种情况下,领导人都抵制过政党,但最终还是被迫接受了政党,否则就会面临非法性和动荡。也有其他的情况,那就是军人领袖比较自愿组织政党,并着手缔造能创立长治久安之基础的现代化政治制度。

由将领们缔造政治制度的显例,也许当推墨西哥。20世纪20年代末,卡列斯(Calles)和墨西哥革命的其他军人领袖建立了国民革命党,并在实际上使革命党得以制度化。这个制度的建立使墨西哥的政治体制能同化许多新的社会势力,例如30年代在卡德纳斯(Cárdenas)领导下崛起的城市劳工和乡村农民势力。它还建立了一个足以抵制破坏性社会势力从而维持政治领域完整性的政治制度。墨西哥是19世纪拉丁美洲军事插手政治搞得最凶的一个国家。20世纪30年代之后,军队告别政坛,墨西哥遂成为少数在制止军事政变上获得某种程度免疫力的拉丁美洲国家之一。

尽管这场全面的革命不是由中产阶级知识分子而是由其将领所领导的,但革命能带来全面的果实,也不可不说是墨西哥军方的特殊成就。土耳其的基马尔和其他将领的成就,虽未形成完整的社会革命,但堪与墨西哥军人的成就相媲美。一开始他的政治生涯,基马尔就敏感地意识到有必要创立一种治理土耳其国事的政治制度。青年土耳其党于1908年夺取了政权。一年以后,基马尔就主张军政分家,要求那些希望继续从政的军官辞去军职,那些希望继续保持军职的人则不能插手政治。"只要军官一日留在党内,"他在一次联盟与进步委员会会议上说,"我们就既不能建设一个强大的党,也不能建设一支强大的军队……由军队来撑腰的党决不会对国民有吸引力。让我们现在就当机立断,所有希望留在党内的军官必须辞去军职。我们必须立法,禁止任何军官有党派归属。"[77]青年土耳其党的领袖们并未听从他的忠告。

十年之后,战事告终,基马尔才以第一次世界大战土耳其军中唯一的民族英雄的身份,有机会去主宰事态的发展。1919年7月,正值反对奥斯曼苏丹和法、英、希干涉土耳其的民族主义斗争开始之际,基马尔辞去军职,脱掉戎装,此后就几乎一直着民服出现在公众场合。他说,他的权威来自当选为安纳托利亚护权协会的主席。1923年8月,当土耳其国家的独立成功在望时,该协会遂改组为共和人民党。其后该党统治土耳其达27年之久。在建立土耳其共和国和政党的过程中,基马尔和他的许多同僚都是军人。但他坚持,他们必须在军务和政治之间作出泾渭分明的抉择。他宣布:"指挥员在考虑和执行军事职责和使命时,必须当心不让政治考虑来影响他们的判断。他们必须牢记,国家有专司政治方面事务的其他官员。一个军人不能用饶舌和玩弄政治来履行自己的职责。"[78]

土耳其共和人民党和墨西哥革命制度党都是由搞政治的将军建立起来的。卡列斯和卡德纳斯在墨西哥,基马尔在土耳其,分别都是建党的旗手。在这两个国家,政党领导的主干力量都是行伍出身。然而,在这两种情况下,政党都脱离了那些起初把它建立起来的团体,获得了制度化的存在。这两个党的军人领袖都文官化了,并渐次为文官领袖所取代,虽然这种情况在墨西哥比在土耳其更为明显。这两个党,作为组织良好的政治团体,都得以建立起能有效制衡军队的政治力量。在墨西哥,党和国家的最高领导权在1946年由军人转交到文官手中。到了1958年,在29名州长中军人只占7名,18名内阁部长中军人只占2名。"在执政党和政府内,文职专业性文官占了优势,"一位观察家在 20 世纪 60 年代初期指出,"他们是真正的决策人。军队在他们的控制之下。在与军队无关的问题上采取行动时,他们无需和军方商量。就是在军事问题上,他们能够也确实反对过军方的意见。"[79]

在土耳其,通过执政党的机制,也开始了虽不是像墨西哥那么成功却也称得上是类似的文官化进程。1924 年总参谋长被排除在内阁之外。军官出身的人占政治职位的数字逐渐下降。在 1920 年,军官占大国民议会议员的 17%;1943 年降到 12.5%;1950 年则仅占 5%。1938 年穆斯塔法·基马尔(Mustafa Kemal)去世后,领导权转到他的同僚伊斯麦特·伊诺努(Ismet Inönü)手中。此人和基马尔一样,出身军界,但已干了 20 年文官。1948 年第一次在内阁中未包括任何一位前任军官。在 1950 年举行的选举中,反对党也就和平地上了台。十年之后,该党领导压制反对派的行动,激起土耳其军队在基马尔传统的名义下重新问政,建立一个短暂的军事政权,1961 年遂又还政于自由选举产生的文职政府。

中央集权的传统君主制一直统治着土耳其,直到 1908 年,它才被一个中产阶级性质的军事政变所推翻。政变造成的普力夺政治延续到 20 世纪 20 年代初,其时基马尔借助建立有效的党派组织将局势稳定下来。墨西哥和土耳其是两个值得注意的样板,两国都是军队孕育了党,有政治头脑的将军建立起政党,而政党最终结束了有政治头脑的将军的干政。

第二次世界大战后的 20 年中,在效法土耳其和墨西哥将军们的成功经验方面,韩国军人干得最漂亮。朴正熙在 1961 年夏天夺取了韩国的政权,其后几乎整整两年当中,他一直处在双重的压力之下。一方面,美国向他施加压力,要他重建文官统治;另一方面,他自己手下的强硬派要保留权力,将文官拒之于门外。为了试图解脱此种困境,他答应于 1963 年举行大选,并设法参照基马尔的方式将自己的权力基础从军队转移到政党。与埃及和巴基斯坦的军人领袖相反,韩国的军人领袖承认政党,并在他们草拟的国家新宪法中,写上了规定政党地位的条款。韩国宪法不但决未非难或禁止政党,反而对政党特别予以强调。巴基斯坦的 1962 年宪法禁止候选人认同自己为"某一政党或任何类似组织的成员,或者得到其支持"。相反,1962 年的韩国宪法却规定,每一个候选人"必须由其所属的政党来推荐"。阿尤布·汗理想中的立法大员是思想高尚的,独立的,与任何组织都无瓜葛,但韩国的宪法相反却规定,国会议员"脱离或改变党籍时,或者当自己的政党解散时",就失去议员资格。

1962 年 12 月,朴正熙宣布他将参加预定在下一年举行的总统选举。整个那一年,军人政府的几个成员开始从国库转移资金,准备为建党所用。1963 年初,朴正熙的侄女婿金钟泌准将辞去韩国中央情报局局长之职,着手组建民主共和党这个政治组织,以便支持朴正熙将军。由于过去曾掌管情报工作,金钟泌曾有充分的机会去观察朝鲜劳动党的组织效率,所以他在组织韩国的民主共和党时遵循了列宁主义的组织原则。金钟泌还从军队中带过来大约 1 200 名聪明能干的军官,据说还弄来了一笔很可观的公款。凭着这些,他当然不难创建起一个相当有效的政治组织。在中央,他建立起一个强有力的书记处,其活动经费开始由韩国中央情报局资助,并从军队、大学和报界招罗才干来充实其队伍。在地方一级,他在每个选举区都建立起一个 4 人书记处,每个道成立一个 8 人组成的局,其任务是深入研究本地区的政治问题,争取支持,建立组织,并物色候选人。全党上下的运作管理显具组织行家的慧眼。[80]

朴正熙于 1962 年 12 月宣布他作为候选人的决定,这立即引起军人政府中那些认为军队无须通过选举使其统治合法化的成员的反对。朴正熙解除了军人政府中的四个反对派,旋即面临军人政府留任成员的一场全面反叛。有人进言道:"全军都在反对你。"他被迫让金钟泌将军出洋,并在 2 月宣布退出竞选。3 月,军人政府正式宣布 1963 年将不会举行选举,军人统治再延续四年。时局的这种发展立即引起美国政府的强烈抗议,亦引起那些正在寻找机会向军人发动挑战的文职政客的非难。如果取消选举,美国就威胁要制裁;如果举行选举,军队就威胁要政变。朴正熙进退维谷,整整 6 个月,他一直在走钢丝。最后到 9 月,民主共和党的组织工作大有进步,以至于军官们对选举可能产生的结果,已经不那么忧心忡忡,而反对党派的活动也已发展到倘若取消选举就势必发生大规模民变的地步。

1963 年 10 月的总统选举袒护政府方面,但它仍不失为韩国历史上最公正的一次选举。朴正熙将军获得 45% 的选票,他的主要对手获得 43%

的选票。在议会选举中,民主共和党获得 32% 的民众选票,却赢得了议会 175 个席位中的 110 个,因为反对党派的票数太分散。未出始料,反对派 席卷了各大城市,而支持政府的党在农村地区获得了强大的支持。三年 之中,军人政府就脱胎换骨为一种政治制度。三年之中,由普力夺的刀把 子维持政权的军人干政转换为权威建立在民众支持基础之上,并由竞选 使其合法化的军人参政。

在赢得对全国政府实行控制之后的三年中,朴正熙将军的政权就有 机会进行许多改革,其中最显赫的是签订日韩关系正常化条约。根据该 条约,日本将赔偿韩国数亿美元的战费。但对该条约,来自反对派和学生 的反对呼声很强烈。1965 年 8 月在履行该条约的正式批准手续时,发生 了广泛的骚动和示威;整整一个星期 10 000 多名学生在首都街头连续抗 议,要求推翻政府并废除此项条约。正是这样的示威在 1960 年推翻了李 承晚政府。但朴正熙将军可以信赖军队的忠诚和农村的支持。他坚持, 既然军队已洗手政治,学生亦应如此。他说,政府将采取"一切必要的措 施"来一劳永逸地结束"学生干涉政治的坏习惯"。全副武装的一个师进 驻了首都,韩国大学被占领,几千名学生被投入监狱。在一个普力夺社会 的日常政治生活中,像朴正熙的这一手,本算不了什么。但从长远观点来 看,建立一个稳定的政党政府体制应能逐步消除学生和军人卷入政治。 随着韩国政治的稳定而出现的经济日趋繁荣,也有助于降低好斗学生干 涉政治的劲头。

阿尤布·汗在巴基斯坦,卡列斯和卡德纳斯在墨西哥,基马尔和伊诺 努在土耳其,朴正熙和金钟泌在韩国及像里维拉(Rivera)在萨尔瓦多的 业绩表明,军人领袖能够成为政治制度的建筑大师。然而经验也表明,他 们在各种社会势力不很发达的社会里最能大显身手。像巴西这样的国家 在 20 世纪 60 年代的悲剧,关键在于从某种意义上说,它太发达,以至于 不可能产生纳赛尔或阿塔图尔克一类的风云人物;其社会太复杂而多样 化,以至于不可能接受军人政权的领导。任何一个巴西军人领袖都不得 不煞费苦心在地区性、工业界、商业界、咖啡种植园主、劳工以及其他利益 集团之间折冲樽俎,求得平衡,因为这些势力共享巴西政权,没有他们的 合作,政府就寸步难行。任何一个巴西政府,无论以何种方式,最终都不得不与圣保罗的工业大亨们妥协。纳赛尔没有这个问题,因而他才能是纳赛尔;同样阿塔图尔克也只需和一个小小而同质的社会精英集团周旋。在危地马拉、萨尔瓦多和玻利维亚,致力于现代化的军人政权上了台。然而对于巴西来说,无论是由军人领导来搞现代化,还是由军人来充当制度的建设者,都已错过了时机。社会势力的复杂性会排除由中产阶级军人出来领导政治制度建设的道路。

在那些不怎么复杂和发达的国家里,如果军人愿意参照基马尔模式,他们是能够起到这种建设性作用的。在许多这样的国家里,军人领袖有才华,有干劲,思想进步。和文官比起来,他们不怎么腐化(就狭义而言),并更倾向于民族进步和国家发展。他们的问题常常在主观方面而不在客观方面。他们必须认识到,军人护卫作用只会使他们希望净化的社会进一步腐化,而撇开政治制度化建设的经济发展也只会导致社会的停滞。要使他们的社会摆脱普力夺的恶性循环,他们不能立于政治之上或试图阻止政治。相反,要救国,他们就必须投身于政治。

在政治参与扩大的每一个层次上,都会出现某些能推动社会演进的选择和机缘,但是当事人如不能及时捕捉,选择和机缘就会稍纵即逝。在普力夺制度处于寡头统治的层次上,一个有生命力的、有扩张前景的政党体系能否建立起来,就看贵族和寡头们如何动作。如果他们能主动去寻求选票和发展政党组织,国家很可能就此而甩掉普力夺的纠缠。如果甩不掉,又如果中产阶级集团开始参与普力夺政治,那么采取行动的机会就将落入军人之手。对于他们来说,只谈现代化是不够的,只起到护卫作用也是无济于事的。军人领袖此时的当务之急乃是更加积极努力去形成一个新的政治秩序。在许多国家,军人把握到的创新政治的机会,很可能是造就政治制度化而不走上极权主义道路的最后一次契机了。如果军人不能抓住那个机会,参与的扩大就将使社会转变为大众普力夺体制。在这样一个体制中,建立政治制度的机会又从秩序的崇奉者——军人——的手中转移到革命的崇奉者——其他中产阶级领袖——的手中。

但在这样一种社会里,革命和秩序很可能混为一体。派系、集团和群众运动各自使用自己的武器,相互大张挞伐。暴力盛行,政治败坏,社会和自己过不去。到头来,物极必反,社会堕落的结果就是政治角色的奇异转换。真正无望的社会不是受革命威胁的社会,而是无法进行革命的社会。在正常的政体中,保守派致力于维护安定和秩序,激进派则以急遽的暴力变迁相威胁。但是,在一个完全处于混乱之中而必须凭借政治意志来采取积极行动方能收拾残局的社会里,保守和激进这两个概念还有什么意义? 在这样一种社会里,谁堪称激进派? 谁又堪称保守派? 唯一真正的保守派难道不就是革命者吗?

**注 释**

1. 有关拉丁美洲,见 Charles Wolf, Jr., *United States Policy and the Third World: Problems and Analysis* (Boston, Little Brown and Company, 1967), Chap. 5; John Duncan Powell, "Military Assistance and Militarism in Latin America," *Western Political Quarterly*, 18 (June 1965), 382—392; Robert D. Putnam, "Toward Explaining Military Intervention in Latin American Politics," *World Politics*. 20 (Oct. 1967), 101—102, 106。

2. Morris Janowitz, *The Military in the Political Development of New Nations* (Chicago, University of Chicago Press, 1964), pp. 1, 27—29.

3. 见 David Rapoport, "A Comparative Theory of Military and Political Types," in Huntington, ed., *Changing Patterns of Military Politics*, pp. 71—100, 以及 Rapoport, "Praetorianism: Government Without Consensus," passim。亦可见阿莫斯·珀尔玛(Amos Perlmutter)有关军事干预的独立研究,该研究的观点与本章有共鸣之处: "The Praetorian State and the Praetorian Army: Towards a Theory of Civil-Military Relations in Developing Politics" (unpublished paper, Institute of International Studies, University of California 〔Berkeley〕)。

4. 见 Bruce H. Millen, *The Political Role of Labor in Developing Countries* (Washington, D. C., The Brookings Institution, 1963); Sidney C. Sufrin, *Unions in Emerging Societies: Frustration and Politics* (Syracuse, Syracuse University Press, 1964); Edward Shils, "The Intellectuals in the Political Development of the New States", *World Politics*, 12 (April 1960), pp. 329—368; Seymour Martin Lipset, ed., "Student Politics," special issue of *Comparative Education Review*, 10 (June 1966); Donald Eugene Smith, *Religion and Politics in Burma* (Princeton, Princeton University Press, 1965); Fredrick B. Pike, *The Conflict between Church and State in Latin America* (New York, Alfred A. Knopf, 1964); Robert Bellah, ed., *Religion and Progress in Modern Asia* (New York, Free Press, 1965); Ivan Vallier, "Religious Elites in Latin America: Catholicism Leadership and Social Change," *America Latina*, 8 (1965), 93—114。

5. 转引自 Dankwart A. Rustow, *A World of Nations* (Washington. D. C., Brookings Institution, 1967), p. 170。

6. Richard M. Morse, "The Heritage of Latin America," in Louis Hartz, ed., *The Founding of New Societies* (New York, Harcourt, Brace and World, 1964), p. 161.

7. 见 Huntington, *Changing Patterns*, pp. 32 ff。

8. 见 Caractacus, *Revolution in Iraq* (London, Victor Gollancz, 1959); Patrick Seale, *The Struggle for Syria A Study of Post-War Arab Politics* (London, Oxford University Press, 1965)。

9. Johnson, *The Military and Society in Latin America*, pp. 77—79, 113—115; L. N. McAlister, "The Military," in Johnson, ed., *Continuity and Change in Latin America* (Stanford, Stanford University Press, 1964), pp. 140—141.

10. 见 Amos Perlmutter, "Ambition and Attrition: A Study of Ideology, Politics and Personality in Nasser's Egypt" (unpublished MS), pp. 11—16; Keith Wheelock, *Nasser's New Egypt*, The Foreign Policy Research Institute Series, 8 (New York, Frederick Praeger, 1960), pp. 12—36。

11. 这里和以下几页的若干处引自我的论文: "Patterns of Violence in World Politics," in Huntington, ed., *Changing Patterns*, pp. 32—40。

12. John Coast, *Some Aspects of Siamese Politics* (New York, International Secretariat, Institute of Pacific Relations, 1953), p. 5.

13. Alford Carleton, "The Syrian Coups d'Etat," *Middle East Journal*, 4 (Jan. 1950), 10—11.

14. Robert J. Alexander, *The Bolivian National Revolution* (New Brunswick, Rutgers University Press, 1958), pp. 25—26.

15. George Blanksten, "Revolutions," in Harold E. Davis, ed., *Government and Politics in Latin America* (New York, Ronald Press, 1958), pp. 138—139.

16. Edwin Lieuwen, *Arms and Politics in Latin America* (New York, Frederick Praeger, 1960), pp. 91—92.

17. Charles W. Anderson, "El Salvador: The Army as Reformer," in Martin C. Needler, ed., *Political Systems of Latin America* (Princeton, D. Van Nostrand Company, 1964), pp. 58—59, 61.

18. Liisa North *Civil-Military Relations in Argentina, Chile, and Peru*, Politics of Modernization Series, 2 (Berkeley, Institute of International Studies, University of California, 1966), 26—27.

19. Federico G. Gil, "Chile: Society in Transition," in Needler, p, 361.

20. North, pp. 34—35, 74—77.

21. 见 James Harrington, *Oceana*, ed. S. B. Liljegren (Heidelberg, 1924), p. 10。

22. S. M. Lipset, "University Students and Politics in Underdeveloped Countries," *Minerva*, 8(Autumn 1964), 20. 关于现代化之中国家高校缺乏功能自主性的例证,还可参见该文第43—44页。

23. *New York Times*, December 4, 1961, p. 10.

24. James L. Payne, *Labor and Politics in Peru*(New Hven, Yale University Press, 1965), pp. 271—272. 亦可见 Martin C. Needler, *Political Development in Latin America: Violence, and Evolutionary Change*, Chap. 3 中对"社会各界代表性动乱"的讨论。

25. Edwin Lieuwen, *Generals vs. Presidents*(New York, Praeger, 1964), p. 48. "通过暴力实行民主"的概念是 Payne 在 *Labor and Politics in Peru* 一书中提出的。

26. 亚伯拉罕·洛温塔尔(Abraham F. Lowenthal)对多米尼加政治的描述,淋漓尽致地显示出普力夺社会中直接行动的恶性循环。他写道:"我还想着重谈谈多米尼加共和国政治动荡的最后一个方面,即各种社会势力之间进行直接的、近乎赤裸裸的对抗。该国各集团所使用的战术,自1961年以来,日趋变得鲁莽,明目张胆地显示武力,其矛头所向已不是迫使政府采取某种特定政策,而更常是要取代政府。这种做法自然会使冲突升级。学生和高校政客发表宣言,散发传单,鼓动不停的罢工,上街游行示威,到处作乱,以政治理由赶走学校整个领导班子,曾为一次短暂的游击起义输运人马,并在'宪政主义'运动的突击队中战斗过。工会曾向公众呼吁,召开大会,举行罢工,组织起对那些在政治上不合自己心意的官吏和雇员动手动脚,以便把他们搞掉。1966年,工会几乎完全成功地掀起了全国性的总罢工,还为1965年的斗争组成了突击队。商人早在1961年就举行过声势颇大的罢市,显示出他们在反对特鲁希略残余分子斗争中的力量;一个较小的商业利益集团在1963年为了推翻布施,另一个集团为了对抗1966年的总罢工,也采取过类似的手段,后者组织了反罢工。我还可以借此补充一句,商界人士据信还曾组织并支持1955年以来在暴力行为方面可能比极左派有过之无不及的恐怖主义团体。就连一直清楚地意识到自身乃多米尼加生活中为数不多的连续性因素之一的教会,有时也会通过直接呼吁而显示自身的威力。神职人员的各种信函和公开呼吁,以及至1965年积极参加建立临时政府的谈判,无不显示出教会公开问政的行为;教会还通过推行带有政治色彩的基督教教义简明教程运动,通过支持1963年重新皈依基督教的群众性集会,在反对布施的斗争中显然施加了自己的影响。其他各种社会势力不仅使用了演说、集会、组织支持者等手段,而最要命的还是采取了阴谋和颠覆的伎俩,联络军内不同派系,掀起政变和反政变。而军队也就乘势屡屡推翻政府,阻止政府执行某些特定政策,并且也镇压过反对派。由于相互冲突的各集团直接厮杀,军方就得以在1965年危机之前一直主宰着局势。1965年暴力升级,包括有人向非正规军发枪,促使手中握有终极力量的空军和陆军训练中心下决心痛剿陆军中的反对派和平民。正是这次在混乱政治中使用终极手段的决定引发了1965年的危机,并为美国的干预铺平了道路。"见"Polit-

ical Instability in the Dominican Republic"（Unpublished manuscript，Harvard U-
niversity，May 1967）。

27. Henderson，*Korea：The Politics of the Vortex*，pp.175—176.

28. Frank N. Trager，"The Failure of U Nu and the Return of the Armed
Forces in Burma," *Review of Politics*，25（July 1963），320—321.

29. Manfred Halpern，*The Politics of Social Change in the Middle East and
North Africa*（Princeton，Princeton University Press，1963），pp.75，253.关于东
南亚地区军队促进现代化一说，见 Lucian Pye，"Armies in the Process of Mod-
ernization," in John J. Johnson, ed., *The Role of the Military in Underdeveloped
Countries*（Princeton，Princeton University Press，1962），pp.69—90。关于拉丁
美洲军队的保守派，见 Lieuwen，*Generals vs. Presidents*，以及 Martin C. Nee-
dler，"Political Development and Military Intervention in Latin America," *A-
merican Political Science Review*，60（September 1966），616—626。Johnson 在
*The Military and Society in Latin America* 一书中强调军队更为进步的作用。

30. José Nun，"A Latin American Phenomenon：The Middle Class Military
Coup," in Institute of International Studies，*Trends in Social Science Research in
Latin American Studies：A Conference Report*（Berkeley，University of Califor-
nia，1965），pp.68—69.若泽·努此处是转引 Gino Germani 在 *Politica y So-
ciedad en una Epoca de Transición*（Bueno Aires Editorial Paidos，1962）一书中对
拉丁美洲中产阶级所作的估计。我在本段的分析就是根据他们提供的材料。关
于这些材料在其他方面的使用，见 Gino Germani and Kalman Silvert，"Politics,
Social Structure an, Military Intervention in Latin America," *European Journal
of Sociology*，2（1961），pp.62—81。

31. North，pp.26—27，30—33.

32. Johnson，*Military and Society*，p.217.

33. Lieuwen，*Generals vs. Presidents*，pp.10 ff.，45—50.

34. Needler，"Political Development," pp.619—620.

35. North，p.49.

36. Ibid.，p.55.

37. 引自 Christopher Rand，"Letter from La Paz," *New Yorker*（December
31，1966），p.50。

38. Major General Julio Alsogaray，*New York Times March* 6，1966，p.26，
Rosendo A. Gomez，"Peru：The Politics of Military Guardian ship," in Needler,
*Political Systems*，pp.301—302.

39. Benjamin Constant Botelho de Bagalhaes, quoted in Charles W. Sim-
mons，"The Rise of the Brazilian Military Class，1840—1890," *Mid-America*，*39*
（October 1957），237.

40. *New York Times*，March 6，1966，p.26；Brady Tyson，"Brazilian Army

'Civism'" (unpublished MS, May 1964), p.6.

41. 对于拉丁美洲的出现纳赛尔主义的可能性与障碍,列文(Lieuwen)曾作出过出色的估计,见 Lieuwen, *Generals vs. Presidents*, pp.138, 136—141。

42. Needler, "Political Development," pp.619—620.

43. Pye, "Armies in the Process of Modernization," in Johnson, *Military in Underdeveloped Countries*, pp.234—235.

44. Needler, pp.619—620.

45. George I. Blanksten, "The Politics of Latin America," in Gabriel Almond and James S. Coleman, eds., *The Politics of the Developing Areas* (Princeton, Princeton University Press, 1960), p.498.

46. Dankwart A. Rustow, *Politics and Westernization in the Near East* (Princeton, Center of International Studies, 1956), p.17.

47. Tyson, p.11.

48. Henderson, p.339.

49. Robert A. Scalapino, "Which Route for Korea?" *Asian Survey*, *11* (September 1962), 11.

50. Perlmutter, Chap.2, pp.25, 26; Mohammad Naguib, *Egypt's Destiny* (Garden City, Doubleday and Company, 1955), pp.14—15.

51. John H. Badgley, "Burma: The Nexus of Socialism and Two Political Traditions," *Asian Survey*, *3* (February 1963), 92—93.

52. Ayub Khan, *Dawn* (Karachi), June 16, 1960, quoted in D.P. Singhal, "The New Constitution of Pakistan," *Asian Survey*, *2* (August 1962), 17.

53. Gamal Abdel Nasser, *Speeches Delivered in the Northern Region* (February—March 1961), p.88, quoted in Perlmutter, Chap.6, p.37.

54. 转引自 Brian Crozier, *The Morning After* (London, Methuen and Company, 1963), p.73。

55. McAlister, p.152.

56. 见 James Heaphey, "The Organization of Egypt: Inadequacies of a Nonpolitical Model for Nation-Building," *World Politics*, *18* (January 1966), 177—178。

57. Fred R. von der Mehden, "The Burmese Way to Socialism," *Asian Survey*, *3* (March 1963), 133. 关于全国团结联盟,见 Richard Butwell, "The New Political Outlook in Burma," *Far Eastern Survey*, *29* (February 1960), 23—24。

58. 见 P.J. Vatikiotis, *The Egyptian Army in Politics* (Bloomington, Indiana University Press, 1961), pp.106, 284; *New York Times*, June 26, 1964, p.2; December 15, 1965, p.17。

59. Speech, April 9, 1953, quoted in Vatikiotis, p.83.

60. Vatikiotis, p.139.

61. 见 George Lenczowski, "Radical Regimes in Egypt, Syria and Iraq: Some Comparative Observations on Ideologies and Practices," *Journal of Politics*, *28*（February 1966）, 51—52。

62. *Washington Post*, February, 1964, p. A—17.

63. Heaphy, p. 193.

64. Halpern, *Politics of Social Change*, p. 286.

65. Vatikiotis, p. 72.

66. Ibid. , p. 225.

67. *The Economist*（March 12, 1960）, pp. 974, 977, quoted in Perlmutter, Chap. 6, pp. 30, 31.

68. 全文见 Karl von Vorys, *Political Development in Pakistan*（Princeton, Princeton University Press, 1965）, pp. 299 ff。

69. 引自 Quoted in Richard V. Weekes, *Pakistan: Birth and Growth of a Muslim Nation*（Princeton, D. Van Nostrand and Company, 1964）, p. 118。

70. Von Vorys, p. 201.

71. Keith Callard, *Pakistan: A Political Study*（London, Allen and Unwin, 1957）, pp. 50, 52.

72. 转引自 Von Vorys, p. 206。

73. Mohammad Ayub Khan, Speeches and Statements, 2, 35, quoted in Von Vorys, p. 106.

74. Ibid., pp. 256—257.

75. Mushtq Ahmad, *Government and Politics in Pakistan*（Karachi, Pakistan Publishing House, 1963）, p. 282.

76. 引自 Lucian Pye, "Party Systems and National Development in Asia," in Joseph LaPalombara and Myron Weiner, eds., *Political Parties and Political Development*（Princeton, Princeton University Press, 1966）, p. 369。

77. 引自 Irfan Orga, *Phoenix Ascendant: The Rise of Modern Turkey*（London, Robert Hale, 1958）, p. 38。

78. 转引自 Dankwart A. Rustow, "The Army and the Founding of the Turkish Republic," *World Politics*, *11*（July 1959）, 546。

79. Lieuwen, *Arms and Politics*, p. 119.

80. Jae Souk Sohn, "The Role of the Military in the Republic of Korea"（unpublished MS, September 1966）, p. 7; Henderson. pp. 185—188, 305—306.

# 第五章
# 革命和政治秩序

## 通过革命实现现代化

革命,就是对一个社会据主导地位的价值观念和神话,以及其政治制度、社会结构、领导体系、政治活动和政策,进行一场急速的、根本性的、暴烈的国内变革。因此,革命有别于叛乱、起义、造反、政变和独立战争。政变就其本身而言,只改变领导权,可能还改变政策;起义或造反可能会改变政策、领导权和政治制度,但不改变社会结构和价值观;独立战争是一个政治共同体反对外来政治共同体统治的斗争,它未必在这两个共同体的任何一方引起社会结构方面的变更。本章所指的"革命",就是一般人所说的伟大革命、大革命或社会革命。著名的革命有法国的、中国的、墨西哥的、俄国的和古巴的革命。

革命是罕见的。大多数社会从未经历过革命,许多历史时代在进入现代以前亦不知革命为何物。在广义上,革命正如弗里德里克所说,是"西方文化的特殊产物"。古代埃及、巴比伦、波斯、印加、希腊、罗马、中国、印度和阿拉伯世界的伟大文明,经历过叛乱、起义和朝代更替。但是,这些皆没有"构成任何类似西方'伟大'革命的东西"。[1]古代帝国的兴衰,希腊城邦从寡头政治到民主政体的来回变更,只是政治暴力的实例,而不是社会革命。较确切地说,革命是现代化所特有的东西。它是一种使一个传统社会现代化的手段。所以,革命对于西方的传统社会,就像对其他地方的传统社会一样,不为世人所知。革命是现代世界观的最高表现,这种世界观相信人有能力控制和改变其所处环境,他们不仅有能力而且有权利这样去做。为此,汉娜·阿伦特(Hannah Arendt)说过:"用暴力和变革来描述革命现象都是不够的。只有在变革的发生意味着一个新的起点,在暴力被用来构成一个完全不同的政府形式,并导致形成一个新的政体时,才谈得上革命。"[2]

近代革命的先驱是英国17世纪的革命。那次革命的领导人认为,他们有"伟大的事业要做,即为我们开创一个新的天堂和一个新的人世,而大业总有大敌"[3]。他们的言词带有宗教气息,但他们的目的和效果却是极端现代的。通过立法行动,人们将再造社会。在18世纪,这种形象就世俗化了。法国大革命产生了革命意识。它"打开了现代意识;并使人们认识到,革命是一种事实;伟大的革命可能发生在一个现代的、进步的社会里……在法国大革命之后,我们发现革命学说在自觉地发展以期待革命的到来,同时,一般来说,在有意识地控制制度这个问题上,一种更加积极的态度也扩展开来了"[4]。

因此,革命是现代化的一个方面。它不是在任何类型的社会中或在其历史上的任何阶段上都可以发生的。它不属于一个普通的范畴,而只是一种有限历史现象。它不可能发生在社会和经济发展水平很低的高度传统化的社会里。它也不会发生在高度现代化的社会里。与其他的暴力和动荡形式一样,它最可能发生在曾经经历过某些社会和经济发展,而政治现代化和政治发展进程又已落后于社会与经济变化进程的社会里。

政治现代化牵涉到政治意识扩展到新的社会集团并动员这些集团进入政治。政治发展涉及创立有充分适应性的、复杂的、自主的、有内聚力的政治制度,以便吸引和安排这些新集团,并促进社会内部的社会和经济的变革。在政治上,革命的实质是政治意识的迅速扩展和新的集团迅速被动员起来投入政治。其速度之快,以致现存的政治制度无法融化它们。革命是政治参与的爆炸性的极端事例。没有这种爆发,就不可能有革命。然而,一场全面的革命还包括另一个阶段,即建立新的政治秩序并使之制度化的阶段。成功的革命把迅速的政治动员和迅速的政治制度化结合起来。但不是所有的革命都产生新的政治秩序。衡量一场革命的革命性如何，应看其政治参与扩大的速度和范围。而衡量一场革命成功到什么程度，则应看其所产生的制度的权威性和稳定性。

因此，一场全面的革命意味着对现存政治制度的迅速而猛烈的摧毁，意味着动员新的集团投入政治，并意味着新的政治制度的创立。对于不同的革命，这三者之间的顺序和关系可能不尽相同。但有两种基本类型是可辨的。在"西方"类型中，旧政权的政治制度土崩瓦解，接着就是新的集团动员起来投入政治，然后是新的政治制度的创立。"东方"类型则与之相反，首先是动员新的集团投入政治，创立新的政治制度，最后再猛烈地推翻旧秩序的政治制度。法国、俄国、墨西哥的革命和中国革命的第一个阶段，皆属西方类型；中国革命的第二阶段，越南革命和其他殖民地反抗帝国主义列强统治的斗争近似东方类型。大体说来，从一个阶段向另一阶段推进的顺序，在西方型革命中要比在东方型革命中来得明显。就后者而言，三个阶段多多少少趋向于同时发生。不管怎样，这两种类型的革命在顺序上确实存在着基本的差异。政治动员在西方型革命中是旧政权瓦解的结果；而在东方型革命中，它则是旧政权灭亡的原因。

西方型革命的第一步是旧政权的瓦解。因此，对革命原因的学术分析通常着眼于旧政权之下的政治、社会和经济条件。明眼人不难看出，这种分析的假定是，旧政权的权威一旦瓦解，革命的进程就会不可逆转地形成。但事实上，继许多旧政权垮台之后，随之而来的并不是全面革命。旧政权崩溃的原因未必足以触发一场重大革命。法国1789年的事件导致了一场巨大的社会大变动，而1830年和1848年的事件却未能如此。继清朝和罗曼诺夫王朝垮台之后，爆发了伟大的革命；而在哈布斯堡、霍亨索伦、奥斯曼和恺加王朝垮台之后，却并没有爆发革命。1952年在玻利维亚及1958年在古巴，传统的独裁政权被推翻后，主要的革命势力倾巢而出。1952年埃及和1958年伊拉克传统君主制的瓦解，导致了新的社会精英掌握政权，却并没有完全摧毁社会结构。1960年韩国李承晚政权垮台，本来可能标志着一场革命的开端，但是，革命终未发生。在上述列举的所有例子中，同样的社会、经济和政治条件存在于倒台后未发生革命的旧政权之下，正像它们存在于倒台后发生革命的旧政权之下。旧政权——权力虽集中但却微弱的传统的君主政体和传统的独裁统治——一直在不断地垮台。但在其崩溃之后,发生一场重大革命的却不多见。可见,产生革命的因素,正如能在旧政权覆亡之前的条件中找到一样,亦可能在旧政权瓦解后的条件中找到。

在"西方型"革命中,反叛团体无需采取多少公开行动去推翻旧政权。如佩蒂(Pettee)所说:"革命不是以强大的新生力量向国家发动进攻为起点,而是以几乎所有消极的和积极的国民对政府的继续存在的突然否决为开端的。"政权瓦解之后,接踵而来的是权威的消失。"革命者突然成了舞台上众人注视的角色,但是他们并没有得胜的谋反者那副骑着马在广场上耀武扬威的气派,而倒像一群胆怯的孩子探头探脑地走进一间空荡荡的房子,心里嘀咕着里边到底有什么。"[5]革命是否发展得起来,取决于进入这所空房子的集团的数量和性质。如果在旧政权消失之后,现存的各派社会势力力量悬殊,那么,最强大的那股社会势力或几股势力的联合就能够填补真空并重建政权。这时,政治参与的扩大相对来说是很有限的。每个旧政权瓦解之后,免不了要发生骚动、示威,而原先沉默的或受压迫的集团也要投入政治领域。如果一股新生社会势力(如 1952 年在埃及)或几股社会势力联合起来(如 1918—1919 年在德国)能迅速地掌牢国家机器,特别是掌牢那些旧政权遗留下来的强制性机关,那它就很可能镇住那些意在动员新生力量进入政治的更具革命性的分子(如穆斯林兄弟会、斯巴达克派分子),从而得以防止出现真正的革命局面。旧政权瓦解之后,权力的集中或分散是局势发展的决定性因素。在旧政权业已垮台的社会,社会的传统性越弱,跃跃欲试而又有能力问政的集团越多,则爆发革命的可能性就越大。

如果在旧政权崩溃之后,没有哪一个集团已经准备好而且能够建立一套有效的章法,那么,众多的集团和社会势力就将为权力而角逐。这种角逐又导致争相动员新的集团投入政治,从而使革命升级。各个政治领袖集团都企图确立自己的权威,到头来,要么建立起比对手更广阔的民众支持基础,要么就成为对手的牺牲品。

继旧政权垮台之后,会有三种类型的社会力量在政治动员过程中扮演主要角色。起初,如布林顿和其他学者已指出的,温和派(克伦斯基、马德罗[Madero]、孙中山)一般得以掌权。他们的典型做法是企图建立某种自由的民主宪政国家。同样典型的是，他们还会将这种做法描述为恢复早先的宪政秩序。例如，马德罗想恢复1856年宪法；自由派的青年土耳其党要求恢复1876年宪法。这些领袖中很少有人能使自己适应后来革命进程的急遽发展。在更多的场合下，温和派仍然温和，终被撵下台去。他们的失败正是因为不能处理政治动员问题。一方面，他们缺少魄力和果断来阻止动员新集团投入政治。另一方面，他们又缺乏激进主义精神来领导这种对新集团的动员。如果选择前者，就势必要去集中权力。而如果选择后者，则势必要去扩展权力。自由派既不能也不愿选择这两者中的任何一个，因此，他们要么会被能够集中权力的反革命派赶下台，要么就会被能够扩展权力的更极端的革命派赶下台。

在几乎所有的革命形势下，常常得到国外支援的反革命派，总是企图阻止政治参与的扩大，并且企图重建一个权力虽微弱但却集中的政治秩序。科尔尼洛夫(Kornilov)、袁世凯、韦尔塔(Huerta)，在某种意义上，还有礼萨·汗和穆斯塔法·基马尔等人，在波菲里奥·迪亚斯(Porfirio Díaz)政权、罗曼诺夫王朝、清王朝、恺加王朝和奥斯曼王朝崩溃之后，都扮演过这样的角色。如这些实例所示，反革命派几乎必然是军人。武力是一种权力之源。但是，它只有在与合法性原则挂上钩时，方能在较长的阶段内产生作用。除武力之外别无其他的韦尔塔和科尔尼洛夫，在革命的激进化和更多的社会集团被动员进政治的局势面前，只好败北。袁世凯和礼萨·汗都试图在前朝的废墟上，建立起新的更有生气的传统统治体系。这两个国家之间存在着许多相同之处：旧王朝已经衰朽并崩溃了；外国势力公开地竞相干涉其内政，并准备对其进行瓜分；军阀横行，政府失控；稳定的主要希望似乎就寄托在衰朽王朝末朝建立的新式军队的指挥官身上了。

袁世凯没能建立起一个新王朝，而礼萨·汗·巴列维(Reza Shah Pahlevi)却成功了，其主要原因在于：中国和波斯相比较，前者的政治动员更为深入。中国城市中的中产阶级力量已充分发展，足以支持自19世纪90年代以来的民族主义运动。学生和知识分子在中国政治中起着关键的作用，而波斯则没有这种情况。在波斯，较低水平的社会动员使传统的政治形式得以注入新的活力。确实,礼萨·汗在某种意义上别无其他选择:据说他渴求在伊朗建立一个基马尔式的共和国,但有鉴于反对废除正统的传统形式的力量很强大,他打消了这个念头。部分由于低水平的社会动员,礼萨·汗得以和波斯的民族主义相认同。他成了波斯摆脱俄国和英国影响的象征。而中国的袁世凯显然未能对日本1915年的二十一条作出强有力的反应。这步失棋使他在中产阶级民族主义集团当中完全处于孤立地位,丧失了制衡军阀割据势力的必要权威。

激进革命派是革命形势下的第三个重要政治集团。由于意识形态上和策略上的原因,他们的目标是扩大政治参与,促使新的群众投入政治,从而增强自身的力量。随着既存制度的崩溃以及吸收各集团参政并将它们纳入政治秩序的一套程序不复存在,极端分子较之对手拥有天然的优势。他们比较愿意动员更多的集团投入政治。因此,当越来越多的平民百姓被推上政治舞台时,革命便随之变得更加激进。由于在大多数处于现代化之中的国家里,农民是最庞大的社会势力,最激烈的革命领袖当然也就是那些动员和组织农民参加政治活动的人。在某些情况下,对农民和其他下层集团的吸引力可能是社会性和经济性的;但在大多数情况下,这些吸引力还会由民族主义的吸引力来加以补充。这一过程将导致重新界定政治共同体并为新的政治秩序奠定基础。

在西方型革命中,旧政权象征性的或实际上的倒台都具有确切的日期:1789年7月14日,1911年10月10日,1911年5月25日,1917年3月15日。这些日期标志着革命进程和动员新的集团进入政治的开端,因为新的社会精英之间的权力之争导致他们求助于越来越广泛的民众。由于这种竞争,一个集团最终确立起它的统治地位,并且或者通过武力或者通过发展出新型的政治制度来重建社会秩序。而东方型革命则相反,旧政权是现代的,且有较大的权力和正统性。因此,它不会轻易垮台和留下权力真空,所以必须被推翻。西方型革命的显著特点是在旧政权覆亡之后会出现一个无政府或无国家时期。在此期间,温和派、反革命派和激进派都为权力而你争我夺。东方型革命的显著特点是会出现一个“双重权力”的漫长时期。在此期间,革命者在扩大政治参与,扩大他们的统治制度的范围和权力,而与此同时政府则在另外的地区和时间里继续施行其统治。在西方型革命中,主要斗争在各革命集团之间展开;而在东方型革命中,斗争则在一个革命集团与既存秩序之间进行。

就我们对制度和参与的双重关注而论,西方型革命走过的道路是既存政治制度的瓦解、参与的扩大和新制度的创立这样三个阶段。布林顿曾对此作过较为详尽的阐发。他指出,革命由旧秩序的瓦解发展而来,经过革命的蜜月时期,依次出现温和派统治、反革命派的攻势、激进派的崛起、恐怖统治和道德统治,最后是"热月党人"统治。[6]东方型革命的模式则完全不同。政治参与的扩大和新的政治制度的创立被革命的精英同时坚持着;旧政权的政治制度的崩溃标志着革命斗争的结束而不是开始。在西方型革命中,革命者首先在首都夺取政权,然后逐渐将其控制扩展到外省。而在东方型革命中,革命者却从国家的中心和城市地区撤离,在偏僻地区建立根据地,通过恐怖和宣传手段争取获得农民的支持,慢慢扩大其权力范围,并使其军事行动水平从个人恐怖性偷袭逐渐上升为游击战、运动战和正规战。最后,他们能在战场上击败政府军队。革命斗争的最后阶段是占领首都。

在西方型革命中,人们能给定标志着革命斗争开始的旧政权垮台的确切日期,却无法确定这场斗争的结束时间。在某种意义上,革命随着一个集团逐步确立其压倒一切的主宰地位和重新恢复社会秩序而逐渐消失。东方型革命则相反。在革命开始之际,各地小股的叛党袭击乡村头目、国家官员和巡警,所以革命发生的具体日期无法加以确定。叛乱的起源迷失在丛林和深山的掩蔽之中,另一方面,革命进程的终结则可从革命者占领首都并最终夺权的象征日期或实际日期来加以准确界定,如 1949 年 1 月 31 日,1959 年 1 月 1 日。

在西方型革命中,革命者从攻取首都开始,向外扩张,夺取对农村的控制。在东方型革命中,他们在偏僻的农村打响战争,向中心推进,最后夺取对首都的控制。因此,在西方型革命中流血战斗发生于革命者在首都夺取权力之后,而在东方型革命中,流血战斗则发生在革命者夺取首都之前。在一场西方型革命中,夺取中枢机构和权力象征通常十分迅速。1917 年 1 月,布尔什维克还是一个很小的和非法的阴谋集团,其大多数领导人不是在西伯利亚,就是在流亡之中。而不到一年之后,他们已成为俄

国主要的(虽非毋庸争辩的)政治统治者了。"你知道,"列宁对托洛斯基
(Trotsky)说,"从被迫害和过地下生活到忽然掌握政权……它简直令人
眩晕!"[7]相反,中国共产党的领导人实际上则从未体验过如此令人振奋的
戏剧性变化。他们不得不进行漫长的战斗,从1927年撤退到农村,其后
经历了令人胆寒的江西苦战、精疲力竭的长征、抗日战争、与国民党的内
战,直到最后胜利进入北京,整整历时二十二年,方才艰难而缓慢地夺取
了政权。在这一过程中,没有任何"令人眩晕"的东西。在大部分时间里,
共产党对广大地区和众多百姓实行了有效的政治领导。这是一个政府在
企图以牺牲另一个政府来扩大自己权威的过程,而不是一伙密谋者在企图
推翻一个政府。对布尔什维克来说,获取国家政权是一场戏剧性的变化;
而对中国共产党来说,它只是一个漫长的、旷日持久的过程的最后结果。

造成东西方革命模式差异的一个主要因素乃是东西方革命前政权的
性质不同。通常,西方型革命攻击的目标是以专制君主为首或被拥有土
地的贵族所控制的高度传统化的政权。当该政权面临严重的财政困难之
时,当该政权未能同化知识分子和其他城市精英分子之时,当产生政权领
导人的统治阶级失去了道义上的自信和愿望去进行统治之时,革命就会
发生。在某种意义上来说,西方型革命把最初中产阶级的"城市突破"和
农民的"绿色起义"缩短为一次震动性的革命过程。相反,东方型革命则
以至少是部分现代化了的政权为其进攻目标。这种政权可能是本国政
府,它已经吸收了某些现代化的和富有活力的中产阶级分子,且有新式强
人在领导,他们如果没有政治手腕,至少也会利用残酷的手段来苟延残
喘;或许,这种政权是殖民地政府,宗主国的财富和权势使得当地殖民政
府好似在传统的政治权威与军事力量各个方面都能表现出压倒的优势。
在这种情况下,迅速取胜是不可能的。城市的革命者只有经过长期的农
村暴动,才能打出一条通向政权的道路。作如是观,西方型革命从软弱的
传统政权中产生,东方型革命则从狭隘的处于现代化之中的政权中产生。

在西方型革命中,主要斗争一般在温和派与激进派之间展开,而在东
方型革命中,这种斗争则在革命者与政府之间进行。西方型革命在旧政
权瓦解到政治参与扩大和激进派获得政权这段时期内,温和派能够不牢
靠地暂时掌权。而在东方型革命中,温和派软弱得多,他们在权威地位上

难以立足,而随着革命的进展,他们就被政府或革命分子所击溃,或者由于社会势力的两极化而被迫加入这一方或另一方。在西方型革命中,恐怖活动发生在革命后期,它是激进派掌权之后主要用以对付温和派及与他们抗争的其他革命集团的武器。东方型革命则相反,恐怖标志着革命斗争第一阶段的开始。当革命者力量弱小、尚不成气候时,就用这种恐怖手段来说服或胁迫农民支持自己,恫吓低级官吏。在东方模式中,革命运动变得越强大,它对恐怖主义的依赖就越趋于减少。在西方模式中,传统精英分子的统治意志和能力的丧失构成了革命的第一阶段,而在东方模式中,这种现象发生在最后阶段,是对立的精英分子向现政权发动革命战争的结果。所以,在西方革命斗争初期逃亡国外的人数达到顶峰,而在东方模式中,这种现象则发生在斗争终结之时。

## 革命发生的制度背景和社会状况

正如我们所说,革命是政治参与在现存政治制度结构之外广泛而迅猛地扩大。因而,它的起因在于政治制度和社会势力之间的相互作用。可以设想,政治制度中的某些条件与社会势力当中的某些因素,阴差阳错碰到一块,革命就会产生。以此而论,革命有两个先决条件。第一,政治制度无法为新生社会力量参与政治和新的社会精英进入政府提供渠道;第二,迄今被排除在政治之外的社会势力具有参与政治的愿望,这种愿望通常产生于社会集团的某种象征性或物质性的要求,而且只有在政治领域中施加压力,这种要求方可实现。向上攀登或期望甚高的集团和僵硬或不灵活的制度乃是制造革命的原材料。[8]

近来许多致力于鉴别革命原因的研究着重强调其社会和心理上的根源。这样,他们就忽视了影响革命发生可能性的政治上和制度上的因素。在能够扩大权力并在其内部放宽参与的政治体系中,革命是不可能发生的。正因为如此,革命就不可能发生在高度制度化的现代政治体系中——立宪的或共产主义的。之所以如此,道理十分简单:它们已形成了同化新的社会集团和意欲参与政治的精英分子的一套程序。历史上的伟大革命,不是发生在高度中央集权的传统君主国(法国、中国、俄国),就是发生在其基础狭窄的军事独裁国家(墨西哥、玻利维亚、危地马拉、古巴),或者发生在殖民统治国家(越南、阿尔及利亚)。所有这些政治体系都很少显示出有扩大权力和为新的集团参与政治提供渠道的能力。

或许,最重要、最明显但同时也最受忽视的事实是,成功的伟大革命并未发生在民主的政治体系中。但这不是说,形式上的民主政府对革命就有免疫力。事实无疑不是这样的。一个基础狭窄的寡头民主政体可能和一个基础狭窄的寡头独裁统治一样,都无法带来扩大的政治参与。尽管如此,民主国家内没有成功的革命仍是一个非常突出的事实。它表明,一般说来,与权力同样小但集中的政治体系相比,民主政体更能吸收新的集团进入其政治体系。反对共产党统治的革命迄今未成功过,这表明,在它们和比较传统的专制国家之间的关键差异可能正是这种吸收新的社会集团的能力。

如果一个民主国家实行"非民主"的做法,阻挠政治参与的扩大,那么,它很有可能引发革命。且以菲律宾吕宋岛佃农的胡克巴拉哈普(Hukbalahap)运动为例。佃农起初企图利用该国民主政治制度提供的参与机会,去达到自己的目标。胡克分子参加选举,并且有几人被选为菲律宾议会的成员。可是,议会拒绝接受这些代表。结果,胡克分子领导人就返回农村,鼓动赶快起来造反。只是当菲律宾政府在麦格赛赛(Magsaysay)的领导下,通过为农民提供认同和参与现存政治制度的象征性的和实际上的机会,从而削弱了胡克分子的吸引力的时候,革命才被压下去。

革命的发生不仅需要存在着抵制参与扩大的政治制度,而且需要有追求此种扩大的社会集团。在理论上,每一个没有被妥当纳入政治体系中去的社会阶级都具有潜在的革命性。实际上,当每个集团的革命倾向处于高涨时,它总要经历一个短暂或漫长的引发阶段。在某个时刻,该集团开始形成某些企望,这些企望导致它向政治体系提出象征性的或物质性的要求。为了达到其目标,集团领导人迅速意识到,他们必须找到接近政治领袖的门路和参与政治制度的方法。如果这种门路和方法都不存在,并且不会很快出现,那么,该集团及其领袖们便觉得受挫并产生疏离感。可以想象,这种状况能够存在多久是很难说的,最初引起该集团试图进入政治的要求或许可能消失;或许该集团会通过暴力、武力或其他非法手段,企图强迫实现其对该制度提出的要求。后一种情况发生时,不是制度自我变通,在一定程度上承认这种手段的合法性,从而认可满足这些强行提出的要求的必要性,就是政治精英分子试图对提出要求的集团进行镇压,从而终止这些强行手段的使用。只要政治制度内的各个集团非常强大并团结一致地拒绝接纳有所追求的集团来参与政治,那么,当无绝对的理由说他们的反击行动不会奏效。

要求的落空和参与政治制度的机会被否认,可能造成一个集团具有革命性。但是要革命,一个革命集团是不够的。要有许多集团从现存秩序中疏离出来才足以酿成一场革命。革命是社会中“多种功能性障碍”的产物。[9]一个社会集团可能发动一次政变、骚动或起义,但是,只有许多集团的联合才足以形成革命。不难想象,此种联合可以采取任何数量的集团结盟形式。但实际上,革命联盟必须包括某些城市和农村的集团。反政府的城市集团可能造成普力夺国家里特有的那种持久的动荡,只有城市和农村的反对派联合起来,才能产生一场革命。谈到1789年时,帕尔默说:“农民和资产阶级与同一个敌人交战,这就是法国大革命成为可能的原因。”[10]推而广之,这也是每一场革命可能发生的原因。更精确地说,在一个处于现代化之中的国家内,革命发生的可能性有赖于:(1)城市中产阶级——知识分子、专业人员、资产阶级——与现存秩序疏离的程度;(2)农民与现存秩序疏离的程度;(3)城市中产阶级和农民联合起来不仅与“相同的敌人”作斗争,而且还为相同的目标而奋斗的程度。这个目标通常就是民族主义。

这样说来,如果城市中产阶级受挫与农民受挫在时间上不相吻合,那就不可能产生革命。不难想象,一个集团会在某一个时期与政治制度高度疏离,而其他集团则会在另一个阶段与之疏离。在这种情况下,革命是不可能发生的。所以,一个国家的社会变革总的进程比较平缓,就能减少这两个集团同时疏离于现存政治体制的可能性。社会经济现代化随着时间的推移变得急速时,革命的可能性亦随之增大。就爆发一场重大革命而言,城市中产阶级和农民不仅必须与现存秩序相离异,而且,他们还必须有能力和动机去沿着平行的——如果不是合作的——道路行动。如果促成联合行动的刺激因素消失，那么，革命也将被避免。

# 城 市 与 革 命

## 游民无产阶级

在城市，什么集团最具革命性？三种明显的可能性是：游民无产阶级，产业工人和中产阶级知识分子。

表面上看，由于乡下穷汉涌进城市所形成的那些贫民窟和窝棚最易构成革命的策源地。20世纪60年代，在许多拉美城市中，15%—30%的人口生活在贫民窟棚屋和郊区，居住条件极为恶劣。类似的贫民窟社区也曾在拉各斯、内罗毕和其他非洲城市中开始出现。在多数国家，城市人口的增加速度明显地超过了城市就业机会增加的速度。城市中劳工大军的失业率时常达到15%或20%。显然，这种社会条件不仅已成熟到足以产生反对派，而且也足以引起革命了。20世纪60年代美国的政策制定者对可能会发生席卷许多国家的城市的暴动与起义忧心忡忡，因为美国对这些国家的社会经济发展是作过承诺的。杰克逊夫人（Lady Jackson）曾告诫说："城市可能像炸弹一样地要人命。"[11]

然而，60年代中期令人惊诧的事情是，棚户区和贫民区竟没有演变为反对派或革命主要场所。在整个拉丁美洲以及在亚洲非洲的多数地区，贫民区的规模变大了，生活条件也没有什么改观，但除了罕见的例外，预期的社会暴力、骚乱和起义没有发生。一方面是明显的社会和经济弊病，另一方面又没有抗议或纠正这些弊病的政治行动，这两者之间的差距实为处于现代化之中的国家在政治上的一个惊人现象。

不仅政治和社会暴力事件很少发生，而且说来也怪，还出现了似乎与当地社会环境不相称的正统政治行为的模式。在理论上，贫民区本来应该是支持共产党和其他激进左翼运动的大本营。然而事实上，情况却并非如此。贫民区在投票拥护反对派的时候，通常赞成右翼而不是左翼集团。例如,1963年在秘鲁,4名总统候选人中最保守的奥德里亚将军囊括了利马的贫民区的选票。同年在加拉加斯,保守派候选人乌斯拉尔·彼德里(Uslar Pietri)获得了棚户区选票的大多数。1964年在智利的圣地亚哥和瓦尔帕莱索这两座城市内,贫民区投票赞成比较温和的弗雷(Frei)而不是较激进的阿连德(Allende)。[12]类似情形在圣保罗和其他拉美城市也有所见。

如何解释贫民窟这种明显的保守主义和顺从?似乎有四个因素在这里起了作用。第一,从农村来到城市的移民显示了地理上的流动性。总的来说,通过迁居城市他们无疑改善了自己的生活条件。把在城市的经济状况与其过去的状况相比较,移民便会产生"一种相对有所获的感觉。即使他们仍处在社会阶梯的底部,这种感觉也会产生"[13]。第二,移民带有农村的价值标准和态度,其中包括根深蒂固的社会礼让和政治消极的行为方式。政治觉悟和政治信息的水平低下现象笼罩着多数城市的贫民区。政治对他们无关痛痒,比如对里约热内卢贫民区的居民抽样调查表明,在半年中进行过严肃的政治讨论的人少于1/5。农村的依赖方式被带进了城市。于是,政治渴求和政治期望的水准仍旧很低。各种研究表明,"拉丁美洲城市和农村中的穷人并不认真指望政府能做点好事来改善他们的境遇"。在巴拿马城,60%出身工人家庭的学生认为:"政府所做的一切将不会给我的生活带来什么大不了的影响。"这种对政治和政治变革可能性的冷淡和敬而远之的态度形成了穷人的保守主义基础。对这种保守主义本来就用不着大惊小怪。美国也如此,"处在社会底层的人们表现出的保守倾向比地位较高的人要厉害得多"[14]。

造成贫民区居民在政治上不太偏激的第三个因素是他们对吃饭、工作和住房等眼前利益势必很操心。而这一切只有通过现存制度而不是反对现存制度才能获得。正如19世纪来到美国城市的欧洲移民一样,进入今日现代化城市内的农村移民只会为政治机器和发给工钱的老板卖命,而不会去给允诺千年王国的思想观念上的革命家充当炮灰。正如霍尔珀林(Halperin)所说,贫民区居民"是着眼于改善物质条件的现实主义者;在政治上,他们倾向于支持能为其提供这种改善的人,即使他是一位独裁者抑或一位声名狼藉的政客"[15]。利马郊区给奥德里亚将军投赞成票,因为在上届总统任期内,这位将军通过大搞公共工程规划提供了就业的机会。贫民区居民是寅吃卯粮,能指望的报酬必须是立时立地的。时刻都在为糊口操心的人是无心去造反的。

最后,贫民区的社会组织形式也可能对政治激进主义起阻碍作用。在拉丁美洲,极端的相互猜疑和敌对存在于许多城市贫民区之中,这就难以形成任何形式的有组织的合作以表达要求并从事政治活动。这种猜疑气氛在城市贫民区较移民老家的农村社会更为盛行。比如在秘鲁,54%的贫民区居民说,他们始终觉得甚至在朋友之间也有猜疑。相比之下,农村地区却只有34%的人这么认为。[16]为追求自身的利益去结社,已是困难重重,而更加传统的社会结构的顽强存在又进一步加重了这些困难。家庭继续起着重大作用,地方上的政治小头目就好似是地主或庄园的大管家。只要这些传统的权威结构能满足贫民区居民的最低要求,它们也就自然会把在较广泛的政治和社区目标基础上实行结社的动机缩小到最低限度。在非洲,情形则相反,流入城里的移民显然很快就自愿组成以部落或区域为基础的社团。这些社团履行一系列互惠和福利的功能,似乎将为走向一种具有有组织的利益集团参与的较为发达的政治提供基础。

在政治上,贫民区居民可能支持政府,也可能投票赞成反对派。但是,他们不是革命的主角。给贫民区在工作、住房等方面带来直接物质利益的改革至少能在短时间内起着安定人心的作用。但在某些时候,这种局面可能发生变化,换句话说,贫民区居民状况的改进反倒完全可能引起较多的政治骚乱和暴力事件。第一代的贫民区居民将社会礼让和政治消极这些传统的农村观念带入贫民区,他们的孩子却是在城市的环境中长大并接受城市人的目标和期望。父母满足于地理上的横向移动,孩子则要求在地位上垂直上升。如果这种机会不能很快到来的话,贫民区内的激进主义就将显著地增强。

索里斯(Soares)根据里约热内卢的资料生动地说明了城市居住期的长短、职业变动和政治激进主义之间的相互关系。支持巴西工党的熟练工人,在那些住在里约热内卢二十多年和不满二十年的人当中,比率是相等的(37%—38%)。但在流入城市的非熟练的移民工人中,城市居住期的长短造成了投票模式上的重大差别。居住在里约热内卢不满二十年的人支持工党的只有32%，而居住达二十年或二十年以上的人支持工党的则为50%。[17]简言之，长期居住城市，加之职业几无变动，便造成政治上的激进主义。同样在加尔各答，在由职业无赖领头的暴徒集团中，不少人出生于占城市人口1/3的本地人，而出生于占人口2/3的农村移民和难民的人，在这种集团中却为数不多。后者的农村社会关系降低了他们参加无法无天活动的可能性。"与流行观念相反，移民与乡村和家庭的联系及其对大城市的不解甚至疑惧，使得他们颇为安分守己，而定居城内、在收入和安全方面依赖城市的居民，则会轻易地反抗当局并参加地下黑社会。农村移民必须先熟谙城市那一套之后才会去从事职业性犯罪。一个庄稼汉或他的子孙在变为罪犯之前，必须先有人教会他们不要惧怕而要藐视权威"。[18]

美国经验证实了这一点。在欧洲人移居北美的过程中，土生土长的第二代人在适应当地环境中产生的紧张和不满最为明显。用汉德林（Handlin）的话来说："第二代人是不稳定的因素……随着他们越来越人多势众，他们就到处捅乱子，而这正是因为他们在社会上缺乏固定的地位。"[19]同样，在20世纪60年代的美国北部，黑人贫民区出现过大量的犯罪行为和暴力事件。这些坏事都是经济大萧条和第二次世界大战期间从南方农村迁移到北方的第一代移民在城市生养的孩子们干的。第一代人坚守农村的生活方式和处世态度，第二代人在城市环境中形成其梦想，为了实现这些梦想，他们先是犯罪，然后就从事其他的捣蛋活动。参加1967年7月暴乱的44%的底特律黑人出生在底特律，而且生于当地的黑人中只有22%没有参加暴乱。同样，在北方而不是在南方长大的人当中，暴动者占71%，未参加暴动者仅占39%。克劳德·布朗（Claude Brown）在1960年告诉罗伯特·肯尼迪（Robert Kennedy）说：

> 老一代黑人还相信如下这样一个神话，即他们自己低人一等；除了白人社会给予他们的施舍之外，他们本不应作非分之想。由于电视，由于所受的教育，由于能接触到通俗杂志一类的刊物，新的一代已不再信那一套了。这一代人想分享自己的一份，并强烈要求自己的一份。参议员，你知道吗？也许没有谁花时间注意这一点，但是，唯一使白人社会对黑人社区作出了重大让步的事情就是暴动。在

1965 年瓦茨（Watts）社区暴动之前，没有人知道存在着瓦茨这个地方。[20]

在亚洲、拉丁美洲及北美洲，政治性和刑事犯罪性的城市暴力事件，势必随着移民人口中本地出生的人的比例增加而上升。在某种时机，由于城市出生的孩子要求得到城市的报偿，里约热内卢、利马、拉各斯和西贡的贫民区可能像纽约的哈莱姆和洛杉矶的贫民区一样，被社会暴力所席卷。

## 产业工人

在较晚进行现代化的国家里，较少可能成为革命活动来源的是工业无产阶级。总的说来，在动员社会力量从事政治和社会活动与创立能组织这种活动的制度之间存在的差距，在较晚进行现代化的国家里比在早已实现现代化的国家里，要大得多。但是在劳工界，情况刚好相反。19 世纪欧洲和美国的产业工人是激进的且有时是革命的，因为工业化常先于工会化。社会中占优势的集团经常竭力反对工会；雇主和政府想尽一切办法去抵制工人提出的增加工资、缩短工作时间、改善工作条件、失业保险、养老金和其他社会福利方面的要求。在这些国家里，劳工动员很容易超过劳工组织。结果，在工会变得强大之前，激进的和极端主义的运动经常获得疏离的工人阶级的支持。工会所以组织起来，就是要代表这个新兴阶级的利益，反对现存秩序，并与它作斗争。在不被政治、经济上层精英承认具有合法性的劳工运动中，共产党和其他激进团体势力最强大。正如科恩豪泽所说："较大的不连续性趋于发生在工业化的前期，即群众运动蓬发时期。群众倾向的缓和依赖于新的社会形式的创立，特别是工会，以便调解产业劳工力量和全社会之间的矛盾。这需要花费时间。"[21]

所有这些条件在新近实行工业化国家中却较为少见。在 20 世纪具有传统政治体系的国家（如沙特阿拉伯），工会时常遭到禁止。不过，在其他新近进行现代化的社会里，工人的动员和工人组织制度化之间的差距如果没有消失，也已经大幅度缩小了。确实，在某些地方，劳工组织的出现几乎都先于劳工队伍的形成。在 20 世纪中叶，在许多处于现代化之中的非洲和拉丁美洲国家中，50% 以上的非农业工人已组成了工会。在 23

个非洲国家中的 14 个国家内,以及在 21 个拉美加勒比海地区园中的 9
个国家内,1/4 以上的非农业工人是工会成员。在中东和亚洲,劳工组织
不太广泛,然而即便在这些地区,某些国家的劳工组织也已达相当可观的
比例。总而言之,在 20 世纪五六十年代,在大约 37 个亚洲、非洲和拉丁
美洲国家中,加入工会的劳工比例都高于美国。这样,伴随农村移民进入
工厂劳作而来的激进化和动荡趋势便极大地降低了。大体上,这些国家
中的劳工运动与西方工业化早期相比,是一支比较保守的力量。

　　工会组织可以减慢社会,经济变革的步伐,表 5.1 提供的数据就是一
个引人注目的例证。在西方工业化进程的早期阶段,工会主义发展相对
较为迟缓,致使产业工人受到的剥削比较厉害,从而促进了资本积累和投
资。早期实现工业化的国家在当年全力以赴的时候,工人实际工资增长
也很缓慢。而在新近进行工业化的国家之中,工会化较早就铺开了。这
意味着工业化在起步之时,工资就较高,福利津贴也较多,但这亦意味着
资本投资率的放慢。较为发达的工会组织带来了更大的工业太平和政治
稳定,但却减缓了经济发展的速度。

表 5.1　劳工组织程度

| 国　　　家 | 工会成员与非农业受雇人员的比例 | | | | |
|---|---|---|---|---|---|
| | 50%和50%以上 | 25%—49% | 10%—24% | 不到10% | 合计 |
| 非　　　洲 | 7 | 7 | 5 | 4 | 23 |
| 拉丁美洲和加勒比地区 | 6 | 3 | 5 | 7 | 21 |
| 中东—北非 | 1 | 5 | 1 | 9 | 16 |
| 亚　　　洲 | 1 | 6 | 2 | 8 | 17 |
| 共产党国家 | 10 | 2 | 1 | 0 | 13 |
| 西　　　方 | 7 | 11 | 1 | 1 | 20 |
| 总　　　计 | 32 | 34 | 15 | 29 | 110 |

　　材料来源:Ted Gurr, *New Error-Compensated Measures for Comparing Nations*: *Some
Correlates of Civil Violence* (Princeton: Princeton University, Center of International Stud-
ies, Research Monograph No. 25, 1966), pp. 101—110.

　　不仅由于工会成立得早致使劳工不怎么激进,而且,工会本身就具有
这种不偏激的倾向。因为工会通常是现行制度的衍生物而不是现行制度

的反对者。早期工业化国家中的社会冲突和工人罢工的最根本原因,或许就是当局不愿承认劳工有组织起来的权利,不愿承认工会的合法地位。这些原则在 19 世纪只有通过斗争才得以确立。一个政府越是坚持拒绝承认劳工组织的合法性,工会就变得越激进。工会化被解释为是对现存秩序的一个挑战,这种解释本身就倾向于使工会化真正成为对现存秩序的挑战。但在 20 世纪,劳工组织通常被认为是一个工业社会所固有的特征。所有先进国家都有大规模的组织良好的工人运动,所以,落后国家也想仿效。一个全国性的劳工联盟对于国家尊严来说,就如同军队、航空公司和外事机构一样,是不可或缺的。

人们常常提到,亚洲、非洲和拉美的工会与美国和其他西方国家的工会相比,具有更浓的"政治色彩"。此种评论的含意往往是指工会注重追求长远的、全面的政治和社会目标。然而实际情况却并非如此。工会之所以有政治色彩,通常因为它们是政治制度的一部分。劳工的组织和成长得到了政府或政党的帮助和支持。英国和法国的海外殖民政府对工人组织一般采取放任的态度。在不允许成立政党的地方,通常是可以建立工会的。一旦民族独立运动发生,它和工会之间一般都存在着密切的联系。亚洲和非洲的民族主义领导人物在劳工运动中起过重要作用的大有人在,尼赫鲁、甘地(Gandhi)、姆博亚(Mboya)、阿拉杜(Adoula)、恩科莫(Nkomo)、吴巴瑞(U Ba Swe)和杜尔(Touré)等只不过是其中的佼佼者而已。诚然,某些国家独立运动的成功显然会给工会造成问题,因为大批工会领袖已经进入政府的各级衙门。同样,拉丁美洲的工会也与政党有密切的关系;在一些最大的国家里,如巴西、阿根廷和墨西哥,工会组织是在政府的积极推动下建立起来的。在某些地方,如巴西,工会中出现了一大批特殊的干部,他们同时又受雇于政府,在许多方面他们所起的作用不像工人代表,倒更像国家官吏。[22]

上层不但对劳工组织予以扶植,而且双管齐下,对劳工福利也加以促进。19 世纪英国煤矿工人形成了自己的独立组织和斗争方法;相反,"德国矿工在前工业时期享有受国家保护的地位和特殊的经济利益,但也养成了对国家顺从和依赖的传统"[23]。这也就是 20 世纪的处于现代化之中国家里工人运动的基本状况。在这些国家中相对算是弱小的产业工人所享有的好处,很大程度上是政治精英主动赐予的恩惠,而不是由工人通过政治过程施加压力的结果。在拉丁美洲,政府的主要手段是"远在劳工形成强大的压力集团之前,就让他们全体——或者其受忽视的部分——能首先获得重大的好处。政府在施舍这种恩惠时,免不了还要张扬一番,意在巴结工人,寻求支持的来源,或防止不满因素的滋长"[24]。同样,在南亚,据说"因为来自上层的政府官员、政治领袖或雇主控制了工会的普通成员,南亚各政府惯于通过广泛的社会立法来保护工人(这常常难以付诸实施),而不允许工人独立发展出自己的保护手段"[25]。在大多数处于现代化之中的国家里,产业工人几乎是上层社会的成员,他们在经济上比农村老百姓富裕得多,而且,他们通常得到国家政策的照顾。在当今的处于现代化之中的国家里,法勒(Fallers)说过,工人进入工业环境时,

> 其所处的境遇,与西方产业工人先辈相比,较少产生像马克思用"异化"一词所表达的那种挫折感和焦虑感。在新兴国家固然不乏大量有疏离感的人,但是,产业工人却不是这些人当中的突出分子,因为工业部门规模依然不大,和同胞们相比,工人也相对地较有保障,生活富足。[26]

列宁认为政治意识只能由外部集团灌输给工人,这个观点很可能是对的。然而在当今许多处于现代化之中的国家内,这种意识不是由革命的知识分子而是由政治领袖或政府官吏去向工人灌输的。故此,工人的目标就是相当具体和直接的经济目标,而不是去改造政治和社会的秩序。在竞争拉丁美洲工人领导权的过程中,"意识形态上不太极端的人士胜过了较极端分子,只要不太极端的分子是相当进步的"[27]。劳工组织由政治创立并在政治上很积极,然而他们的目标不是政治的而只是经济的。他们和美国工会的区别不在于追求的目标,而只在于实现这些目标所采用的方法。这些方法反映出他们自身的起源和他们在其中运作的政治体系的性质。

## 中产阶级知识分子

产业无产者和游民无产者有时都可能会反对政府。贫民区居民最终也许会爆发骚动和政治暴力事件。尽管这样,一般情况下他们不是制造

革命的材料。工业无产者和现状休戚与共,游民无产者则斤斤计较于眼前目标。在大多数处于现代化之中的社会里,真正的革命阶级当然是中产阶级。此乃城市中反政府的主要力量源泉。正是这个集团的政治态度和价值观支配着城市的政治。霍尔珀林对中东所作的观察也适用于大部分其他正在迅速进行现代化的地区,他说:"新兴中产阶级的革命正如火如荼。"中产阶级的革命特点突出表现在处于现代化之中的国家里白领和蓝领工会政治观念的区别上。前者较后者总是更为极端和激进。例如在拉丁美洲,银行雇员工会一直是左翼和共产党支持者的根据地。在委内瑞拉 1960 年左翼竭力推翻志在改革的贝当古(Betancourt)政府的过程中,银行雇员工会起过领导作用。同样,在巴蒂斯塔统治下的古巴,"作为一种规律,工会越'中产阶级'化,共产党对其影响也就越大,银行雇员工会就是一个明显的例证"28。

此处所说的中产阶级作为一种革命因素的形象,当然与传统上认定中产阶级是现代政体的稳定基石的一贯看法是冲突的。实际上,中产阶级与稳定的关系,颇似富裕与稳定的关系一样,一支庞大的中间阶级队伍犹如普遍富裕一样,是政治上的一支节制力量。然而,中产阶级的形成却也像经济发展一样,常常是极不稳定的因素。事实上,追溯起来,中产阶级的进化可以分为好几个阶段。典型的情况是,首先出现在社会舞台上的中产阶级分子一般是具有传统根基但又有现代价值观的知识分子。接踵而来的便是逐步增多的公务员、军官、教师、律师、工程师、技术人员、企业家和管理人员。首批出现的中产阶级分子是最革命的;但随着中产阶级队伍的壮大,他们也就变得较为保守。这些集团的全部或多数不时会扮演革命的角色。但是,一般来说,只有不在官府当差和不经商的人才最倾向于反抗、暴力和革命。在中产阶级的各阶层中最倾向于反抗、暴力和革命的就是知识分子。

布林顿和其他人辩称,知识分子的背离是革命的预兆。事实上,预示反叛来临的倒不是知识分子的背离,而是知识分子作为一个独特集团的崛起。在大多数情况下,知识分子不可能背弃现存秩序,因为他们从来就不是现存秩序的一部分。知识分子是天生的反对派,他们在社会舞台上的出现,本身就意味着潜在的革命作用,而不是由于他们效忠的对象改换了。

知识分子带有革命性几乎是处于现代化之中的国家里的普遍现象。"再没有人像不满的知识分子那样倾向于鼓励暴力了,至少在印度是如此,"霍斯里茨和韦纳曾这样评述道,"就是这批人充当了不太负责任的政党的骨干,构成了煽动家的扈从,并且是各种千年王国和救世主运动的领袖。只要时机成熟,所有这些都可能威胁到政治稳定。"在伊朗,左派和右派两方面的极端分子比温和派更可能来自城市,来自中等经济阶层,并接受过良好的教育。[29] 这种综合征是知识分子的通病。知识分子搞革命的能力取决于他们与其他社会集团的关系。在初期,他们可能是占主导地位的中产阶级集团;此时,他们发动革命的能力取决于他们在多大程度上能唤起其他民众——譬如农民——的广泛支持。

城市是国内反对派的中心;中产阶级是城市反对派的集中点;知识分子是中产阶级反对派内部最活跃的集团;而学生则是知识分子内最有内聚力也最有战斗力的革命者。当然,这并不一定意味着大多数学生——就像大多数普通民众一样——在政治上就不是冷漠的。不过,这的确意味着在大部分处于现代化之中的国家内,学生中占优势的积极分子集团是反政府的。而最坚定、最极端和最不妥协的政府反对派就在大学里。

# 农民与革命

中产阶级知识分子是革命的,但是,他们不能只靠自己就把革命搞起来。在城市之内他们可以反对政府、鼓动暴乱和示威游行,有时则能动员工人阶级和游民无产者来支持他们。如果还能争取到军队内某些分子的合作的话,那么,他们便能推翻政府。不过,城市集团推翻一个政府,一般并不意味着推翻政治和社会体制。这只是体制内部的变更,而不是体制本身的变革。除了极少数例子之外,它并不预示对社会进行革命性重建的开始。简言之,城市反对派集团凭借本身的力量能够使政府垮台,但是,他们不可能造成革命。造成革命需要有农村集团的积极参与。

因此,农村主导集团所起的作用实系决定政府稳定或脆弱的关键因素。如果农村支持政府,政府就有潜力去孤立并遏制城市反对派。鉴于主要城市集团的不良政治倾向,任何政府,甚至一个在旧政府被这些集团推翻后建立起来的新政府,如欲免遭其前任政府的同样下场,都必须在农村找到支持力量。例如在土耳其,城市中的那些学生、军人和专业人员集团在 1960 年推翻了门德里斯的统治。上台的古赛尔将军的军人政府和随后的伊诺努领导下的共和党政权得到了这些集团的有力支持,但是却无法得到乡村农民大众的支持。只是在 1965 年由于正义党在广大农民支持下赢得了明显的胜利时,一个稳定的政府才随之出现。该政府仍旧遭到城市主要反对派的挑战。但是在一个自诩为民主的制度内,得到农村支持但遭到城市反对的政府,比起主要以城市中反复无常的集团为后盾的政府来,要稳定得多了。如果上台的政府都不能够得到农村的支持或默认,那么,政治稳定的基础就微乎其微了。例如在越南,吴庭艳政权被城市学生、僧侣和军官们组成的反对派推翻之后,这些集团的成员反对继任的每一届政权。由于被越共切断了来自农村的支持,继任政权在城市政治的泥潭中便不可能找到稳定的支持力量。

因此,在现代化政治中,农村扮演着关键性的"钟摆"角色。作为把农民纳入政治制度方式的"绿色起义",其性质决定着以后政治发展的路线。如果农村支持该政治制度和政府,那么,该制度自身就可免遭革命之虞,政府也有希望使自身免受遭叛乱之虞。如果农村处于反对地位,那么,制度和政府都有被推翻的危险。城市的作用是一个常数:它永远是反对派的力量根源。农村的作用是个变数:它不是稳定的根源,就是革命的根源。对政治体制来说,城市内的反对派令人头痛但不致命。农村的反抗派才是致命的。得农村者得天下。在传统社会和现代化初期,稳定的基础是在农村和城市皆能压住阵脚的上层土地所有者。随着现代化的进展,城市里的中产阶级和其他集团就会出现在政治舞台上向现存制度发起挑战。然而他们要成功地推翻该体制,则有赖于他们赢得农村同盟者的能力,也就是说,赢得农民的支持去反抗传统的寡头政治。政治体制是否能幸免于难,其政府是否能保持稳定,那就要看它能否抵消革命吸引力,并使农民在政治上站到自己一边。随着政治参与的扩大,政治体制内占优势的集团必须转变自己的支持基础，并赢得农民的效忠。在一个只具有有限政治参与的体制内，传统的乡村精英分子的支持已足以使政治保持稳定。而在政治意识和政治参与正在拓宽的制度内，农民就成了决定性的集团。带根本性的政治竞争就是政府和革命知识分子之间为争取农民的支持而进行的竞争。如果农民默许并认同现存制度，他们就为该制度提供了一个稳定的基础。如果农民积极反对这个制度，他们就会成为革命的载体。

因此，农民既能起极为保守的作用，也能起高度的革命作用。农民的这两种形象，都是常见的。农民时常被看作是极为传统的保守势力；抵制变革，忠于教会和国王；敌视城市；埋头于家庭；关心本村；怀疑有时甚至敌视那些带来变革的人，如那些直接来到乡下目的仅仅是为了改善农民状况的医生、教师和农学家。这样的好心人被疑心和迷信的农民杀害的事例，在几乎所有的现代化中的地区都时有所闻。凡此都显示出农民的保守形象。

农民这种极为保守的形象与农民作为革命力量的形象同时共存。西方及非西方社会内的每次重大革命，在相当大程度上是农民革命。在法国、俄国和中国，情况都是如此。在这三个国家内，农民多少是自发起来推翻旧的农村政治和社会结构，夺取土地，在乡村建立新的政治和社会体制。没有农民的这种行动，这三个国家的革命不可能称为革命。在 1789 年夏季的法国，当国民议会还在凡尔赛宫辩论时，农民在农村发起了革命。

> 农民叛乱猛烈地蔓延到全国。农民拒付官税、什一税和田赋。他们闯入城堡，烧毁记载他们义务的法律文件。通过自己的行动，农民是有意去摧毁采邑或"封建"制度及这个制度所代表的财产和收入的形式。在这个意味上来说，他们希冀做到的实与社会革命相差无几……农民毁灭了庄园制度，实际上也就摧毁了贵族等级的经济基础。[30]

面对着农村这种基本上不合其意的形势，国民议会里的中产阶级多数派干脆将它"阻止不住的东西加以合法化"。在 8 月 4 日的决议案中，中产阶级宣布"废除封建主义"，这实际上是在法律上认可了农民在乡村造成的变革。

俄国的形势与法国没有实质区别。由于临时政府延误了土地改革，农民纷纷从军队中开小差，返回家乡为自己强占土地。春天，他们的行动总的来说还是温和的并披上了半合法性的外衣。如同法国一样，他们完全拒付地租和官税，并进而非法地把地主庄园土地作为自己的牧场或改作他用。然而到了夏秋两季，暴力和骚乱事件就蔓延开了。5月份，在俄国两个重要的农业区域内，60%的农民行动表现为假冒名义强占财产，而有公开夺取行为的人也达到30%，毁坏财产者占10%。10月份，假冒名义的行动就只占14%，公开夺取活动者仍占30%，而此时牵涉到破坏和严重糟蹋的行为者上升到了56%。在10月以前，农村革命已演变为一场对旧秩序进行赶尽杀绝的野蛮而残忍的活动。"在许多情况下，图书馆、艺术品、纯种马场、温室和实验站都遭到毁坏，连牲畜的腿都被打断，房屋被烧毁，有时地主或管家遭到谋杀。现在它已远非是对庄园和财产的单纯掠夺了。"[31]此时，不顾临时政府的反对，地方农民委员会和苏维埃还是接管了土地。由于拒绝认同这场运动，临时政府就在自己的死亡证书上画了押。列宁迅速抓住了这一时机。临时政府无法唤起乡村民众的支持，它也就不可能在城市里保住自己。正如当时列宁精辟论述的那样，农民起义是"当代俄国最重大的事实"，将暴动时机推进到"一个糊涂而吓破胆的政客一千次悲观的逃避也免不了到来的地步"。更重要的是，农民起义使布尔什维克的暴动得以成功。"没有农民，"欧文（Owen）评述道，"列宁仿效1871年巴黎公社所作的努力肯定会遭受蒙特马利高地的社会主义者相同的命运，作为一个类似的事件留传于史籍之中。"[32]

中国共产主义革命的早期情况与此也无实质区别。像他们之前的其他革命集团一样，中国共产党开始重视的是城市而不是农村。在1926—1927年国共两党军队的联合北伐之前，农民作为革命的潜在力量几乎没有受到注意。这场运动的一名参加者是毛泽东，他被任命为农民委员，负责限制两湖地区的农民起义。但是他发现农民革命是真正的革命。湖南和湖北的农民就像1789年的法国人和1917年和俄国人的行动一样，已在夺取财产和赶走地主。"这个攻击的形势，简直是急风暴雨，顺之者昌，违之者亡，"毛泽东报告说，"孙中山先生致力国民革命凡四十年，所要做而没有做到的事，农民在几个月内做到了。"这种在土地占有特别不均而农民处境又恶劣的地方出现的农民自发性起义,丰富了关于农民在革命力量中起关键作用的理论。由于中国共产党人的胜利,处于此种情况下的农民所具有的革命潜力显然已属众所周知。关于革命的基本道理,还是毛泽东在 1927 年说得精辟。他写道:

> 如果要给予适当的分数,我们把民主革命的成就计为十分,那么,城市居民和军队的成绩只有三分,而剩下的七分应归之于农村革命中的农民……没有贫农,便没有革命。若否认他们,便是否认革命。若打击他们便是打击革命。他们的革命大方向终始没有错。[33]*

革命者已深知这一教训。弗塔多(Furtado)注意到在巴西,农民"与城市各阶级相比,更易受马克思—列宁主义一类思想的影响。尽管根据正统的马克思主义,前者应该是革命运动的先锋"[34]。处于现代化之中的国家的情况普遍如此。

如果没有农民便没有革命,那么,关键问题是,究竟是什么把农民变成了革命者? 如果造成农民反叛的条件可以通过改革来得到改善而不是使之恶化,那么,就存在着某种和平的社会变革的可能性,而不一定非发生暴力动乱不可。传统社会内的农民无疑是一种恒久的保守势力,他们禁锢在现状之中。现代化通常给农民带来两个重大冲击。其一是首先使农民劳动和福利的客观条件恶化。在传统的社会里,土地不是由村社就是由大家族共同拥有和耕种。现代化,特别是西方土地所有制观念的冲击,破坏了该制度的基础。如在意大利南部和中东地区,核心家庭取代了大家族:曾经足以维持集体生计的共作田被小块且分散的个人自用田所取代。这种小块自用田几乎不足以维持一个家庭,却极大地增加了家庭可能遭受毁灭性经济灾难的危险。在有些地方,同一块土地原来是许多个人和团体都有权使用的,西方统治者总是打破这种模式,坚决主张土地单一所有权。实际上,这就意味着那些拥有较多财富、具有较高社会地位的人获得对土地的独占权,而财富较少、社会地位较低的人则丧失其对土地的传统特权。例如在中东地区,民族国家的法律破坏了旧的土地公共

---

* 英文原文如此,引文出处见本章原注 33。参见《毛泽东选集》第 1 卷,1966 年,横排版。——译者

所有制基础,使酋长们成为唯一的土地所有者,因而产生了前所未有的不平等。特别是新的法律

> 明令禁止其他人与土地所有者一道登记任何形式的土地共同权或特权,从而使佃户的权利失去了法律保护,或使部落成员的土地共有权失去了不受酋长侵犯的法律保护。事实上,几乎所有地区的土地都落入了有文化阶级的成员手中——现存的土地所有者、收税员、官吏及部落的大小政治首领。[35]

同样,英国人在印度的许多地方把有法律效力的土地所有权单独颁授给原先只起收税员作用的柴明达尔。在拉丁美洲,土地公有制曾盛行于印加、玛雅和阿兹台克人中。然而由于西方文化的冲击,大庄园取代了这种公有制的所有权。印第安农民沦为苦役,或只得靠小块土地勉强糊口。土地所有制从公有到个人私有的转变常常被视为进步过程中具有关键性的一步。因此在墨西哥,胡亚雷斯(Juárez)政权1856年的"迟缓法"要求法人团体(如教会)和占有集团(如印第安人村落)出售他们的土地。这项法律的目的是创造一种个体自耕农制度,然而,它实际上只是加快农民沦为雇农。只有那些现有的富户才买得起从集体所有制和其他有关限制中解脱出来的土地。其后的半个世纪证实了土地所有权日益集中到愈来愈少的人手中。

若不是现代化最终也导致了农民的渴望上升的话,那么它给农民造成的贫困在政治上本来可能是无足轻重的。造成贫困和渴望上升之间的时差可能是很长的,有些地方确实长达几个世纪。尽管如此,随着时间的推移,城市的启蒙就传到了乡下。交通和运输的障碍消除了;道路、推销员和教师来到了乡村。农村也出现了收音机。农民不仅开始意识到自己正在受苦,也认识到能够想办法来改变自己的苦境。没有什么比这种意识更具革命性了。农民认识到他们在物质条件上的艰难困苦比社会上其他集团糟糕得多,而这一切又不是不可避免的,于是他们就产生了不满。他觉得自己的命运是能够得到改善的。他的目标正是一些革命运动所强调的,即改善眼前的物质生活和劳动条件。

农民对其眼前经济和社会条件的关注,与城市内的产业工人没有很大区别,只是处境更糟罢了。两者之间的主要区别乃在于他们与经济发

展的关系及各自可用的行动手段。像企业家一样,工人是正在进行现代化的社会中的新手。他参与新的经济财富的创造。他与雇主之间的斗争围绕:(1)工人能否组织起来以提出分享新产品的有效要求;(2)此种产品在工人、所有者和消费者之间的实际分配状况如何。如果所有者承认工人进行组织的权利,从而在本质上排除了第(1)条斗争的原因,那么,第(2)条中的问题就可通过集体劳资谈判加上罢工、封闭工厂等劳资冲突的其他手段去解决。这样一来,工人几乎就没有革命的动机;他们只是对维护自己所提出的适当分享经济成果的主张感兴趣。如果工会和集体劳资谈判被认为是合法的,那么,就存在着大家公认的解决这些问题的程序和方法。

然而,农民的情形就大不一样了。资本家和工人在庞大的经济成果面前所具有的共同利益,在地主和农民之间是不存在的。农村中社会结构和经济发展的关系恰好与城市相反。在工业界,较平均的收入分配是经济增长的结果;而在农村,土地所有权的较平均分配是经济增长的先决条件。正是由于这一原因,处于现代化之中的国家才发现农业产量的增加比工业产量的增加困难得多。也正是由于这一原因,农村的紧张局势可能比城市的紧张局势更具有潜在的革命性。产业工人不可能取得个人所有权或控制生产手段。然而,这恰好就是农民的目标。土地是生产的基本要素;土地的供给量如果不是固定的话也是有限的;农民若获得了土地,地主就势必失去土地。因此,农民与产业工人不同,他们别无选择,只有向现存的所有权和控制体制发动进攻。所以,土地改革不仅仅意味着农民经济福利的增加,它还涉及一场根本性的权力和地位的再分配,以及原先存在于地主和农民之间的基本社会关系的重新安排。产业工人参与创造社会中前所未有的一套崭新的经济和社会关系。但是农民和地主却共处于传统社会之中,对现存于他们之间的社会、经济和政治关系(也许持续几个世纪)的破坏或改造是农村秩序变革的本质。

所以,乡村农民经济改善所花的代价远远超过城市工人经济改善所需的代价。因此,农村里较活跃而有才智的人移居城市就不足为奇了。与农村中僵硬的阶级结构比较起来,城市存在着经济和社会流动的有利机会,这是驱使他们进城的因素。由此形成的迅速城市化导致城区社会混乱,政治不稳。然而,这种城市化带来的社会毛病算不了什么,如果这些人待在农村,后果才是严重的。城市化在某种程度上是农村革命的一种替代。因此,与一般看法相反,一个国家遭遇革命的可能性也许同城市化程度背道而驰。

此外,并无大家公认并能接受的途径去实现农民提出的要求。劳工的组织权利在多数国家已被承认;而农民的组织权利则大有问题。在这一方面,在20世纪后半期亚洲和拉丁美洲处于现代化之中的国家里,农民的地位与19世纪前半期欧洲和北美产业工人的地位没有多少差别。任何方式的集体行动都往往会被某个当权者视为本质上是革命的。且举一例:在危地马拉,城市工人中的工会在20世纪20年代就组织起来了。然而,农业工人的工会却遭到禁止。这一规定到1949年才被废除。在其后5年中,危地马拉农民联盟成立起来,并拥有200 000多名成员。1954年在推翻了左翼阿本斯(Arbenz)政权之后,卡斯蒂略·阿马斯(Castillo Armas)上校领导下的新政府的首批行动之一就是再次宣布农业同盟为非法。农民工会和农民运动仍超不过19世纪的水平。结果当然是助长了农民的革命倾向。正如塞尔索·弗塔多(Celso Furtado)在评述巴西农民运动时一针见血地指出的那样:

> 我们的社会是一个只对产业工人开放的社会,对农民却不开放。事实上,我们的政治体制允许城市集团组织起来,以便在民主斗争的法规之内去实现他们的要求。农业工人的情况则截然不同。因为什么权利也没有,他们就不可能提出**合法**的要求或具有讨价还价的力量。如果他们组织起来,就会被认为是带着颠覆的思想才这样做的。我们不得不认定,在其很重要的农村部门,巴西的社会非常僵硬。[36]

## 革命联盟与民族主义

在处于现代化之中的国家里,城市中产阶级知识分子永远是革命性的集团。但是,要发动一场革命的话,知识分子必须具有同盟军。一个潜在的盟友是城市游民无产阶级,这个阶级在很长一段时间里并不是一个很革命的集团。然而,它的革命倾向有可能加强,因此在大多数处于现代化之中的国家里的某一时刻,市区大学和贫民窟的联盟,也就是学生和贫民区居民的联盟,可能对政治稳定提出重大挑战。但是,这种革命联合成功的条件,在某种程度上也是它失败的条件。如果该社会仍然主要是一个农业社会,知识分子和城市贫民有可能推翻政府,但他们却不可能摧毁基本社会结构,因为他们的行动局限在城市地区之内;他们若想实行社会结构方面的根本变革,就必须使农民加入他们的联盟。另一种情况是,如果城市化已使全国大部分人口集中在一个或少数几个大城市,城市革命行动就有可能导致一场根本性的社会改革。

然而,使这种改造成为可能的城市化过程本身,也有可能形成一种支持政治稳定的平衡力量。持久的城市化不仅增加了贫民区居民的数量,而且也扩大了中产阶级并使其多样化,于是便产生了一些新的较为保守的中产阶级层,这些阶层在某种程度上将抑制和冲淡中产阶级知识分子的革命狂热。就像前面所指出的,最早出现在舞台上的中产阶级集团就是最激进的集团,后来出现的那些中产阶级成员则带有更多的官僚性和技术性,更注重商业,因此也就比较保守。游民无产阶级的发展是一个激进化过程,第二代比第一代更具革命性,而中产阶级则经历一个渐次保守的过程,其队伍每扩大一次,就越趋于从革命转向稳定。可以设想在某一时刻,力量的对比适足以引起一场重大的但只是在城市里进行的社会政治动乱,但发生这种事的可能是相当小的。[37]因此,革命的可能性主要取决于中产阶级知识分子与农民并行或合作。

革命之所以很少发生,在很大程度上就是由于知识分子与农民难以并行。城市与乡村的鸿沟实乃处于现代化之中的国家的政治症结之所在。革命者要弥补这个鸿沟而遇到的困难与政府要弥补这个鸿沟所遇到的困难几乎一样大。形成革命联盟的障碍来自于这两个集团在背景、观点和目的上的差异。一方是城市的、中产或中上层阶级的、受过教育的、西方化和都市化的知识分子,另一方是乡村的、落后的、不识字的、文化上属传统型的、地方性的农民。双方之间存在的社会鸿沟,其差距之大不亚于人们却能够想象的任何两个社会集团之间所存在的距离。他们之间的沟通与理解是一个极大的问题。一般情况下,毫不夸张地说,他们是操着不同的语言。造成相互的猜疑和误解的机会太多了。纯朴而实际的农民对能说会道的城里人的天然怀疑，以及后者对思想狭隘的乡下佬的天然怀疑都有待克服。

农民和知识分子的目标也不相同，并且时常冲突。农民的要求通常是具体的，而且还是再分配性质的，正是这后一种性质的要求使农民成为革命者。相反，知识分子的要求则通常是抽象的和无止境的，这两种性质的要求使知识分子当中出现革命者。这两个集团实质上所关注的东西时常大相径庭。城市知识分子通常更关注政治性的而非经济性的权利和目标。相反，农民至少在初期关注的主要是地租、税收和物价等物质条件。虽然"土地改革"是一个熟悉而明确的革命口号，但事实上城市革命者常常对要否把这一条写在自己的旗帜上犹豫不决。作为城市和国际环境的产儿，他们倾向于用更加彻底的政治和意识形态的语言来构成他们的目标。在伊朗、秘鲁、巴西、玻利维亚和别的许多地方，革命知识分子在注意农民的要求方面都很迟钝。在伊朗，中产阶级民族主义者白白地在策略上输给了国王，将自己摆到了反对政府土改计划的地位上。玻利维亚1952年革命开始时，共产党也反对土地改革。[38]在中东国家里，激进的知识分子历来反对把普选权扩大到乡村贫民，其想法（固然不无道理）是，贫民的消极与冷漠只会给地主增加选票。最糟糕的莫过于城市知识分子把农民看作畜生，农民则把知识分子看作是异己。

由于这两个集团在社会流动和知识方面的差异，主动创立革命联盟的重担就落到了知识分子的肩上。知识分子有意唤起农民的努力，一般收效甚微，1873年至1874年俄国民粹主义党人试图"到民间去"的做法，便是这种努力失败的典型。在拉丁美洲，知识分子在20世纪50年代和60年代鼓动农民参加游击战争的努力基本上也是失败的，只有古巴是明显的例外。在拉美的多数情况下，这两个集团之间的社会差距和政府为削弱知识分子的号召力所做的积极努力，阻止了革命联盟的建立。例如，危地马拉的左派知识分子最初甚至不会讲印第安农民的语言。

知识分子激励农民的努力几乎总是失败，除非农民的社会和经济状况已经发展到足以使他们有具体反叛动机的地步。知识分子能够与革命性的农民结盟，但他们不能创造革命性的农民。在俄国革命中，列宁完全认识到农民的关键作用并调整了布尔什维克的纲领和策略,以便能赢得农民的支持。然而,布尔什维克依然主要是一个城市与知识分子的集团,他们在城市中干得比在农村里更成功。中国共产党人的情况则相反,他们在城市里的失败是由于在华中城市地区缺乏接管权力的社会基础和组织。在城市斗争失败后,根据毛泽东自己对农民革命特点的观察,他和他的追随者转移到乡村去重新组织共产主义运动。在这时,伴随着每次革命而发生的农民起义在历史上就首次成为一支有组织和有纪律的队伍,并由一个具有高度意识和表达能力的职业革命知识分子集团来领导。区别中国革命与以前那些革命的并不是农民的行为而是知识分子的行为。中国共产党人的成功之处正是左派社会革命党人的失败之处,他们建立了一个革命联盟,使农民起义有了内聚力、方向和领导。在城市革命失败后的 20 年当中,他们使革命一直在农村保持着活力。

一场农民的或以农村为基础的革命运动,在吸引城市知识分子参加时可能也有着同样的困难。例如在南越,城市中产阶级分子反对吴庭艳政府,并且在吴庭艳垮台后的几年里造成过持续不断的动乱;但有农民背景的越共却不能利用这种不满并就此与城市革命分子建立起联盟。一点不假,在 60 年代南越政府未能得到农民的支持,但使人们更加惊讶的唯一社会政治事实却是越共在城市集团中也未能建立起重要的支持力量,这两种失败都证明在处于现代化之中的国家里存在着把城市与乡村社会分割开来的鸿沟。

如果没有额外刺激能够引起双方的共鸣,知识分子与农民之间在背景、观点和目标上的差异就将使革命即便不是不可能也至少是不易发生。然而革命还是会发生。产生革命联盟或革命同步行动的共鸣之处通常就是民族主义,刺激通常就是外敌。像在美国这样的国家里,很可能发生一场民族主义独立战争,然而这却不是一场社会革命。但是,要进行一场并非同时又是民族主义革命的社会革命,那就不可能了。诉诸民族主义能动员广大民众投入政治,并为城市知识分子与农民群众的合作提供基础,这是典型的过程。对民族主义动员的刺激,可能来自于旧秩序崩溃前外国在当事国的政治、经济和军事存在,或者来自于旧秩序崩溃发生后出现的外国政治和军事干涉。在墨西哥、中国、越南、古巴和危地马拉等国,外国企业、外国军事基地或者外国统治的存在都是激发民众群起而攻之的目标。除越南之外,这些国家在革命开始时都是形式上的独立国,但它们在经济上和军事上又都是依附于外强的。在波菲里奥·迪亚斯统治下的墨西哥,歧视性的税收法和经济法规有利于外国人。在革命前10年左右的时间里,英国投资增加了一倍,法国投资翻了两番,美国投资提高了四倍。据说在墨西哥,美国人比墨西哥人拥有更多的投资,他们拥有75%的矿井,50%的油田及甘蔗、咖啡和棉花种植园。法律制度袒护外国人,民间流传着这样一句话:"只有将军、斗牛士和外国人"才有保证在法庭上打赢官司。中国在20世纪头10年的情况也是如此,不平等条约、经济特许权、无保留的领土割让和其他的主权转让赋予德国、日本、英国、俄国和法国以特殊地位,并使这些国家的公民在中国享有特权。20世纪50年代,美国在古巴的投资总额已接近10亿美元。美国人在那里拥有90%的电话与电力系统,50%的铁路,40%的粗糖生产,还拥有占古巴人存款总额25%的银行。按人均计算,美国在古巴的投资是他们在整个拉丁美洲地区投资的3倍。古巴出口总额的70%销往美国,进口的75%以上来自于美国。美国在关塔那摩有重要的海军和海军陆战队基地;在政治、文化、经济和军事各方面,古巴都是美国的卫星国。[39]

外国力量的存在对于刺激革命无疑是起了某种作用的。但革命也发生在一些外国力量的存在既不重要也不明显的国家里(如法国和俄国)。然而没有外国干涉的刺激,革命就不可能彻底进行。这个模式是法国革命开创的:1792年夏普鲁士的入侵在很大程度上给当时的大革命火上加油,"无套裤汉"和在巴黎的流亡知识分子乘势拓宽了平民参与革命的范围,完全摧毁了封建制度并宣布建立法兰西共和国。"这场战争使革命变得更革命化……使它在国内变得更为激烈,在国外的影响变得更为有力。"[40]外国干涉对于墨西哥、中国、俄国、南斯拉夫、越南和古巴等国革命的革命化发展也起了重要的作用。从另一方面来看,玻利维亚革命由于没有敌对的外国干涉,反而削弱了革命的政治成果。没有一个国家能够在与世隔绝的情况下进行革命。在某种程度上,每一场革命都不仅反对国内占支配地位的统治阶级,也会反对国外占支配地位的体制。

美国对墨西哥的外交干预给韦尔塔的上台帮了忙,韦尔塔上台又导致马德罗被害以及卡兰萨（Carranza）、冈萨雷斯（González）和潘乔·比利亚（Pancho Villa）等人领导的反韦尔塔起义。正是由于韦尔塔和美国大使亨利·莱恩·威尔逊（Henry Lane Wilson）联合扼杀革命所引起的这第二次动员高潮即反韦尔塔起义，才把墨西哥革命从马德罗领导下的有限的中产阶级发难扩大为大规模动乱，农民和劳工在新的领袖集团指导下在这时发挥了决定性作用。这些新领袖人物大多数来自下层社会，萨帕塔（Zapata）和奥夫雷贡是农民，卡列斯是乡村学校教师，比利亚是个只字不识的土匪。

在中国，外国干涉在刺激革命并使之保持势头方面，就起到了更加显著的作用。1915 年日本的"二十一条要求"起到了动摇袁世凯政府并扩大了民众动员的作用。1919 年凡尔赛和会宣布把德国在山东的租界转交给日本的消息传来，导致"五四运动"的爆发，学生在北京和其他城市举行示威游行，一个新领袖集团随之崛起。这些新领袖既不是来自传统的统治阶级也不是来自军阀，而是来自学生、知识分子、工人和商人。1925 年，由于北京政府未能采取积极行动以阻止警察在上海屠杀学生，从而导致了更大规模的反对英国人和其他外国人的示威游行，动摇了北京政府的权威并为国民党和共产党的联合北伐扫清了道路。1931 年日本对中国东北的占领及其后对中国的全面入侵刺激农民彻底动员起来，投入了反侵略战争。最后，第二次世界大战后美国在中国的存在及国民党政权贴上的美国的印记，在革命与内战的最后几年里有助于提高中国共产党人的合法地位及其号召力。在每一个重要时刻——1919 年、1925 年、1937 年、1948 年——外国干涉都给革命力量以新的推动，并使其得以扩大对群众的吸引力。

在革命形势下，任何政府若与外国政权认同，就会造成损害该政府合法性的基础。第一次世界大战结束时，君士坦丁堡的苏丹政府由于和英法两国占领军的勾结而威信扫地，也因此加强了基马尔的安纳托利亚民族主义运动的力量。在 20 世纪 30 年代，埃及的华夫脱党政权屈从于英国的要求，由此所产生的反对"不平等"条约的街头骚乱，动员起新的集团进入政治；这种政局终于通过"穆斯林兄弟会"和以后的纳赛尔运动，导致了议会制政府在埃及的寿终正寝。同样，以民族主义运动起家的国民党，由于未能彻底进行抗日战争及它与美国的联系，反而染上了反民族主义色彩。在伊朗，国王与激进的中产阶级知识分子于 20 世纪 40 年代后期在民族阵线中竞相为夺取民族主义大旗而斗争。为了与摩萨台竞争，国王不仅反对苏联对伊朗的图谋，而且也为维护伊朗的民族利益而反对英伊石油公司，并发展了他的"积极民族主义"原则来反对摩萨台的"消极民族主义"。伊朗的民族主义斗争正好碰上外国在伊朗的利益均衡发生了变化，这就给国王帮了忙。伊朗民族主义的矛头在此时主要指向它的传统敌人苏联和英国。国王同时反对这两个国家，从而在某种程度上掩盖了他与美国的合作。在这里，一个传统统治者与激进的知识分子为民族主义旗号而竞争，而且至少是暂时赢得了胜利。[41]

外国干涉的力量可能很强大，例如像在危地马拉那样，足以把当地革命镇压下去。但在通常情况下，干涉取得的成功越大，它引起的反对力量也就越强，它激发起来的群众运动也就越广泛。此外，进行干涉的外强通常也没有可行的遏止革命运动的政治替代力量。干涉总是与被干涉国的逃亡者和流亡者合作进行，甚至可能由他们来领导进行，而这些人的主要目的是恢复旧政权。但是那个旧政权基本上业已被政治参与的扩大和政治体制中权力总量的扩大所破坏。在每一场革命中，参与在某一时刻达到顶峰，然后就有所下降，但它不可能一直落到革命以前的水平。在这个体制里，权力的分配总比权力的总量要灵活得多，可以想象，已被分散的权力可能再次被集中起来，但是已被急剧地扩大了的权力却不可能被急剧缩小。一旦群众被领出了洞穴，就不可能再永远剥夺他们享受阳光的权利。对这个革命运动的主要刺激是对外战争和外国干涉。民族主义是凝结革命联盟的水泥，是革命运动的引擎。

# 通过革命实现政治发展

## 共同体和政党

许多学者常常试图把"大"革命，或者说社会及经济革命，与那些"仅仅"是政治性的较为有限的动乱区别开来。但实际上,大革命的最重要的结果正是在政治领域之中,或者直接与这个领域有关。一场全面的革命包括摧毁旧的政治制度以及旧的正统模式,动员新的集团进入政治,重新界定政治共同体,接受新的政治价值观和新的政治合法性概念,由一批新的、更有生气的精英人物取得政权,创立新的、更强有力的政治制度。在政治参与扩大这个意义上,所有的革命都涉及现代化;在创立新形式的政治秩序这个意义上,某些革命还涉及政治发展。

一场革命的直接经济后果几乎完全是消极的。这并不只是革命所引起的暴力和破坏所带来的后果,暴力和破坏可能造成某些经济上的毁坏,但是社会和经济结构的瓦解则可能引起更多的问题。玻利维亚革命并没引起多少流血,但却几乎造成了全面的经济灾难。在古巴,暴力同样也相对较少,但经济后果却相对严重。一个社会要花好几年、甚至几十年的时间才得以回复到临近革命暴发时已达到的经济生产水平。此外,获得新的经济增长率几乎总是取决于新政治秩序的制度稳定化。苏联的工业化运动不得不等待十年之久,直到布尔什维克牢牢建立了他们的统治模式,才得以开始。墨西哥经济的迅速增长直到20世纪40年代才开始,也就是说在革命所创建的政治结构获得稳定和高度制度化的形式之后才开始。

保守派总是指出革命造成的经济崩溃,认为这就是革命全盘失败的信号。例如,在50年代和60年代,玻利维亚、越南和古巴等国革命所造成的经济短缺和困难,皆被当作这些国家革命政府即将崩溃的证据。但在所有的革命中都出现过同样的现象,诸如食品短缺、生计遭到忽视、不能协调生产计划、浪费、效率差等。这些现象正如托洛茨基所说的,是任何革命都不免要支付的"历史性进步的日常费用"的一部分。[42]甚至还可以进一步这样说:经济成功对革命来说并不重要,而经济损失对革命成功才大有好处。保守派关于食品短缺和物质困难将导致革命政权被推翻的预言从未实现,道理十分简单。在旧政权之下本来是不可容忍的物质损失,现在却成了新政权力量的证明。食品和物质享受越少,人们就越加珍视政治和意识形态上的成就,因为他们已经为此作出了如此之大的牺牲。"当政权日趋牢固时,"一个新闻记者在评论卡斯特罗时说,"老一代的古巴人学着适应艰苦的生活,而较年轻的古巴人则热爱起艰苦生活,并视此为革命的象征。"[43]革命政府可能因为富裕而受到损害,但却不会因贫困而被推翻。

经济对革命和革命者来说并不太重要,经济灾难只是为扩大和重新界定民族共同体所付出的小小代价。革命摧毁旧的社会阶级,摧毁通常由等级地位所造成的旧的社会分化基础及旧的社会分裂。革命为所有获得政治意识的新团体带来新的团体感和认同感,如果认同是现代化过程中的关键问题,那革命就为这个问题提供了一个结论性的(虽说是代价昂贵的)答案。革命建立起一个人人平等的民族或政治共同体,意味着从一种政治文化到另一种政治文化的根本转变,在前者中,臣民把政府看作是"他们",在后者中,公民把政府看作是"我们"。就政治文化而言,没有什么比人民对政治制度认同的范围和强度更为重要了。一场革命最有意义的成就便是政治价值观和政治态度方面的迅速变化。以前被排除在体制之外的群众现在认同于它,以前可能认同于体制的精英人物现在则被它拒之于门外。

旧精英人物的遇害和逃亡可能会受到革命领导人物的怂恿。革命的目标是建立新的同质共同体,迫使持不同政见者和不能被同化的分子流亡是缔结这个共同体的一种手段。故此,这种被保守的外国人看作是革命体制的一个弱点的东西,实际正是加强该体制的一种手段。穆斯塔法·基马尔通过只包括本土的土耳其人而排斥在奥斯曼帝国起过关键作用的亚美尼亚人、阿拉伯人、希腊人和其他集团的办法,建立了一个更为强大的国家。共产党领导人对这一课学得特别出色。在 1954 年至 1955 年间,有 90 万难民,主要是天主教徒,从北越出走,这大大加强了北越政治共同体的力量,并同时引起了南越政治的混乱和分裂。1960 年以前,东德政府默许其公民相对自由地移居西德,从而为东德较稳定的政治秩序打下了基础。卡斯特罗愿意让大批不愉快的古巴人离开,有助于加强其政治的长期稳定性。在革命前的社会中,疏离的是多数人和穷人,对他们来说移居国外是不可能的。在革命后的社会里,疏离的是少数人和富人,他们可以被轻而易举地通过屠杀或移民的办法来解决。

某些团体的不满被其他为数更多的团体所获得的新的认同感所压倒,被由此产生的新的共同体和团结意识所压倒。这种共同体的新意识部分地体现于强调服饰和称谓的平等与一致:身着便装和相互称"你"成为时尚,大家都是兄弟或同志。革命虽没有带来什么自由,但却是历史用以创造博爱、平等和认同的最便捷的手段。这种认同感和共同体意识使经济匮乏和物质负担变得合法化。一个古巴非熟练工人在1965年曾说:"由于卡斯特罗,现在方有了真正的平等……哪怕食品缺少我也不在乎,因为我现在是国家的一分子。为古巴的生存而斗争现在就是我的斗争。假使这就是共产主义,我也全力支持它。"[44]

我们已经说过,政治发展涉及公众利益的创造和制度化。革命进程比任何其他事物都更为戏剧化地揭示出这一点。革命前的社会总是一个没有共同利益感的社会。这种社会的特点通常表现为政治制度的衰朽和破坏,政体四分五裂,地方和区域利益盛行,私欲横流,对家族和最亲近的集团的忠诚高于一切。革命摧毁了旧的社会秩序及其阶级、多元主义和局部忠诚。崭新而更为普遍的道德与合法性来源涌现出来,这些都是全国性的而不是地区性的、政治性的而不是社会性的、革命性的而不是传统性的。口号、神秘气氛,可能还有革命的意识形态,提供了政治效忠的新标准。对革命及其主要目标的忠诚代替了对旧社会传统集团的有限忠诚。旧秩序下的公共利益已堕入各种相互冲突的地方利益的烂泥坑,新秩序的公共利益就是革命利益。

因此,革命也涉及道德更新。以前腐败社会的礼仪和公认的行为方式被一种最初是高度斯巴达式和清教徒式的生活方式所代替。革命的消极面是完成了对已在瓦解的道德准则和制度体系的摧毁。革命的积极面是造就了新的一套更加严格的道德、权威和纪律来源。每个革命政权规定的公众道德标准都比它所取代的政权下的标准更高、更广泛也更不讲情面。西方社会第一个重要的革命运动所提倡的"清教戒律"震撼了17世纪的欧洲。[45]从那时起,"纪律"这个词就十分频繁地出现在革命者的语言中和对革命的描述中。国家纪律、无产阶级纪律、党的纪律、革命纪律等就一直在革命过程中被提到。如果一个普力夺社会是一个缺少权威、诚实、纪律、合法性及公共利益感的社会,那么一个革命社会就是一个拥有所有这些东西的社会,并常常被提高到令人不堪忍受的程度。正如清教徒可以令人信服地被称为第一批布尔什维克一样,许多布尔什维克和他们的 20 世纪同行也可被称为后世的清教徒。每一场革命都是清教徒革命。

　　革命发生在政治参与受到限制和政治制度较为脆弱的地方。"人民架起了断头台,"就像德·茹弗内尔指出的那样,"不是对专制者进行道德惩罚,而是对软弱者进行肉体消灭。"46 革命的消极面涉及对旧的社会秩序及旧的政治制度的残余力量的摧毁。这就留下了一个真空。社会不再是共同体的基础。在政治发展和现代化过程中,分化和日益增加的社会复杂性逐渐使共同体依赖于政治。在一场革命中,这种变化是急剧发生的。政治意识形态和政治制度在提供共同体方面变得至关重要,此种情况并不是因为社会获得了发展,而是由于社会遭到了摧毁。每一场革命都强化了政府和政治秩序。革命是一种使社会更为落后而使政治更为复杂的政治发展形势。它在重新确立社会和经济发展以及政治发展二者之间的平衡时,采用的是一种暴力的、摧毁性的但也是创造性的方式。

　　人们经常说到,革命以强大的政府代替软弱的政府。这种强大的政府是政治体制中权力集中以及更具重人意义的权力扩大这两者的产物。按照德·茹弗内尔的话来说:"革命的真正历史功能是更新和加强权力。"47 但是,革命的政治任务的完成,依赖于创造新的政治结构,从而使权力的集中和扩大得以稳定化和制度化。简言之,成功的革命要求创立一个政党体制。

　　在历史上,革命造成过以下几种结局:(1)传统权威结构的复辟;或(2)军事独裁和武力统治;或(3)创立新的权威结构,以便反映革命造就的政治体制中权力在分布和总量方面的基本变化。查理二世和路易十八代表了传统统治者和传统权威结构的复辟。克伦威尔是军事独裁者,他试图找到新的合法性基础,但却未能成功。拿破仑亦是军事独裁者,他试图建立新的帝国王朝,从军事胜利、民众拥护和君主制的神秘中获得合法性地位,但也未能成功。这是一种把传统的合法性来源与军事的合法性来源联结在一起的做法。而蒋介石和国民党则试图把合法性的军事来源与现代来源联结起来。国民政府部分是党治政府,部分是军事独裁。但是它却没有能在国民党内部创立一种有效的制度来使自己适应变化中的参与方式。

在墨西哥，革命却首先导致由胜利的将领们实行统治，披上一层薄薄的宪政伪装。但是在1929年，环境、私利和卡列斯的政治家才能这三者合在一起，导致了革命政党的建立，于是由寡头将军们统治的半合法体制遂转变为由制度革命党领导的制度化的合法权力体制。后来，这个构架提供了制度化的机制，使卡德纳斯加强了革命号召力并扩大了人民大众对新政治体制的认同。卡列斯建立的革命政党使卡德纳斯有可能利用该党来扩大革命。当中国国民党人从党的统治倒退到军事独裁的时候，墨西哥革命则沿着相反方向，由几乎纯粹的军事独裁演变为纯粹的政党统治。

历史学家把许多年代称为革命的年代。但是只有20世纪才真正是一个革命的世纪，因为只有在20世纪，革命的进程才产生了革命的制度。从这个意义上说，英国革命和法国革命都是失败的。英法两国的痛苦挣扎和艰苦努力只换来了军事独裁与传统权力的复辟，即一位护国主和一位皇帝，两人中谁也没有使自己的统治制度化，而且随着时间的推移分别被斯图亚特王朝和波旁王朝所代替。英国革命以妥协而告终，法国革命则造成两派对立的政治传统，使法国其后自作自受了一个半世纪。在法国，革命未能产生共识，在英国虽产生了共识，但却又不是革命的。从这个意义上说，这两场革命都发生得太早，都是在人们尚未意识到并能接受作为组织的政党的时代发生的。这两场革命都扩大了政治参与，但却未能产生新的政治结构来使这种参与制度化。

不妨将这些"不完全"的革命与20世纪的革命对比一下。自从美国在18世纪末建立常设的政党以来，政治参与的革命性扩大已与革命政党的建立不可分割地联系在一起了。与英国革命和法国革命相反，俄国革命既避免了军事独裁也避免了君主制复辟。俄国革命产生了一套崭新的以政党至上、"民主集中制"及意识形态为合法性基础的体制，有效地巩固了革命所带来的权力集中和权力扩大，并使之制度化。20世纪每一场重大的革命都导致建立新的政治秩序，以便组织已经扩大的政治参与并使之稳定化和制度化。这些革命还包括建立起深深植根于群众之中的政党体制。和以往的革命不同的是，20世纪的每一场革命都把权力扩大集中于一党制的做法制度化了。不管在别的方面有什么差异，这是俄国、中

国、墨西哥、南斯拉夫、越南甚至土耳其革命的共同遗产。革命的胜利就
是政党政府的胜利。

## 墨西哥

　　并非所有的革命都能以胜利告终，而且也不是所有的胜利都是不可
逆转的。革命是政治发展的一种手段，是创立新的政治组织和程序并使
其制度化、加强政治领域以适应社会及经济势力的一种途径。在共产党
通过起义和内战获得权力的那些地方，由革命推动的政治发展是清晰可
见的。也可以在别的例子中看到，例如在墨西哥，革命在政治文化和政治
制度方面造成了重大变化。然而，在另一方面，即使在 20 世纪，一个国家
也可能遭受革命创伤的痛苦折磨，但却没有获得革命能够带来的稳定和
统一。就政治发展而言，比较墨西哥和玻利维亚革命的成功与失败，也许
可以为估价其他方兴未艾的革命将会沿着什么道路发展，提供一些线索。

　　在 1910 年以前的 20 年里，墨西哥经历了十分可观的经济发展。矿
业生产提高了 3 倍；建立了好几十个纺织厂；许多糖厂也修建起来，糖产
量提高了 3 倍；建立了一家钢铁厂；石油生产成为主要工业；一个四通八
达的铁路网已经铺设。在波菲里奥·迪亚斯时代，外贸和税收增加了 10
倍。"整套现代经济的设备在一代人的时间里就已安装完毕：铁路、银行、
重工业、稳定的通货、政府在国外享有的最好的信用。"但是，这种经济膨
胀却伴随着贫富之间鸿沟的日趋扩大。新的金融和工业财富的控制权集
中在外国人和抱成一团的少数寡头统治者手中。暴发户搜购印第安人的
私有和公共土地，以至在 1910 年，占人口 1%的人拥有着 85%的可耕地，
1 000 万从事农业的人口中，95%的人没有任何土地。农民实际上被降低
到农奴的地位，据估计，在 1910 年债农的工资只相当于 1800 年债农工资
的 25%。[48]

　　此种迅速的经济增长和日趋扩大的不平等，发生在一个既无力缓和
这些变化所带来的冲击，也不能为政治表达和消除紧张提供机会的政治
体制之中。权力集中在一个冷酷而年迈的独裁者手中，此人被少数几个
上了年纪的欧裔寡头包围着。到 1910 年，这个政治体制中的最高层领导
人都已达七八十岁的高龄，许多人任职已达 20 年甚至更久。城市中的有

文化的中产阶级集团被剥夺了参与这个政治体制的机会。政府竭力阻碍工会发展并禁止罢工,因此引起了工人的暴力行动,并促使劳工运动沿着激进的无政府工团主义路线发展。这个政治体制是一种非制度化的个人寡头统治,缺少自主性、复杂性、内聚力和适应性。权力已被集中,但总量极小,并且越来越成为个人谋私的工具。迪亚斯带来的经济发展产生了各种社会势力,但这些势力却无法被纳入他坚持要维护的那个政治体制中去。当这个独裁者最后被推翻时,好戏就开始了:解放了的精英分子相互展开了血腥的夺权斗争,工农群众立即动员起来投入了政治。

由此而产生的革命在墨西哥政治文化中造成了重大的变化,并创立了全新的政治制度。在1910年以前的20年里,墨西哥经历了迅速的经济发展和现代化。在1910年以后的30年里,墨西哥进行了同样迅速(如果不是更迅速)的政治发展和政治现代化。革命前实行的那种受个人利益和社会势力支配的、软弱的、个人的和非制度化的统治制度被一种高度复杂的、自主的、有内聚力的和灵活的政治制度所代替。新制度明确地独立存在于社会势力之外,并表现出具有一种足以把适度的权力集中与权力扩大、社会团体对政治制度参与扩大联合起来的能力。这些成就的代价是相当大的:100万墨西哥人被杀或死于饥馑,几乎所有发动革命的领导人在革命进程的不同时刻被谋害,墨西哥经济已完全崩溃。但是,这些代价至少没有被白白地付出。革命中产生的政治体制为墨西哥提供了堪称拉丁美洲历史上前所未有的稳定,并为20世纪40年代和50年代经济高速增长的新时期提供了必要的政治构架。

由于打破了僵化的阶级分层并弥合了墨西哥社会中传统的裂隙,即以殖民时代遗留下来的贵族、地主、军人和宗教的传统力量为一方,以19世纪形成的自由派、中产阶级、个人主义的和文官政治潮流为另一方的长期裂隙,革命加强了墨西哥政治体制的内聚力。事实上,墨西哥革命产生的东西就像黑格尔逻辑学上的"合题"一样。保守的殖民政治模式在形式上是团体的,而在内容上却是封建的;19世纪胡亚雷斯和马德罗的政治模式在形式上是个人主义的,在内容上却是自由主义的。革命恰到好处地把这两种模式混合成一种政治文化,其形式是多元主义的,其内容是平民主义的甚至是社会主义的。这就消除了分裂墨西哥社会的重大障碍,甚至那些曾被革命疏离的团体——地主、教会和军队——最终也在革命的条件下就范,承认现实。革命还提供了社会团结的新神话及合法性基础。它给予墨西哥以一部民族史诗、若干民族英雄和一个民族理想,从而有了制定目标和判断成果的标准。部分地由 1917 年世界上第一部社会主义宪法所昭示的墨西哥革命理想,构成了该国共识的基础,犹如美国的宪法和《独立宣言》一样。斯科特(Scott)评论说:"每一个公共问题都是在符合所谓革命理应代表的利益的前提下才被提出、探讨、接纳或拒绝的。任何一个严肃的提案人,即便是谈到鸡毛蒜皮的事,也决不会忘记将他的特殊论点贴上真正的——或者唯一真正的——革命意旨的标签,以求具有合法性。"[49]

革命不仅缔造了新的政治制度,而且还使这种制度建立起独立于社会势力的自主性和凌驾于社会势力之上的权威。政党为各集团利益的聚集和表达提供了有效的构架。革命之前,墨西哥政治已成为典型的拉美"地中海"型的团体政治,按等级组织的社会势力——主要是教会、军队和地主——互相竞争并主宰着脆弱的政治制度。[50]随着墨西哥社会变得较为现代化,除上述传统的社会势力之外,又出现了商业、劳工和专业人员团体等。革命面临的课题是使自主的各派社会势力服从于一个有效的政治制度。在 20 世纪 30 年代,这个目标达到了,各种社会势力被合并进革命政党,党组织分为农业、劳工、平民和军人四个部门。而每个部门就统辖着来自相关社会势力的各种团体和利益集团。

部门之间的冲突现在就必须在党的组织内,在总统和党的中央领导之下来谋求解决。每个地区的官位根据各部门在该地区相应的力量来分配,每个部门都有义务支持其他部门提名的候选人。党组织内部的制度化磋商和妥协系统代替了昔日的公开冲突和暴力行为的普力夺政治。通过削弱地方实力派的影响,党的这种按部门组织的办法有助于加强中央领导。部门利益服从并集中为党的利益。一种权威性的政治制度和继续存在的倾向于组织化团体结构的地中海式制度,二者相结合起来,就在事实上创造出了一种新型的社会制度,斯科特恰如其分地将其称之为团体集中制。

至于各种以前是自主的社会势力对现政权的臣服,那没有谁比军队在墨西哥政坛上所起作用的变化更能戏剧性地说明问题了。1910 年以前的墨西哥政治是军事的政治和暴力的政治。列文（Lieuwen）评论说：
"大概没有哪一个拉丁美洲国家比墨西哥更加长期深受掠夺成性的军阀
主义所造成的灾难了。在建国后的 100 年里，发生过 1 000 多次武装起
义，可怜的共和国整个算遭了殃。"[51]革命结束了这种局面。在墨西哥历
史上，总统选举与军事叛乱一直形影不离，最后一次成功的反对总统选举
的军事暴动发生在 1920 年。在 1923 年的叛乱中，半数军官站在叛乱分
子一边；在武装起来的工人和农民力量支持下，这次叛乱被镇压下去了。
工农集团参与平叛表明，军队垄断暴力的能耐和要挟政治的本领已经吃
不开了。墨西哥政治已变得如此之复杂，军方一家的力量已经不能呼风
唤雨了。支持 1927 年军事叛乱的军官不到其总数的 1/4。1938 年发生
了革命以来最后的一次军事叛乱，因为没有什么人支持，轻而易举地就被
弹压下去了。

墨西哥于 20 世纪 20 年代开始实行高度专业化的军事训练制度，并
贯彻相当严格的军官任命及退休政策，着眼于防止任何一个将军建立起
地方性的政治山头。这两个措施自然有助于迫使军人退出政治舞台。但
是迫使军队脱离政治的关键因素当推 1929 年革命政党的组建。该党最
早两位领袖卡列斯和卡德纳斯（两人都曾是将军）都坚持，职务分配和政
策决定都必须在党的机构之内进行。党在 1938 年改组时，设立了一个军
事部门，以便在党内代表军方的意见。提出这一计划并非要加强军队在
墨西哥政治上的作用，而是要把军队的这种作用由使用暴力手腕转变为
利用选举和谈判的技巧。就设立党的军事部门一事，卡德纳斯辩称："我
们没有把墨西哥军队引入政治，它本来就在政治之中。实际上，军队过去
一直就主宰着局势，我们现在妥善地把它的影响削减为四票中的一
票。"[52]3 年以后，阿维拉·卡马乔（Avila Camacho）总统解散了党的军事
部门，打乱了国会中的军队党团，并让其余许多革命的将领退休。政治职
务和政治角色越来越多地由文职官员和政治家而不是由将军来担任。

革命创造的政治体制也反映了高度的制度复杂性。就像在其他革命
后的国家里那样，基本的制度分野是党与政府。前者垄断着政治系统的
"输入"功能，后者在"输出"功能上起到关键作用。在党内，部门组织提供
了一种跨阶级和跨地区的划分模式。因此党的农业部门又划分为农民组

织、农业工人组织、农学家组织及农技人员组织；党的劳工部门划分为占支配地位的右翼集团和规模较小的左翼集团。党的平民部门则包括了按成员的不同性质来划分的各种集团，分别代表文职官员、小企业、专业人员、妇女和其他各界人士。这种结构分散了冲突，并使政治利益易于集中。墨西哥传统的政治冲突基础——家庭、集团、地区——现在又被部门之间的竞争和部门中各个集团间的竞争所补充。

最后，革命的政治体制还表现出它的适应性。或许墨西哥政党体制最明显的成就，就是它基本上解决了和平接班这个问题。革命初期的口号是"不许连任"，革命党把这个口号转化为政治稳定的基础。任期六年的总统只能担任一届。候选人通过一种复杂和近似神秘的党内推荐、协商、讨论和建立共识的综合考虑过程而被挑选出来，在这一过程中，在职总统发挥着指导性的或许是主导性的作用。一旦经过非正式程序被选中，候选人便由党代表大会正式提名，有把握击败体制中其他弱小反对党派而当选。在总统任职的六年里，他确实握有大权，但没有希望连任。这种做法明显地有助于体制的稳定。如果总统可以无限期地保持权力，其他想当总统的人就会找到种种口实，去非法地搞掉他。由于每个总统限于一任，雄心勃勃的政治家可以期望有好几次被提名参加总统竞选的机会，等到他因年迈而不能被提名时，他就只好认命，再发牢骚也无济于事了。

在政策创制方面，墨西哥的政治体制也表现出相当大的适应性。1933 年卡列斯宣称，革命已难以实现其目标，腐败和愚昧逐渐在阻碍其进步。第二年卡德纳斯当选为总统，使该政治体制体现出它有能力提出新目标、同化新集团并能展开一系列彻底的新式改革。就政策而言，卡德纳斯政权堪称第二次墨西哥革命。土地改革又鼓起了新的劲头，铁路和油井实现了国有化，教育范围扩大了，新的社会福利计划也开始实施。制度本身能够造就出开创改革的领导人，而这种改革又能够在制度的运作之内顺利进行。凡此皆突出地表明了墨西哥领导人的才智和墨西哥政治制度的适应性。卡德纳斯当选为总统时年仅 39 岁，他的当选代表着在党组织内部更加年轻、更为激进也更有知识的新一代政治领袖已经崛起。这一代人获得权力是墨西哥政治体制史上的一次和平革命，在许多方面可以和杰克逊派民主党人在美国政治体制中开始掌权相比拟。

卡德纳斯在任期结束时,利用自己的影响确保了一个比他保守得多的人即阿维拉·卡马乔当选为总统。卡马乔在 1946 年则由较为激进的阿莱曼(Alemán)接替,后者在 1952 年又被较为保守的科蒂内斯(Cortines)所继承,科蒂内斯在 1958 年由较激进的洛佩斯·马特奥斯(López Mateos)接任,而马特奥斯则在 1964 年由较保守的迪亚斯·奥尔达斯(Días Ordaz)接任。这样,通过非正式但却有效的程序,让激进和创新的总统与比较保守的总统轮流上阵,制度自然也就产生了固有的灵活性。该体制通过有意识地选择不同倾向的领导人从而使发展与巩固能交替进行,这种交替在更具竞争性的党派体制下则是通过投票人偏好的变化来实现的。

墨西哥政治体制的高度制度化使它能有效地应付 20 世纪中期的现代化问题。1929 年革命政党建立后,30 年代随之就实现了为促进社会改革所必需的权力集中和牵涉到加强人民对该政治体制认同的权力扩大。在这个过程中,关键人物是卡德纳斯,他使党变得制度化,把权力集中于总统,发动了社会改革,并扩大了政治参与。在 20 年代,权力集中已由卡列斯在非正式的基础上先行了一步。在 30 年代创立革命政党以后,权力集中于总统已成为制度化。卡德纳斯当选为总统后,有效地改变了卡列斯仅具非正式权力的局面,在全党建立了自己的权威。改组后的党立足于部门,而不是立足于地区的基础上,这就打乱了地方实力派的权力。党的经费由部门组织流入中央组织,组织就能对地方上的党务活动加以控制。

在卡德纳斯领导下,权力集中了,并且也扩大了。卡德纳斯积极地推进劳工和农民组织,赞助"全国农民联合会"和"墨西哥劳工联合会"的成立。这些组织被纳入党的组织结构。这样一来,党员人数大大增加了,且其成分已非以政府雇员为主,而是以工农分子为主。到 1936 年党员已超过了 100 万人。接着,各种专业组织、青年团体、合作社团和其他的社会组织也被纳入党的组织构架。这个过程实际上动员了新的集团加入了革命政党并投入了政治,同时也就加强了这些新集团的组织性。动员和组织是同时进行的。同样重要的是,卡德纳斯还为民众对该体制认同提供了象征。在 1934 年的总统竞选中,他创了一个先例(嗣后的竞选者纷纷仿效),旅行了 16 000 英里,来争取民众的支持,激发公众的兴趣。任职之后,他竭力宣传自己深入群众与平易近人的作风(甚至他曾下令国家电报局每天拨出一小时,免费让公众给总统打电报)。[53]像卡斯特罗和麦格赛赛后来做的一样,他花去大量的时间在全国旅行、访问村庄、听取抱怨,使人民感到这个政府确实是他们自己的政府。

阿尔蒙德(Almond)和维巴(Verba)曾对美国、英国、德国、意大利和墨西哥五国的政治价值观念与政治态度作过比较分析,人们可以从他们的分析中清楚地发现,墨西哥这种扩大民众在体制内的政治参与和民众对该体制认同的过程是有其意义的。[54]几乎所有的社会和经济发展指标都表明,墨西哥和意大利排在其他三国之后,墨西哥还相当远地落在意大利后面。但就政治文化而言,在意大利和墨西哥之间,甚至在墨西哥和其他三个高度现代国家之间,都存在着惊人的差异。比起美国人和英国人,墨西哥人对他们的政治和政府表现得不那么自豪,但比起德国人和意大利人来,他们的自豪感就强得多了。对政府在他们的生活中所起的作用,墨西哥人很少承认,但却有一个实实在在的多数对政治感兴趣。甚至那些在生活中很少觉察到政府影响的墨西哥人也仍然极为频繁地触及政治。

也许最有意义的是,像美国人一样,墨西哥人的公民能力远胜于他们的臣民能力。就像阿尔蒙德和维巴指出的那样,这就是革命社会和非革命社会之间的基本差异。换言之,这差异可以为社会科学提供资料,印证德·托克维尔的见解,即美国得益于一场民主革命的结果而又不必进行一场民主革命。33%的墨西哥人显示出公民能力,对比之下,意大利却只有27%的人有这种能力;从政治系统的输入方面看,45%的墨西哥人被列为疏离型的,而意大利人却有63%是疏离型的。正如阿尔蒙德和维巴指出的那样,在正常情况下,人民形成其臣民能力在先,形成其公民能力在后。然而在墨西哥,革命将这种进程颠倒过来了。因此墨西哥人说,他们从自己的政治体制中所得的好处甚微,但是他们却怀着得到更多好处的希望。他们的政治是一种期盼性政治。墨西哥的政治文化以其"革命的诺言"而闻名,政治制度的合法性建立在革命所带来的希望和期盼之上。[55]

政治发展从无尽头,从没有哪一种政治体制解决了它面临的所有问题。但是与其他革命相比,墨西哥革命在政治发展方面是高度成功的,就是说,它创造了复杂的、自主的、有内聚力的和有适应性的政治组织和程序;在政治现代化方面,它也有可观的成就,就是说,它获得了社会改革所必需的权力集中和集团认同所必需的权力扩大。在革命政党创立 35 年之后,很多人对该政治体制能否继续满足墨西哥迅速变化的社会和经济需要,提出过怀疑。可以想象,必须对政治体制作出重大变革才能应付这些问题。同样可以想象,这个体制也许不再能够适应新水平上的经济发展和社会的复杂性。不管它今后的命运如何,这个由革命产生的体制给了墨西哥以政治稳定、民众对政府的认同、社会改革,以及在这个国家早期历史上无与伦比的、在拉丁美洲也属独一无二的经济发展。

## 玻利维亚

玻利维亚革命就没有带来墨西哥革命那样的成就。相反,玻利维亚的例子表明,在某种情况下,革命可能是通向政治稳定之途,但它未必就一定能达到政治稳定之域。在表面上,玻利维亚革命与墨西哥革命有许多相同之处。在革命前,玻利维亚由一个范围很小的白人上层精英集团在治理,他们主宰着广大不识字也不会讲西班牙语的印第安农民。据说,3 个锡矿公司和 200 个家族拥有着这个国家。在 1950 年,10% 的土地所有者拥有全国 97% 的土地。[56] 该国几乎是一个绝对的两阶级寡头制社会。然而在 20 世纪 30 年代,玻利维亚与巴拉圭发生了查科战争,这就需要动员一支实质上是农民的军队。玻利维亚在战争中的失败旋即导致了由一伙上校发动的军事政变,他们一心要建立一个较为有效而进步的政府。1939 年这个军人政府被一个比较保守的政权所代替。在以后的几年里,好几个政党组织起来,其中包括由一群知识分子所领导的"民族主义革命运动"(以下简称"民革运")。1943 年,一场军事政变使一批与"民革运"合作的军官上了台。这帮人推行一种半法西斯、半激进的血腥统治。1946 年,这个政权在一场城市暴乱中翻船,一个较保守的政府再次获得权力,"民革运"的领导人流亡国外。1951 年举行了大选,据说是流亡中的"民革运"领导人帕斯·埃斯登索罗获胜。但是军队取消了这次选举,随之而来的是一段时期的混乱。

最后,"民革运"在 1952 年 4 月发起了推翻政府的攻势,没有经过多少流血就获得了成功,革命者上了台,帕斯·埃斯登索罗从流亡中回国并担任了新的革命政权的总统。"民革运"政府将锡矿国有化并确立了普选制。虽然"民革运"领导人在土地问题上一直是温和的,但农民在 1952 年建立了他们自己的组织,并开始为自己夺取土地。面对这种来自下层的动乱,就像 1789 年的法国国民议会和 1917 年的布尔什维克一样,"民革运"领导人选择了唯一可行的革命道路,将农民的行动加以合法化。这个政权还废除了旧军队并把矿工和农民编入民兵。在以后的 12 年中,玻利维亚实际上是一个一党制国家,"民革运"垄断着权力,排斥形形色色的持不同政见者和左翼或右翼的分裂小集团。1956 年另一位"民革运"创始人埃尔南·西莱斯(Hernán Siles)当选为总统,他采取了比其前任较为温和而谨慎的政策。1960 年,帕斯重新当选为总统。他修改了宪法,使自己能于 1964 年再次当选。在整个 20 世纪 50 年代发生过种种政变和叛乱性图谋,大部分是由右翼发动的,但皆被镇压。但在 1961 年,由于政府试图使锡矿开采现代化,因而卷入了一系列与锡矿工人的武装冲突。冲突越演越烈,到 1964 年 10 月,一场实际上的内战席卷了整个玻利维亚。军队和农民为一方,矿工和学生为另一方,营垒分明。在 11 月的第一周,陆军和空军的最高指挥官们废黜了帕斯总统,将其放逐,并建立了一个军人政权。次年该政权也与矿工发生了一连串的血腥战斗。1966 年军方头目雷内·巴里恩托斯(René Barrientos)将军击败微不足道的反对派,当选为总统。

这一连串事件的发生提出了很多耐人寻味的重要问题。像墨西哥革命一样,玻利维亚革命立即带来了社会平等、政治动员和经济混乱。但为什么它却没有像墨西哥革命那样也带来长期的政治稳定呢?玻利维亚革命出了什么差错?为什么"民革运"不能像墨国制度革命党那样也使自己有效地制度化?为什么黩武主义与军事政变在玻利维亚政治舞台上反复出现?

似乎有四种因素造成了这种情况。第一,玻利维亚革命具有一场重大革命的许多特点:传统的社会和经济精英分子被清除和放逐,中产阶级知识分子与农民形成革命的同盟,资产国有化和土地大批没收,政治参与广泛地扩大了,一党统治建立起来。但是它恰恰缺乏全面革命的一个特征,就是说,玻利维亚革命夺权时,相对来说只伴随着很少的暴力。1952年4月1日政权崩溃了,军队分裂了,于是武装的"民革运"党人在工人及军队中的反叛集团的合作下,轻而易举地就控制了局面。在墨西哥,从1910年到1920年之间,大约有100万人因暴力或饥馑而丧命,该数字几乎是墨西哥人口的10%。在玻利维亚的1952年革命中,大约只有3 000人被杀,这个数字不到该国总人口的10‰,"民革运"上台伊始就建立了相当程度的秩序与安全。其后的一两年里,在农村仍有一些零星的暴力行为,但总的说来,与地道的革命相比,玻利维亚革命算是文质彬彬的。就像理查德·帕奇所说:"这场革命并未按革命的办法来办,没有阶级斗争,人死得不多,拉巴斯以外的地方几乎没有发生战斗,没有极端分子插手,没有恐怖统治,没有'热月党人'。"[57]在"民革运"取得政权以后的几个月里,有相当数目的农民和工人动员起来,但这不是一种竞争性的动员。旧政权倒台之后,通常在革命分子内部为继承权问题进行的残酷斗争在玻利维亚却显然没有发生。在这个意义上,"民革运"夺取政权比较像纳赛尔在埃及夺取政权,而不像"北方佬"在墨西哥、布尔什维克在俄国、或共产党人在中国为上台而进行的流血斗争。

　　玻利维亚夺权具有相对平静的特点,这至少在两个方面对以后的政治稳定产生了副作用。首先,只有在长期的暴乱使物资、人员和道义消耗殆尽的情况下,一个社会才能最终接受任何一种能称之为秩序的秩序。为什么极端的暴力革命之后立即会出现天下太平?其理由之一就是,当人民完全被暴力弄得筋疲力尽之时,他们会乐于默认任何一个看起来足以防止暴力重演的政府的统治。1920年的墨西哥人,1922年的俄国人,1949年的中国人,就像1939年的西班牙人一样,已经吃足了内战的苦头,他们实在也无法再忍受下去了。相反,玻利维亚人尚未被他们的革命耗尽精力,他们尝试暴力的胃口,未曾稍减。其次,各个革命集团之间激烈夺权的作用之一,就是造成许多觊觎政权的人送命。在墨西哥革命的最初十年里,马德罗、比利亚、萨帕塔和卡兰萨等人相继被杀,才使得奥夫雷贡和卡列斯的合作有可能在20世纪20年代确立起秩序。在奥夫雷贡被谋害之后,剩下就只有卡列斯一个人在牢牢地占据着革命的舞台。这种斗争,诚如德·茹弗内尔所言:"把刚从革命的自相残杀中崛起、还在流着血但却是胜利的政治强人推上台,以替代一帮心灰意懒和疑虑重重的统治者。"[58] 在玻利维亚革命的早期阶段,此种革命者相互角逐权力的残杀并没有发生。

如果政治领导人能够以妥协来解决他们之间的分歧的话,那么,即便在革命早期阶段未消灭革命阵营内部的夺权分子,也不至于破坏后来的政治稳定。但是革命的主要人物帕斯·埃斯登索罗极不愿与他的同事们分享权力。他在 1960 年坚持要竞选第二任总统,惹恼了"民革运"另一位创始人沃尔特·格瓦拉·阿尔塞(Walter Guevara Arze),后者认为该轮到他来当总统,遂分裂出来独立进行竞选。为了壮大自己的队伍,帕斯与"民革运"的左翼结成联盟,左翼的头头胡安·莱钦(Juan Lechín)被提名为帕斯的竞选伙伴,当选为副总统。1964 年莱钦也认为该轮到自己来当总统了,但帕斯修改了宪法以便能再次连任,这又使莱钦和"民革运"左翼大为不悦。这样一来,由于帕斯力图垄断总统职位,以至于几乎得罪了党内所有其他的领导人。结果,他自己的地位受到严重的削弱。当军队在 1964 年 11 月转而反对他时,他就在党内成了孤家寡人。

玻利维亚和墨西哥走过的这两种截然不同的道路表明,在提供政治稳定和权力制度化方面,政治家才能具有重要意义。墨西哥革命最根本的一条约法是"不许连任",尽管存在着保持职位的诱惑,但革命领导人还是遵守了这个约法。当卡兰萨试图回避这一条而推出自己的一个亲信去当儿皇帝时,他就被罢了官。在 20 年代,奥夫雷贡和卡列斯轮流上台,而当奥夫雷贡在 1928 年被谋杀后,卡列斯仍恪守不连任的约法,拒绝当自己的继任人。非但如此,他还宣布必须将革命制度化,亲自领导建立了墨西哥革命政党。同样在五年以后,卡列斯明智地承认革命正停滞不前,需要年轻的新领袖,于是默认了提名卡德纳斯作为总统。相反,帕斯·埃斯登索罗却由于企图永远占据政治职位而损害了玻利维亚的政治稳定。政治稳定部分地是历史条件和社会力量的产物,也部分地是政治领袖所做的选择与决定的结果。作如是观,导致墨西哥革命与玻利维亚革命在政治稳定上形成差异的第二个因素,就是卡列斯和帕斯·埃斯登索罗在政治品格上的差异。

两场革命之间的第三个关键性差异关涉到社会势力与政治制度二者

的关系问题。墨西哥革命的一个成果是迫使自主的社会势力服从于一个统一政党的权威。像军队和教会这些传统的社会制度,起初由于敌视革命,就被排斥在政治之外,以后才逐渐重新被纳入政治体制,扮演辅助或次要的角色。作为革命的结果而进入政治的新兴社会集团,像工人和农民团体,在很大程度上也是由革命组织起来的。1918 年,卡兰萨总统和政府赞助组织了一个劳工工会联盟。在 20 年代,路易斯·莫罗内斯(Louis Morones)领导下的工会运动是与卡列斯总统紧密地联合在一起的。在 30 年代,卡德纳斯作为总统帮助组织了许多新的农民和工人协会。1938 年当卡德纳斯按照部门重组革命政党时,这些组织便一一被直接并入党的组织中。墨西哥劳工的突出特点是它与执政党的密切联系,劳工领袖积极参与党的领导;相应地,党对有组织的劳工也有巨大的影响。

在玻利维亚,有组织的劳工和有组织的农民也是政治上的关键力量。主要是因为玻利维亚革命发生在墨西哥革命的 40 年之后,玻利维亚劳工组织在革命发生时比墨西哥当年的劳工组织可算是先进得多了。墨西哥的迪亚斯政权在 1910 年以前的 20 年里一直反对和镇压劳工组织。但玻利维亚的托罗和布施政权在 30 年代却积极地鼓励劳工组织。在 40 年代,"民革运"和其他的左派政党和政府都争相控制劳工运动。因此,在墨西哥是较为分裂的劳工运动的成员们,为了接近政治领导人和在革命政党内产生影响而相互竞争。反过来,在玻利维亚则是各政党为了在中央一级的劳工组织内发生影响并进而对其控制而相互竞争。从 1952 年到 1958 年,玻利维亚政府在理论上确实是"民革运"和中央劳工组织的"合作政府",[59]劳工组织挑选了四个成员去参加内阁。因此,与墨西哥相反,玻利维亚的劳工组织在很大程度上先于革命而存在,革命后也不受政治权威的支配而自行其是。

玻利维亚的农民组织也不听命于政党和中央政治领导,其自行其是的态度就更加明显了。查科战争以后,第一个农民联合会在科恰班巴(Cochabamba)地区组织起来。在以后的 15 年里,农民组织逐渐蔓延开来,1952 年革命以后,农民组织迅速遍及全国各地。"民革运"在 1952 年4 月掌握政权后立即试图建立起自己的农民组织,但它不得不向由农民业已独立组织起来的运动作出让步。这些农民组织于 1952 年下半年和 1953 年带头强占工地，迫使政府颁布农村改革法。[60]结果"农革运"就开始与农民运动串通一气，以致后来有好几个与农民有密切联系的领导人在政府里发挥过重要的作用。尽管如此，农民组织一直具有独立于政党之外的存在。

因此，玻利维亚国内像农民和工人这些有组织的社会势力，在统治的政党面前，比墨西哥的那些社会势力有着较大的影响力。就像一个观察家曾经说过的，"民革运""不是这个国家群众性政治行动的主要舞台，基层的政治中心主要是矿工工会和农民协会。因此动员老百姓行动起来的乃是阶级性的组织以及其他组织，这些组织并不需要也不造成人们对既存政治制度的效忠"[61]。要不是因为在矿区形成紧张的冲突，这种情况未必一定会导致政治分裂。革命时期支持"民革运"的主要来源是城市学生、知识分子、矿工和其他工人。但是 20 世纪 50 年代在矿井国有化以后，生产急速下降，效益下降得甚至更快。同时，如脱缰之马的通货膨胀使得西莱斯总统领导下的政府在 1957 年实施非常严厉的物价稳定计划。这受到了莱钦领导下的矿工组织的抵制。在随后的摊牌中，矿工们认可了政府的政策，但莱钦却保住了他对矿工组织的控制。接着，帕斯·埃斯登索罗在 1960 年重新当选为总统。他也在外国的帮助和指导下，开始使矿井现代化，这在矿工与政府间引起了新的对抗，到处都出现了罢工、骚乱和暴力。

到了此时，支持政府的主要力量来源已经不是原先的城市知识分子了，因为他们对绝大多数政府总是会反对的；同时也不再是矿工了，因矿工不满现政府的政策。现在支持政府的是农民，因为农民从土地改革和政府其他措施中捞到了实惠。在理论上，帕斯本应动员农民和农村的民兵来和矿工进行斗争，然而在其第二届任期中，他却重建了一支职业军队。在 1960 年到 1963 年之间，玻利维亚的军事预算增加了一倍，从而造成了一股新的具有独立行动能力的社会势力。1964 年春，帕斯被迫改变初衷，不得不让空军参谋长雷内·巴里恩托斯将军做他的副总统竞选伙伴，这表明军队在政治上显然是有力量的。在帕斯重新当选之后，与矿工们的争吵加剧了，因而不得不派军队去镇压矿工起义。与此同时，教师和其他的城市集团也举行了罢工,反对现政权。面对内战的前景,巴里恩托斯将军领导了废黜帕斯的政变。

由于同莱钦、格瓦拉和西莱斯的斗争分裂了"民革运",帕斯便失去了城市中产阶级和工人阶级的支持,仅仅保住了农民的忠诚。帕斯本想凭借创立一支新的军队来支持他的权威,然而,这却无异搬起石头砸自己的脚,制造出一个他自己后来准确地称之为反对他自己的"军事怪物"。[62]当摊牌来到时,知识分子和工人反对现政权,农民不愿意或无法采取行动,因此军队就能轻而易举地把他赶下台。1923年在墨西哥奥夫雷贡总统靠着召集农民民兵和劳工武装,镇压了一场军事叛乱。1964年在玻利维亚,劳工武装却站在另一方,农民民兵力量太薄弱、太冷漠,因而无法迅速动员起来支持总统。玻利维亚各社会势力的这种组合态势酷似1960年土耳其的情况,这表明农民的支持是政治稳定的一个必要条件,但它还不是一个充足条件。政府与主要的城市集团即知识分子、工人或军队三者之中的至少一个进行合作也是必需的。

与玻利维亚革命未形成政治稳定可能有关系的第四个因素,说也奇怪,是它缺乏反对外国干涉的民族主义内容。每次重大革命在某一阶段都涉及动员大众参加反对外敌的斗争,这个特征显然没出现在玻利维亚的革命中。外国在玻利维亚的存在相对来说是有限的,三个锡矿的拥有者——帕蒂尼奥(Patiño)、霍克什利德(Hochschild)和阿拉马约(Aramayo),都是玻利维亚人。矿井的国有化没有招致外国的重大抗议,更不必说干涉了。玻利维亚是一个孤立的内陆国家,远离世界权力中心,这里的革命缺少直接和明确的靶子,来充当群众参与、仇恨和民族主义的发泄对象。

因此,玻利维亚革命提出的问题是,在革命前缺少可观的外国存在,而革命后又没有重大的外国干预的情况下,一场全面的革命是否可能。玻利维亚的革命提出了这个问题,但却没有回答这个问题。因为玻利维亚革命不仅没有受到外来干预,反而还得到了外国的有力支援,它实际上是由美国掏钱资助的一场革命。其实,也就是资助玻利维亚革命的同一届美国政府,却在镇压危地马拉的革命,并正在准备推翻古巴的革命。从1953年到1959年,玻利维亚从美国接受了1.24亿美元的直接经济援助和技术援助及 3 000 万美元的贷款。按人口平均计算,这些援助远远超过了美国给予任何其他拉美国家的援助。即使在建立了进步联盟以后,玻利维亚仍然是主要的美援接受国之一,到 1964 年为止其总数已达到大约 4 亿美元。

人们不禁要问,美国对玻利维亚革命体制的援助在多大程度上给该制度帮了倒忙? 这至少可以从两个方面来看。第一,玻利维亚革命政府对美国的财政依赖使美国有能力逼迫或诱使该政府去实行某些政策,而如果这个政府只是单纯依靠国内政治支持的话,它本来可以不必去实行这些政策的。在赔偿前锡矿所有者和偿还外债方面,玻利维亚政府实行了一项稳妥的政策。但在美国坚持下,西莱斯总统在 1957 年提出了一项不得人心的稳定计划,这个计划试图把工资冻结在远低于 1952 年以来物价相应上涨的水平之下。美国还坚持推迟或放弃某些社会福利和发展计划。"我们必须告诉玻利维亚政府,"一个美国官员说,"他们不能把他们的钱花进去,我们也不打算把我们的钱花进去。"[63] 在 1962 年和 1963 年,美国和联邦德国的利益集团及美洲国家发展银行把援助扩展到更新锡矿设备上,其条件是玻利维亚政府采取有力行动以降低成本并解雇过剩的劳工。很明显,美国还插手玻利维亚政治领导人的选择。西莱斯任总统期间,美国坚定地给他撑腰,另一方面美国又一贯地支持帕斯·埃斯登索罗。在 1964 年,美国大使陪着帕斯走遍全国,进行竞选活动。此时及此后,美国也显然尽了一切可能来阻止反帕斯的军事政变。早在 1955 年,左翼工会领导人胡安·莱钦被迫放弃作为矿业部长的内阁职务,据传也是出于美国的坚持。[64] 几乎所有这些行动都使得政府与锡矿工人的关系恶化。倘若是一个不依赖美援的政府,除了对矿工执行较为和解的政策以外,本来是没有其他选择余地的。美国对玻利维亚的干预极大地助长了玻利维亚政治的两极分化。

在动摇玻利维亚政局稳定方面,美国干预的第二个重要后果就是养虎遗患,使一种政治势力得以形成,而正是这种政治势力在推翻美国支持的政府中起了决定性作用。这里所说的就是玻利维亚军队。1960 年以前,玻利维亚几乎没有从美国得到过军事援助。然而从 1960 年至 1965 年,玻利维亚却从美国获得了 1 060 万美元的军事援助。没有这笔援助,军队在组织和政治上都无力推翻帕斯。在 1944 年,也就是革命的前 8 年,帕斯·埃斯登索罗宣布:"在像我们这样一个经济上仰仗他人的国家里,一场极端主义的革命是不可能成功的。"65 这句话很可能给他说对了。玻利维亚政局动荡的一个重要因素,显应归咎于革命政府对美国援助的依赖。这些援助可能为社会福利和经济发展作出了贡献,但其政治效果却是破坏稳定的。美国可能是通过援助革命而腐化了革命。

# 列宁主义与政治发展

不同的动机导致共产党人和非共产党人都强调共产主义的革命性质。但革命这个概念并非是共产党人发现的,早在共产党人出现很久之前就有了现代化的革命。共产党的革命理论只不过是对法国大革命经验进行概括,其后又据俄国和中国革命经验加以修订出来的东西。没有几个传统政权是被共产主义运动推翻的,共产党的成就倒是其在革命后创建的那种立于广泛的大众参政基础上的现代政府。

跨入现代世界而又丧失了传统的合法性原则和传统的权威制度的社会,最容易受到共产主义的影响。在布尔什维克革命以前,没有一场革命在政治上是全面的,因为还没有哪位革命领袖系统地形成过一种能够阐明如何组织政治参与的扩大并使之制度化的理论,而这正是革命的本质。列宁解决了这个问题,从而完成了 20 世纪最有意义的政治创新。他的追随者们详尽发挥了这个理论和实践,将新集团进入政治的动员工作和新型政治组织的创立和制度化二者加以配套。许多不同类型的集团——宗教的、民族主义的、阶级的——都能把新的参与者带入政治,但是只有共产党人才一贯表现出有能力去组织和规划这种参与,并由此而创立一套新的政治制度。共产主义运动对现代政治的突出贡献,不是革除和摧毁现存制度,而是组建和创造新型的政治制度。共产主义的政治功能不是推翻权威而是填补权威的真空。

此外,许多共产主义政治体制的生命力和稳定性,只是部分取决于这些体制建立的方式。14 个共产主义政府中的 6 个(苏联、中国、南斯拉夫、阿尔巴尼亚、北越、古巴)基本上是通过国内的社会和民族革命而取得权力的。其他 8 国(波兰、民主德国、匈牙利、保加利亚、罗马尼亚、捷克斯洛伐克、朝鲜、蒙古)的体制则主要是由外国(即苏联)势力强加于它们的。共产主义的正统性在后一类国家中,明显地比在前一类国家中弱,因为那里的共产主义和民族主义之间的认同性差。共产主义与民族主义确实会发生利益上的冲突,就像在东欧国家有时发生的那样。比起通过"革命"上台的 6 个共产主义体制来,8 个通过"占领"上台的共产主义体制的稳定性差。但是,通过与本国的民族主义感情主动认同,通过反对外国控制以坚持民族独立(如同罗马尼亚和朝鲜在 60 年代所做的那样),这些靠"占领"上台的政权也很有可能克服他们在初期所遇到的麻烦。在这方面,"占领"政权确实受到较大的压力去这么做,而"革命"政权则可能放手与外国结盟甚至屈从于外国而不觉得有损于本国的民族独立,或有损于它们本身作为民族利益发言人的地位。此外,与大部分其他处于同等社会和经济发展水平国家的政治体制相比,上述这两种类型的共产主义国家都表现出高水准的政治稳定和制度化。

共产主义的力量并不寓于它的经济学说之中——这种经济学说早已老掉了牙,也不在于它具有世俗宗教的特点,在这一点上,它敌不过民族主义的吸引力。共产主义最有关的特点是它的政治理论和实践,不在于它有马克思主义,而在于它有列宁主义。按照社会主义思想史的传统观点,人们通常把马克思看作是顶峰,在马克思以前有像乌托邦社会主义者那样的先驱,在马克思之后,有像考茨基(Kautsky)、伯恩斯坦(Bernstein)、卢森堡(Luxemburg)、列宁这样的门徒和阐释者。但是从马克思主义的政治理论来看,这种观点是十分不准确的,实际上,列宁并不是马克思的门徒,马克思只不过是列宁的先驱而已。列宁使马克思主义成为一种政治理论,并在这样做的过程中使马克思倒立起来。对马克思来说,关键是社会阶级;而对列宁来说,关键却是政党。马克思是一个政治上的原始人,他不可能发展出一门政治科学或政治理论,因为他不承认政治是一个自主的活动领域,也不认为政治秩序是超越社会阶级秩序之上的。然而列宁却把政治制度即党提高到社会阶级和社会势力之上的地位。

更具体的说,列宁认为,无产阶级不可能单靠自己来获得阶级意识,这种意识必须由知识分子从外面灌输进去。革命意识是理论洞见的产物,革命运动是政治组织的产物。列宁说,社会民主党人的目标必须是"创造一个领导无产阶级斗争的革命家组织"[66]。这个组织必须"克服"工人阶级单纯追求物质利益的倾向,并树立起更宽广的政治意识。具有潜在革命性的社会势力成员的忠心必须超脱出对这些社会势力眼前利益的关注,这些阶级必须获得"全面发展的阶级意识",并且"学会在实践中用唯物主义观点来分析和估计一切阶级、阶层和集团的活动和生活中一切方面"。[67]列宁一贯强调必须获得真正的革命政治意识,以区别于有限的、眼前的"工会"或经济意识,说明他认识到政治具有更广阔的范围和需要,政治目标是超越经济目标的。

此外,革命组织可以从所有社会阶层中吸收成员。但革命组织"应当包括的首先是并且主要是以革命活动为职业的人……既然这种组织的参加者都有共同的特征,那么,工人与知识分子之间的任何区别也就应当完全消除,更不必说他们各种不同的职业之间的区别了"[68]。党员的标准就从马克思的身份检验(阶级背景)变成了列宁的成就检验(革命意识)。在这个意义上,共产党员的特征就是它的无阶级性。他们献身于党,而不是任何社会集团。知识分子之所以被赋予突出的作用,就是基于这样一个事实:与其他大部分社会成员相比,知识分子较少依附于任何特定的社会集团。

作为一种社会演变理论,马克思的理论已被事实证明是错误的;作为一种政治行动理论,列宁的理论则被事实证明是正确的。马克思的理论不能解释为什么共产党人在那些工业落后的国家里,如俄国和中国,夺取了权力,但列宁的理论却能解释这一点。决定性的因素是政治组织的性质而不是社会发展的阶段。为夺取政权所需要的列宁主义的党并不一定依赖任何特定的社会势力的联合。列宁主要考虑的是知识分子和工人,毛泽东则表明,列宁的政治发展理论同样适用于知识分子与农民的联合。就像史华慈(Benjamin Schwartz)所说:"中国共产党是一支由具有政治表达能力的领袖们按列宁主义路线组织起来的精锐部队,并且从中国社会各个阶层中吸收其高层领导成员。"当托洛茨基说"阶级决定而不是党决定"时,他是错误的。[69]列宁和毛泽东都正确地强调过,具备一个独立于各社会势力并操纵这些势力去达到自己目标的政治组织才是最重要的。党确实必须去吸引民众当中的所有集团。

> 社会民主党人为了向工人阶级灌输政治知识，就应当到居民中的一切阶级中去，应当把自己的队伍分派到各方面去……我们应当负责组织这种在我们党领导下进行的全面的政治斗争，使所有一切反政府阶层都能够尽力帮助并且确实尽力帮助这个斗争和这个党。
>
> 我们应当把社会民主党的实际工作者培养成为这样的政治领袖。[70]

一方面将共产主义的号召力从无产阶级扩大到社会其他集团，另一方面则强调党作为政治变革的推动力，这两者应是同步进行的。

因此，列宁用一个有意识地创立、构建和组织起来的政治制度代替了一个无定形的社会阶级。通过强调政治的优先地位和作为政治制度的政党，强调需要在一个"广泛的革命联合"基础上建立起"强大的革命组织"，列宁就为政治秩序奠定了先决条件。在这方面，列宁和麦迪逊之间，《联邦党人文集》和《怎么办？》之间的共同之处是十分引人注目的。两者都是注重实际的政治学家的大手笔，分析了社会现实，提出了足以构建政治秩序的理论基础。列宁处理的是阶级，而麦迪逊处理的则是派别。麦迪逊找寻到的政治秩序的基础是代议制政府制度和在一个幅员辽阔的共和国里对多数派权力的限制，列宁则在党对所有社会势力具有的至上地位中找到了他的政治秩序的基础。

因此，一个政治组织，即党，就成为至善，抑或最终目的，它本身的需要压倒了个别领袖、党员和社会集团的需要。对列宁来说，最高的忠诚不属于家庭、氏族、部落、国家，甚至也不属于阶级：忠诚属于党。党是最高的道义源泉，党性是最高的忠诚，党的纪律是最高的裁决。如果需要，所有别的集团和个人利益必须牺牲自己以确保党的生存、成功和胜利。"党归根到底总是对的，"托洛茨基在被指责犯了错误时这么说，"因为党是历史赋予无产阶级解决其根本问题的唯一工具……一个人只有与党在一起，并通过党才能是正确的，因为历史没有开创其他能使正确的东西变为现实的道路"。[71]在列宁主义中，党不仅被制度化，而且被神化了。

形形色色的革命者都攻击组织，列宁却对之颂扬备至。这确实是一个怪现象。他说："我们的主要过失就是降低我们的政治任务和组织任务去适应最近的'显著的'、'具体的'日常经济斗争的利益。"他还说:"我们的战斗方式是组织,我们必须组织每一件事。"[72]列宁对组织的强调反映在布尔什维克和共产党的实践中,并在后来的共产党领袖的思想中得到共鸣。在中国共产党的早期历史上,毛泽东就以强调组织的重要性而独树一帜。在处于现代化之中的亚洲和非洲国家里,对组织的强调已成为共产党运动区别于其他民族主义运动的关键标志。正如弗朗兹·舒尔曼(Franz Schurmann)所说,共产主义和民族主义这两个运动都表现出"它们有能力激起受到它们鼓动的人民的巨大反响。但是在有关政治行动的一个根本机制上,民族主义者比起共产主义者来就显得格外软弱而外行。这个机制就是组织。"从 20 世纪最初十年的俄国布尔什维克到 60 年代印度支那的越共,组织一直是共产主义力量与众不同的力量源泉。[73]

此外,布尔什维克的政党概念为处理动员和制度化之间的相互关系问题提供了自觉而明确的答案。共产党人积极试图扩大政治参与。同时,他们又是德·托克维尔关于处理"相互关系艺术"这门学问在当代最用功和最认真的学生。他们的特长是组织,他们的目标是动员民众加入他们的组织。对他们来说,动员和组织是同时进行的。"只有两种政治任务,"中国共产党的一个重要的理论家说,"一种是宣传和教育任务,另一种是组织任务。"[74]党起初是一个经过严格挑选的具有相当程度革命觉悟的人的集团。它逐渐扩大,因为它能赢得其他人的支持和参加。外围组织和掩护团体提供了一种组织阶梯,以便逐步动员并培训那些能在适当时候正式入党的人。如果政治斗争采取革命战争的形式,动员便以地盘为基础逐步进行,一个村庄接一个村庄地发生变化,从敌方控制区变为争夺区,再变为游击区,直至成为共产党根据地。这是一种选择性动员的理论,如果让那些尚未达到一定革命觉悟水平的群众卷入政治,就会有利于反动派。列宁警告说,"机会主义的"孟什维克"力求由下至上地来行动,因此在凡是可能的地方和凡是可能的程度内,都坚决主张实行自治制,主张实行达到(在那些狂热坚持这点的人们那里)无政府主义地步的'民主主义'"。* 而布尔什维克却"力求由上层出发,坚持主张扩大中央机关对

---

\* 亨廷顿的这一段引文末句中没有括号内和"达到无政府主义地步"字样。——译者注。

于部分的权力和权限”。[75]

列宁坚持那种把国家看作是阶级统治工具的传统马克思主义理论，因此国家就没有政治制度的那种自主性存在。他认为，在资产阶级社会中，国家是资产阶级的产物。但革命者的组织具有自主性存在，因而也就是一种更高的政治组织形式。国家的从属性与党的自主性形成鲜明对照。当然，列宁关于党的学说最初是为在野党制定的。然而，对于执政党，对于政治权威和社会势力之间的关系界定，列宁关于党的学说如果不是更加有效的话，至少也是同等有效的。党是由政治上的优秀分子组成的，对于群众它是自主的，但又和群众保持着联系。党提供意志和方向。党是无产阶级的“先锋队”。如果党“只限于记录工人阶级群众的感觉和思想……那么它就不能成为真正的党”。党通过一套传送带——工会、合作社、青年团体、苏维埃等——来系统地和群众保持联系。国家机器仅仅是党的行政附属部分。“无产阶级专政实质上是无产阶级先锋队的‘专政’，是它的党即无产阶级的主要领导力量的‘专政’。”[76]西方学者把斯大林这段著名的话看作是斯大林为其后不久建立的残酷专政所发出的预警并使其合法化。但是这亦未尝不可看作是列宁一贯坚持的关于政治优先和布尔什维克政治现实主义论点的另一种表达方式。政府依靠政治制度而非社会势力来进行治理，党在统治而不是阶级在统治：专政必须是党的专政，即使借阶级为名也没有什么两样。

在追随马克思主义的国家理论时，列宁显然无视于50年来西欧和北美的历史明证，即那里的政治体制并非只是资产阶级的产物。他拒绝承认自由民主国家的政治美德，而此种政治美德到共产党手里换了一个形式，他就称之为职业革命组织的本质。列宁之无视于这些正好说明为什么他的政治发展理论与最高度工业化的西方国家并不相干，以及为什么共产党在这些国家里没有取得成功。马克思关于无产阶级增加和贫穷化理论与西方的经济发展不侔，西方国家的这种发展已把共产党的阶级吸引力限制在社会上的少数人乃至最终日趋衰微的阶层当中。列宁关于国家从属于资产阶级的理论也被西方的政治发展所推翻，西方国家的这种发展限制了共产党的政治号召力，因为现存制度具有适应性和有效性。因为没有一个像存在于欧洲那样的无产阶级，这就使马克思主义与正在进行现代化的亚洲、非洲、拉丁美洲国家毫不相干。但因没有像欧洲那样的政治制度，这就使列宁主义在这些地区特别有市场。

列宁努力拓宽马克思主义并使之政治化，而19世纪的欧洲政治改革家亦曾努力扩大并调整他们的政治制度，这两者之间存在着一种奇特的共同之处。大部分欧洲国家的贵族在接受不受财产和出身支配的国会、官僚机构和军官团方面，并不比经济主义者和孟什维克在接受一个不受无产阶级直接利益支配的政党方面，来得更加心甘情愿一点。然而，在这两种情况下，那些力图创造具有更广阔基础和更大自主性的政治制度的势力，至少能够获得局部的胜利。

马克思主义是一种历史理论，列宁主义是一种政治发展理论。它涉及政治动员、政治制度化的方法和公共秩序的基石。就像前面所提过的，党至高无上的理论，是17世纪绝对君主制理论在20世纪的翻版。17世纪的现代化信徒把国王神圣化，20世纪的现代化信徒则把党神圣化。但对于现代化来说，党是比绝对君主制更为灵活和范围更广的制度，它不仅能集中权力而且也能扩大权力。这就是列宁主义的政治发展理论之所以在处于现代化之中的亚洲、非洲、拉丁美洲国家有市场的道理。

要证明列宁主义的政治发展模式有其市场，中国就是最佳的例子。无疑，20世纪中期最突出的政治成就之一，就是1949年中国在经过百年的动乱后首次建立了一个真正能治理中国的政府。后来，当中国当年的领导人放弃列宁理论而转向托洛茨基那一套，使党的利益屈从于不断革命的利益时，新中国的政府才遭到削弱。

还不妨举出两个国家，用对比的方法，来看看列宁模式的有效性。这就是朝鲜和越南。这两个国家里都并存着两种不同的政治模式，即列宁模式和替代模式。不同模式下的人民及其背景是相同的，经济发展水平也大体相仿，在地理位置上都是南北接壤。就经济而言，双方孰优孰劣，尚难定论。朝鲜由于拥有较丰富的资源，所以经济起步比韩国来得快。在因动乱而发生强烈震撼以前，南越在经济上比北越进展得更迅速。如果着眼于经济，究竟实行共产主义好，还是不实行共产主义好，大有争论的余地，这里姑且不论。但就政治而言，不管怎么看，朝鲜和北越在政治发展方面是先行了一步，并获得了韩国尤其是南越望尘莫及的政治稳定。

这不仅是指胡志明和金日成久在其位,而且是指制度性的稳定,也就是真正的政治稳定。这也使人们相信,一旦胡志明和金日成在舞台上消失,这两个国家都不至重蹈李承晚和吴庭艳去职后的覆辙,而发生政治动乱和暴力行为。朝鲜和韩国、北越和南越在政治经历上的差异不能归因于不同的文化或经济发展方面的明显差异。人们也不能简单地以朝鲜和北越的政治稳定就是其政治专政的另一副面孔这样的遁词来搪塞。吴庭艳在南越确实建立了政治独裁,李承晚在韩国也曾竭力这样做,但谁也没有获得政治稳定。北方与南方之间的差异,不是独裁与民主的差异。差异在于一边的政治体制有良好的组织、广阔的基础,而且是复杂的;另一边的政权则是不稳定的、四分五裂的、基础狭隘的,而且是个人专断的。这是一种政治制度化上的差异。

## 注 释

1. Carl J. Friedrich, *Man and His Government* (New York, McGraw-Hill, 1963), p. 644.

2. Hannah Arendt, *On Revolution* (New York, Viking, 1963), p. 28.

3. Stephen Marshall, 1641, quoted in Michael Walzer, *The Revolution of the Saints* (Cambridge, Harvard University Press, 1965), p. xiv. 沃尔泽(Walzer)对清教徒的现代化和革命性质的分析很有说服力。

4. George S. Pettee, *The Process of Revolution* (New York, Harper, 1938), p. 96.

5. Ibid., pp. 100—101.

6. Crane Brinton, *The Anatomy of Revolution* (New York, Vintage, 1958).

7. Leon Trotsky, *My Life* (New York, Scribner's, 1930), p. 337, quoted in Merle Fainsod, *How Russia Is Ruled* (Cambridge, Harvard University Press, 1953), p. 84.

8. Cf. Chalmers Johnson. *Revolution and the Social System* (Stanford, Hoover Institution, 1964), pp. 3—22; Harry Eckstein, "Internal War: The Problem of Anticipation," in Ithiel de Sola Pool et al., *Social Science Research and National Security* (Washington, Smithsonian Institution, 1963), pp. 116—118.

9. Pettee, pp. 12, 100; Brinton, pp. 100 ff.; Johnson, pp. 5 ff.

10. R.R. Palmer, *The Age of the Democratic Revolution*, I, 484.

11. Barbara Ward, "'The City May Be as Lethal as the Bomb,'" *New York*

*Times Magazine*, April 19, 1964, p. 22.

12. Ernst Halperin, "The Decline of Communism in Latin America," *Atlantic Monthly*, 215 (May 1965), 65.

13. Glaucio A. D. Soares, "The Political Sociology of Uneven Development in Brazil," in Irving L. Horowitz, ed. , *Revolution in Brazil* (New York, Dutton, 1964), p. 191; Andrew Pearse, "Some Characteristics of Urbanization in the City of Rio de Janeiro," in Philip Hauser, ed. , *Urbanization in Latin America* (Paris, UNESCO, 1961), p. 196.

14. Angus Campbell et al. , *The American Voter* (New York, John Wiley, 1960), pp. 209—210; Frank Bonilla, "Rio's Favelas," *American Universities Field Staff Report Service* (East Coast South America Series, Vol, 8, No. 3, February 1, 1961), 12; John P. Harrison, "The Role of the Intelleetual in Fomenting Change; The University," in John J. TePaske and Sydney N. Fisher, eds. , *Explosive Forcesin Latin America* (Columbus, Ohio State University Press, 1964), p. 34; Daniel Goldrich, "Toward an Estimate of the Probability of Social Revolutions in Latin America: Some Orienting Concepts and a Case Study. " *Centennial Review*, 6 (Summer 1962), 400. 另可见 Daniel Goldrich, Raymond B. Pratt, and C. R. Schuller, "The Political Integration of Lower Class Urban Settlements in Chile and Peru: A Provisional Inquiry" (paper presented at Annuai Meeting of the American Political Science Association, New York, September 6—10, 1996)。

15. Halperin, p. 66.

16. H. Rotondo, "Psychological and Mental Health Problems of Urbanization Based on Case Studies in Peru," in Hauser, p. 255.

17. Soares, pp. 191—192; Alfred Stepan, "Political Development Theory: The Latin American Experience," *Journal of International Affairs*, 20 (1966), 229—231; Joseph A. Kahl, "Social Stratification and Values in Metropoli and Provinces: Brazil and Mexico," *America Latina*, 8 (Jan.-Mar. 1965), 33. Cf. John C. Leggett, "Uprootedness and Working-Class Consciousness," *American Journal of Sociology*, 68 (1963), 682 ff.

18. Weiner, *The Politics of Scarcity*, pp. 205—206 (footnotes omitted), and Weiner, "Urbanization and Political Protest," *Civilisations*, 17 (1967), 44—50.

19. Oscar Handlin, *The Uprooted* (Boston, Little Brown, 1951), p. 267; Will Herberg, *Protestant-Catholic-Jew* (Garden City, N. Y. , Doubleday, 1956), pp. 28—35; Marcus L. Hansen, *The Immigrant in American History* (Cambridge, Harvard University Press, 1940), pp. 92—96.

20. Claude Brown, Testimony, *Hearings on Federal Role in Urban Problems*,

U. S. Senate, Subcommittee on Executive Reorganization of the Committee on Government Operations, 89th Congress, 2d Session(1966), Part V, p. 1106; Philip Meyer, *A Survey of Attitudes of Detroit Negroes After the Riot of 1967*(Detroit, Detroit Urban League and Detroit Free Press, 1967).

21. Kornhauser, *The Politics of Mass Society*, pp. 150—151. 楷体为原文所有。

22. George E. Lichtblau, "The Politics of Trade Union Leadership in Southern Asia," *World Politics*, *7*(1954), 89—99. Arnold Zack, *Labor Training in Developing Countries*(New York, Praeger, 1964), p. 12; Bruce Millen, *The Political Role of Labor in Developing Countries*, pp. 49—52; Robert J. Alexander, *Organized Labor in Latin America*(New York. Free Press, 1965;), p. 13; Marshall R. Singer, *The Emerging Elite* ( Cambridge, M. I. T. Press, 1964), pp. 128—136.

23. Gaston V. Rimlinger, "The Legitimation of Protest: A Comparative Study in Labor History," *Comparative Studies in Society and History*, *2* (April 1960), 342—343.

24. Henry A. Landsberger, "The Labor Elite: Is It Revolutionary?" in Seymour Martin Lipset and Aldo Solari, eds., *Elites in Latin America* (New York, Oxford University Press, 1967), p. 260.

25. Lichtblau, p. 100.

26. Lloyd Fallers, "Equality, Modernity, and Democracy in the New States," in Clifford Geertz, ed., *Old Societies and New States*(New York, The Free Press, 1963), p. 188. 另可见西奥多·德雷珀(Theodore Draper)的评论,他认为"古巴工会数年来已获得了足够的让步和好处,从而使其成员成为相对的特权阶级"。*Castroism: Theory and Practice*(New York, Praeger, 1965), pp. 76—77。

27. Landsberger, p. 271.

28. Harpern, *The Politics of Social Change in the Middle East and North Africa*, p. 75; Draper, p. 79.

29. Bert F. Hoselitz and Myron Weiner, "Economic Development and Political Stability in India," *Dissent*, *8*(Spring 1961), 177; Benjamin B. Ringer and David L. Sills. "Political Extremists in Iran," *Public Opinion Quarterly*, *10* (1952—1953), 693—694.

30. Palmer, *I*, 483—443.

31. John Maynard, *The Russian Peasant and Other Studies*(London, Victor Gollancz, 1947), pp. 74—75; Launcelot Owen, *The Russian Peasant Movement*, *1906—1917*(New York, Russell and Russell, 1963), p. 139. 关于俄国农民运动的发展,我从中获益匪浅。

32. Owen, p. 138; Lenin, quoted in William Henry Chamberlin, *The Rus-

*sian Revolution*, *1917—1921*(New York，Macmillan，1952)，*1*，294.

33. Mao Tse-Tung, "Report of an Investigation into the Peasant Movement in Hunan," reprinted in Stuart R. Schram, ed. , *The Political Thought of Mao Tse-tung*(New York，Praeger，1963)，pp. 180—182. 184；italics in original. 楷体为原书所有。

34. Celso Furtado, quoted in Thomas F. Carroll, "Land Reform as an Explosive Force in Latin America," in TePaske and Fisher, pp. 119—120.

35. Paul Stirling, "Structural Changes in Middle East Society," in Philip W. Thayer, ed. , *Tensions in the Middle East*（Baltimore，Johns Hopkins Press，1958)，p. 145. 另可见 Douglas D. Crary, "The Villager," in S. N. Fisher. ed. , *Social Forces in the Middle East*(Ithaca，Cornell University Press，1955)，p. 52. 在这一点上，我也受益于 Steven Dale, "The Anatomy of La Miseria：A Critique of Banfield's Theory of the Moral Nature of Underdeveloped Societies"(Cambridge，Mass. , Harvard University，1966)。

36. Celso Furtado, quoted in Carroll, "Land Reform," p. 120；另可见Royal Institute of International Affairs, *Agrarian Reform in Latin America*（London，Oxford University Press，1962)，p. 15。

37. 关于大学知识分子和城市贫民联盟的前景简要而有意义的探讨，见 Harrison, "The University," in TePaske and Fisher, pp. 34—36。

38. 见 Edmundo Flores, *Land Reform and the Alliance for Progress*（Princeton，Center of International Studies，1963)，pp. 13。

39. 关于墨西哥，见 Henry Bamford Parker, *A History of Mexico*（rev. ed. Boston，Houghton Mifflin，1950)，p. 309。关于古巴，见 Leland L. Johnson, "U. S. Business Interests in Cuba and the Rise of Castro," *World Politics*，*17*（April 1965)，440—459。

40. Palmer，*2*，4.

41. 见 Perlmutter, "Ambition and Attrition," Chap. 3, pp. 10，11；Chalmers Johnson, *Peasant Nationalism and Communist Power*(Stanford，Stanford University Press，1962)，pp. 22—26；Richard Cottam, *Nationalism in Iran*(Pittsburgh，University of Pittsburgh Press，1964)，p. 291。

42. Leon Trotsky, *History of the Russian Revolution*(New York，Simon and Schuster，1932)，*2*，46.

43. Edwin Reingold, *Time*，*84*(August 14，1964)，28.

44. Quoted by C. K. McClatchy, *Washington Post*，September 26，1965，p. E 4.

45. 这种极为卓绝的见解，见 Walzer, *Revolution of the Saints*。

46. Bertrand de Jouvenel, *On Power*(Boston，Beacon Press，1962)，p. 218.

47. Ibid.

48. 见 Howard F. Cline, *The United States and Mexico*(2d ed. Cambridge，

Harvard University Press, 1963), p. 52; Parkes, p. 308。

49. Robert E. Scott, *Mexican Government in Transition* (Urbana, University of Illinois Press, 1959), p. 96.

50. 见 Kalman Silvert, ed., *Expectant Peoples* (New York, Random House, 1963), pp. 358—361。

51. Edwin Lieuwen, *Arms and Politics in Latin America*, p. 101.

52. Lázaro Cárdenas, quoted in Lieuwen, p. 114. 关于墨西哥政治领袖的文官化,见本书第 208—209 页。

53. 关于卡德纳斯,见 Scott, p. 127.

54. Gabriel A. Almond and Sidney Verba, *The Civic Culture*.

55. Sidney Verba and Gabriel A. Almond, "National Revolutions and Political Commitment," in Harry Eckstein, ed., *Internal War* (New York, The Free Press, 1964), p. 230; Almond and Verba, *Civic Culture*, pp. 99, 219. 另可见 Robert E. Scott, "Mexico: The Established Revolution," in Pye and Verba, eds., *Political Culture and Political Development*, pp. 330—395。

56. Russett et al., *World Handbook of Political and Social Indicators*, p. 239. Cornelius H. Zondag, *The Bolivian Economy, 1952—1965* (New York, Praeger, 1966), p. 144.

57. Richard Patch, "Bolivia: The Restrained Revolution," *Annals*, *334* (March 1961), 127.

58. De Jouvenel, p. 219.

59. 关于墨西哥与玻利维亚的劳工组织,见 Alexander, *Organized Labor in Latin America*, pp. 102—110, 197—198。

60. Richard W. Patch, "Bolivia: U. S. Assistance in a Revolutionary Setting," in Richard Adams, ed., *Social Change in Latin America Today* (New York, Vintage, 1960), pp. 119—124.

61. Richard Weinert, "Bolivia's Shaky Truce," *The New Leader*, *48* (July 5, 1965), 8.

62. *The Daily Journal* (Caracas), June 4, 1965, p. 24.

63. Roy R. Rubottom, Jr., Assistant Secretary of State for Inter-American Affairs, *Hearings on Mutual Security Act of 1960*, U. S. House of Representatives, Committee on Foreign Affairs, 86th Cong., 2d Sess. (1960), p. 847, quoted in Patch, "U. S. Assistance," p. 159. 关于美国援助计划对玻利维亚的影响问题,此处大体上是依据帕奇(Patch)的论点。

64. Patch, "U. S. Assistance," p. 133.

65. Paz Estenssoro, *New York Times*, Oct. 26, 1963, p. 9.

66. Lenin, quoted in Bertram D. Wolfe, *Three Who Made a Revolution* (Boston, Beacon Press, 1955), p. 225.

67. V. I. Lenin, *What Is To Be Down?* (New York, International Publishers, 1929), pp. 41, 67—68, 81—82.

68. Ibid., pp. 105—106.

69. Benjamin Schwartz, *Chinese Communism and the Rise of Mao* (Cambridge, Harvard University Press, 1951), pp. 193, 198.

70. Lenin, *What Is To Be Down?* pp. 76—77, 82.

71. Leon Trotsky, quoted in Fainsod, p. 139.

72. Lenin, *What Is To Be Done?* p. 100, an quoted in Alfred G. Meyer, *Leninism* (Cambridge, Harvard University Press, 1957), p. 54. 另可见 Sheldon Wolin, *Politics and Vision* (Boston, Little Brown, 1960), pp. 421—429。后者出色地论证了为什么列宁堪称 20 世纪组织理论的先驱。

73. Franz Schurmann, "Organisational Principles of the Chinese Communists," *China Quarterly*, 2 (April—June 1960), 47; Douglas Pike, *Viet Cong* (Cambridge, The M. I. T. Press, 1966).

74. Ai Ssu-chi, quoted in Frederick T. C. Yu, "Communications and Politics in Communist China," in Pye, ed., *Communications and Political Development*, pp. 261—262.

75. V. I. Lenin, *One Step Forward, Two Steps Back* (*The Crisis of Our Party*), in *Collected Works* (London, Lawrence and Wishart, 1961), pp. 396—397.

76. Joseph Stalin, *Problems of Leninism* (New York, International Publishers, 1934), p. 34; *Foundations of Leninism* (New York, International Publishers, 1932), pp. 105—106.

# 第六章
# 改革与政治变迁

## 改革的战略战术：费边主义、闪电战和暴力

革命是罕见的，改革则可能更加罕见。而这二者又都不是必不可少的。有些国家可能停滞不前，也可能借助既不能被称为革命又不能被称为改革的方式来实现变革。尽管革命和改革之间的界限确实模糊，我们还是可以用政治和社会制度方面变革的速度、范围和方向这些标准来将它们加以区分。革命涉及价值观念、社会结构、政治制度、施政方针及社会政治领导方面的迅速、完全和剧烈的变化。这些变化越完全，革命就越彻底。一次"伟大的"或"社会的"革命，意味着在上述所有这些社会和政治体制的构成中都发生意义深远的变化。反之，在领导、政策和政治制度方面发生范围有限而又速度和缓的变化，则可以定义为改革。但是，又并非所有温和的变革都可以称之为改革。改革的概念当然包含规模和速度，而且也带有方向上的含义。正如赫希曼（Hirschman）所说，改革是一种变化，这种变化导致"现存特权集团的权力受到抑制，而非特权集团的经济和社会地位则相应的得到改善"[1]。它意味着社会、经济或政治上的进一步平等，意味着人民对社会和政治生活的更为广泛的参与。向着相反方向的温和变化，称之为"巩固"则更为恰当。

改革者的道路是艰难的。他们所面临的问题比革命者更为困难，这

可从三个方面来看。首先,他们必须两线作战,同时面对来自保守和革命两方面的反对。要想取胜,他的确要进行一场具有多条战线的战争,这场战争的参加者五花八门,一条战线上的敌人可能是另一条战线上的盟友。革命者的目的是使政治两极化,因此他们总是试图用泾渭分明的二分法把多种政治问题简单而戏剧性地归并为"进步"势力和"反动"势力之间的斗争。革命者总是尽力积累分裂,而改革者却必须努力分散和消弭分裂。革命者力促政治的僵化,改革者却提倡灵活性和适应性。革命者必须能将各种社会势力一分为二,改革者则必须学会驾驭它们。因此,改革者必须比革命者具备更高超的政治技巧。实际改革所必须的政治才能是罕见的,仅此一条就足以说明为什么改革是如此罕见了。一个成功的革命者无须是政治巨匠;而一个成功的改革者则必是一流的政治家。

其次,改革者不但要比革命者更善于操纵各种社会力量,而且在对社会变革的控制上也必须更加老练。他着眼于变革,但又不能变得太彻底,他要求逐步变革,而不是剧烈的变革。革命者对任何一种变动和混乱多少都会感兴趣。任何一件事,只要能够搅乱现状,大致上对他总归具有革命价值。而一个改革者却必须有选择,有鉴别;比起革命者来,他要把更多的注意力放在变革的途径、手段和时机上。他和革命者一样,都关心各种变革之间的关系,但这些关系的后果,对于他来说比之于对革命者来说,意义却更为重大。

最后,如何处理各种形式改革的轻重缓急的问题,对改革者来说比对革命者要尖锐得多。革命者的首要目标是扩大政治参与,然后再利用由此产生的相应的政治力量来改变社会和经济结构。保守分子则既反对社会—经济改革,也反对扩大政治参与。而改革者却必须保持二者之间的平衡。增进社会—经济平等的措施通常要求权力的集中,而增进政治平等的措施则要求权力的扩散。这两个目标在本质上并非相互矛盾,但是正像那些实现现代化的君主国的经验所显示的,对于那些本质上无法承受权力扩散的政治制度来说,过分的权力集中会把政治体制导入死胡同。所以改革者必须在社会—经济结构的变革和政治制度的变革之间取得平衡,并使双方的结合不致阻碍其中的任何一方。有利于一种形式改革的领导和制度未必就对另一种形式的改革也很灵验。例如,军人改革者,诸如穆斯塔法·基马尔、迦马尔·阿卜代尔·纳赛尔、阿尤布·汗等,在促进社会—经济变革方面比在组织新集团参与政治方面更加卓有成效。另一方面,社会民主党或基督教民主党领袖——贝当古、贝朗德(Belaunde)、弗雷——则可能在吸收先前受到排斥的集团参与政治生活方面比在实行社会和经济变革方面更加能干。

对于一个志在对社会—经济结构和政治制度方面实行一系列重大变革的改革者来说,理论上有两种大战略可供选择。一种是尽早地把所有的目标公之于众,然后尽量争取逐个实现,以图尽可能有所收获。另一种是所谓藏而不露的战略,隐匿自己的目标,把改革分开来实现一事一办。前者是一种全面的、"斩草除根"的、或曰闪电战的战略;后者则是一种渐进的、"枝节"的、或费边式的战略。[2]在不同的历史时期,这两种方式改革者都曾尝试过。他们努力的结果显示出,在大多数备受现代化所带来的压力和纷争的国家中,改革的最有效方式是将费边战略与闪电战术配合起来使用。为了达到目的,改革者首先应该把诸多问题分割开来,然后一旦时机成熟,就尽快地逐一解决,以便乘反对派措手不及之际,把问题从政治议事日程上抹去,免得节外生枝。能否把费边主义和闪电战术恰当地结合起来,是对改革者政治技巧的一种严峻的考验。

当然,对于全面铺开的改革计划,人们也可以用逻辑推理的方法来为采用闪电战略作辩护。为什么一个改革者不能一下子和盘托出他的全部想法,鼓舞和动员起所有赞同变革的集团,通过一系列政治斗争和谈判,在改革势力和保守势力之间的平衡所允许的范围内,获得尽可能多的成果呢?如果他提出100%的要求,难道他不会至少获得60%吗?或有甚者,假如他提出150%的要求,难道他不可能获得他真正想得到的一切吗?这不正是我们在外交谈判、劳资关系和预算辩论过程中常常可以看到的通用战略吗?

对于在一个现代化中社会里推行的改革而言,以上这些问题的回答,通常是否定的。全面的或闪电战的战略只有在下述条件下才是有效的,即整个过程中的所有党派相对来说都是给定的和不变的,或者简单的说,当事各方的格局是高度稳定的。但在一个处于现代化之中的国家推行改革,其要旨乃是创造出一种形势,以便去影响——如果不是决定——政治舞台上的各个角色。改革者所提出的问题和要求的实质,在很大程度上决定了在未来的政治进程中,谁将是盟友,谁将是对手。改革者的问题在于不可用一大堆要求来压倒某一个对手,使他感到吃不消,而是要用一个看起来目标极为有限的计划来使阻力缩小到最低限度。一个企图一下子得到一切的改革者到头来总是少有甚至毫无建树的。约瑟夫二世和光绪皇帝就是最好的例子。这两个人都企图全线出击,同时推进一连串的改革,以便彻底改变现存的传统秩序。他们的失败就是由于他们贪多求快,以致树敌太多。几乎所有与现存社会有利害关系的社会集团和政治势力都觉得受到了威胁;闪电战或者说全面出击,只不过起了唤醒和激发潜在的反对派力量的作用。这就是为什么戏剧性的和迅速的"来自上层的革命"从来就不会成功的原因。因为它在错误的时间和错误的问题上把本不该动员的集团动员到政治斗争中来了。

和约瑟夫二世与光绪的失败形成鲜明对照的是穆斯塔法·基马尔在土耳其共和国初期所采用的成功的费边战略。基马尔几乎面对着现代化可能带来的一切问题:民族共同体的界定、一个现代化世俗政治组织的建立、社会和文化改革的实施、经济发展的推动。然而,基马尔并没有试图同时解决所有这些问题,相反,他小心地把问题一个个分开,在每一次改革中赢得那些在另外的改革中或许会持反对态度的人的默许甚至支持。他处理这些问题的程序是,首先对付那些基马尔能指望得到最大支持的问题,最后才轮到那些会引起最大争议的问题。最优先进行的是确定民族共同体的界限及国家的种族和领土的边界。一旦一个相对同质的民族共同体建立起来之后,下一步——就像墨西哥、俄国和中国革命的顺序一样——就是建立能够行使权威的制度。在此之后,那些大权在握的人们才能够通过政治制度把宗教、社会、文化和法制的改革施行于社会。一旦传统的方式和习惯被削弱或消除,工业化和经济发展的道路就打通了。简言之,经济的增长要求文化的现代化;文化的现代化要求有效的政治权威;有效的政治权威又必须植根于一个统一的民族共同体之中。许多国家处理现代化问题的顺序是偶然事件和历史发展的产物。但在土耳其,变革的顺序是由基马尔有意识地计划好的。这种统一——权威——平等的模式是实现现代化最有效的顺序。[3]

　　基马尔在这些改革上的成功端赖他能够把各种改革分别对待,并且在他每着手一项改革的时候都暗示并无得陇望蜀之意。对于自己的宏伟计划和最终目标,他秘而不宣。当时最迫切的任务是要在奥斯曼帝国的废墟上于安纳托利亚建立一个土耳其民族国家。在界定民族共同体的斗争中,基马尔谨慎地把建立一个有限的、完整的、同质的土耳其民族国家的问题与这个国家未来的政体形式问题分离开来。从 1920 年到 1922 年,当内地的民族主义运动在基马尔领导下不断壮大的时候,苏丹仍安然地呆在君士坦丁堡。由于抗击亚美尼亚人、法国人和希腊人的赫赫战功,基马尔赢得了大批追随者。但是苏丹和苏丹制度仍得到广大民众的支持和同情。于是基马尔就把建立民族国家的斗争和反对苏丹政体的斗争分开来。他只宣称,民族主义运动的一个目的是要把苏丹从占领君士坦丁堡的英法势力的控制下解放出来。他抨击苏丹的大臣,指责他们与外国人勾结,但并不触及苏丹本人。就像基马尔后来所说:"我们仅仅选择费里德巴夏(Ferid Pasha)的内阁作为攻击目标,而对巴迪夏(Padishah)(苏丹)的同谋则佯装不知。我们的理论是,主上被内阁欺骗了,他本人对于正在发生的事情的真相全然无知。"[4]通过这种方式,基马尔便能把那些仍然效忠于苏丹传统权威的保守分子联合到民族主义事业当中去。

　　一旦民族主义的胜利确定无疑,基马尔便把注意力转向新国家的政治组织问题上。民族主义者早就表示了他们对苏丹的忠诚,但同时他们也宣布过主权在民的信念。早先,基马尔曾把民族问题与政治问题分开,现在他又开始想方设法把政治问题和宗教问题分开来对付了。奥斯曼君主是集苏丹的政治权力和哈里发的宗教权力于一身的统治者。基马尔知道,如果侵犯哈里发的地位,将会引起严重的对立,因为哈里发的存在使得土耳其在伊斯兰国家中享有特殊地位。一家报纸在 1923 年 11 月写道:"我们失去哈里发,那么土耳其国家以及它的 500 万到 1 000 万百姓,将在伊斯兰世界失去所有的重要性,而且对欧洲人来说,我们在政治上就将下降为一个微不足道的小国。"[5]基马尔清楚地意识到与哈里发制联系在一起的强烈的宗教感情,因此在改革进程的这一阶段,他把自己的目标局限于剪除传统权威中的政治因素。1922 年 11 月,大国民议会废除了苏丹制,但仍规定哈里发制继续存在,只不过哈里发改由议会挑选的奥斯曼家族的一个成员来担任。次年夏成立了共和人民党并选出新的国民议会。此后不久,1923 年 10 月,首都从与奥斯曼乃至拜占庭具有千丝万缕联系的伊斯坦布尔迁到了安纳托利亚心脏地区的一个小城市安卡拉。几周以后,国民议会完成了政治上重建国家的工作,宣布土耳其为共和国,并规定由议会选举总统。通过这样一系列精心规划的步骤,奥斯曼的帝国政治制度便被世俗共和国的政治机构和一个民族主义政党所取代了。

打下新社会的政治基础以后,基马尔就转向宗教和文化改革。支持这些改革的主要是现代化和西方化了的官僚和知识上层。反对派将主要来自宗教机构,农民也可能是潜在的反对者。要使拟议中的改革得以通过,就必须使农民保持消极和漠然的态度。因此在改革的这一阶段,基马尔尽量在经济发展和变革方面按兵不动,以免激发农民的政治意识和政治行动。1924 年 1 月,基马尔宣布开始实施世俗化进程,两个月后他说服议会通过法令,废除哈里发制和神职,放逐奥斯曼家族的所有成员,关闭独立的宗教学校和学院以便统一公共教育,废除适用伊斯兰法的特别宗教法庭。为了取代伊斯兰法,任命了一个委员会来起草新法典,1926 年初,议会通过了该委员会以瑞士民法典为蓝本拟定的民法草案。新的商法、海事法、刑法,新的民事和刑事诉讼法,以及新的审判制度遂付诸实施。1925 年,基马尔大张旗鼓地反对作为宗教上因循守旧象征的土耳其帽,不准再戴用。同年,回历被废止,启用公历。1928 年,伊斯兰教的国教地位被正式废除,同年秋又废除阿拉伯字母,改用罗马字母。文字改革具有重大意义,因为它使得用罗马字母培养出来的一代新人不可能接触卷帙浩繁的传统文献;它鼓励人们学习欧洲语言,大大减轻了扫盲的困难。

20 世纪 20 年代后期这些社会改革的完成,为 30 年代重心转向经济发展扫清了道路。1934 年宣布了国家社会主义政策,实行五年计划。整个 30 年代工业的发展受到高度重视,特别是纺织、钢铁、造纸、玻璃和陶瓷业。1929 到 1938 年之间,国民收入增长 44%,人均收入增长 30%,矿产增长 132%,"工业的进步甚至给人留下更深的印象"。[6]

这样一种由民族到政治,进而由社会到经济的改革顺序,反映了基马尔成竹在胸的战略。1923 年 4 月,基马尔曾经代表共和人民党发表了一个宣言,强调当时他正在尝试的政治改革,即废除苏丹制、主权在民、代议制政府、财政和行政改革。1927年，当他的大部分社会—宗教改革业经推行之后，基马尔在一次评论中特别明确表述了他那种一个时期只尝试一件事，而把长远目标谨慎地掩盖起来的战略。他说，1923年的计划

> 包括了我们到那时已经实施了几乎所有的措施。但仍有一些至关重要的问题并未包括在内，诸如宣布共和、废除哈里发制、禁止神职人员从事教育、废止宗教学校和教阶，以及帽子问题。

> 我当时认为，在时机尚未到来之前就把这些问题公开列入当年的计划是不合适的，那样做徒然授人以柄，使无知者和反动派得以乘机毒化全国的空气。因为我完全可以肯定，这些问题将在适当的时机得到解决，而且人民最终是会满意的。[7]

用分别对付每一类问题的方法，基马尔把对各种改革的反对减少到最低限度。反对某一改革的人与反对另一改革的人被分离开来，因为他们有结盟的潜在可能。弗雷的评论是准确的："'征服者'* 想要消灭谁，他必先孤立之。"[8]

把一类问题从别的问题中分离出来的费边战略，总是趋向于把改革者在任何一个特定时期所要对付的反对力量，减少到最低限度。出于相同考虑，改革者在对付每一个别或每一类问题时也可采用闪电战术。这样做的问题是怎样制定和贯彻体现了某次改革政策的立法。在这里，迅雷不及掩耳和出其不意这两条兵家古训在战术上是必不可少的。现存的全部权力通常相当集中地掌握在改革领导者手中。他所需要的是在反对派还来不及动员自己的支持者，来不及在现存政治制度中扩大政治参与者的队伍，来不及分散权力并以此来阻止变革以前，就把改革付诸实行。黎塞留写道："经验和理性都清楚地显示出，大凡突然提出的东西，通常都会使人瞠目结舌，以至要想反对也不知一下子从何做起。而当一个计划的付诸实施拖拉缓慢时，那渐露端倪的情形会使人产生一种印象，即这只不过是叫唤叫唤而已，未必一定真地做起来。"[9]

我们可以看到，在美国，消除种族隔离最成功和最迅速的措施，常常出现在当权者不进行事先准备而采取断然、坚决和不可逆转的政策的情

---

\* 指基马尔。——译者注

况下,这种政策有效地改变了行为方式而不试图先去改变态度和价值观。但是态度和价值观却可能随行为而改变。反之,一种较为渐进的消除种族隔离的方式并不能使社会上反对消除隔离的人更有可能接受它。"给公众对变革有所准备的机会和时间未必与变革的'有效性'和'平和性'有关。改革的间歇不仅可以被用来做积极的准备,同样也能被用作组织公开抵抗改革的机会。"[10]

穆斯塔法·基马尔在这方面再次显示了处理个别问题时使用闪电战术的有效性。他通常是在推行改革之前,首先就该问题展开某些一般性的讨论、小心地试探各集团的态度。接着他就让助手们秘密地准备好一个改革方案。这个方案仅向少数政界高级领导人和社会贤达透露,并获取他们的支持。当政治上最有利的时机来临之际,基马尔就戏剧性地向党和国民议会宣布改革的必要,端出他的改革方案,并要求立即予以批准。实施改革的立法总是在反对派未及聚集自己的力量进行反击之前就迅即在议会获得通过。例如,宣告成立土耳其共和国的方案,就是由基马尔和他的几位最亲近的顾问在 1923 年夏季制订的。宣布这样一个"与传统穆斯林国家格格不入的"革命性观念,"在伊斯坦布尔报界和议会中引起轩然大波。议会中当时尚不存在像样的争取共和政体的运动。基马尔清楚地知道,如果就此进行辩论,结果将是致命的。共和国必须在反对派没来得及联合之前就用另外的手段强行建立起来。"[11] 当时,有许多集团想继续维持传统方式的统治,建立有哈里发或没有哈里发的立宪君主制,或建立多党制的议会民主制。为了在这些集团联合其反对意见之前就使共和制得以通过,基马尔制造了一次内阁危机,使政府在几天之内好似陷入了无政府状态,然后他戏剧性地向党的核心机构和议会提出其拟议中的宪政改革。尽管许多成员对此心怀不满,但除了嘟囔一番之外,也只好无可奈何地予以批准。

在推行其他重要改革时,基马尔也使用了同样的战术。例如在 1924 年 1 月,基马尔认定废除哈里发制的时机已经到来。他邀请政府高级领导官员一起去参观军事演习,乘机获得了他们对这个提议以及对废除宗教事务部和宗教教育改革的支持。此次随行的还包括各大报刊的主编,基马尔将自己和他们关在一起整整两天,以便说服他们去攻击政府在处理哈里发问题上的无所作为。一个月之后,基马尔于 3 月 1 日在大国民议会的开幕讲演中提出了他的建议,辩称这些改革对于捍卫共和国,统一全民族教育制度,纯洁和提高伊斯兰信仰都是必要的。这一次保守派和宗教反对派同样没有多少时间来进行反对,符合"征服者"愿望的立法于 3 月 3 日获得通过。

其他国家推行现代化的改革者曾经使用过——有时是有意效法——基马尔的战术。例如巴基斯坦的阿尤布·汗在许多方面都以穆斯塔法·基马尔为楷模,特别热衷效法基氏推行的这种闪电战术。一位观察家写道:"每当他面临某一问题时,他就建立一个专家委员会来寻找解决方案。决定一经做出,他就迅速付诸实行。"[12] 例如在 1958 年就使用这种战术实现了土改。该项立法草案是由一个调查委员会起草的,在该委员会做出报告的 5 天以后,该法案就成为法律了。

正如此种关于费边战略和闪电战术的讨论所显示的那样,改革者所关切的关键问题就是动员新兴集团参与政治的速度和顺序。改革者必须设法控制和引导这一进程,以确保在每一时期和每个问题上他的支持者都强过他的反对者。需知,无论革命者还是保守派在动员新兴政治参与者方面,所受到的局限都要小得多。革命本身就是一个动员以前被排斥在外的集团参与政治,以反对现有政治制度和社会—经济结构的过程。显然,在某些情况下,改革所必需的有限动员弄不好就会演变为脱缰之马,形成本质上属于革命的那种动员。而动员同时也可能使改革者受到来自保守阵营方面的威胁。因为改革意味着走向社会、经济、政治上的更加平等,它就必然会遭到受惠于现存秩序下不平等现象的"既得利益集团"的反对。对改革者来说,制服这些利益集团,有许多的困难;但只要这些既得利益集团无从把大批冷淡的集团引入政治生活并使之站在自己这一边,那么这些困难通常是可以克服的。这类集团一般在现存秩序下并无物质利害可言,而且经常确实会在物质利益方面得益于拟议中的改革。但他们在现存秩序当中却有着象征性的利害关系,而且他们的价值观和态度经常是相当保守而抵制改革的。他们很可能与现存的社会和宗教制度认同,尽管这些制度的改革对他们自身是有利的。这就是改革者的任务如此艰巨的问题所在。正像马基雅维里所说的:

没有什么事能比创造一个新秩序更难于实行,更缺乏成功的把握,更需担当风险的了。因为对改革者来说,所有从旧秩序获益的人都是他的敌人,而那些将得益于新秩序的人却只是他的不热心的捍卫者,这种不热心部分地出于对那些敌手的畏惧,因为法律对他们有利,部分地是由于人类怀疑的天性:人们在获得确实的经验之前是不会相信任何新东西的。由此所致,当每有机会攻击改革者的时候,他的敌手就会从党派偏见出发,群起而攻之,而其他人却只会半心半意地来捍卫他。因此,处在这两种人之间,他冒着极大的危险。[13]

改革的辩证法是,改革的计划常常使以前对政治冷漠的集团因为看到自己的重要利益现在已受到威胁而活跃起来。从某种意义上说,18世纪晚期为对抗中阶级的崛起而出现的贵族的复兴就是这种性质的运动。同样的现象还有20世纪在美国低薪白人阶层中产生的反对黑人崛起的所谓"后冲力"。这些运动趋向于将政治二分化,并且损害改革者的地位。费边战略和闪电战术的结合,正是为了减少这种危险,并降低改革的反对派可能去动员群众反对变革的诱因和能力。在群众的价值观念和政治态度实现现代化之前就去动员他们进行政治活动,将给改革者构成最大的潜在障碍。革命的和保守的集团双方对群众的争夺,无疑会使政治趋向两极化,并因此减少改革派的支持者。革命派和保守派,无论谁在竞争中获胜,改革者都不能指望获利。德国共产党人在1932年曾夸下海口:"希特勒后就将轮到我们。"他们是大错特错了,致使自己声名狼藉;但当他们把攻击矛头指向中间派并由此造成一种"希特勒或者我们"的非此即彼的选择时,他们就不那么离谱了。

扩大政治参与的效果,会因各国情况的差异而不尽相同。在基马尔时代的土耳其,政治活动大致上局限于城市中的官僚、上流精英分子。在这种狭小的政治圈子里,军队和文官中的现代化分子能够发挥占压倒优势的影响。因此,更广泛的政治参与是与改革的利益背道而驰的。倘使当初政治参与扩大的话,势将会把更多的保守势力引入政治生活从而使局势不利于改革者。事实上50年代土耳其发生的恰恰就是这种情况。但此时基马尔国家的基础是如此之强大,以至于可能产生的复归传统的运动已经无足轻重了。但是基马尔早在20年代就预见到了这种危险,因此他当时几乎没有去扩大政治参与,确如弗雷所说:"基马尔革命的精髓乃在于他利用了土耳其社会上下层不相沟通的现象,而不是像许多别的民族主义运动那样,对此表示哀叹或径直进行攻击……上层和群众之间缺少沟通是一个至关重要的因素,基马尔利用这一点来简化自己的任务,并视之为他的一分本钱。"[14]在土耳其,社会和经济平等的进展与政治平等的进展之间存在着一种冲突。前者的进步有赖于对后者的限制,这正是直到第二次世界大战结束时一直存在于土耳其的一党制所起的作用。第二次世界大战后,向政党竞争制的转化扩大了政治参与,使政治变得更加民主,但同时却减缓甚至在某些方面逆转了社会—经济改革的进程。

在许多拉丁美洲国家中,改革者所面临的局面与基马尔所面临的正好相反。在这些国家中,政治是"右派得势",政治舞台被保守和寡头的集团所把持着。因此社会—经济改革是与扩大政治参与而不是与限制政治参与相连结在一起的。政治矛盾与政治分歧的长期积累使得拉丁美洲政治比土耳其政治更为动荡和暴烈,也使得潜在的社会革命更有一触即发之势。土耳其的改革者可以创建政治制度,推进社会—经济改革而不必扩大政治参与;但拉丁美洲却不同,在这里政治参与的扩大不但不是社会变革的障碍,反而是它的先决条件。因此,拉丁美洲的保守派看起来显得更为反动,因为他们对二者都加以反对,而改革者则显得更为革命(并且对保守派更具有威胁),因为他们必须对二者都加以支持。

没有哪一个社会的重大社会、经济或政治改革不是伴随着暴力或暴力行为一触即发的险恶局面。相对分散和自发性的暴力行为是受到损害的集团显示他们的不满、表达他们对改革的要求的一种普通手段。这类暴力行为的积极参加者通常都远离权力中心,但暴力发生的事实却可以被改革者有效地用来推行那些否则就不可能实行的措施。这类暴力行为实际上可能就是某些领导人鼓动起来的,他们执意在现有政治体系内部行事,并把暴力看成是在体系内部实行改革的必要刺激。一部美国改革史——从杰斐逊民主派到废奴主义者、人民党人、劳工运动、民权运动——充满着各种各样的暴力和其他形式的混乱事件,正是这些暴力事件触发了政府政策的改变。在 19 世纪 30 年代早期的英国,骚乱及其他暴力行为在巩固辉格党的力量以支持 1832 年议会改革法案方面起了重大作用。在 20 世纪 50 年代的印度,中产阶级政治集团典型地利用过示威、暴乱、非暴力不合作行动及其他形式的群众抗议活动(通常伴随着暴力)以迫使政府让步。[15]

　　一般来说,在处于现代化之中的国家中通过非法并经常是暴力行为来促进改革的最重要形式,也许要算是土地侵占了。由于我们将在下面论及的许多原因,土地改革对于保持政治稳定是至关重要的。但为了获得这种改革,常常需要破坏稳定。例如在 20 世纪 20 年代末和 30 年代初的哥伦比亚,农民开始占领私有土地,有些庄园被完全侵占,并在共产党工作人员的帮助下转为土地合作社。地主们坚持要求警察和军队采取行动以恢复他们的产权。但政府拒绝积极偏袒这些地方斗争中的任何一方,相反,它却乘机利用这种农村暴力行为来迫使议会——它也和大多数处于现代化之中的国家的议会一样是被地主控制着——通过一次土地改革法令,该法令使得对土地的侵占合法化,并在实际上树立了以土地的有效耕作来决定土地所有权归属的办法。秘鲁的情况与哥伦比亚大体类似,1963 年贝朗德政府竞选之际发生的土地侵占,正好为争取支持这届政府所倡导的改革提供了一个必要的契机。但在这两个例子当中,分散的暴力行为正好碰上了一个持同情态度并立志改革的当权政府,就像 20 世纪 60 年代中期美国的民权运动所遇到的时机一样。在大多数国家里,国泰民安不能没有某些改革,而改革也不能没有某些暴力。

　　暴力在促进改革方面的有效性,直接地取决于它在多大程度上预示着那些使用新型政治手段的新兴集团将被动员起来进入政治。此外,暴力的有效性还依赖于有无行得通的政策途径可供选择,实行这些政策可使混乱归于减缓。如果暴力行为完全是对社会全局的一种胡闹,目标散乱而不明确,那它就帮不了改革什么忙,在这种情况下,无论改革者还是保守派,都应该把这种暴力看成是与某个特定政策问题直接相关的。这样,暴力就把争论的焦点从改革的利弊转到了维持公共秩序的必要性上。对改革最有力的辩护就是把改革说成是维护国内安宁所不可缺的。这样就会使那些希望维持秩序的保守派转而支持改革。从 20 世纪 30 年代瓦加斯统治的早期开始,巴西上层人士就经常引用这样一句话:"我们必须赶在人民之前先发动革命。"在1963年伯明翰骚乱以后,肯尼迪总统也说过类似的话,宣称通过他的民权提案对于"使斗争离开大街进入法院"是必要的。他警告说,如果提案通不过,那就将导致"即使不是升级的也是持久的种族冲突——这将使双方的领导权都从理智和负责的人士手中落到仇恨和暴力的制造者手中"。肯尼迪的此种预言,再加上实际存在的由种族问题引起的暴力和混乱的佐证,甚至使共和党和民主党内的保守分子也转而支持民权立法。

但是暴力和混乱刺激改革的效用并非暴力的内在属性。并不是暴力本身,而是由于使用一种不熟悉或不寻常的政治手段所引起的震惊和新奇感,才起到了推动改革的作用。暴力是一个社会集团公开表明要越出常轨行事,这才给了它的要求以刺激性。事实上,这种行动方式意味着政治手段的多样化和对现存组织及政治程序的威胁。例如在19世纪初期的英国,骚乱和暴力是家常便饭。但1831年暴力行为的规模和烈度却是前所未有的。墨尔本(Melbourne)在论及诺丁汉和德比两地的暴乱时说道:"我相信这样的暴行在本国是没有先例的;至少我从不记得曾听到过在从前的政治骚乱中有田庄被袭击、掠夺和焚烧的事件。"[16]正是暴力行为的这种好像没有先例的特点,才驱使墨尔本去实行改革。同样在美国,20世纪30年代的静坐罢工和60年代的静坐示威这类新战术的新奇性使劳工和黑人的要求更加显得不可掉以轻心。1963年,骚乱和示威在南越是司空见惯,但佛教僧侣的自焚却显示出国内暴力的戏剧性升级,这无疑极大地影响了美国官员和越南军官,导致他们下决心在政府中换马。

但是,重复使用这种手段就会使它贬值,这一点足以说明促进改革的是这种手段的新奇性而非它的固有本质。1963年美国的种族骚动和越南的和尚自焚分别推动了政府政策和政治领导的重大改变。三年之后发生的同样事件就未能产生同样的结果。曾经被视为越出政治常轨的惊人之举,现在相对来说已经被看作是一种政治上的惯技了。故而,在许多普力夺制度之下,暴力行动成了一种政治流行病,完全丧失了推动重大改革的能力。而在非普力夺制度的国家里,新奇的或不同寻常的抗议方式则可能被吸收到合法的政治行为的范围之内。正如阿瑟·瓦斯科(Arthur Waskow)曾经深刻地说到的那样:

　　只要政治混乱的目标是为了引起改革,那它往往是某种特定政治秩序系统的"局外人"所发明的,他们是在求变,促使自己能进入这个系统。为此,他们就要使用那些从他们自身的经历来看是理所当然的办法,而在那些其思想和行为囿于体系之中的局内人看来,这都是些乱糟糟的东西。第一次采用这种形式的决不是黑人。例如在17、18世纪,城市的律师和商人无法使那些顽固的政治家注意他们的不满(他们在议会中几乎没有代表权),因此就使用撰写政治小册子这种不合法的胡闹手段来反对现存秩序。同样,19世纪的工人在无法使雇主和当选的立法者倾听他们的要求的情况下就采用了组织工会和罢工(这在开始都是不合法的)的方式来引起人们对他们苦情的注意。在这两个例子当中,行使制造混乱的政治手段的结果不但使行使者被政治体系所接纳,其具体要求受到重视,而且也使这些新方法本身被纳入普遍允许和认可的政治斗争的武库之中。简言之,"秩序"体系本身改变了。于是,撰写政治小册子的"诽谤罪"被奉为出版自由;组织罢工的"阴谋罪"被奉为自由工会制度的神圣权利。在这个世纪的非法行为,到下一个世纪却变为法律所保障的自由。[17]一个政治制度能否对那些提出新要求的集团所使用的新的政治手段加以吸收、缓和并使之合法化,实际上正是对这个制度的适应性的一种考验。

　　暴力或任何其他的新奇手段在促进改革方面的有效性也可能会随着它在这方面的成功而衰退。假如某个集团造成的混乱和暴力导致政府做出让步,那么这个集团诉诸暴力和制造混乱的倾向性就可能增强。而同一种策略的重复使用就会降低它的效果。同时,政府做出更多让步的意愿可能也会减弱。一方面,政府开头无疑会争辩说,它的改革将会减少而不是加剧暴力行为,但当最后事情证明并非如此时,不言而喻,它会作出愤怒的反应。此外,政府认为它已经作出了可取而必要的让步,这就表明,如果再以新的暴力来迫使它作出额外的让步,政府就会视此为削弱合法性,因为这简直就是去支持"不负责任"而非"合乎情理"的要求。于是局势就向两极分化,因为政府感到"必须划出一条最后的界限"以限制那些"走得太远的"集团,而这些集团则感到政府"未把他们当回事","对根本性的改革并无兴趣"。正是在这一点上,改革激发革命的前景应当引起高度的重视。

# 改革：替代物还是催化剂？

　　20 世纪 60 年代初社会改革成了美国公开倡导的政策目标。进步同盟体现的观点是：在拉丁美洲，通过民主改革将达到物质和精神财富更为平均的分配，将会取代暴力革命的发生。在那些仍然被少数寡头集团控制着的国家中，日益积聚起来的改革压力必须逐步获得释放，否则，当它增长到某种突破点时就会一发不可收，湮没并摧毁整个社会结构。在领导层和政策方面实行持续不断的小规模改革，当可能避免通过革命在制度、社会结构和价值体系方面带来彻底而迅猛的暴力变革。

　　这种政策假定在政治理论和历史经验上确实有它的根据。拉斯韦尔（Lasswell）和卡普兰（Kaplan）说："领导人更替、有计划的改革及宫廷革命，皆起到政治和社会革命的替代功能。"弗里德里克同样也提到："许多小的革命加起来就能阻止一场大的革命，因为当社会秩序中的各种因素通过有效的政治程序被'革命化'之后，那种本来必然会导致以强力'推翻'现有政治秩序的紧张局势，就会因被'引导'去发挥建设性的作用而松弛。"R. R. 帕尔默在其两卷本的关于法国大革命的巨著中也有过类似的结论："没有哪一次革命应被视为不可避免。设使旧的上层统治阶级当初能做出更加明智的让步，又设使坚持维护贵族社会价值观的逆向趋势确实不那么强烈，18 世纪本来不会发生革命的。"[18]这无疑是一个很有道理的见解。随着一个又一个国家通过扩大选举权、工厂立法、承认工会、工资和工时法、社会保险、失业保险等一系列手段而排除了工业革命所制造的烈性革命炸药的引信，马克思主义在西欧的希望已经受到挫折，难道还有比这更能证明该命题正确性的例子吗？

　　然而，还是有一个反命题的存在。反命题认为，改革非但无助于政治稳定，反而会造成更大的动荡甚或形成革命。改革完全可能成为革命的催化剂而不是其替代物。经常有人指出，历史上的大革命常常是跟随在改革之后而不是在停滞和镇压之后。一个政权实行改革并做出让步,这本身就会怂恿进一步改革的要求,从而很容易像滚雪球似地形成一种革命运动。德·托克维尔在他对法国大革命的分析当中得出了一个著名的、经常被引用的结论,这个结论与帕尔默的恰好相反:

> 被革命所推翻的社会秩序几乎毫无例外地都比它的前身要好些,经验告诉我们,一般来说,一个坏政府最危险的时刻乃是当它想采取补救措施的时候。一个国王在实施长时期的暴虐统治以后,当他想要改善其臣民的命运时,只有最精明老练的政治手腕才能使他保住自己的王位……〔法国的改革〕之所以为大革命打下了基础,并不是因为改革在很大的程度上消除了大革命的障碍,更重要的还是因为改革教会了这个民族怎样去发动革命。[19]

此一催化剂理论,在美国思想家当中,无疑是少数人的观点。虽然美国人认为改革有利于国内政治稳定,但在国际事务方面,他们的主导想法就大相径庭了,二者适形成鲜明的对照。美国人一般倾向于假定:面对国内的变革要求,让步会产生稳定效果,但面对国际上的变革要求,让步却会带来不稳定效果。贫困阶级能因被安抚而平静下来,贫困政府只会因被鼓励而得寸进尺。国内的让步是好的,被称作改革;国际上的让步则是坏的,被称为绥靖主义。这似乎再一次显示出,美国政策设想深受历史经验的影响。特别是富兰克林·罗斯福的国内政策大见成效,而内维尔·张伯伦的外交政策却一败涂地。但是很显然,无论在国际方面还是国内方面,这两种关于逐渐变革的理论都不是放之四海而皆准的。[20]无论是在国内还是在国际上,在有些情况下逐渐变革或改革可以产生更大的稳定;在另外一些情况下它却可能增加混乱并导致暴烈的根本性变革。

表 6.1　各派力量对政治变革的不同态度

| 对革命的态度 | 对改革与革命之间的关系所持观点 | |
| --- | --- | --- |
| | 催化剂观点 | 替代物观点 |
| 赞　成 | 正统革命者 | 左倾分子 |
| 反　对 | 顽固派 | 改革家 |

对于介入政治变革进程的所有集团来说,改革和革命的关系问题都

是生死攸关的。改革家相信，改革是革命的替代物，正因为此，他们力图通过和平手段来达到社会和经济的更大平等。极端激进派，或曰"左倾分子"，通常也信奉替代理论，因此就反对改革。"正统革命者"和"顽固派"却都信奉催化剂理论，然而后者反对对现状的任何触动，而前者则希望以小变革作为楔子来争取更为根本性的变革。

从价值上来看，革命的可取性有多大，有些人有不同的认识，但主要的争论还不是发生在这些人之间，而是发生在那些对革命和改革的关系作出不同预测的人们之间。改革家告诉顽固派说，某种程度的让步对于避免山洪暴发是必需的；而顽固派则警告说，任何让步都将导致对现存秩序的削弱。在正统革命者和左倾分子之间，也有类似的争论。历史上，对这个问题进行最耐人寻味而又发人深省的争论，确实是在马克思主义者阵营的内部。在这个问题上论著最丰的也许就是列宁本人；在不同的时期，他似乎针对这个问题阐释过任何一种可以想象得到的观点。但大体来说，他的观点通常最接近"正统"革命者的观点。他认为尽管一个政权自动施行的改革会延缓革命，但被迫做出的改革则会加速革命的到来。他在1894年驳斥彼得·司徒卢威（Peter Struve）修正主义即争取改良的倾向时说："改良是不能与革命相提并论的。争取改良只不过是为最后以革命来推翻旧制度而调动无产阶级队伍的一种手段而已。"同样，他在另一方面也反对1906年的"抵制派"和"召回派"以及1920年的"'左派'共产主义者"，认为在现存制度下争得的改革是有益的并会导致革命："革命中的部分胜利，即那些旧制度被迫做出的仓率的让步，正是那新的、更有决定意义的、更为尖锐的社会动乱的最有力的证据，这种动乱将把越来越多的人民群众带进运动中来。"21*

但是，20世纪的革命者们对于列宁这种修正过了的关于改革的催化剂理论，已经越来越持怀疑态度了。马克思主义的期望在西方发达国家中的破灭已使人民很难相信革命者能兼得改革和革命二者。正统的革命观念业已衰落，它从前的支持者们因接受替代理论而分裂成两派，一派遵

---

 * 原文如此。参见《列宁全集》第1卷第416页，1955年，北京，中文版；第31卷第66页，1958年，北京，中文版。——译者注

循伯恩施坦的道路,另一派则追随毛泽东的道路。

社会科学家们和社会革命者一样,对这两种理论也不可能兼得。如果替代理论大体上来说是正确的,那么催化剂理论大体上就是错误的,反之亦然。或许更加可能的情况是,在某些条件下这种理论是正确的,在另一些条件下那种理论是正确的。所谓有关的条件,就是指改革和革命的前提和改革的后果对革命的影响。毫无疑问,改革与革命之间最重要的关联,就是二者的先决条件是一样的,即政治体系中的权力是集中的。正如我们所指出的那样,权力集中,特别是在一个权力总量本来就很小的体系中的权力集中,是政策创新和改革的首要前提。这也是革命的一个前提。至少在现代化的早期阶段,一个政权易遭革命推翻的程度是与它进行改革的能力成正比的。

一个在传统政治体制中立志现代化的君主所面临的困境,只不过是那些经历变革的政体所特具的普遍问题的一例显证罢了。18世纪重农学派的莱特劳纳(Letronne)认为:"当前法国的形势比起英国要优越得多,因为在这里,推行那种改变整个社会结构的改革刹那之间就能实现,而在英国,这种改革却总是被政党政府制度所阻滞。"[22]但使得改革在法国得以顺利推行的这种条件,同时也使革命成为可能,而在英国阻碍了改革的"政党政府制度"却同时也使该国免遭革命。同样,亚历山大二世在1861年凭一道圣旨就成功地废除了农奴制,而美国在同一时期所进行的类似改革却是用了四年的流血冲突才得以完成的。但这个使1860年俄国改革成为可能的政治集权,同样也使1917年的革命成为可能。

更广泛地说,正如我们所看到的那样,保守的集权传统体制,特别是像清朝、罗曼诺夫、奥斯曼等这样的官僚帝国,最可能会因革命而覆亡。在这些国家,君主垄断了所有的合法性,因而政体就无法进行和平的调整以适应政治权力的扩散以及其他社会创新和政治权威来源的出现。于是这些来源的出现就必然要求推翻整个制度。另一方面,在那些具有更为复杂和分权的政治制度,又具有有活力的地方政府和自治性的州或省的国家里,改革的道路和革命的几率都不确定。那些对把持着中央政府的集团持反对态度的社会势力可能控制着地方或基层政府,因此它们能认同现行制度的某些成分,而不至于和整个制度相疏离。坦纳鲍姆(Tannenbaum)写道:"如果说对于革命还有任何确定不移的东西可以谈的话，那便是在那些政治力量极其分散而成千上万的人都感到自己与所在的自治教区或城镇的各种问题息息相关，并且参与制订更大的单位，乃至县级、州级或整个国家的各种法规的国家里，革命是不会发生的。"23

改革和革命的发生都依赖于集权，这便常常在二者之间形成戏剧性的竞争。在这种情况下，改革是否会引起革命，那就要看改革的性质、革命者的成分和改革的时机了。例如，政策改革会加大发生革命的可能性，因为这种改革会激起得一望二的期待，同时又暗示着现行政权的软弱。领导层的人事改革则可能把革命运动中的能干分子笼络起来，并使之加入现存体制，从而降低发生革命的可能性。英国的法、德两国政治稳定性的差异，从某种意义上说，就与这些不同的改革方式有关。24此外，某些政策改革（而不进行其他改革）和某些领导层的人事改革（而不进行其他改革）可能会分裂革命力量、缓解他们的热情、减弱他们对潜在同盟者的号召力，并使那些反对向革命势力做进一步让步的集团聚集在改革势力的周围，特别是改革本身就会改变各种各样反对现存制度的革命集团之间的力量平衡。为迎合较为温和的革命派领袖的要求而实施的改革，能强化这些领袖们的地位和他们所主张的政策，使极端派革命分子逊色。改革若是迎合由革命运动中的激进派所发动的暴力和直接行动，那这种改革就会增强这些领袖们的力量，并使其他人也会相信其策略和目标的正确性。但是，对许多处于现代化之中的国家的政府来说，这些常常正是改革的必要前提。此类政府太软弱、太冷漠、太保守或者太糊涂，对革命阵营中的分歧视而不见，未能用某种形式的改革来增强革命运动中的温和趋势。相反，只有骚乱、示威和暴力才能刺激他们行动起来；在这种情况下，正如列宁指出的，改革只会招致更多的骚乱、示威和暴力。

从更广泛的意义上说，改革的时机也是很重要的。拉斯韦尔和卡普兰指出，社会精英中的反叛分子最可能提出革命要求的时机，要么是在其力量最小的阶段，要么是在其力量最大的阶段。25在前一种时期，他们认为不值得去接受改革和让步，因为与他们重建整个社会的抱负相比，这种让步是太微不足道了。在后一种时期，他们接受改革和让步的意愿也不强烈，因为他们此时觉得获取整个政权已近在咫尺；他们已处在可以要求对方无条件投降的地位上了。但如果他们的力量处在强弱两极之间的状态时,则可能对进入现存权力结构感兴趣。他们会愿意分享统治权力,就是说立即得到某种利益,而不是流连于推翻整个制度的向往之中。因此,领导层的人事改革在这一阶段可能非常奏效,而在革命者太弱或太强时,这种做法则可能是枉费心机。

更具体地说,改革对革命几率的影响,端赖要求变革的集团的社会构成以及这些集团所抱企求的性质。在这里,具有极为重要意义的两个集团是城市中产阶级知识分子和农民。这两个集团及其要求有着根本性的差别。从结果来看,迎合城市中产阶级的改革是革命的催化剂,迎合农民的改革则是革命的替代物。

## 改革对于城市知识分子是催化剂

城市知识分子与政府的对抗,不仅在普力夺制国家里,而且在几乎所有类型的处于现代化之中的国家里,都是一种普遍现象。在普力夺国家中,学生通常是最积极而重要的中产阶级政治势力。而在非普力夺制国家里,他们从事政治活动的机会受到政治制度的力量和普遍的合法性观念的限制,但他们的政治态度和价值观念却与国家中存在的那种反政府综合征同属一个病根。在传统政治制度下,首都的最高学府通常是敌意和反政权密谋的中心。在伊朗和埃塞俄比亚,德黑兰大学和海尔·塞拉西大学都是反王权情绪的大本营。摩洛哥和利比亚城市也曾被学生暴动和示威搞得一团糟。在处于另一极端的共产党国家中,大学同样也是批评和反对政府的中心。在苏联、波兰以及其他的东欧国家,学生的声音就是持不同政见者的声音,但在这里,对社会意识形态的前提所提出的疑问少,而对政治体制和现行政策所提出的异议多。[26] 在非洲独立国家——特别明显的是在先前的法属殖民地——学生也常是政府的反对者。

学生与政府的对抗因其持久性而代表了极端中产阶级的反政府综合征。改革和政府的改良措施只能对学生反对派产生很小的影响。不管政府的性质如何,也不管政府所遵循的政策的性质如何,学生总是反政府的。例如在 20 世纪 50 年代末的韩国,越来越多的首都学生成了反对李承晚政权的中心,1960 年 4 月的学生示威和骚乱引起了一系列最后导致李氏独裁被推翻的事件。代替它的是尹谱善的开明政府。尽管新政府从目标、政策、领导人和支持来源看,实际上都代表了学生们的一切要求,但几个月以后,学生示威又动摇了该政府;当时对学生政治态度的一项调查表明,只有不到 4% 的学生无保留地支持政府。[27] 6 个月以后,当尹谱善政府被军方赶下台时,学生反对派几乎立刻就表明,他们反对朴正熙将军的新政府。其后几年,在反对李承晚的"四月革命"周年纪念和其他场合,朴正熙政权常常面临着首都高校大学生的大规模示威和暴动。管它是独裁统治也罢,自由民主制也罢,军事管制也罢,政党政府也罢,韩国学生一概反对之。

同样的模式也可以在其他国家找到。在 1957 年,哥伦比亚学生在推翻罗哈斯·皮尼利亚独裁统治和恢复竞选制民主的斗争中,起到了关键性的作用。但仅仅事隔几年,波哥大国立大学 90% 的学生就说,他们对这个政治制度和这个政府的社会价值观念完全没有信心。实行共产主义制度的国家亦无二致。哈瓦那大学曾是反对巴蒂斯塔的中心,后来却成了反对卡斯特罗的中心。在 20 世纪 20 年代,北京大学曾是国民革命运动和中国共产党的诞生地;而到了 1966 年,按照中国的说法,北京大学成了"盘根错节的反动堡垒"[28]。在某些处于现代化之中的国家里,支持政府的主要是富有阶级;在另一些国家里则主要是贫苦大众。在某些国家中,政府对新派人士有号召力;在另一些国家中,政府则依仗保守集团的支持。在某些国家中,对政府的支持是通过官僚机构来组织的;在另一些国家中,则是通过社团组织或关系集团来组织的。但几乎在任何一个处于现代化之中的国家,政府都不可能长久地指望知识界的支持。如果在处于现代化之中的国家确实普遍存在着一种鸿沟的话,那就是政府和大学生间的鸿沟。如果说总统官邸是权威的象征的话,那么学生联合会大楼就是造反的象征。

这种由城市中产阶级、知识分子和学生所构成的反对派格局表明,它是不会被改革所平息的,改革反而会使它恶化。这种形式的反对派在大多数情况下并非出于任何物质上的匮乏,而是出于心理上的不安全感、个人的疏离和负罪感,以及出于一种急需的稳定认同感。城市中产阶级要求民族尊严,要求一种进步感和全民族的总目标,要求通过参与社会的全面改造得到自我实现的机会。这些都是乌托邦式的目标，从来没有一个政府能真正满足这些要求。故此，改革很难安抚这些城市里的中产阶级分子。在大多数场合，他们的确都强烈地反对改革，将其视为规避变革而抛出的一点小甜头。这种情况固然时常发生，但问题也还有另外一面。因为，如果改革的呼声可以作为行动不彻底的借口的话，那么，革命的要求就常常是什么也不干的借口。拉丁美洲的咖啡馆和酒吧间经常坐满高谈阔论的知识分子，他们对那些切实改善自己国家状况的机会嗤之以鼻，说什么拟议中的改革在本质上不够彻底，不够革命，或用他们最喜欢的术语来说，不是结构性的。

学生尤其对现代世界和西方先进国家推崇备至。在他们的心目中存在着两种极大的差距，一是现代性原则——平等、公正、共同体、经济福利——和这些原则在他们的社会中实现的程度之间的差距，二是世界先进国家中实际状况和他们自己国内的具体状况之间的差距。利普塞特写道："当然，在所有国家中，现实一般总是与原则有出入，年轻人，特别是血气方刚的毛头小伙子……对此感受特别强烈。因此，各国受过教育的青年人，都早熟地支持理想主义运动，比成年人自己更加坚贞不渝地崇尚成年人的意识形态。"[29]这些学生们对自己的国家感到羞辱并与之相疏离，他们热切希望重建自己的祖国，将其推向"世界的前列"。在与自己的家庭以及传统的规范和行为准则相疏离的情况下，学生们更加彻底地与抽象的现代性准则相认同。这些抽象的准则成了他们评价自己国家的绝对标准。非把社会加以彻底重建，不足以满足他们的愿望。

19世纪俄国学生和知识分子致力于现代化的努力，在许多方面都可说是开了20世纪亚洲、非洲和拉丁美洲学生和知识分子问政的先河。俄国知识分子的作为也清楚地说明了改革是如何能变成极端激进主义的催化剂的，亚历山大二世的"伟大改革"立即引发了学生和其他知识界成员的革命组织和革命行动。考虑到19世纪50年代后期的学生骚动，亚历山大推行了一种宽容和自由化的政策。可这只不过使不满情绪加剧，并在农奴制度废除后的那几年掀起高潮，而于1866年达到顶峰，发生了企图暗杀亚历山大的事件。莫斯写道："新沙皇恩准自由的些许扩展，不可避免地产生了对自由的进一步要求。在尼古拉统治下，几乎毫无怨言而接受的那些限制,现在突然变得难以忍受了;迄今为止多半被排除在国家事务之外的公众,现在开始抱怨说,亚历山大所给予的相对自由是不够的。"[30]从某种意义上说,19世纪后半叶的俄国革命运动正是19世纪中叶亚历山大推行"伟大改革"的产物。

多少有些类似的情况是,1848年在许多国家中发生的革命,就是紧接着政府为了迎合至少是中产阶级的一部分要求而进行的改革努力之后才发生的。例如在教皇领地之内,庇护九世在1846—1848年间放宽了出版自由,建立了罗马市自治政府,革新了省级行政,创立了一个咨询议会,设置了"保民官","于是就武装了强烈要求改革的中产阶级"。但庇护的改革并未使中产阶级分子感到满意,革命还是爆发了。保民官站在起义者一边,庇护被迫逃往那不勒斯。[31]

在20世纪的完全不同的环境下,多米尼加共和国的雷德·卡布拉尔(Reid Cabral)政府在刚刚开始实行一系列改革之际就被一次中产阶级起义所推翻。这些改革包括搞活经济、扩大政治自由、整肃贪污、厉行节俭、确立选举并清洗"军队中某些最暴戾腐化的分子"。可是,"恰恰值此缓慢上升和逐步改善之际,1965年4月革命爆发了。雷德至少部分地是由于他所开始推行的改革而被赶下台,这似乎是一种讽刺"[32]。

迎合激进中产阶级要求的改革计划只会增强这个阶级的力量及其激进思潮,而不会减弱它的革命倾向。对于意在维护政治稳定的政府来说,对付中产阶级激进主义的最恰当的办法乃是镇压而非改革。凡是能够削弱这些激进分子的数量、力量和内聚力的措施,皆有助于政治秩序的稳定。着眼于限制大学发展的政治措施,也会相当程度地减少革命派制的影响。而旨在给学生提供福利的计划却不会减弱他们的革命倾向,反而只会增强身处中上层阶级的学生经常的潜在负罪感,并从而加强他们的反对倾向。举例说,波哥大国立大学乃是一个政治鼓动和反政府、反美行动的中心。20世纪60年代中期,学校在美国国际开发署的大力帮助下开始实施一个广泛的计划以求减少这种不满。这个计划包括"提供更好的住宿和其他便利设施,扩大教员队伍并修改课程设置"[33]。但这种改革反倒可能会方便和鼓励学生去进行政治鼓噪。就维持政治稳定而言,埃塞俄比亚政府倒有更明智之举,它在1962年和1963年之间关闭了海尔·

塞拉西大学的学生宿舍,从而迫使许多学生离校回家了事。

## 改革对于农民是替代物

有人曾经说过,英国海军的光荣在于它的水兵从不哗变,或至少是难得兵变,除非为了更高的军饷。对于农民,大体也可以这么说。只有在土地所有、租佃、劳作、赋税以及物价等条件在他们看来是无法忍受时,他们才会变成革命者。纵观历史,农民的反抗和起义通常都是为了消除某些特定的祸害和虐待。在俄国,农民起义也和其他任何地方一样,几乎总是针对当地的地主和官吏,而不是针对沙皇或教会的权威,也不是针对整个政治或社会体制的结构。在许多例子当中,农民的经济状况总是在革命爆发的前夜急剧下降。帕尔默指出:18 世纪 80 年代法国农村的骚动“并非仅仅由于贫困所致,而且也是由于一种对贫困化的意识所致”[34]。1789年的经济萧条使这些条件更加恶化,面包价格达到了 100 年来的最高点。这些物质上的苦难又碰上由于召开三级会议而出现的政治机会,农民暴动就如火如荼地展开了。在所有的大革命中,农民行动的矛头所向,基本上都是针对已经变得无法忍受的切身物质利益,要求迅速而直接地得到矫正,必要的话,他们会使用暴力。革命的知识分子宣布旧秩序的死亡和新社会的诞生;而革命的农民则杀死税吏,抢占土地。

农民不满情绪是建立在物质性基础上的,这对于避免革命的发生有着极其重大的意义。没有一个政府能指望让造反学生感到满意,但一个政府如果是真心实意的话,就能够极大地影响农村的状况,从而化解农民的造反倾向。改革在城市虽可能是革命的催化剂,但在农村就可能是革命的替代物。

农民骚动的这种物质背景,还有助于解释他们的行为方式何以给人们造成互相冲突的印象。城市中产阶级知识分子的抱负是永远无法实现的,因此他们总是处在一种反复无常的状态当中,对他们的角色不会发生误解。而农民却既可能是现存秩序的坚固堡垒又可能是革命的突击部队。农民究竟会扮演什么角色,这完全要看现有制度能在多大程度上按照他们的想法去满足他们切近的经济和物质利益而定。这些要求通常都集中在土地的佃租制度、赋税和物价等问题上。只要土地的占有状况比较公平,并能维护农民的生存,革命就不可能发生。假如土地占有状况不公平,农村民不聊生,那么革命如果不是不可避免的,也是很有可能的——除非政府能采取果断措施加以补救。没有哪一个社会集团会比拥有土地的农民更加保守,也没有哪一个社会集团会比田地甚少或者交纳过高田租的农民更为革命。因此在某种意义上说,一个处于现代化之中的国家的政府的稳定,端赖它在农村推行改革的能力。[35]

知识分子是离心离德,而农民则是牢骚满腹。知识分子的目标总是不着边际的和属乌托邦式的。而农民的目标则是具体的,他们要求再分配。这种特点使农民成为潜在的革命者,因为地主必须被剥夺,农民才能得益。这是一种零和效应,即一方受损而另一方得利。但在另一方面,农民的目标总是具体的,这一点意味着只要政府强大并足以硬性推行某种程度的土地再分配,那就能使农民获得革命的免疫力。对中产阶级知识分子的物质让步滋长不满情绪和负罪感,而对农民的物质让步则带来满足感。因此,通过革命或其他方式所推行的土地改革,会使农民从潜在的革命力量转变成为基本的社会保守力量。

第二次世界大战后,日本的土地改革使日本农民对社会主义的呼声无动于衷,并使他们成为保守党派最强大、最忠实的支持者。1947—1948年,韩国在美国支持下把原属日本人的土地分给农民,这"极大地减少了农村中的不稳定因素,在农民当中削弱了现有的和潜在的共产党影响,使他们更乐于和选举程序进行合作,并在他们心中唤起了一种希望,即韩国地主的土地也会被同样处理(这种希望后来实现了)"。在印度,国大党在独立后立即进行了土地改革,这使得"土地所有者和自耕农所扮演的角色更像革命后的法国农民,而不是像革命后的俄国或中国农民,从而造成了一个由在现存制度下具有既得利益的私有者所组成的广泛基础,而不是一个为迅速推动工业化而被搜刮的对象"。墨西哥革命后的土地改革乃是20世纪30年代墨国政治一直稳定的一个主要根源。1952年后的玻利维亚土地改革,使农民成为支持政府与革命团体进行斗争的主要保守力量。正如一次研究报告所指出:"尽管土改在开始时有着过火的革命倾向,但并未促使该国走向公社化。土改实际上使农民成了激进工人的遏制力量,因此农民对土地的占有使他们与国家的繁荣和稳定休戚相关。"玻利维亚政府有时甚至还动员武装农民来镇压城市起义和暴力行为。与墨西哥和玻利维亚一样,委内瑞拉的土地改革也使政治气候变得"更为保守",并增加了"人口中基本上属保守部分的影响"。[36]

列宁在论及 1906—1911 年间斯托雷平所进行的俄国土地使用权改革尝试时,就已经预见到了土地改革可能产生的这种保守影响。斯托雷平的目标是要削弱农村公社即"米尔"(mir)的作用,促进土地的个人占有权,以便形成一个心满意足的农民私有者阶级,充当支持君主制的稳定来源。斯托雷平说:"私人占有制……是秩序的保证,因此小私有者是维持国家得以稳定的所有条件的基础。"[37]列宁直截了当地批驳了那些认为这些改革毫无意义的革命者。他在 1908 年宣称,斯托雷平宪法和斯托雷平的农村政策

> 标志着旧的半封建的沙皇制度崩溃的一个新阶段,一个向资产阶级君主制转变的新运动……如果它能延续一个长时期……那我们就不得不放弃任何土地纲领。说这样一种政策在俄国是"不可能的",那不过是毫无内容的和愚蠢的民主空话。它是可能的!如果斯托雷平的政策持续下去……那俄国的农业结构就纯粹是资产阶级的了,富裕农民将得到所有土地份额,农业就会成为资本主义农业,而在资本主义制度下任何土地问题的"解决"不管激进与否都将是不可能的了。*

列宁完全有理由感到忧虑。作为斯托雷平改革的结果,从 1907 年到 1914 年,约有 200 万农民从"米尔"变成了个人土地所有者。到 1916 年为止,在 1 600 万户符合条件的家庭中,有 600 万农户提出申请,要求独立耕作;1915 年在俄国的欧洲部分,有一半农民获得了世袭的土地使用权。贝尔特拉姆·沃尔夫(Betram Wolfe)写道:"(列宁)认为这是斯托雷平改革和下一次社会大动荡之间的一场时间竞赛,假如大动荡被推迟二十几年,那么斯托雷平这些新的土地措施将会使农村大大改观,以至于农村再也不可能是一种革命力量了……列宁在斯托雷平统治的末期曾几次这样说:'我不指望能在有生之年看到革命了。'"[38]从某种意义上说,列宁的这

---

* 原文如此,参见《列宁全集》第 15 卷(1952 年,北京中文版)第 246—247 页。——译者注

一预测之所以后来没有成为事实,全靠了暗杀者在 1911 年 9 月击中斯托雷平的那颗子弹。

如此看来,土地改革对政治制度有着极大的稳定作用。但像任何改革一样,要使改革发生则可能需要使用某些暴力,而改革本身又可能会产生某些暴力。例如,农奴的解放就曾在俄国农村引起地方性的起义和抗上行为。但是这种暴力的行为有别于那种改革刺激出来的知识分子极端主义,它很快就会随着时间的流逝而趋于平息。在亚历山大二世颁布解放敕令的 1861 年,在 1 186 个领地上发生了抗上事件,1862 年和 1863 年则分别只有 400 个和 386 个领地受到此类事件的影响,而到 1864 年,由改革引起的混乱实际上已销声匿迹。[39] 先是尖锐但属有限而短暂的暴力行为,接踵而来的就是暴力事件的稳步下降和平静的较快恢复,这看来就是土地改革过程中局势演变的典型轨迹。正如卡罗尔(Carroll)所说,土地改革"假如认真地搞起来,确是一桩带有爆炸性的和无法逆料的难事;但如果不去实行,那么爆炸性就会更强烈"[40]。从政治稳定的角度考虑,土地改革的代价是轻微和短暂的,而收获却是根本和持久的。

如果用其他标准来衡量土地改革的利弊得失,可能就不如此一目了然了。土地改革,特别是革命所带来的土地改革,其眼前后果通常是农业生产力和产量的降低。但从长远来看,则生产力和产量都会趋于增长。在 1953 年玻利维亚土改后,分得土地的农民显然不愿意生产比自己所能消费的更多的食品,农产品数量严重下降,直到 1960 年代农业产量才再次回升。墨西哥农业生产力在革命后最初的年代里也下降了,但后来又回升;而到了 20 世纪 40 年代,墨西哥的农业增长率则跃居拉丁美洲之首。

土地改革使自耕农在有效地使用其土地方面有直接经济利益可图,因而农业生产力和产量都趋于提高。从经济的角度来论证土改,这当然是顺理成章的。但是无疑土改本身并不一定会产生经济利益。尚需采取当其他各种类型的农村改革配套措施,使土地的使用效益提高,土改的经济实惠才会到手。只要一个国家的大部分人口以务农为生,那么,工业的增长显然就基本上反映着该国人口消费工业产品的能力。由于土地改革创造了一个小私有者阶级并由此提高了农村地区的中等收入水平,因此就有人说,土改扩大了国内市场,从而为工业发展提供了更大的刺激。但另一方面也可以说,由于土地改革降低了农业单位的平均面积,它也就会减少农业上大规模经营的效率,因此就束缚了总体经济的增长。

在某种程度上,土地改革既对社会福利和政治稳定有好处,也可能对经济发展做出贡献。但正像现代化其他方面的情况一样,土地改革获得的这些目标也是会相互发生冲突的。例如在埃及,1952年土地改革的目标是在农村实现根本性的社会改革,并使土改“成为推翻旧统治阶级的杠杆”。土改之后的几年里,农村老百姓的生活是改善了,农业生产指数也从1951年的105(以1935—1939年为100)增长到1958年的131。但做到这一步,其他的社会目标却付出了代价。土改“演变为实现五年计划的一种方便的工具;但在此过程中,原来想把国民收入大幅度拉平的想法,已化为泡影。改革的初衷已被对效率的追求所埋葬”。尽管改革获得了技术性的成功,但是“由于再分配给农民带来的好处并不大,加之地主仍在钻田租管制法规的空子,农民只好干瞪眼,因此百姓都感到心灰意冷”[41]。为了重振革命精神并恢复土地改革的社会目标,1961年又通过了一项新法律,进一步限制地主得以保留的土地面积,并重申对原有法律中的其他条款从严执行。纳赛尔宣称此项法律的目标是为了彻底镇压封建主义,而且,该项法律也是纳赛尔政权当时大幅度向左转的内容之一。五年以后,即1966年,又掀起了对“封建主义分子”的大张挞伐,要求更加严厉地执行这项法律。埃及的这种经验说明,只要把土地改革交给官僚机器去办理,那么经济和技术性的目标一般总是压倒政治和社会目标。为了使后者始终保持势头,政治领袖就必须一再地通过政治运动给改革重新注入活力。

# 土地改革的政治

土地的占有方式,在国与国之间,地区与地区之间,显然大不一样。

大体上来说,拉丁美洲的情况是,数量相对很少的大庄园占据了大部分耕地,而大量的小农主则仅占有可耕地的一小部分。无论是大庄园还是小农的土地,通常都耕作不善。亚洲的土地占有通常没有拉丁美洲那样集中,但是租佃、遥领地产和高密度人口这些情况则是更为普遍的。在近东,有些国家(如伊拉克、伊朗)常以土地集中见著,而另一些国家则以高比例的佃农为特征。除赤道非洲之外,在许多处于现代化之中的国家里,会引起农民骚动的这种或那种形式的客观条件是普遍存在的。就像情况可能出现的那样,如果现代化势将在某个时候使农民意识到这些条件已达不可忍受的地步,那么,革命或是土改,对于许多国家来说就是一种很现实的非此即彼的抉择。

表 6.2 的资料显示了在不同国家(地区)中土地改革在政治上的迫切性。横轴大致给出了农业对一国(地区)国民经济的重要性;纵轴依次标出各个国家(地区)土地分配的不平等程度,这些数据取自各个不同的国家(地区),在时间上不相吻合;有时一个国家(地区)列出两个不同年代的数据。在表中大多数国家(地区)名字的下面是土地租佃率及其年份。

**表 6.2　农村骚动的易发性**

| 土地分配不均的基尼指数 | 农业从业人员百分比 | | |
|---|---|---|---|
| | 0%—29% | 30%—59% | 60%以上 |
| | A | B | C |
| 0.800 以上 | 澳大利亚 0.93(1948)* | 墨西哥 0.96(1930) | 玻利维亚 0.94(1950) |
| | 阿根廷 0.86(1952) | 智利 0.94(1936) | 0.20(1950) |
| | 0.33(1952)** | 0.13(1955) | 伊拉克 0.88(1958) |
| | 意大利 80(1946) | 委内瑞拉 0.91(1956) | 秘鲁 0.88(1950) |
| | 0.24(1930) | 0.21(1950) | 危地马拉 0.86(1950) |
| | | 哥斯达黎加 0.89(1950) | 0.17(1950) |
| | | 0.05(1950) | 巴西 0.84(1950) |
| | | 厄瓜多尔 0.86(1954) | 0.09(1950) |
| | | 0.15(1954) | 萨尔瓦多 0.83(1950) |
| | | 哥伦比亚 0.86(1960) | 0.15(1950) |
| | | 0.12(1960) | 埃及 0.31(1952) |
| | | 牙买加 0.82(1943) | 0.12(1939) |
| | | 0.10(1943) | |
| | | 乌拉圭 0.82(1950) | |
| | | 0.35(1951) | |

(续表)

| 土地分配不均的基尼指数 | 农业从业人员百分比 | | |
|---|---|---|---|
| | 0%—29% | 30%—59% | 60%以上 |
| | **D** | **E** | **F** |
| 0.700 0.799 | 新西兰 0.77(1949)<br>0.22(1950)<br>波多黎各 0.74(1959)<br>0.4(1959)<br>英国 0.71(1950)<br>0.45(1950)<br>美国 0.71(1950)<br>0.20(1959) | 多米尼加共和国<br>0.79(1950)0.21(1950)<br>古巴 0.79(1945)<br>0.54(1945)<br>西班牙 0.78(1929)<br>0.44(1950)<br>希腊 0.75(1930)<br>0.18(1939)<br>奥地利 0.74(1951)<br>0.11(1951)<br>巴拿马 0.74(1961)<br>0.12(1961) | 洪都拉斯 0.76(1952)<br>0.17(1952)<br>尼加拉瓜 0.76(1950)<br>利比亚 0.70(1960)<br>0.09(1960) |
| | **G** | **H** | **I** |
| 0.500 0.699 | 西德 0.67(1949)<br>0.06(1949)<br>挪威 0.67(1959)<br>0.08(1950)<br>卢森堡 0.64(1950)<br>0.19(1950)<br>荷兰 0.61(1950)<br>0.53(1948)<br>比利时 0.59(1959)<br>0.62(1950)<br>法国 0.58(1948)<br>0.26(1946)<br>瑞典 0.58(1944)<br>0.19(1944) | 墨西哥 0.69(1960)<br>中国台湾 0.65(1930)<br>0.40(1948)<br>芬兰 0.60(1950)<br>0.02(1950)<br>爱尔兰 0.60(1960)<br>0.03(1932)<br>菲律宾 0.59(1948)<br>0.37(1948)<br>菲律宾 0.53(1960) | 南越 0.67(1935)<br>0.20(1950)<br>埃及 0.67(1964)<br>伊朗 0.65(1960)<br>印度 0.63(1954)<br>0.53(1931)<br>西巴基斯坦 0.61(1960)<br>印度 0.59(1961)<br>东巴基斯坦<br>0.51(1960) |
| | **J** | **K** | **L** |
| 0.499 以下 | 瑞士 0.49(1939)<br>0.19(1944)<br>加拿大 0.49(1931)<br>0.07(1951)<br>丹麦 0.46(1959)<br>0.04(1949) | 日本 0.47(1960)<br>0.03(1960)<br>中国台湾 0.46(1960)<br>波兰 0.45(1960) | 南斯拉夫 0.44(1950) |

资料来源：Bruce M. Russett et al，World Handbook of Political and Social Indicators，New Haven，Yale University Press，1964，Tables 50，69，70；Hung-chao Tai，"Land Reform in Developing Countries: Tenure Defects and Political Response"，Unpublished Paper，Harvard University，Center for International Affairs，1967。

＊ 基尼指数，括号中为年份。

＊＊ 租地农户占全部农户的百分比，括号中为年份。

　　从这些数据中似乎可以看出,在四种类型的国家中,土地改革并不是一个迫切问题。首先是在那些经济高度发展的国家里,农业的地位无足轻重,即便土地占有状况非常不平均,它也不会给社会平等和政治稳定带来重大问题。实际上,表6.2凡排在左边一列的国家,都属于这种情况。甚至像阿根廷那样土地占有极不平均而且租佃率也很高的国家,由于其农业从业人员不到全部劳动大军的30%,土地问题也就不那么重要。同样,土地占有不平均和租佃率很高二者兼存于意大利,但那儿的问题主要集中在南部,而且政府已经采取了相当有效的措施来对付它。在这类国家中,土地改革只是政治中的次要问题。

　　第二种类型是那种早就有了或赢得了相当平均的土地占有形式的国家。许多G组和J组的西欧国家多属此类或上述第一类的范畴之内,这些国家的农业在经济生活中无关宏旨。尽管没有现成的精确而可比的数据,但至少某些未列入表内的处于现代化之中的国家也能跻身于这一行列,也许像塞浦路斯、黎巴嫩、土耳其、泰国、印度尼西亚就属此列。

　　第三类包括那些大部分地处赤道非洲的国家。在这些国家里,传统的村社土地占有形式刚刚才开始让位给私人土地所有制。从某种意义上说,与那些传统村社土地占有制(如果曾经存在过的话)已经早为私有制所代替、土地后来又集中到较少数人手中的其他某些处于现代化之中的国家相比,这类国家落后了整整一个历史阶段。若能把握土地从村社占有制演变为个人所有制过程的性质,这些非洲国家未尝不可避免如今使那么多处于现代化之中的国家吃尽了苦头的土地占有不平均的问题。

　　第四类国家包括那些近期通过革命或其他途径已经进行过有效而彻底改革的国家,其土地改革现在实不构成突出问题。所有实行集体化农业的共产党国家都在此列,包括波兰和南斯拉夫这两个实现了高度平均的个人土地占有制形式的国家。在非共产党国家和地区中,日本和中国台湾的战后改革至少暂时解决了土地这个重大的政治课题。墨西哥和玻利维亚也在某种程度上通过革命而获得同样的果实,尽管墨西哥村社缺乏效率的问题和土地重新集中化的趋势仍使该国感到头痛。

　　在其余的处于现代化之中的国家中,土地改革都是政治上极为突出的问题。可以预料,在C组7个土地占有极不平均而农业劳动大军又相当庞大的国家中,土地改革问题将会成为最关键的一步棋。在 1950 年,玻利维亚的土地占有不平均状况,如用基尼指数来衡量,可能在世界上是最严重的,土地租佃率也很高,1952 年该国旋即发生了农村革命。伊拉克在 1958 年也存在着很高的土地占有不平等状况,同年,一个倾向于现代化的军人集团就推翻了旧政权并着手实行土改计划。在萨尔瓦多和秘鲁也存在着类似的土地占有不平等,改革派政府在美国支持下分别于 1961 年和 1964 年大力推行土地改革。危地马拉和巴西政府也曾分别在 1954 年和 1964 年试图推行重大的土改运动,只是后来被军事叛乱推倒了。在埃及,纳赛尔改革使该国的基尼指数从 1952 年的 0.81 下降到 1964 年的 0.67。上述 7 个国家中,除玻利维亚之外,土地改革在 20 世纪 60 年代中期一直是一个重大问题。

在 B 组和 F 组国家以及那些 30% 以上的劳动力从事农业生产和 20% 以上的农户靠租地耕作的国家和地区(即多米尼加共和国、古巴、中国台湾、菲律宾、南越、印度等),土改迫切性的情况也大致相当。很有意义的是,其中的两个——古巴和中国台湾——已经实行了重大的改革。中国台湾的不平均指数已从 1930 年的 0.65 下降到 1960 年的 0.46。剩下的 20 个土地占有极不平均或租佃率很高或二者兼而有之的国家和地区(B 组、C 组、和 F 组三种中除去玻利维亚,另加多米尼加共和国、西班牙、菲律宾、南越和印度),照理都应属于土改对政治极关要害的国家。这里还应该加上像摩洛哥、叙利亚、埃塞俄比亚这样的国家,虽然这些国家的土地占有状况没有精确数据可查,但其高度不平均状态为人周知,或者其土地改革已经成为政治上的重大问题。在所有这些国家中,政治上的长治久安很可能就要依赖其政府实行土地改革的能力了。

那么,在怎样的条件下土地改革才能行得通呢?像其他改革一样,土地占有状况的改革也需要政治体系内部权力的集中和扩大。更具体地说,这首先需要把权力集中在一个立志改革的新兴社会精英集团的手中;其次还需要动员农民有组织地参与改革的实施。分析土地改革过程的学者有时试图把"自上而下的改革"和"自下而上的改革"区别开来。实际上,成功的土地改革是需要上下两头夹攻的。革命实现的土地改革之所以有效,很明显是由于它兼有这双重因素,即革命上层集团手中权力的迅速集中和农民抢占土地并自己组织起全国性的农民联盟;而新的统治集团则颁布了一项土地改革法,对农民的这种权利加以确认,并建立起推行改革所必需的行政机构。

设使传统社会的精英分子是地主集团,那么自上而下的改革的创意就必须来自某个新兴的精英集团,该集团必须能够取代政治体制中的土地利益集团,并能攫取足够的权力,以保证在多数地主阶级分子反对的情况下,仍可顺利地推行土地改革。土地改革本身的固有性质使它带有某种没收财产的成分。

至少没收的方式,可能是国家干脆无偿地剥夺私人土地,一如革命时发生的情形那样;也可能是国家按私人土地报税时登记的估价来收购土地,这种价格当然远低于正常市场价格;抑或以公债券成其他延期偿付手段来收购土地,但随着通货膨胀和发行公债的政府的动荡,此种偿付价值自然大大地打了折扣。在这方面,仅有的例外是委内瑞拉和伊朗这两个得天独厚的国家,它们没有使用这种办法去全部或部分地剥夺私人土地,因为它们可以用自己的石油岁入慷慨地给地主以补偿,实现了名副其实的"石油换来的土改"。除此少数例外,土地改革即意味着用强力把财产从一部分人的手中夺过来,交到另一部分人手中,如此而已。正是土地改革的这一特征,使它成为对处于现代化之中的国家的政府来说可谓意义最为深远同时也是最困难的改革。

地主在多大程度上会情愿在土地改革中失去自己的财产,这完全要看具体情况的紧迫性。如果不土改他们反而会在一场行将发生的革命中完全被剥夺,他们就会选择认从土改。另一方面,政府实行土地改革的能力很可能与土地集中化的程度成正比。假如土地高度集中,那么就可以从少数富豪手中没收足够的土地来进行再分配,而这些富豪也经受得起丢失自己的土地。反之,如果需要剥夺人数多得多的中等地主阶级或富农阶级的话,那么,政府所面对的困难就将大得多了。

取代传统的地主精英的途径是很多的,此际新兴精英集团的出身也可能是五花八门。如因革命而发生土改,则农民起义一般会铲除相当一部分地主精英分子,或通过施暴和斩杀,或通过恫吓和流放。激进的城市知识分子随之担当起国家的政治领导责任,建立新的政治体制,颁布土地改革法令来确认农民的行动。革命实现的土改比通过其他方式实现的土改要多得多。

第二种推行土改的最有效方法乃是假手于外国人的行动。外国人跟革命者一样，对现存社会制度无利害关系。革命者的法令才能使农民的造反合法化，而外国人的法令本身就是合法的，因为背后有占领军的枪杆子。在这两种情况下，都是由于新的精英分子和下层群众涉足原来封闭的政坛，改革方有可能。外国人通常并不完全取代传统精英集团的权位，而是借助殖民统治或军事占领将其置于从属地位。殖民制度下土地占有的变化，通常意味着以西方国家的个人自由土地占有制来代替传统的村社土地占有制。如前所述，这常常使得土地相对地集中在少数人手中。只有在少数情况下殖民政府才会对确保比较平均的土地占有表示出颇大的兴趣，某种程度上就像美国于 20 世纪 30 年代在菲律宾所做的那样。

但第二次世界大战后美军占领下的情况就大不相同了。美国在日本推行的土地改革是现代最有效的改革之一。佃农和半自耕农（即半数以上耕地为租来的农民）的比率从 43.5% 降到了 11.7%；农业收入中地租、利息和工资的比率减少到 4%；地主得到的赔偿是按照 1938 年的地价计算的，由于战后通货急剧膨胀，这实际上近乎没收。在韩国，美国占领军当局实行了一次土地改革，把原来日本人占有的土地拿出来分配。后来韩国政府又实行了针对本国地主的第二次土地改革。1945 年，佃农和半自耕农占全部农村人口的 67.2%；到 1954 年这个数字降到了 15.3%。像在日本一样，富有的地主阶级事实上已被消灭，从而呈现出相当程度的经济平等。奇妙的是，战后最彻底的土地改革不是由共产主义革命实现的就是由美国军事占领当局完成的。

中国台湾的情形也大体相似。那里的"占领军"角色是在大陆被共产党人征服以后逃到这个岛上的中国国民党统治集团扮演的。通过土改，租佃土地从 1949 年占全部可耕地的 41.1% 降到 1953 年的 16.3%，佃农的地租降低了，租期也有了保障。[42]农民对改革进程的参与受到美国顾问的鼓励，"中美农村复兴联合委员会"对此亦给予支持和财政赞助。

在某些情况下，土地改革也可以由传统领导人利用现行权力结构来推行，其先决条件是：旧制度中的权力是高度集中的。通常是一个拥有绝对权力的君主,在一部分官僚的支持下,向不愿接受改革的土地贵族开刀。亚历山大二世对农奴的解放、斯托雷平的改革、1961—1962 年伊朗的阿米尼—阿桑贾尼改革,就是通过旧政治体制强制推行改革的例子。这些都是"自上而下推行土地改革"的极端例子,这里的重要问题是动员农民参与其事以保持改革势头,从而保证改革的胜利。

其他的传统制度不但缺乏动员下层力量的能力,也缺乏为了改革的目的而把政治体系内部仅存的有限权力集中起来的本领。在这种情况下,要么是通过一次全面的革命,要么是由一个立意改革的军人精英集团来推翻以地主阶级为基础的传统政权,否则就无改革可言。这后一种模式在中东特别典型,例如在埃及、伊拉克、巴基斯坦,以及部分在叙利亚就体现出这种情况。埃及的例子清楚地显示出农村发展的许多共同特点。19 世纪以前埃及土地基本上是由国家或教会团体占有的。但穆罕默德·阿里的现代化改革推动了土地所有制的发展,并最终导致了土地集中到大地主手里。因此,"到了 19 世纪末,一个人数很少的大地主阶层和广大下层贫苦百姓形成了鲜明的对比"[43]。从第一次世界大战到 1952 年,埃及议会和政府一直就处在大地主集团的控制下,最大的地主就是国王本人。农民是沉默的,而缺乏民族资产阶级和独立自主的城市中产阶级这一点又意味着没有任何社会集团足以对地主的一统天下提出挑战,甚至极端激进派别也没想到在土地改革问题上大作文章。例如,埃及共产党虽然赞成铲除大田庄,但"农村问题在整体上却并未在他们的政治和社会斗争中占有重要地位。甚至 20 世纪 40 年代当共产党活动是合法的时候,该党机关刊物《新时代》也很少涉及这个问题。与其他大多数政党不同,共产党在埃及农村并无根基"。但其他一些集团和改革派却在 20 世纪 40 年代开始把土地问题当作热门话题来讨论,引起了公众的广泛注意。1952 年的军人革命以前,在乡下一场道地的农村革命已见端倪。"1951 年,近代埃及历史上破天荒地爆发了一连串的农民造反事件,共同对付地主。"他们首次诉诸暴力,纷纷抢占土地。[44] 军人政权于 1952 年 7 月上台,旋于 9 月颁布了土改法令。

最后,至少可以设想土地改革也可能由一个通过民主途径上台的政党来领导推行。在印度、菲律宾、委内瑞拉、智利、秘鲁、哥伦比亚以及其他几个国家中,民主选举的政府都曾颁布过土地改革措施。但是,通过民主程序进行土地改革乃属长期而艰难之举,最后常常是不了了之。多元政治和议会政府常常不是领导彻底土地改革的料子。特别是在一个议会制度中,若无一个占支配地位的政党,它就不能给新的精英集团提供有效的手段去取代保守的地主集团。处于现代化之中的国家的立法机构总是比行政机构更加保守,其民选议会通常是被地主集团控制着。

议会和土地改革彼此之间根本就不相容。例如巴基斯坦,在议会政府治下的 10 年中,土地改革毫无进展,但阿尤布·汗将军一旦上了台,土改就马到成功。伊朗的大地主同样控制着议会。为了实现土地改革,不得不暂时中止议会,代之以命令的方式颁布土改,然后被公民投票所确认。改革首相阿米尼怒吼道:"不管议会是好是坏,但总是改革的绊脚石。"[45] 埃及也和巴基斯坦一样,土改立法长期难产,直到旧政权和国王、议会一起为纳赛尔和他的军人集团所取代。在埃塞俄比亚,政府于 1963 年提出了一个土地改革法案,但被上院所否决。

拉美各国的立法机构也一直是土地改革法案的坟场。例如,巴西国会在 20 世纪 60 年代初期一直拒绝通过戈拉特总统提出的土地改革法案,这些法案最后只好在 1964 年以行政命令公布实施之。同时在厄瓜多尔,国会也"对阿罗塞梅纳总统所力主的修改税制和农村改革等项根本性改革法案,不愿给予认真考虑"[46]。同样,秘鲁国会在 20 世纪 60 年代初期也拒绝通过土改立法,而宁愿丧失美国答应的一笔以通过该项立法为条件的 6 000 万美元贷款。[47]60 年代中期,叙利亚阿拉伯复兴社会党关于土地改革的温和提案也被由地主利益集团控制的立法机关束之高阁。

20 世纪 40 年代,在美国军事当局指导下的韩国临时立法议会并未能够在土地改革问题上有所作为。结果,"在韩国临时议会久议不决之后,霍奇(Hodge)〔将军〕只好单方面颁布了一项土地改革法令"。后来当大韩民国建立以后,地主把持的议会却通过了一项土改法案,意在先发制人,对付政府。这个法案遭到李承晚总统的否决,但后来议会又通过了另一个法案,方获总统首肯。在议会中"地主是一个占有支配地位的少数;他们的共同利益可在土地改革法,甚至约束公职官员的法律方面反映出来"[48]。

在实行竞选制的处于现代化之中的国家里,土地所有者支配立法机构的趋势，反映出社会缺乏有效的政治组织。人口的大头是在农村，所以政权的性质就取决于农村中选举过程的性质。在缺乏有效的政党、农民协会或其他政治组织的情况下，经济财富和社会地位就成了关键因素，而传统精英分子恰好可在这方面发挥优势，确保自己的人被大批地选入议会。当然，在某些情况下选举过程本身就保证了这一点。在巴西、秘鲁和其他拉美国家，议席虽是按人口比例分配的，但选举权却仅限于识字的人。因此，极少数农村上层阶级选民就控制了很大数量的农村议席。而在中东地区情况却几乎刚好相反，保守的土地所有者集团力争将选举权扩大到不识字的农民当中去，因为他们深信，凭着自己的经济和社会影响，他们能够控制这部分选票，并使之在政治舞台上站在自己的一边。

民主政府如果具备强有力和得人心的行政领导，而国内又存在着强大的政党组织，它们对争取农民选票有着切身的利益，那么，该政府便能够推行土地改革。委内瑞拉所以能在 1960 年搞出一次土地改革法令，多亏有罗慕洛·贝当古（Rómulo Betancourt）这样的领导人，加上民主行动党的强大组织及其与农民协会的密切联系。但即使在如此有利的条件下，委内瑞拉议会仍然还是反对派的中心，因此改革派不得不求助于尽量避开议会的迂回战术。先是在议会之外成立了一个土改委员会。经过广泛的听证、咨询和调查以后，该委员会草拟了土改法案，并提交给立法机构，最后在支持政府的多数议员的压力下才几乎原封未动地获得通过。"这个委员会首先就是一个包罗万象的聚合体，由所有政治党派和哲学的代表以及委内瑞拉大多数有关农业的利益集团的代表所组成。这样，所有的政治派别都被拉了进来，才在委员会的最后方案上取得了共识。"[49]实际上，这一立法程序是在气氛较为有利的土改委员会内而不是在气氛不利的立法议会内进行的。这次土地改革法案的通过遂导致各政党在土改问题上竞相取悦农民。正如委内瑞拉一位农村改革官员所说："拉选票就是好政治。没有比这更好的了。"[50]哥伦比亚的情形也多少与此雷同。1961 年的哥伦比亚土地改革法也是由一个议会之外的委员会起草的；所不同的是，立法机构对这项法案进行了广泛的推敲并作出进一步的修正。

印度土地改革立法乃是国大党及其领导历史性承诺的产物。尤其是土改的第一个阶段——消灭柴明达尔，更被视为民族独立进程的一部分。

柴明达尔的土地所有权是19世纪英国人人为制造的,因此铲除这种所有权就可以说是摆脱英国统治的独立大业的必然组成部分。正像外国统治者可以轻易地剥夺本土地主土地一样,地方统治者也能轻易地剥夺外籍地主或某些看来似乎是在外国人的卵翼下获得地权的地主的土地(只要外籍地主无法引来外国干涉以恢复其地权。)但嗣后印度的土改步伐就放慢了。印度土地问题是在邦立法机关的权限范围之内。而在整个20世纪50年代,除了北方邦之外,没有哪个邦颁布过有效的土地改革立法。在已颁布的那些法律当中常常又充满了大量漏洞,致使农民很难确保自己的权利,而地主却能轻易地逃避其义务。

在南亚的另一个主要的民主国家菲律宾,土地改革也遭受了同样的甚至是更为可悲的命运。胡克巴拉哈普叛乱和麦格赛赛的强有力领导促使菲律宾立法机构在1955年通过了一个土地改革法。但这个法律实在是漏洞百出,其缺乏效力也许可从1962年联合国的一项谨慎的报告中略窥一斑:"即使该法彻底实行,地主被允许保留的大片土地仍然会保持高度的租佃率。事实上,该法的规定被认为是不充分的,佃农们宁可与东家保持良好关系而不眼馋此项法律可能带来的好处。"[51]这一法律无异杯水车薪,致使马卡帕加尔总统在1963年要求颁布另一项法律。

在任何一个政治体制当中,要通过有效的土地改革法令都需要有某种别的精英集团与土地寡头集团决裂并支持这种立法。在独裁制国家中,必须有一位君主,一个独裁者,或者一届军政府站出来倡导土改。在政党力量强大的民主国家,扮演这个角色的可以是主政党的领导。假如没有立志土改的强大政党,通过这样的立法通常就需要富有者阶级产生分裂,需要工业家、商人及"进步"地主对土地改革的支持。例如菲律宾1963年土地改革法所以能获得通过,就是由于工业集团和中产阶级的支持,他们将这项立法视为经济发展总体计划中的一个必要环节。马卡帕加尔(Macapagal)总统在制定这项旨在消灭租佃制的法案时,其呼吁集中在它对经济发展的贡献上而不在它对社会正义的增进方面。法案在议会中仍然遇到顽强抵抗,然而最后总算是通过了。曾有人指出:"议会对改变土地占有方式的抵抗会随着新的工业集团开始与土地集团分享权力而削弱。"[52]

在拉丁美洲也呈现出类似的情况。以工业家和"进步的农庄所有者和经营者"为一方、以"半封建"地主为另一方之间的歧见使得哥伦比亚1961年土地改革法得以顺利通过;在秘鲁,类似的态势也有助于1964年土地改革法的通过。巴西圣保罗州1961年农村改造法的通过部分地是由于"城市新的中上层阶级现在能够对土地政策施加强大影响了"[53]。看来,如果没有强大的政治组织能够排除地主集团的反对而强行通过土改立法,那么工商界领袖就可能携起手来争取土地改革立法的批准。

穆斯塔法·基马尔曾说过:"开创任何一项事业,皆需自上而下,而非自下而上。"许多研究土地改革的学者都持相反的论点,他们认为只有农民的积极行动和要求才能使改革得以发动起来。但实际上,就土改的发动来说,这两种极端立场看来都失之偏颇。政府领导或农民群众都可能发起土改。只要尚未酿成革命,农村骚动和暴力行为以及能够步调一致地向政府提出有力要求的农民组织的建立,这些因素通常都能加速土改立法的形成。20世纪40年代末和50年代初的胡克巴拉哈普叛乱就曾使得1955年菲律宾土地改革法成为可能;库斯科地区农民夺地行动和农民组织力量的增长有助于秘鲁1964年土地改革法的通过;50年代末委内瑞拉的土地侵占事件也促进了1960年土地改革法的通过;30年代通过的哥伦比亚农村改革法,像革命政府的典型做法一样,主要是为了使早已发生的农民强占土地行动合法化;1961年智利和巴西全国性农民组织的成立则正好给这两国政府中主张改革的分子提供了推动力。

另一方面,土地改革并非都是由下层的推动才搞起来的。大多数国家的佃农和无地农民都缺乏技能和组织,无法构成一支有效的政治力量。他们善于利用政府的弱点,试图将土地占为己有,而不知利用政府的力量,劝说政治领导人为他们的利益去行使政府权力。即使在菲律宾那样的国家,贫穷的农民和佃农在20世纪60年代初也缺乏有效的组织,在争取通过1963年土地改革法的斗争中几乎没有起到什么作用。因此在许多情况下,上层精英分子可能由于预见到农民未来的要求而在他们尚未直接想出这种要求之前就主动着手处理土地改革问题。60年代初,哥伦比亚那个"会从改革法律中得到最大实惠的集团——哥伦比亚的小佃农、交谷佃农、小庄园主和无地劳动者——对该法的通过,仅仅起了很小的间接作用"。侵占土地的事确实发生过,但相对来说规模很小。在委内瑞拉,若无贝当古在理论上的承诺和政治上的领导,该国发生的轻微土地侵占也将得而复失。在伊朗并没有发生任何农民的暴力事件和违法行为。像在哥伦比亚一样,推行改革的伊朗领袖们更为关心的是将来可能发生的重大暴力行为而不是过去实际发生过的微小的暴力事件。一位哥伦比亚议员大声疾呼:"我并不想成为末日的预言者,但如果下一届议会不能制定出一项土地改革法,那么革命就将不可避免。"阿米尼首相警告伊朗的地主精英集团说:"要么分掉你们的土地,要么面对革命或死亡。"[54]

尼尔(Neale)曾指出:"并不是土地改革把农民造就成新人,而是新人造就土地改革。"[55]如果没发生革命,新人通常并非来自农民阶级。但不管它是怎么开始的,土地改革的成效却总是依靠农民积极的和最终有组织的参与。土地改革的发动并不一定需要动员农民,但改革要想成功却必定要把农民动员并组织起来。改革法令只有当那些致力于执行它们的组织变得制度化之时才会有效。如果要使土地改革成为现实,在政府和农民之间有两种组织联系是必不可少的。

首先在几乎所有的情况下,政府都必须建立起一个新的、经费充裕的行政组织,并配备立志于改革大业的专门人才去主持其事。在大多数土地改革已属生命攸关的问题的国家里,农业部都是一个软弱而无生气的衙门,它对现代化和改革几乎无动于衷,且常常是农业既得利益集团的忠实奴仆。冷漠的官僚机构足以使改革化为乌有。例如,一项调查报告把印度几个地区土地改革的失败归结为两个原因:"一是法律本身不完善,二是邦、地区以及乡村各级政府官吏的消极态度。除阿里格尔以外,没有一个地方不是对已颁布的土地改革法令采取敷衍了事态度的。"[56]因此,几乎所有成功的土地改革,都需要建立起专司其事的机构。凡是在没有设置这种机构的地方,比方印度大体上就是这样,改革就会毫无效果。此外,通常还需要动员官僚机构中的大批人员到农村去具体办理改革。日本在土地改革中曾动员了40万人协助工作,以便购买并转交200万公顷土地,并重写400万份土地契约。中国台湾的土地改革抽调了大约33 000名行政人员来帮忙。菲律宾和伊朗则动用军队来协助土改的开展。[57]而印度在20世纪60年代初却只有约6 000名专职工作人员参与土地改革。

土地改革所需要的第二种组织便是农民自身的组织。集中的权力能够颁布土地改革法令,但只有广泛扩展的权力才能使这些法令成为现实。农民的参与对通过法律或许并非必要,但对执行法律却不可或缺。特别是在民主国家,土地改革法令的通过,可能是出于对公众舆论的顺从,或者因为有意识形态方面的承诺。如果没有农民组织参与其执行,此类法令往往只是官样文章。在印度曾有人指出:"农村发展失败的病根就是不能采用行政管理的手段。农村发展只有通过组织起来才能实现。文职人员可以胜任行政管理,但农村发展乃一次政治任务,使用行政管理手段是无济于事的。"[58]农民联盟、农民协会、农民合作社都是保证土地改革具有持久活力的必备条件。不管它们自己宣布的宗旨是什么,组织本身就在农村形成了新的权力中心。在这里,我们再一次看到,德·托克维尔关于社交艺术的科学论断给农村政治提供了一种新的政治力量来源,此种新的来源足以和一直是地主阶级主要力量来源的社会地位,经济财富和高等教育等因素相抗衡。

因此,建立农民协会是一种政治行动,而最经常、最有效地采取这种行动的又是政党,因为它需要通过农民组织的机制来取得农民的支持,并使农民与党牢牢地捆在一起。在处于现代化之中的国家,几乎每一个强大的政党都与某一个农民组织保持着密切的联系。这种组织当然能给党的领袖们效劳,但同样也能给农民效劳。

不论农民获得什么样的权力,它总是渐渐地趋于向中央政府施加保守的影响,因为作为小私有者,农民把私有财产看得极重。但是,就农村群众权力增长来说,最重要的现象还是伴随着农村改革而产生的农民辛迪加组织。这些利益集团的建立很可能被证明为许多土地改革运动的最重要的结果。[59]

质言之,改革只有在组织起来之时才能实现。农民组织是一项政治行动。有效的农民组织要由有效的政党来建立。

## 注 释

1. Albert O. Hirschman, *Journeys Toward Progress* (New York, Twentieth Century Fund, 1963), p. 267.

2. 见 Charles E. Lindblom, "The Science of 'Muddling Through'", *Public Administration Review*, 19(Spring 1959), 79—88.

3. Dankwart A. Rustow, *A World of Nations*, pp. 126—127. 关于基马尔推行改革的战略和策略,见 Rustow, "The Army and the Founding of the Turkish Republic", *World Politics*, *II* (July 1959), 545ff.; Bernard Lewis, *The Emergence of Modern Turkey*(London, Oxford University Press, 1961), p. 254; Richard D. Robinson, *The First Turkish Republic* (Cambridge, Harvard University Press, 1963), 65—66、69、80—81; Lord Kinross, *Ataturk*(New York, William Morrow, 1965), p. 430。

4. Mustapha Kemal, *A Speech Delivered by Ghazi Mustaplia Kemal*, *President of the Turkish Republic*, *October* 1927 (Leipzig, K. F. Koehler, 1929), p. 119.

5. 转引自 Lewis, p. 257。

6. Peter F. Sugar, "Economic and Political Modernization:Turkey," in Robert E. Ward and Dankwart A. Rustow, eds., *Political Modernization in Japan and Turkey*(Princeton, Princeton University Press, 1964), p. 174; Z. Y. Hershlag, *Turkey:An Economy in Transition* (The Hague, Van Keulen, 1958), Chaps. 11、14、15.

7. Kemal, p. 598.

8. Frederick W. Frey, "Political Development, Power and Communications," in Pye, ed., *Communications and Political Development*, pp. 314—315.

9. Cardinal Richelieu, *Political Testament*(tr. H. B. Hill, Madison, University of Wisconsin Perss, 1961), p. 75.

10. Kenneth Clark, "Desegregation:An Appraisal of the Evidence,"*Journal of Social Issues 9*(1953), 43,楷体为原文所有。另可见 Ronald Lippitt et al., *The Dynamics of Planned Change* (New York, Harcourt, Brace, 1958), pp. 58—59。

11. Kinross, p. 431.

12. Guy Wint, "The 1958 Revolution in Pakistan," *St. Anthony's Papers* (No. 8, 1960), 79.

13. Niccolo Machiavelli, *The Prince and the Discourses* (New York, The Modern Library, 1940), pp. 21—22.

14. Frey, pp. 313—314,楷体为原文所有。

15. Joseph Hamburger, *James Mill and the Art of Revolution*(New Haven, Yale University Press, 1963), pp. 277—278; *The Politics of Scarcity*, Chap. 8. 关于暴力在改革中的一般作用,见 Hirschman, pp. 256—260,以及 H. L. Nieburg, "The Threat of Violence and Social Change,"*American Political Science Review*, *56*(Dec. 1962), 865—873。

16. 转引自 Hamburger, p. 278。

17. Arthur I. Waskow, *From Race Riot to Sit-In*, *1919 and the 1960s*(Gar-

den City，N. Y.，Doubleday，1966），pp. 278—279.

18. Harold D. Lasswell and Abraham Kaplan，*Power and Society*（New Haven，Yale University Press，1950），p. 276；Carl J. Friedrich，*Man and His Government*（New York，McGrawHill，1963），p. 641；*The Age of the Democratic Revolution*，2，574.

19. Alexis de Tocqueville，*The Old Regime and the French Revolution*，pp. 176—177、188.

20. 可惜在绥靖政策何时能达到目的，何时却反而起刺激作用的问题上，理论研究还很不够。简短但有价值的论述，见 George A. Lanyi，"The Problem of Appeasement"，*World Politics*，15（Jan. 1963），316—329。关于和平变革的文献是大量的，其中某些著作也可参照，特别是 Bryce C. Wood，*Peaceful Change and the Colonial Problem*（New York，Columbia University Press，1940）和 Lincoln Bloomfield，*Evolution or Revoluilon*（Cambridge，Harvard University Press 1957）。国内政治和国际政治间的类比不宜搞得太过分。在国内政治舞台上通常包括保守派、改革派和革命派力量，国际舞台上则存在着试图维持现状的强国和后起的强国。革命者通常视革命为必要手段，拒绝考虑不进行革命而获取革命果实的可能性；但后起的强国却更乐于不通过战争来获得本来要战争才能得到的东西。

21. 转引自 Bertram D. Wolfe，*Three Who Made a Revolution*（Boston，Beacon Press，1955），p. 120，及 Alfred G. Meyer，*Leninism*（Cambridge，Harvard University Press 1957），p. 73。关于列宁对于土地改革的多少有些各不相同的评价，见本章后半部分。

22. 转引自 de Tocqueville，pp. 161—162。

23. Frank Tannenbaum，"On Political Stability，"*Political Science Quarterly*，75（June 1960），169.

24. 见 Seymour Martin Lipset，"Democracy and the Social System，" in Harry Eckstein，ed.，*Internal War*（New York，The Free Press，1964），pp. 296—302；de Tocqueville，pp. 81—96。

25. Lasswell and Kaplan，p. 267.

26. 见 Seymour Martin Lipset's summary，"University Students and Politics in Underdeveloped Countries，" in Lipset，ed.，"Special Issue on Student Politics，"*Comparative Education Review*，10（June 1966），132 ff.

27. Henderson，*Korea：The Politics of the Vortex*，p. 181.

28. John P. Harrison，"The Role of the Intellectual in Fomenting Change：The University，" in TePaske and Fisher，eds.，*Explosive Forces in Latin America*，p. 33；*Red Flag*，quoted in *Boston Globe*，July 5，1966，p. 14.

29. Lipset，pp. 140—141.

30. Mosse，*Alexander II and the Modernization of Russia*，pp. 125—126；Franco Venturi，*Roois of Revolution*（New York，Grosset and Dunlap，1966），

pp. 222—226; Michael Karpovich, *Imperial Russia*, *1801—1917* (New York, Holt, Rinehart and Winston, 1932), p. 46.

31. Nicholas S. Timasheff, *War and Revolution* (New York, Sheed and Ward), pp. 179—180.

32. Howard J. Wiarda, "The Context of United States Policy toward the Dominican Republic: Background to the Revolution of 1965"(unpublished paper, Harvard University, Center for International Affairs, 1966), pp. 30—31.

33. Eugene B. Mihaly and Joan M. Nelson, "Political Development and U. S. Economic Assistance"(unpublished paper, 1966), p. 8.

34. Palmer, *I*, 482.

35. "土地改革"和"农业改革"这两个词语可以用"什么"和"怎样"这两层意思来加以区别。就实质或"什么"而言,"土地改革"在这里即指土地所有权以及土地收入的再分配。"农业改革"则是指能够增加农产品和农业生产率的耕作技术、农业机械、肥料、土壤保持、轮作、灌溉、推销等方面的改进。我们在这里主要是论及土地改革,因为它对于政治稳定有着最直接的影响。没有土地改革的农业改革确会增加产量,同时也加剧农村的动荡。没有农业改革的土地改革则会增强政治稳定而降低农业生产力。在"怎样"这个意义上,"土地改革"这个词,如果不加别的限定,就意味着使用除去革命以外的手段来改变土地的占有权。由于所有的革命同样也造成土地占有权的改变,这种改变可被称为"革命的土地改革",以此区别于那些用较为和平的方式所进行的土地改革。

36. 引文分别见 Henderson, pp. 156—157; Lloyd I. Rudolph and Susanne Hoeber Rudolph, "Toward Political Stability in Underdeveloped Countries: The Case of India," *Public Policy*(Cambridge, Graduate School of Public Administration, 1959), *9*, 166; Royal Institute of International Affairs, *Agrarian Reform in Latin America* (London, Oxford University Press, 1962), 14; Charles J. Erasmus, "A Comparative Study of Agrarian Reform in Venezuela, Bolivia, and Mexico," in Dwight B. Heath, Charles J. Erasmus, Hans C. Buechler, *Land Reform and Social Revolution in Bolivia*(unpublished manuscript, University of Wisconsin, Land Tenure Center, 1966), pp. 708—709。

37. 斯托雷平的话,转引自 Willam Henry Chamberlin, "The Ordeal of the Russian Peasantry," *Russian Review*, *14*(October 1955), 297。

38. 引文和资料均引自 Wolfe; pp. 360—361。

39. Mosse, p. 60; Jerome Blum, *Lord and Peasant in Russia* (Princeton, Princeton University Press, 1961), p. 592.

40. Thomas F. Carroll, "Land Reform as an Explosive Force in Latin America," in TePaske and Fisher, p. 84.

41. Doreen Warriner, *Land Reform and Development in the Middle East*, (2d ed. London, Oxford University Press, 1962), pp. 208—209.

42. Sidney Klein, *The Pattern of Land Tenure Reform in East Asia After World War II* (New York, Bookman, 1958), pp. 230, 250; R. P. Dore, *Land Reform in Japan* (New York, Oxford University Press, 1959).

43. Gabriel Baer, *A History of Landownership in Modern Egypt*, *1800—1950* (London, Oxford University Press, 1962), pp. 13ff. 我关于埃及的论点主要根据该书材料。

44. Ibid., pp. 214—215、220—222.

45. 阿里·阿米尼首相的话,转引自 Donald N. Wilber, *Contemporary Iran* (New York, Praeger, 1963), p. 126。

46. Edwin Lieuwen, *Generals vs. Presidents*, pp. 47、74—84.

47. Tad Szule, *The Winds of Revolution* (New York, Praeger, 1964), pp. 182—183.

48. Gregory Henderson, "Korea: The Politics of the Vortex (Unpublished manuscript, Harvard Ulniversity, Center for International Affairs, 1966), pp. 413, 425—426, 447.

49. John Duncan Powell, "The Politics of Agrarian Reform in Venezue a: History, System and Process" (Ph. D. thesis, University of Wisconsin, 1966), pp. 176—177.

50. 转引自 Erasmus, p. 725。

51. United Nations, Department of Economic and Social Affairs, *Progress in Land Reform: Third Report* (United Nations. 1962). p. 22.

52. Jean Grossholtz, *Politics in the Philippines* (Boston, Little Brown, 1964), p. 71.

53. Hirschmann, pp. 155—156; Carroll, pp. 107—108.

54. Hirschmann, pp. 142, 157. 阿米尼首相的话,引自 Jay Walz, *New York Times*, May 30, 1961, p. 2。

55. Walter C. Neale, *Economic Change in Rural India* (New Haven, Yale University Press, 1962), p. 258.

56. Wolf Ladejinsky, *A Study on Tenurial Conditions in Packaya Districts* (New Delhi, Government of India Press, 1965), p. 9.

57. J. Lossing Buck, "Progress of Land Reform in Asian Countries," in Walter Froehlich, ed., *Land Tenure*, *Industrialization and Social Stability: Experience and Prospects in Asia* (Milwaukee, Marquette University Press, 1961), p. 84.

58. *The Economic Weekly* (Bombay), Feb. 1964, p. 156, 转引自 Wayne Wilcox, "The Pakistan Coup D' Etat of 1958", *Pacific Affairs*, 38 (Summer 1965), 153。

59. Erasmus, p. 787.

# 第七章

# 政党与政治稳定

## 现代化与政党

### 现代社会中的政治共同体

由于动员新人物来担当新角色,现代化就引导得社会更加广阔、更具多样化,然而这样的社会也就缺乏大家庭、村庄、民族或者部落原有的那种"自然的"共同体。由于现代社会规模较大,其疆界又往往是由地理和殖民历史上的偶然事件所划定的,故而现代化社会往往是"多元的"社会,兼容并蓄众多的宗教、肤色、种族和语言群体。此类群体在传统社会中也可能存在,但低度的政治参与冲淡了它们给社会的统一所形成的问题。然而,随着这些社团的社会动员日趋波及下层,它们之间的对抗就尖锐起来了。怎样把这些原生的社会势力糅合为单一的民族政治共同体,就成为一个越来越棘手的问题。此外,现代化已造就出或者在政治上唤醒了某些社会和经济集团,这些集团过去或者根本就不存在,或者被排除在传统社会的政治范围之外。现在它们也开始参与政治活动了,它们要么被现存政治体制所同化,要么成为对抗或推翻现存政治体制的祸根。因此,一个处于现代化之中的社会,其政治共同体的建立,应当在"横向"上能将社会群体加以融合,在"纵向"上能把社会和经济阶级加以同化。

使民族统一和政治同化产生问题的共同因素是现代化带来的政治意

识和政治参与的扩大。在政治参与和政治制度化二者之间保持低度平衡的那些政体,面临着日后不稳定的前景。除非其政治体制的发展与政治参与的扩大能保持同样的步伐。由于保持同样步伐的可能性相对来说很为渺茫,因此可以认为这类国家不稳定。另一方面,那些已经建立了庞大的现代政治制度的国家,足以对付比现存状态下广泛得多的政治参与,则可以认为这些国家是稳定的。政治参与已经使制度化超载的社会,显然是不稳定的,而在高水平上保持二者平衡的社会,则可以断言是长治久安的社会。这类政治体制在政治上既是现代的又是发达的,其政治制度已体现出有能力吸收现代化造成的新兴社会力量和日趋高涨的参与水平。

因此,对于一个政治参与水平低的国家来说,未来的稳定在很大程度上取决于该国用以面对现代化和政治参与扩大的政治制度具有什么样的性质。组织政治参与扩大的首要制度保证就是政党及政党体系。在政治参与水平尚低时就形成了适当的政党组织的国家(大致如印度、乌拉圭、智利、英国、美国和日本等)很有可能会在扩大政治参与的道路上稳步前进,而那些在现代化过程中政党之建立晚了一步的国家,政治参与扩大的前程就会不那么平坦。20 世纪 60 年代马来亚的传统领袖已经把全国各个不同种族集团编织在单一的政党构架之内了,而泰国当时几乎还不存在政党,以致该国政体缺乏制度性机制来同化新兴的集团,因此当时人们公认马来亚比泰国要稳定。

20 世纪 60 年代大多数拉丁美洲国家的农民,皆很少涉猎政治,与本国的政治体制认同程度也很低。但是要解决这个问题,像墨西哥那样具有完备政党体系的国家理应比像巴拉圭那样政治尚未制度化的独裁统治国家,其能力要高强得多。政治参与程度低又不存在政党的君主独裁国家(如沙特阿拉伯、利比亚,或者 20 世纪 60 年代的埃塞俄比亚),照理说应是不稳定的国家。同样,那些既缺乏有效的传统政治机构又缺乏有效的现代政治机构的国家,例如迪瓦利埃(Duvalier)统治下的海地,特鲁希略统治下的多米尼加共和国,以及更早些时候在迪亚斯统治下的墨西哥,都面临着极不稳定的前途。60 年代美国政治体制所面临的吸收黑人参加政治的问题,与许多处于现代化之中的国家所面临的问题并无重大差别。但美国政治体制及政党在过去确曾显示出具有进行这种同化的制度性功能。然而,其他的国家要想成功地化解其少数种族,如缅甸的克伦人,锡兰的泰米尔人,伊拉克的库尔德人,或苏丹的黑人,问题就决不会那么简单,因为这些国家的政治精英分子缺乏美国人处理此类问题的那种高度发达并已制度化了的程序。

有着高度发达的传统政治制度的国家,可以通过对其制度的不断调整而演进至较高水平的政治参与。在某一阶段,政党对于政治参与扩大的组织和安排作用是必不可少的,但政党的作用是第二位的,是补充制度的力量,而不是填补制度真空的力量。然而,在大多数现代化起步较晚的国家中却并不存在自身能通过调整而适应现代国家要求的那种传统政治制度。因此,为了尽量减少政治意识和政治参与的扩大酿成政治动荡的可能性,必须在现代化进程的早期就建立现代的政治体制,即政党制。

现代化起步较晚的国家会同时面临着现代化起步较早的国家在一个相当长的历史时期内渐次遇到的各种各样的问题,这是一个特殊的难点。不过,同时面对许多问题既是一种挑战,也是一种机会。它至少使这些国家的精英分子能够选择自己需要优先处理的问题。早期现代化国家听凭历史摆布的东西能够成为晚期现代化国家有意识的抉择。二者的经验皆资证明,及早重视政治组织和现代政治制度的创建等问题,当使现代化进程较为顺利而稳妥。"尔等先寻觅到一个政治王国,就会获有一切。"加纳政治的衰微突出地显示了恩克鲁玛没能恪守他自己这一格言的后果。不过,现代的政治王国是寻找不到的,它只能靠人们去创造。

共产党国家在建立政治秩序方面的相对成功,在很大程度上就是由于它们自觉地把建立政治组织一事摆在优先地位。在苏联,新经济政策的作用之一就是要赶在 20 世纪 30 年代大力推行工业化和农业集体化之前,首先重建党的组织,加强党的力量,整训党的干部。布尔什维克不失时机地把完善他们将借之统治俄国的政治组织这项工作放到了首位。于是,早在 1923 年

> 就已经奠定了党控制国家生活的基础,即制定了完善的任命制度,
> 以使中央机构得以把自己所信赖的、经过仔细甄别的候选人安置在党的
> 各级组织的关键岗位上;形成严格的党纪,既确保中央任命的这些干部
> 对上俯首听命,又确保党的地方组织中的普通干部和党员服从于这些中

央任命的干部;最后确立了党对国家机器的至高无上的地位。[1]

从 1923 年到 20 年代末,在中央对党组织机构的控制逐步强化的同时,党对工业和文化的控制也扩大了。到 1930 年,一个既能推行工业化、农业集体化也能领导战争的政治组织就建立起来了,并且经受住了所有这些事件之后果的考验。中国共产党在 1949 年以后,也走过了相同的道路。他们深知第一步就需要将党的控制扩展到全中国,并整顿党的组织。直到 50 年代后期,经济发展才列为党的首要目标。朝鲜也未摆脱此种窠臼。"朝鲜经济体制的发展比其政治体制慢,特别是在贸易和农业方面。对苏联政治模式的搬用到 1948 年实际上已经完成,而经济上的苏维埃化直到 1957 年私人经济成分已减少到微不足道的时候方接近完成。"[2]

在实行一党制的非共产党国家中,现代化搞得比较成功的也是首先着眼于政治目标。在土耳其,穆斯塔法·基马尔在着手社会改革和经济发展之前,就有意识地先为该国依次打下了民族基础和政治基础。同样在墨西哥,从 1910 年革命到 1940 年这段时期

> 是墨西哥为国家能担当新的角色而打好基础的年代。在这 30 年当中,国家重新获得了对全社会的实力控制;开始塑造并界定其自身的新哲学及其在完成自身目标时扮演的新角色;它制造出一系列新权力,发展了一整套新制度;然后才在信贷、运输、水利资源及农村土地占有制等老问题上大展身手,试行了许多新的计划和措施。[3]

20 世纪 30 年代国家力量的增强和政党组织的发展实为墨西哥在 40 年代和 50 年代国民生产总值提高三倍打下了基础。

在突尼斯,新宪政党政府同样曾把促进民族一体化和完善政治制度列为首要任务,然后才在 1961 年掉过头来实行经济和社会发展计划。突尼斯的西部邻邦也采纳了相同的模式。"像中国一样,阿尔及利亚的经济发展不是摆在首位,而是摆在第三位。首要目标是建立国家,其次是形成全国性的统治阶级。为了有利于达到这两项目标,特别是第二项,可能需要经济上的倒退。"[4]对于处于现代化之中的社会来说,所谓"建立国家",部分地意味着创建有效的官僚机构,但更重要的还是建立一个能够调整新集团参与政治的有效政党体系。

政党组织着政治参与,政党体系影响到政治参与扩展的速率。政党

及政党体系的稳定和强大,取决于其制度化水平和政治参与水平。高水平的参与和低水平的政党制度导致政治紊乱和暴力;反之,低水平的参与也会削弱政党在与其他政治机构和社会势力对比中的地位。只要能够把政治参与纳入自己党的组织构架之内,扩大政治参与对党的领袖们就是有利的。一个获得大规模支持的党显然要比一个仅获得有限支持的党来得强大。同样,如果某一政党体系有着广泛的群众参与,另一政党体系却因日益增长的政治参与而与它的原先支持者逐步分离,从而由原来有着广泛基础的政治组织蜕变成一小撮毫无根底的政客,那么前者肯定强于后者。没有组织的参与堕落为群众运动,而缺乏群众参与的组织就堕落为个人宗派。强大的政党要求有高水平的政治制度化和高水平的群众支持。“动员”和“组织”,这两个共产党政治行动的孪生口号,精确地指明了增强政党力量之路。能一身而二任的政党和政党体系可使政治现代化与政治发展二者并行不悖。

与竞选和代议机构或国会不同,政党和政党体系在政治体制中既起着被动作用,也起着能动的作用。选举和议会是代议工具,政党则是动员工具。所谓议会和其他形式的代议机构是与相对静止的传统社会相适应的。社会结构中占支配地位的集团的力量体现在议会之内。民选议会存在的本身既不说明政治制度的现代性,也不意味着它易于接受现代化。选举也是一样的。没有政党的选举使现状周而复始,只不过是一种用来给传统结构和传统领导权披上一件合法外衣的陈规罢了,这种选举的特点是投票率很低。而有政党参加的竞选,则为在制度构架内部进行政治动员提供了一种机制。政党引导着政治参与步出歧途,进入选举渠道。参与竞选的政党越强大,投票人数就越多。五六个没有政党支持的候选人可能会相互厮杀得不可开交,但他们所能吸引的选民,远不如一个不具有效反对派的强有力政党。共产党国家中的那种 99% 的投票率就是这些国家中政党力量强大的明证;西欧 80% 的投票率显示了那些国家中高度发达的政党组织的功率;而美国政党则仅能造成 60% 的投票率,未尝不表明其组织的松散。

## 无政党国家的脆弱性

在传统政体中没有政党;现代化中政体需要政党,但常常又不愿意有政党。在这些国家中对政党的反对来自三个不同的方面。第一，保守派反对政党，将政党视为对现存社会结构的一种挑战，他们在这一点上没有错。在不存在政党的情况下，政治领导权是从政府和社会的传统等级地位中衍生出来的。政党则是一大发明，对于建立在世袭制、社会地位或土地占有基础上的特权阶层的政治权力来说，它生来就是一种威胁。华盛顿在 1794 年发出的警告颇能反映出对政党的这种保守态度，他说，"私相勾结的团体"正在"不停地竭力播撒猜疑、嫉妒、当然还有对国家不满的种子"，假如不加制止，它们就将摧毁这个国家的政府。[5]

一个亲政君主不可避免地会把政党看成分裂势力，不是对他的权威形成威胁，就是使他统一国家和实行现代化的努力大大地复杂化。想把君主统治和政党政府结合起来的势力几乎从来都以失败告终。人们只能在波林布罗克（Bolingbroke）*和伯克之间做出选择；对于想把保守性权威和现代化政策结合起来的个人或集团来说，前者的吸引力远远超过后者。主张现代化的君主必定自视为"爱国圣贤"，他"不赞成党派，而以爱民如子的方式进行统治"[6]。没有称孤道寡的保守领袖——乃沙立、阿尤布·汗、佛朗哥（Franco）、李承晚——怀有同样的反政党情绪，虽然他们与对政党的需要也许不得不进行妥协。因为一个没有政党的国家也就没有产生持久变革和化解变革所带来的冲击的制度化手段，其在推行政治、经济、社会现代化方面的能力也就受到极大的限制。正像迪韦尔热（Duverger）所说："一个没有政党的政体必然是保守的政体。"[7]

在处于现代化之中的国家里，行政官员也常常参加保守派的反对政党大合唱。纯粹的保守派既反对政治合理化又反对政治参与的扩大，而反对政党的行政官员却承认有必要使社会和经济结构实现合理化，但他们却不愿意承认现代化所蕴含的民众参政范围的拓宽。行政首长是模范官僚，其目标是提高效率和消除冲突。他们认为政党只会引来不合理的、腐败的考虑，妨碍有效率地追求大家都应赞同的目标。反对政党的行政人员可能穿着不同的服装，但更可能穿的是军装而不是便服。

第三种反对政党的力量来自那些承认政治参与但却不承认有必要组

---

＊　波林布罗克(1678—1751 年)，英国政治理论家。——译者注

织这种参与的人士。他们崇奉民粹的、卢梭式的直接民主。保守的反对者相信现存社会结构足以维系人民和政府。行政的反对者认为官僚机构足以把人民和政府联系起来。民粹的反对者却否认在人民及其政治领袖之间需要有任何中介结构,要求一种"无政党民主"。与迦马尔·阿卜代尔·纳赛尔(Gamal Abdel Nasser)和海尔·塞拉西一样,加亚普拉卡什·纳拉杨(Jayaprakash Narayan)也否认政党在政治现代化中的作用。

同是政党,保守派把它看成是对现存等级制度的挑战,行政长官把它看成是对合理化统治的威胁,民粹主义者则把它当成是普遍意愿表达的障碍。所有这些诘难都有某些共同的基调。华盛顿在警告"党派精神"施于美国政府体系的"恶劣影响"时,也许是最有力和雄辩地道出了这种共同的基调。他说,政党

> 往往干扰公众会议的推行,并削弱行政管理能力。它在民众中引起无根据的猜忌和莫须有的惊恐;挑拨派系对立;有时还煽起骚动和叛乱。它为外国影响和腐蚀大开方便之门,后者可以轻易地通过派系倾向的渠道深入到政策机构中来。这样,一个国家的政策和意志就会受到另一个国家政策和意志的影响。[8]

华盛顿的这段话言简意赅地表达了当今人们非难政党的四个主要论点:一是助长贪污腐败,妨碍行政效率;二是分裂社会,造成冲突,如阿尤布·汗所说,政党"分裂人民,使他们不知所措";三是加剧政治动荡和衰弱;四是使国家门户大开,无从抵抗外强的影响和渗透,如一个处于现代化之中的国家的领导人所说,如果听任政党自由发展,其中至少有一个党就会变成美国中央情报局的工具。

这些反对政党的论点,反映了在政治现代化早期政党发轫时的历史情况。事实上,这些论点与其说是反对政党本身,毋宁说是反对软弱的政党更贴切。腐败、分裂、动荡和易受外来影响,凡此皆属软弱政党体系的痼疾,而非强大政党体系的特征。这些东西正是软弱政治体制的通病,这样的政治体制缺乏稳定和有效的统治制度。政党诚然会带来腐化的动机,但形成强有力的政党却能够以一个制度化的公共利益来取代四分五裂的个人利益。处在早期发展阶段的政党看上去确实像是宗派,似乎是在加剧冲突和分裂,然而一旦羽毛丰满,政党就会成为维系各种社会力量

的纽带,并为超越狭隘地方观念的效忠和认同奠定基础。同样,通过使领导权更替和吸收新集团进入政治体系的程序规范化,政党就为稳定和有秩序的变革打下基础,使动荡无由发生。最后,尽管软弱的政党确实可能沦为外强的工具,强有力的政党却能够基本上提供制度化的机制和防护手段,以使本国政治体制免遭此类外部影响的侵蚀。归咎于政党的这种种弊端,实际上是朋党宗派热衷于攻伐乱政的病象,而真正的政党此时恰恰是不存在的或仍然是很弱小的。医治这种痼疾的良方就是政治组织,而在一个处于现代化之中的国家中,政治组织即意味着政党组织。

可是,对政党的普遍怀疑意味着在许多处于现代化之中的国家里,扼杀和压制政党的政策颇为盛行。在一个高度传统化的政治体制内,精英往往试图阻止政党的出现。政党和工会以及农民协会之类的组织,被列为非法。这种政治体制,有时候会出现松禁,让某种形式的政治结社公开化。但在大多数情况下,传统的统治者和精英集团总是试图把政治团体局限在统治集团内部派系组合的范围之内,只让它们在议会(如果存在议会的话)或官僚机体内部起作用。因此,在20世纪60年代的埃塞俄比亚、利比亚、沙特阿拉伯、约旦、科威特,以及其他几个残存下来的小君主国中,仍然没有政党存在。在其他一些传统体制中,如泰国和伊朗,政党也曾一度惨淡经营过,但现在不是被打成非法(在泰国),就是受到严格的限制(在伊朗)。在所有这些国家中,随着现代化的推进,组织政治参与的必要性也在日益增长。在某些情况下,这类国家显示出当代政治稳定的一切迹象,但由于其政府竭力阻止政党的发展,可以推测它们好景不长。组织上的真空状态维持得越久,其爆炸性就越大。

大多数处于现代化之中的国家的政府都曾执行过镇压政党的政策。在某一时刻,这些国家允许在传统议会内部或者由民间团体出面组织政党,有时政党也可能在反殖民统治的斗争中发展起来。但政府随后可能又会努力缩减整个国家的政治权力总量,限制政治参与及和参与相联系的政治组织。在一个传统国家,例如摩洛哥,经过一段政党迅猛发展时期之后,君主可能重新强调他的权威。更常见的是,军人独裁往往在政党削弱或分裂之后粉墨登场,宣布政党为非法,试图通过纯粹的行政手段来实行统治。大多数拉丁美洲国家的政党总是不时地处在非法地位。在亚洲和非洲国家中,独立之后军事政变总是推翻民族主义文官领导,政党通常也就跟着遭到禁止。对政党的镇压通常伴随着政府对政治意识水平和政治活动数量的尽力降低。例如在西班牙,长枪党在内战中和战后初期曾是动员和组织各种力量支持叛乱的有用工具,但随后的佛朗哥政权就竭力鼓励政治的消极状态而不提倡政治参与,于是长枪党的地位就日益下降了。

在政党遭到镇压的国家里,那些基本上超越出派系并植根于庞大的且有时还具备了自我意识的社会势力之中的政党,仍有其存在的基础。因此,长久地压制政党就会造成某些力量,一旦独裁统治走到山穷水尽的地步,这些力量就会爆发出来。前此一直潜藏或处于地下的政党站到了光天化日之下,政治参与随之陡然升级。高压统治结束得越出人意料,政治参与的扩展也就越广泛而令人眼花缭乱。[9]这种扩展通常又导致右翼的反动,保守的独裁集团会再次全力缩减政治参与,重建一个基础狭窄的政治秩序。

无政党政体乃传统社会的自然政体。但当社会日益现代化时,无政府政体就越来越成为反政党政体。为了阻止和压制政党,就需要有意识地采用武力遏止手段,费尽心机去寻找政党的替代物,想方设法使政治参与的组织工作不致形成养虎遗患的局面。对于一个处于现代化之中的社会来说,政府对政党越怀有敌意,社会未来不稳定的可能性就越大。军事政变的发生在无政党国家内比在任何其他形式的政治制度中都要频繁得多。无政党国家即保守国家;反政党国家即反动国家。现代化的进展加深了无政党制度的脆弱性。

**表 7.1  处于现代化之中的国家在独立**
**后发生政变和政变企图的统计**

| 政治制度类型 | 国家数 | 发生政变的国家 | |
|---|---|---|---|
| | | 数　目 | 百分比 |
| 共 产 党 国 家 | 3 | 0 | 0 |
| 一　　党　　制 | 18 | 2 | 11 |
| 主 从 政 党 制 | 12 | 4 | 33 |
| 两　　党　　制 | 11 | 5 | 45 |
| 多　　党　　制 | 22 | 15 | 68 |
| 无有效政党国家 | 17 | 14 | 83 |

资料来源:Fred R. von der Mehden, *Politics of the Developing Nations* (Englewood Cliffs, N.J.:Prentice Hall, 1964), p.65.

### 强大之政党与政治之稳定

处于现代化之中的政治体系,其稳定取决于其政党的力量,而政党强大与否又要视其制度化群众支持的情况,其力量正好反映了这种支持的规模及制度化的程度。那些在实际上已经达到或者可以被认为达到政治高度稳定的处于现代化之中的国家,至少拥有一个强大的政党。国大党、新宪政党、民主行动党、制度革命党、以色列工党、人民民主党、共和人民党、坦噶尼喀非洲民族联盟——这些政党均曾在一定时期内充当过某个处于现代化之中的国家的有效政治组织的楷模。20世纪50年代印度和巴基斯坦在政治稳定方面的差异可用国大党和穆斯林联盟在组织力量上的悬殊来加以衡量。日内瓦会议以后的10年中,北越和南越在政治稳定方面的差异可用北越的劳动党和南越的大越南党、越南国民党和个人主义工党在组织力量上的悬殊来加以衡量。在阿拉伯世界,突尼斯和地中海东岸地区在政治稳定方面的差异,大致上也体现出具有广泛规模和高度制度化的新宪政党与虽然具有高度制度化但规模狭小的阿拉伯复兴社会党之间的差别。

一种政治制度遭受军人干涉的几率适与其政党的力量成反比。像墨西哥和土耳其这样一些已形成强大政党的国家,也就迈上了减少军队干预政治的康庄大道。政党力量的式微,领导层的瓦解,群众支持的消失,组织结构的衰落,政治领袖舍弃政党而热衷做官,个人权威的上升,凡此莫不预示着丘八占领国会大厦时刻的来临。军事政变本身并不毁灭政党,它只不过证实政党肌体已经腐朽而已。例如在多米尼加共和国,胡安·布施的党在他当选总统以后就"开始崩溃了",因此党"对于警察和武装力量已不构成任何威胁。大多数多米尼加革命党的领导人似乎已经变成了官僚,忙于行使改革所必不可少的技术和行政职能"[10]。同样,暴力、骚乱及其他形式的政治动荡在没有强大政党的政治体制之下发生的可能性就大得多了。

第二次世界大战后,大多数处于现代化之中的非共产党国家都是既缺乏强大的政党,又缺乏有效的政党体制。大多数政党都太年轻,无从显示出任何真正的适应能力。重要的例外只有几个拉丁美洲的政党和印度的国大党。此外,大多数政党不但很年轻,而且仍然由它们的缔造者们所领导着。衡量一个政党的制度化力量,首先就看它能否闯过其缔造者或首先使它登上权力宝座的魅力领袖离开之后这一难关。国大党顺利地实现了领导权从班涅季(Banerjea)、贝桑(Besant)到戈卡莱(Gokhale)和提拉克(Tilak),继而再到甘地和尼赫鲁的交接,从而显示出它的适应能力。同样,民族革命党的领导从卡列斯向卡特纳斯的转换使它走上了制度化的成功之路,后来该党干脆易名为制度革命党。以色列工党在本·古里安(Ben Gurion)背叛后积极进行反党活动的情况下仍能安然不动,体现出它的制度化力量。这是政党强于其领导人的一则显例。与本·古里安相反,波多黎各的穆尼奥斯·马林(Muñoz Marin)自觉地从人民民主党的领导地位上引退,马氏此举的考虑部分地是为了促进党的制度化。他说:"此次大选是一个开端。我要证明,这个岛国没有我,天也不会塌下来。人民将习惯于一个制度化政党的观念,他们将学会跟桑切斯(Sänchez)在一起共事,正像过去跟我共事一样。"[11]相反,软弱的政党则依附于它们的领袖,在锡兰、巴基斯坦和缅甸独立之后不久,森纳那亚克(Senanayake)、真纳(Jinnah)和阿里·汗以及昂山的去世,立即导致了这些国家政党的土崩瓦解。甘地和帕特尔(Patel)的逝世对印度的国大党却并未产生这种影响,这并不仅仅是由于尼赫鲁的能干。

政党力量的第二个方面是组织的复杂性和深度,特别是体现在党与工会和农民协会这样一些社会—经济组织的联系方面。在突尼斯、摩洛哥、委内瑞拉、印度、以色列、墨西哥、牙买加、秘鲁、智利和其他一些国家,主要政党都建立起了这种联系,从而应者云集,大大地加强了自身的组织力量。这种联系也给职能组织和政治组织之间的关系造成某些常见的问题。政党和工农团体之间的联络深度不一,从几乎完全融为一体到松散的临时结盟,无所不有。当然,如果一个政党变成某单一社会势力的传声筒,那它就会失去自己的旗帜而沦落为该社会集团的工具。对于较强大的政党,工会或其他职能组织的领导要服从党的领导,而且政治决策领域皆慎重地保留给党的领导。但是,大多数处于现代化之中的国家的政党都没有这种作为后盾的组织联系。在大多数场合,它们都无法形成对广大工人和农民的号召力;在某些情况下,这些国家党或党的领袖个人确实不乏这种号召力,但它们却未建立起组织化和制度化的构架来组织民众支持。

　　政党力量的第三个方面涉及政治活动家和权力追求者在多大程度上能与党认同，又在多大程度上仅仅把党视为达到其他目的的一种手段。在争取政治活动分子的忠诚方面与政党竞争的可能有传统社会集团、官僚机构或其他政党。例如，保守的政党通常更多地依靠社会结构和身份关系，因此和那些反对或攻击现存社会结构的较激进的政党比起来，其所形成的组织就欠缺自主性和严密性。正如菲利浦·康弗斯（Philip Converse）所指出："在大多数政治体制下，人们会发现，政治色彩越左的政党，越公开强调对集团的忠诚，强调内聚本身。"[12]

　　许多处于现代化之中的国家在独立之后，政治领导人会把他们的忠诚从民族主义政党转移到政府机关。实际上这表明在意识形态上他们又让殖民统治时代的那一套规范借尸还魂，他们本人在政治上从群众领袖变为行政大员。在许多非洲国家中，民族主义政党曾是独立前唯一存在的重要现代化组织。政党"通常组织得很好。高层精英分子视政党为实现政治变革的首要工具，即政治斗争的环境和他们对党的献身精神使他们把大部分心思才力，用来建设起坚强的、反应灵敏的组织，能够按照最高领导的指示采取有纪律的行动，能捕捉并利用群众的不满情绪来达到政治目的"[13]。但独立之后，许多各不相让的要求分散了组织工作的精力，使政党受到削弱。组织精力的明显分散意味着政治制度化水平的全面下降，一位观察者这样警告说："昔日得以从事于党组织建设这个至关重要工作的英才，现在可能因忙于政府的一个部或一个局的公务而抽不出身来……除非能够马上源源不断地物色到忠于党的组织和行政管理的人才，党的组织——亦即政权和群众之间的主要纽带——就可能被削弱。"[14]在这种情况下，许多人与党的认同只不过是一种暂时现象，其内心向往的乃是政府的官位。

　　在高度发达的政治体制下，政治领袖在党派所属上改换门庭实属罕见，社会集团和阶级从一个政党倒向另一个政党也需要经历复杂而漫长的历史过程。但在一些处于现代化之中的国家里，个人或集团的跳槽却是司空见惯的。例如在菲律宾，政治领袖就像钟摆一样地摇摆于两个主要政党之间。地方领导人通常加入在大选中获胜的党，而全国性的政治领袖则视其竞选前景如何而决定投靠哪一个党。正像一位领导人所说：

"你知道吧,这儿跟英国和美国不一样。我们只有私人利益,没有党派忠诚。只要符合自己的利益,我们就转党。人人都这么做。"[15]政党名称的恒久只能勉强遮盖着在此名称之下活动的政治领袖们反复无常的组合。

## 政党发展的过程

一个强有力的政党体制有能力做到两条。第一条是通过体制本身扩大政治参与,从而达到先发制人并使紊乱或革命的政治活动无法展开。第二条是缓解和疏导新近动员起来的集团得以参与政治,使其不至于扰乱体制本身。这样,一个强有力的政党体制就为同化新集团提供出制度化的组织和程序。这样一种政党制度的形成是处于现代化之中的国家政治稳定的先决条件。政党的发展通常经过四个阶段:宗派期、两极化、扩展期和制度化。

宗派期 这是第一阶段,政治参与和政治制度化水平都很低。个人和集团与政治行为的传统模式决裂,但尚未发展成为现代化的政治组织。政治基本上只是少数人在为数众多的弱小而短暂的同盟和集团之中相互进行竞争,这些集团持久性很差,且无结构可言,通常只是个人野心的一种投影,离不开私人和家族的恩怨瓜葛。这些政治集团未尝不可谓之政党,但它们缺少政党必备的持久组织和社会支持。关于韩国有 42 个政党,南越有 29 个党,巴基斯坦有 18 个党之类的报道,一看就知是失实的。这些集团事实上是些宗派,酷似在 18 世纪欧洲和美国政坛叱咤风云的政治帮派、朋党、宗派和家庭集团。在 18 世纪 80 年代的美国各州政治中,

> 宗派大致就是指选民、政治名流或立法机关中的部分人,他们的追随者为了和另外一部分人进行抗争,能在某种程度上采取一致的协调行动,但这种组合的持续性有限。朋党……是一种小宗派团体,其成员之间的关系依赖于某一家族,某一个有威望的个人,或一个紧密的排他性的私人小圈子,在一般情况下,中心人物的死亡或引退就导致该集团的崩溃……此种政治在很大程度上依赖于个人和私人关系,经常发生突然的、光怪陆离的变化。[16]

类似的局面主宰着 20 世纪大多数处于现代化之中的国家的政坛。例如在 20 世纪 50 年代的巴基斯坦,

　　政党……变成了政客们个人政治野心的战车。如果某个野心家在原来的政党中无所施其计就会组织新党。一个或几个头头凑在一起立刻就能建立一个政党,然后再去招兵买马。有些党几乎完全是由立法大员们自身组成的,实际上是在议会中形成了一个临时集团,目的只不过是建立或打垮政府的某个部。[17]

同样,泰国政党在它们存在的时候"并无或极少在议会之外有什么组织。一般来说,议员必须通过自己的努力在自己所属的省份赢得选举,政党标签是无足轻重的。政党从来没有代表过真正的社会势力,只不过代表着最上层统治阶级内部的宗派集团和个人罢了"[18]。

　　在有议会的政治体制中,宗派集团倾向于在议会内部施展权术,而不是在选区里开展运动。它们是议会组织而不是竞选组织,通常是由在竞选中已经获胜的候选人在立法机构内组成,而不是由尚在为成功而奋斗的候选人在选区内组成的。候选人是以个人名义仰仗其社会和经济地位和号召力而当选的。因此立法团体内部的宗派集团乃是一种联结该派系议员和其他政治活动分子的手段,而非联结政治活动分子和群众的手段。例如在第二次世界大战后的韩国,候选人以个人名义当选,他们只是在赴首都参加国民议会之后才加入政党。政党"产生于首都,为不同派别提供除了行政权位之外向上攀登的阶梯,偶遇有机会,当然也能挤进行政部门"。甚至在尼日利亚这样一个有殖民地意识来刺激政党发展的国家,在1951年大选中进入立法机构的大部分候选人也是作为个人参加竞选的,他们只是在就职后才加入尼日利亚全国公民大会党或"行动集团"的。[19]

　　所以,议会宗派是现代化早期阶段的雏形政党。若不存在议会和竞选的话,主宰局势的雏形政党组织形式就变成革命密谋集团。与议会宗派如出一辙,这些密谋集团规模小、存活率低,数量却很大;它们在初创时期,与任何举足轻重的社会势力无涉。这些小宗派内部的知识分子及其同仁翻云覆雨,纵横捭阖,其分化改组之快,令人目不暇接,但不管具有何等寓意深刻的名称或发表了何等长篇大论的宣言,它们仍是不折不扣的宗派。它们是平民的密谋集团,与军官们为了向现存传统秩序挑战而组成的秘密军事政变集团和俱乐部之类堪称伯仲。如果说18世纪的英国提供了议会宗派政治的原型,那么19世纪的俄国则提供了革命密谋团体政治的原型。此二者的区别尽管很大,但却不是根本性的。前者在现存制度内部行事,后者在外部活动,但不论前者还是后者,宗派模式的权力总量都是很有限的,而且仅有的那点权力也是支离破碎的。

像无政党政治一样,宗派政治或雏形政党政治在本质上是保守的。革命派别可能大谈群众,当然还可能做出一些努力去动员群众的支持。可是条件尚未成熟。像民粹党人一样,他们恰恰被那些他们想要增进其利益的集团所唾弃。于是革命宗派分子只好孤独地待在地下室里,就像议会宗派分子在会议室里坐冷板凳一样。派别——不管是议会的还是革命的派别——之争就其本身来说,总是趋向于变成某种封闭体系,变成没完没了的争权斗法,表演者们在其中不断地变换着伙伴和敌手,从不去扩大自己的队伍。

**两极化阶段** 当政治冲破革命的或议会的派别活动封闭圈、政治参与扩大起来、新的社会势力出现在政治舞台上、政治宗派和社会势力之间通过有组织的联系而形成政党时,政治体制进化过程中的一个重要转折点就来到了。但在政党发展过程中的这种"冲破"或"起飞"得以发生以前,宗派政治模式本身必须先发生变化以便刺激宗派领袖去扩大政治参与。只要还有数量众多的集团在互相竞争,就很少有理由指望它们中的任何一个去做出扩大政治参与的尝试。两派相争,谁能争取到其他派别支持,谁就稳操胜券。若无根本的分歧使政治战场上形成两军对垒的局面,每一派都会试图联合昨天的敌手来反对今天的敌手。派别名目繁多和分歧数不胜数的状况,导致政客们费尽心机去求得体系内部的权力再分配,而不是求得体系权力的扩张。

要获至权力的扩展必须首先出现派别的联合和两极化。而联合和两极化出现的条件又是要么分歧积累到了使所有派别都归向相当稳定的两大集团,要么是出现了一个压倒一切的政治问题,从而使政治参与者向两极分化。一旦政治体制中的主要政治家都在一场双边战斗中选定了自己的立场,那么各方的领袖就会被迫扩大战斗的规模,动员起额外的社会势力在政治上站到自己一边。

因此关键的问题是:在何种情况下一个充满多角利益冲突的封闭制度会转化成为一个两方分庭抗礼的开放制度呢? 显然,在某些派别试图完全摧毁现存制度的地方就存在着两极化的最强大动力。一旦反对派或革命派停止内讧并把矛头指向现存政治制度,那么革命者和卫道士之间两军对阵的擂台就搭好了。在议会派系之间同样可能出现重大分裂。这种分裂可能植根于它们对待传统权威的态度,例如辉格党对抗托利党,即保皇派回击民权论者。此外,随着社会的现代化,对政府的要求也在不断增加;为了适应这些要求,政府究竟推行什么样的经济政策才是上策,日趋成为政治争论的焦点。倘把汉密尔顿式的经济现代化计划搬进议会派系政治,那是于事无补,但它会引起意见的两极分化和派别的恢复。同时,若在政治体系外部出现一种新的社会势力并要求进入该体系,这也会引起体系内部派别之间的联合。在这种情况下,新势力与政治体系的关系就成了政治斗争的焦点所在。

政治学论家们总是对纵横交错的冲突模式津津乐道,认为这可以减缓社会冲突的强度。这种模式实不失为政治稳定的一个条件。我们在第五章中已经指明,两极分化正是革命者所追求的目标。它包含着政治冲突的强化。但对于一个处于现代化之中的社会来说,这种冲突的强化也许正是创建一个具有更广泛基础的政治制度的前提。假如这能通过扩大早已包容在制度内部的诸集团之间的竞争来实现,那么革命或许会是和平的。一个广泛动员并具有相当高度民众参与的制度,需要纵横交错的冲突模式来避免自身被两个享有几乎全体人民忠诚的大规模群众运动之间的斗争撕裂为两半。但是,在一个只有一小部分人口活跃于政治的社会中,意见的两极化和冲突的积累却有更为积极的功能,可促进政治参与的扩大,并增加政治派别和新兴社会力量之间的联系。不管采取上述哪一种方式,政治主张的两极化对于从派别政治到政党政治的转变都是一个先决条件。

扩展阶段 一个强大的政党对广大群众具有号召力,并通过一个有效的组织把民众维系在自己的周围。政治领袖们只有在认识到号召力和组织联系对他们孜孜以求的目标不可缺少之时,才会在这两方面下功夫。这些目标通常是获取权力和重建社会。因此,政治参与的扩大以及把此种参与纳入政党组织的轨道,正是激烈政治斗争的产物。政治领袖们通常也致力于这种斗争,或意在推翻现存制度,或打算控制现存制度,或试图打入现存制度。

在革命模式或民族主义模式中,政治活动家的目标是要摧毁现存秩序或驱逐帝国主义外强。为了争取民众支持以反对现存统治制度,革命的或民族主义的领袖不得不持久地把他们的政治号召力推向更广泛的人民大众。他们同样也不得不将这种支持组织起来,建立一党或多党。正像我们上面谈到的,一切革命都包含着政治参与的扩大。成功的革命还造就强大的政党来组织这种参与。旷日持久的民族独立斗争也有着类似的结果。民族主义领袖们起初只不过作为一些派别在宗主国统治权力的外围活动。在此阶段,他们时常被各种各样的选择和互相冲突的目标所困扰:同化?参与?自治?恢复传统权威?还是彻底独立?——各种意图纷争不已。但火候一到,问题就会简化,各个派别就会联合起来;这时,"统一起来的"民族主义运动就开始对民众形成更广泛的号召力。那些不愿号召群众的派别就被愿意这样做的派别所淘汰。通过民族主义的斗争,政治参与得到扩大,政治组织得到发展。殖民统治下的这种政党孵化期,要求殖民当局愿意在长时期内对民族主义运动实行既能容许、又加限制的政策,以便给政党的制度创建提供不可缺少的时间,使其通过磨炼逐步承担重任。但就一般而论,殖民政府总是只要有可能就尽量压制民族主义运动,而当认识到独立已势在必行时,则又尽快促其成功。简言之,民族独立有可能使政治发展中途流产。

在较为典型的西方政党发展模式中,在政治体系内部活动的议会派别常联合成为较大的集团,然后就开始动员新的支持者进入政治。从派别政治向政党政治的转变和政党间日益增长的竞争,是直接与政治参与的增长联系在一起的。[20]这种在现存制度范围内由两个领导集团带头扩展体制的模式,在政治进化中能够保证最大限度的连续性。进入政治体系的新兴社会势力因为经过恰当的保举,所以较易获得认可。但是,只有作为竞争的产物,政治参与的扩大才能持久,已经建立起来的组织才能有效力。强有力的一党制向来都是自下而上为夺权而战的民族主义运动或革命运动的产物。相反,像纳赛尔那样自上而下建立一党制的努力却总是一事无成,因为动员和组织本来就是获取或建立政权的过程,而大权在握的独裁领袖们通常都没有这样做的必要。正因如此,朴正熙将军在韩国做到了纳赛尔上校在埃及没能做到的事。奥妙的是,两党制可自上而下建立之,一党制却只能自下而上建立之。

一种社会势力进入政治体系的努力有时也可能形成扩大政治参与和组织政党的竞争局面。在这种情况下,这一势力往往创建一个政党,起初在政治体系外部或其边缘活动,然后就试图渗入政治体系内部。和拉丁美洲的若干政党一样,西欧的许多社会主义政党就是这样干的。对于现存制度的这种挑战往往促使派别领袖和传统的政治领导人联合起来以对抗新的威胁。来自下层的组织诱发和刺激着上层组织,其结果往往是形成一个多党制度,其中每一种主要社会势力都拥有自己的政治工具。这时,由于政治精英分子在扩大政治参与方面起的作用较小,比起现有的领袖们在其内部为扩大政治参与而互相竞争的局势,此种过程就可能包含着更多的暴力和冲突。

制度化阶段　政治参与扩大的方式显然会影响到随后将要发展起来的政党体制。反对现存制度的革命或民族主义过程最终通常会建立起一党或以一党为主的政治制度,取代原来的制度。政治体系内部力量斗争的过程在绝大多数情况下会导致两党制度较早地制度化,而外部力量的进入则可能导致一个多党制度的出现。这三种模式在政党发展的早期阶段一旦形成,就会变成制度化。此后,只有发生重大危机或社会性质发生了根本性的变迁,政党体制才会随之变化。

在一党制度下,政府决策和选拔政治领导人的过程几乎完全是在单一政党的构架内进行的。小党或许可能存在,但这些党是如此之小,以致对主要政党内部的运作不可能施加任何重要影响。在 20 世纪中期实行一党制的,包括共产党国家,佛朗哥统治下的西班牙和国民党统治下的中国这样一些独裁国家,突尼斯、墨西哥,以及在某种意义上几乎所有地处撒哈拉以南的非洲国家。在主从政党体制下,只有一个政党具有统治能力,但同时也存在着两个或两个以上通常代表着较特殊社会势力的反对党,它们有足够的力量去影响主要政党内部的决策过程。简言之,主要政党并不垄断政治,它必须或多或少对其他政治集团的意见做出反应。在不同时期存在过主从政党制的国家有印度、缅甸、马来亚、新加坡、韩国、巴基斯坦以及某些非洲国家。

两党制也会形成一个多数党和一个少数党。但它与主从政党制不同,少数党能发动足够的反对派力量来组织一个站得住脚的替换政府。主从政党制中的主要政党在全体选民中获得的支持很可能少于半数,但其他政治集团的四分五裂却使它能够稳居主宰地位。20 世纪 50 年代德国基督教民主党获得的选票比例要高于印度的国大党,但印度的制度就是主从政党制,不存在另一个足以与国大党匹敌的大党;而德国的社会民主党却能组织政府,与基督教民主党轮流坐庄。在两党制国家中通常还会存在着一些小党;为在两个主要政党之间能达到权力平衡,确也需要它们的存在。不过这种制度的显著特点是,只有两个主要政党才有能力组成政府。

最后,在多党制度下,没有一个党能靠自己的力量组成政府或者高居其他对手之上。有些政党可能比其他政党大些,但要建立政府却需要数党的联合,而可以被认为是能够构成一届政府基础的联合形式,又不尽相同。在这种情况下,政党时而执政,时而下野,这倒不在于它们在选举中得票多少发生了变化,而在于其领袖的态度和野心发生了变化。多党制和主从政党制的界限经常是模糊不清的,一个颇常见的临界模式是:一个党比其余的党大得多,在政治态度上又相当居中,因此联合政府之中必有它的份。许多年来,以色列工党和意大利基督教民主党就处在这种地位。

## 政党体制的适应性

对处于现代化之中的国家(地区)来说,一党制和多党竞争制究竟孰优孰劣,政治学论家们已经花费了大量的时间和笔墨,仁者见仁,智者见智。不过就政治发展而言,重要的不是政党的数量而是政党制度的力量和适应性。政治稳定的先决条件在于有一个能够同化现代化过程所产生出来的新兴社会势力的政党制度。从这个观点出发,政党的数量只有在它能够影响到该制度为政治稳定提供必需的制度化渠道的能力时,才具有重要性。因此接下来的问题就是:在处于现代化之中的国家里,政党的数量及其力量之间是否存在着联系? 如果存在的话,那又是什么?

从全球角度来看,政党的数量及其力量之间似乎看不出有什么联系。正如表 7.2 所示,强大政党和弱小政党都可存在于以党派多寡为区分的多种政党制度形式之中。根据班克斯（Banks）和泰克斯特（Textor）论述的政党稳定和政党数量相互关系而绘制的表 7.3，显然证实了表 7.2 所示情况大体属实。表 7.3 中"不稳定一党制"一栏是零，但如果把 20 世纪 60 年代备尝军事政变之苦的那些非洲国家也统计在内的话，此栏就不会是零了。

### 表 7.2　政党力量与政党数量

| 政党力量 | 政党数量 | | | |
| --- | --- | --- | --- | --- |
| | 一党 | 主从政党 | 两党 | 多党 |
| 强 | 共产党国家（地区）<br>突尼斯<br>墨西哥 | 印度 | 英国<br>德国 | 低地国家 |
| | | | | 斯堪的纳维亚国家<br>意大利 |
| | 中国台湾 | 马来亚<br>韩国 | 美国 | 以色列<br>智利<br>委内瑞拉 |
| | | | 乌拉圭<br>牙买加 | 秘鲁 |
| | 几内亚<br>坦噶尼喀 | | 锡兰 | |
| | | | 菲律宾 | 阿根廷<br>巴西 |
| | | 索马里？<br>玻利维亚？ | 哥伦比亚<br>洪都拉斯 | 其他中美洲国家 |
| 弱 | 其他非洲国家 | | | |

但是，虽然表 7.3 明示政党的数量及其力量之间不存在重大相关性，但这并不是问题的全部。二者之间的关系是随着现代化程度的不同而变化的。现代化水平高，那么不管政党的数目有多少，都可能是强大的；现代化水平低，则一党制既可能是强大的也可能是弱小的，但多党制则无一例外都是弱小的。例如，班克斯和泰克斯特统计中的 11 个稳定多党制国家是以色列和 10 个西欧国家；2 个较稳定多党制国家是意大利和哥斯达黎加；13 个不稳定多党制国家有 9 个在拉丁美洲，2 个在亚洲，1 个在中东，1 个在非洲。简言之，在处于现代化之中的国家，不存在稳定的多党制，只有以色列是个可以存疑的例外。

**表 7.3　政党稳定性与政党数量**

| 政党数量 | 稳　定　程　度 | | | |
|---|---|---|---|---|
| | 稳　定 | 较稳定 | 不稳定 | 总　计 |
| 一党 | 19 | 4 | 0 | 23 |
| 主从党 | 2 | 4 | 3 | 9 |
| 一个半党 | 2 | 0 | 0 | 2 |
| 两党 | 7 | 0 | 2 | 9 |
| 多党 | 11 | 2 | 13 | 26 |
| 总计 | 41 | 10 | 18 | 69 |

资料来源：Arthur S. Banks and Robert B. Textor, *A Cross-Policy Survey* (Cambridge, M. I. T. Press, 1963), pp.97—98, 101.

在处于现代化之中的国家，一党制度较之多元政党体制更趋向于稳定。举例来说，具有多党制的处于现代化之中的国家远比具有一党制、主从政党制或两党制处于现代化之中的国家更容易招致军事干预。1965年和1966年，许多非洲国家确确实实地遭到了军事政变的蹂躏。但这并没有改变政党数量及其稳定性之间呈现反比例的基本图像。正如表7.4所示，即便到了1966年，具有一党制的处于现代化之中的国家最不易惨遭军事政变之祸，而具有多党制的处于现代化之中的国家却恰恰相反。当然，一党制并不能杜绝发生军事政变，但多党制却几乎肯定要产生改变。仅有的少数例外，一个是两可之间的摩洛哥，1965年该国发生过一次重建君主统治的王党改变，还有就是两个高度欧化的国家即以色列和智利，移民加上历史传统使这两个国家形成了较为稳定的欧洲大陆式的多党制。

**表 7.4　处于现代化之中的国家（地区）里军事政变成功的次数**

（自 1945 年或自独立至 1966 年）

| | 国家（地区）数 | 政变成功的国家（地区）数 | 百分比 |
|---|---|---|---|
| 一党制 | 26 | 6 | 25% |
| 主从政党制 | 18 | 6 | 33% |
| 两党制 | 16 | 7 | 44% |
| 多党 | 20 | 17 | 85% |

衡量政党体制适应性的一个大致的标准就是各组成政党的平均年

龄。未尝不可推想,各政党的平均年龄越大,该体制的制度化和稳定性也就越高。当然,一般来说,多党制主要政党的平均年龄要比一党制或两党制政党的平均年龄偏低。但对政党的高度制度化在处于现代化之中的国家和现代化国家中的所呈现的不同形式还是能够加以比较的。设以 70% 的成人识字率为界限,那么大体上就可以说,高出这个界限的是现代化国家,低于这个界限的就是处于现代化之中的国家。在 29 个识字人数多、政党年龄大(1966 年主要政党年龄指数超过 30 年)的国家,没有任何一种政党体制类型能占压倒地位;在识字人数比例高的国家中,制度化程度很高的政党体制可以呈现多种形式。相反,在 16 个识字人数比例低但具有高度制度化政党体制的国家中,10 个是一党制,6 个是两党制,而没有一个是多党制。这好似再一次表明,在处于现代化之中的国家里,多党制是与高水平的政治制度化和政治稳定不相容的。在处于现代化之中的国家里多党制是脆弱的政党体制。

产生这种情形的原因乃在于各种数量多寡不一的政党制所具有的不同适应类型,以及政党在制度中显示力量的不同形式。与两党制相比,多党制中强党通常较有内聚力,组织较为复杂,但灵活和自主程度则较差。在一个强大的多党制中,社会势力和政党之间往往存在着一对一的关系。劳工、商界、土地所有者、城市中产阶级、教会,都有自己的政治组织,而且彼此之间已经形成了制度化的妥协和适应手段。这样一种强有力的制度只能存在于一个具有高水平的政治动员和政治参与的社会中。如果这两者是有限的,政治上积极的社会力量也就是有限的,从而一个强大的多党制的社会基础也就不存在。在这种条件下即便存在着多党制,那它通常也只会反映在狭小的精英分子圈内各个宗派和家族之间的不同利益。在这样一个多党体制当中,制度化的不完善和公众对政党支持的不充分使得该体制极其脆弱。结果,从多党向无党和从无党向多党,都是轻而易举的一步。就制度化的不完善这点而言,无党制度和多党制度彼此是十分相像的。

不过,各种政党体制适应并扩大政治参与的能力也会随着时间的不同而发生颇大的变化。关键问题是它们在多大程度上能使其同化新兴集团的过程变得制度化。在这个问题上,有证据表明两党制和主从政党制比一党制或多党制更能促成长治久安,因为它们具有更加有效的党派竞争。

**表 7.5　制度化的政党体制**

（1966 年主要政党年龄在 30 年以上者）

| 识字率水平 | 制 度 类 别 | | | | |
|---|---|---|---|---|---|
| | 一　党 | 主从党 | 两　党 | 多　党 | 总　计 |
| 70%以上 | 8 | 0 | 9 | 12 | 29 |
| 70%以下 | 9 | 1 | 6 | 0 | 16 |
| 总　　计 | 17 | 1 | 15 | 12 | 45 |

　　一党制的稳定性更多地来自其起源而非来自其特性。它通常是激起广泛动员并形成制度化的民族斗争或革命斗争的产物。但是，一旦斗争获得胜利，在斗争中出现的那个强大政党就会建立起一党制，这个体制随后就会消除掉曾使得自己成功的社会状况。于是该体制的持续稳定性就依赖于它自己的历史遗产。夺取政权的斗争越是激烈和持久，其意识形态的承诺越坚决，随后所建立的一党制的政治稳定性就越大。因此，于革命中崛起的一党制要比民族运动所产生的一党制更为稳定，而通过持久的民族运动所产生的一党制又比那些由斗争历史较短、胜利较为容易的运动所产生的一党制更为稳定。一般来说，一个民族主义政党为独立而战的时间越长，它能享受与独立一起到来的政权的时间也就越长。印度独立时国大党已经存在了 62 年；突尼斯诞生时新宪政党已存在了 22 年；当以色列在世界上为自己杀出一条生路时，以色列工党已经历过 18 个春秋；坦噶尼喀独立时坦噶尼喀非洲民族联盟已建立了 32 年之久。所有这些政党都能在独立之后的年代里保持着相当的活力。

　　相反，许多只有短短几年历史并轻而易举地赢得了独立的民族主义政党，在独立后对政权的控制就不那么牢固。正如爱默生（Emerson）所指出的，许多非洲国家如此轻而易举就获得了独立，可以说"它们的革命被人骗走了"[21]。既然没有搞革命，那它们也就无从享受革命的果实。几内亚政治稳定的前景看起来比大多数前法国殖民地要光明得多，主要因为几内亚民主党的领袖们在独立之前不得不动员自己的追随者与法国进行斗争，在独立后还经受过法国的敌意。殖民政府对新政府的敌意反倒可能为新政府帮大忙。未尝不可以说，整天高喊打倒新殖民主义的口号，抵不上殖民政府的敌意给新政府带来的好处。

很清楚,在一党体制下,一个新集团要进入该制度首先必须进入党。在这个意义上说,一党制比起多元政党体制来,就不那么复杂,同化新兴社会势力的途径因此也就较少,其政治领袖们在动员新兴集团参与政治方面也就能够控制裕如。他们感觉不到为了保住权力而去扩大号召力、引导新兴集团进入政治的竞争压力。他们在限制或控制政治动员方面的本领提高了他们推行种族、宗教或地域性集团"横向"融合的能力。相反,在一个竞争性政党体制下,客观上存在着强大的刺激使每一个政党都去讨好某一特殊集团;对群众的动员煽起了种族和宗教仇恨,政党间的竞争则加深着原有的社会分裂。

然而,恒久的现代化进程还是给一党制的稳定造成问题。政党的力量来自其夺取政权的斗争。一旦大权在握,那还会有什么动机驱使它去保持高水平的动员和组织呢?它能依靠惯性继续向前运动一阵子,倘若政治参与和政治组织已经达到很高的制度化水平,这样的惯性运动当可维持一段时间。但就其本质来说,它此时已缺乏进行斗争所必需的冲动,而正是这种斗争为政治稳定提供了持久的基础。在一段时间内这种冲劲可能来自党的理想和社会现实之间的差距。党的领袖们的政治理想通常使他们立志彻底改造社会。只要传统结构还没垮台,或者顽抗的据点仍然存在,那么增强党的力量和发展党的组织的动力也就不会消失。像20世纪二三十年代的苏联共产党那样,一个政党可能会一心一意地去消除旧传统的权力、财富和地位的来源,而以完全由自己缔造并由自己控制的社会结构取代之。但在这样重新安排了社会以后,它也就由于对立面的消亡而丧失掉自身存在的理由。倘若像经常发生的那样,一旦党的意识形态发生动摇,并向它所统治的社会妥协,那么它也就失去了自身的价值。

从长远来看,一个党与立足于政治体系之外的集团(如殖民政权,传统的寡头集团)的斗争必须在本体系之内获得制度化。可是,一党制的基本理论通常总是建立在一种否认分歧、杜绝斗争的愿望之上的。因此,一党制持久的生命力恰恰依赖于某种被其领袖们视为异端邪说现象的存在。在没有党派竞争的情况下,一党制所能提供的最合格功能性替代物就是党务官僚和政务官僚之间的竞争。但这种竞争有以下两个先决条件:(1)党、政系统保持分立;(2)二者之间存在着某种大致的平衡。再者,这二者之间的斗争是两个在功能上相异而非相同的系统之间的斗争。因此这种斗争的格局和结果更类似于总统制政府中行政部门与立法部门之间的斗争，而不像两个政党之间的斗争。

20世纪20年代土耳其和墨西哥都出现了一党制。作为社会革命的产物，墨西哥的政党制度从一开始就动员起相当大的一部分农村居民，而土耳其的动员程度就要低得多。因为土耳其的一党制是范围有限得多的一场民族运动的产儿。但1946年以后土耳其转变成为两党制，民众的政治参与的规模，特别是农村人口政治参与的规模，就随之大大地铺开了。在1946年以前的20年中，墨西哥的一党制远比土耳其的一党制更能反映乡村大多数人的需求；而在1946年以后的20年当中，情形却正好相反；土耳其两党制变得比墨西哥一党制更能反映乡村大多数人的需求。在土耳其争取农民选举的竞争加剧时，墨西哥的革命热情却日趋衰退了。

现代化在使一党制的领袖们慵于扩大和组织政治参与的同时，却大大增加了试图参与政治的集团的数量，并使它们日益多样化。如果党的领袖试图把这些新集团吸收到这个唯一存在政党的组织构架中来，他们确能获兼容并蓄之效，但付出的代价却是削弱党的团结、纪律和热情。如果拒新集团于党的大门之外，他们当然能维护党的内聚力，但付出的代价却是危及党对政治参与的垄断权，并诱发以推翻现存体制为目标的紊乱和暴力政治行为。那些在同化新社会力量方面最为成功的一党制国家，通常是按行业组成正式或非正式的党的外围组织，就像墨西哥的制度革命党所干的那样。如果新的社会力量不能被党组织所吸收，那要么就是一党制消亡（像1946年以后的土耳其），要么这个体制只好靠日趋强化的高压手段在日趋增长的动荡局势下混日子。

一党制的力量源于它和殖民政权、传统制度或保守社会的斗争，它的弱点则在于政治体系内部缺乏制度化的竞争。从理论上来看，多党制有颇大的制度化竞争余地，因此多党制应该是强大的政党体制。但我们已经看到，只有在一个大量的社会势力已经参与政治活动的高度现代化社会中，这种看法才有道理。在处于现代化之中的国家，多党制是软弱政党体制，然而党派竞争却又被认为是政党的力量所在，究竟应当怎样来解释这个明显的矛盾呢？答案显然在于：党派竞争和党派数量并无直接联系。

党派竞争在一党制下显然是不可能的,但它在多党制下却也可能不如在主从政党制或两党制下。在后两种制度下政党领袖们都是为争取选票而激烈竞争。两党制是一党赢一党输,因此每个党都抱有最强烈的激励在动员和组织选民方面战胜对方;在主从政党制下,主要政党的领袖同样也指望在与小党派竞争中尽量减少自己的损失。

但是多党制的党派竞争却并不那么普遍。在各政党刚由派别集团转化而来的一个软弱多党体制下,众多的集团使得任何有效的政治号召成为不可能。在各政党已经较为稳固地在不同社会势力中扎下根来的多党体制下,每一个党通常都有自己的选举地盘并全力以赴地在其中活动,类似相互挖墙脚的党派竞争就不如在两党制或主从政党制下来得激烈。每个政党都趋于有着稳定的选票阵地,其中的选民一成不变地支持该党,坚定地与党保持一致,其他政党则无从插足。因此,要想把新的社会力量吸收到多党制当中去,总是需要建立一个新党。多党制从整体上说是适应性很强的,但其中各个政党却不然。所以各个政党就随着社会结构和政治活跃人口成分的变化或兴或亡。每 个新政党建立伊始都俨然是一次进步和改革的先兆,因其体现了某种新兴社会势力的利益。但是,一当它在政治体系内部占据了一席之地,就会随其选民群的变化而变化,最终都成为既得利益的代言人。多党制确实不失为社会的一面镜子,对于自己所隶属的社会势力来说,各党几乎无独立性可言。秘鲁的美洲民众革命联盟在 20 世纪 30 年代是一个主张改革的政党,但到了 60 年代却成了一个奇怪的保守政党。秘鲁社会已经变化了,但这个党却没有随之改变,它仍就代表着 30 年前就代表的那个利益集团。这就为对进步中产阶级有吸引力的新型改革政党的出现铺平了道路。

人们常从维护民主、建立负责的政府、实现多数人的统治等角度来为党派竞争辩护,但我们同样可以从维护政治稳定的价值角度来为它辩护。政党间的竞选趋向于扩大政治参与同时又加强党的组织。这种形式的党派竞争大大有助于使具有政治意识和政治企望的新兴社会势力得以被纳入政治体系,而不会使它们走上反对该体系的道路。

主从政党制对新社会力量的同化通常经过两个阶段。新集团首先通过一个完全是或基本上是代表该集团利益的小党来表达它对于政治体系的权利要求。当这家小党的选票增加到一定程度时,主要政党就会调整它的政策和做法,并试图把这个小党的领袖人物和支持者吸收到它自己的组织构架中来。在主从政党制下,小党领袖并不敢奢望赢得对政府的控制,但他们却可以有效地不让主要政党顺利掌权。所以主要政党的政治宣传和行动基本上都是以抵消当时最强大的对手的政治号召为目的的。假如舆论向左转,主要政党也会朝相同方向调整,以尽可能减少左翼小党所能获得的好处;假如舆论朝相反方向转变,主政党也会作出同样反应。小党派因为有着它各自特殊的号召力,所以通常并不互相竞争,而是以各自的方式与主要政党竞争。

在印度,各特定地区的牢骚常常首先是通过小党或非党派运动来表达的,但国大党随后就会将这些牢骚派的头面人物吸收到自己的组织结构当中来。在以色列,选举通常是围绕着工党和它当时最重要的对手之间的斗争进行的,在这种斗争中工党会调整自己的战略和号召力以求尽量削弱反对派的力量。20世纪50年代尼日利亚的地区选举也出现过多少与此类似的局面,例如在1957年,尼日利亚全国公民大会党尽管在教育问题上遇到了天主教的强烈反对,还是在东部议会获得84个席位中的64席,但独立候选人也得到了将近总数约20%的选票。面对这种挑战,尼日利亚全国公民大会党的领导顺应地把地区政府14个阁员位置中的5个给了天主教人士,尽管在此之前天主教在政府中只拥有一个阁员。所以说,在主从政党制下新集团总是首先通过一个压力政党提出其要求,然后就被吸收到主导的共识政党当中去。[22]如果未被主要政党同化,新集团就会充当永久性的压力政党在主要政党的圈外继续活动。这样,主从政党制就为特定集团的不满情绪的表达提供了安全阀,同时也为同化那些看来对民众有吸引力的此类集团提供了强大的动机。

两党制下扩大政治参与的压力要比在其他任何类型的政党体制下都要来得强烈。在野党显然具有动员新的投票人参与政治以便挫败对手的动机。例如在乌拉圭,科罗拉多党和布兰科党的竞争实乃城市工人阶级早在20世纪初期就参与政治体系的原因之一,这在拉丁美洲是史无前例的。由于动员了这个城市集团,巴特尔(Batlle)便确保了科罗拉多党在其后半个世纪中的统治地位。两党制的问题确实在于政治参与可能扩展得太快,以致会在政治体系内部造成严重的分裂。动员起来的集团可能无法被同化,诚如戴维·唐纳德(David Donald)在论及 19 世纪中叶美国政治时所言,"过头的民主"和"膨胀起来的民众参政"可能会腐蚀政府的权力,削弱政府"精心处理微妙问题"的能力。[23] 在 20 世纪的处于现代化之中的国家里,两党竞争导致新集团迅速进入政治的局面,不时地引起旨在限制参与和恢复团结的军事政变。

两党制所固有的迅速扩大政治参与的趋势有时会挑起故意限制这种扩大的尝试。例如在哥伦比亚,两个政党长期以来故意将相互的竞争局限在政治精英的圈子之内。20 世纪 30 年代这种格局受到了挑战,因为民众要求改善经济状况的压力高涨起来。到了 40 年代后期,这一体制就随着失控的暴力行为的蔓延和军事独裁的出现而崩溃了。独裁者罗哈斯·皮尼利亚试图完成民主制所未能做到的事,即促进社会改革并使新政治集团与该体制认同。一位观察家写道,罗哈斯"给群众指出了争取社会进步的正确方向。他的政府强调群众福利,仅凭这一点就使百姓们意识到自己的身份和重要性……从这个意义上说,恰恰是这位军事独裁者对民主做出了重大的贡献"[24]。但是罗哈斯在 1958 年被推翻了,政党领袖们明目张胆地就限制彼此之间的竞争达成了协议。总统由自由党和保守党轮流坐庄,内阁职位和国民议会议席则由两家对半瓜分。另一位专家就此写道,1958 年,"政党领袖们似乎在许多方面……都在把政治时钟拨回到 1930 年,恢复了一种雅典式的民主,回到了自由党左翼在社会精英圈子以外寻求支持之前的那种状况"[25]。结果是投票人数显著下降,新的运动和新的政治势力(包括一个死灰复燃的罗哈斯党)抬头,这些势力所诉诸的就是那些被互不相争的现存政党所忽视的人群。

迪韦尔热说过一句最常被引用也最常受非难的话:"社会的自然运动趋向于两党制。"[26] 但事实上,两党制度具有的任何"自然性",都不会来自社会运动的本质,而是来自这种政治制度的本质。舆论可能会聚结于"对立的两极",但也可能相当支离破碎;在处于现代化之中的国家和现代化国家里,社会势力的众多及其性质的歧异足可创造出远比两党制更为自然的多党制来。在一个高度制度化的政治体系中,各种社会势力和集团之间形成的两极化,最关紧要的乃在掌权或接近权力的一派和被迫下野的那一派之间。政治体系内朝野两派之分即构成所谓"自然的"界限。如果政治体系本身虚弱,缺乏权威,制度化程度又不高的话,那么两者的差别就会太大,因此导向两党制的动力也就不会很强。但在政府强大而有威望的情况下,那么由于这样或那样的原因而与当权者离心离德的政治领袖们就会有强烈的动机去共同奋斗以求东山再起。对于那些意在卷土重来的人来说,当会有争取不满分子或潜在的不满分子支持的自然趋势。自然的两极化并非左翼和右翼之间的社会分化,而是当朝和在野的政治分化。

因此,两党制就能有效地使政治两极化成为制度并使之得以缓和,而正是此种两极化才首先导致了政党政治的兴起。在一党制下,政治领袖主宰社会势力,在多党制下,社会势力则主宰政党,而两党制却与社会势力和政党之间维持着一种更为公平的均势。两党都为争取社会势力的支持而竞争,但每一个党都从诸多势力当中获得支持,因此都不致沦为某一种势力的工具。与多党制不同,两党制下的政治当中出现一种新的社会势力时,无需另建新党。与一党制不同,两党制下对社会势力的同化不必仅仅通过某一个政治组织来进行。因此,两党制有其自身的某种逻辑,然而这是一种政治性的而非社会性的逻辑;它既深深地植根于民意抉择的吸引力之中,也同样深深地植根于政治稳定的需要之中。

# 绿色起义:政党体制与乡村动员

## 政党与城乡差距

在大多数处于现代化之中的国家里,人口的大多数——通常又是相当大的多数——居住在乡村地区,从事农业劳动,这些国家城市人口的增长远比农村人口增长来得快,这多半是由于人口从农村向城市的流动所致。农村人口占大多数和城市人口的增长这两个条件结合在一起,就给处于现代化之中的国家造成了一种特殊的政治格局。城市和乡村之间在政治态度和政治行为方面就形成了一种差距。城市变成了反对派的中心,不断起来反对现存政治制度,而政府的稳定则依赖于它能动员起农村的支持。

在处于现代化之中的国家,政党和政党体制的一个关键作用,就是为此种农村的政治动员提供制度化构架。政党是一种现代化组织,是城市环境所造就的新人的产物。政党领袖通常来自出身于中上层阶级并受过西方教育的知识阶层。就像 20 世纪 50 年代的印度那样,在大多数处于现代化之中的国家里,党员骨干"似乎多半选自城市中的机关职员、店主、专业人员和其他中产阶级分子"[27]。但是,一个政党如果想首先成为群众性的组织,进而成为政府的稳固基础,那它就必须把自己的组织扩展到农村地区。

政党和政党体制是弥合城乡差距的制度化手段。按照塞杜·库亚特(Seydou Kougate)的话说,理想的政党应该是这样的——

> 这种政治组织已变成将农民和市民铸为一体的大熔炉。它把前者从与世隔绝状态中解脱出来,并克服后者对乡巴佬的鄙夷倨傲,实现民族团结并从中汲取自己的力量。这样,存在十城乡之间的鸿沟就得以填平,各阶层的人们也才能汇集成一股洪流,奔向共同的政治目标。[28]

实现这一理想的障碍多得不可胜数。政党是一个现代化组织,为成功计,它又必须把传统的农村组织起来。在心理上或政治上,城市的政党领袖常常无法到农村去寻求支持。如果他们真打算脚踏实地这样去干的话,那就可能不得不彻底地修正或抑制自己的现代价值标准和目标,而采取能吸引农村的较为保守的姿态。随着传统集团的政治意识的增长,政党领袖们就不得不在现代性价值标准和政治价值标准二者之间做出选择。政治现代化的源泉在城市,而政治稳定的源泉却在农村。政党的任务就是使二者相结合。对一个政党的制度化程度及其领导人的适应性的一个重大考验,就是看党的领导人是否愿意为了赢得农村的支持而做出必要的让步。经得起这种试验的就证明是强有力的政党和稳定的政党体制。在处于现代化之中的国家里,成功的政党诞生在城市而成熟在农村。

不同类型的政党体制提出沟通城市和农村的不同桥梁。在一党制国家,具有现代化思想的精英分子通常试图多方控制农民,并且只有当农民接受了他们的现代化价值标准时才准其参与政治活动。如果农民仍然保持既消极而又落后的状态，一党制的政治领袖们就会把注意力放在城市地区的改革上。实际上这正是基马尔所为。[29]苏联的领袖们在 20 年代对农村也奉行了一种比较克制的袖手旁观的政策，做法虽有差异，但目的相似。但到达某个阶段，为了保持稳定，就是一党制国家也必须正视并解决农村的政治参与问题。苏联试图按照城市的形象来改造农村，摧毁其传统生活方式，并通过集体化和把共产党组织扩展到整个农村的办法来强迫农民接受现代观念，这种做法在政治和经济上付出的代价是如此巨大，以致很少有别的国家仿效过它。在土耳其情况则不同，对农民的同化牵涉到消除一党专制并允许立意现代化的精英分子内部的派系竞争扩大到这个圈子之外。结果，土耳其对农民的政治同化远比俄国的做法对农民有利。一般来说，比起一党垄断制，竞争性政党体制下的现代化进程较为缓慢，但其政治同化过程却较为顺利。

在处于现代化之中的国家里，城市不单是动荡的场所，而且也是政府反对派的大本营。一个政府要想享几天太平，就必须以农村为坚强后盾。如果政府不能赢得农村的支持，那就国无宁日。结果就是在政治上实行民主制的处于现代化之中的国家里形成了城市和农村投票模式的重大差异。对执政党——如果有个执政党的话——的支持来自农村，而对反对党的支持则来自城市。这一模式在各个大陆都屡见不鲜。在印度，国大党力量的源泉主要来自农村，而无论左翼或右翼反对党都在城市更为强大。在委内瑞拉，民主行动党主要依靠对农村的号召力，但在首都加拉加斯却得不到多少支持。1958 年该党获得全国选票的 49%，但在加拉加斯才得到 11%；1962 年，尽管它控制着中央政府的行政和立法机构，但在首都的 22 名市议员中却只占一席。在 1963 年大选中，民主行动党在农村地区名列第一，但在加拉加斯却屈居第四。

在韩国，尽管政权几次易手，类似的城市反对派格局却一如既往。整个 50 年代，李承晚的自由党通过公平的或者卑劣的手段，一直控制着农村，而处于反对地位的民主党则受到城市的青睐。1956 年民主党候选人凭借城市的选票而当选为副总统。1958 年民主党从全国 5 个最大城市中获得了 23 个议席，而自由党在这些选区却仅获得 5 席。首都的 16 个席位中反对党囊括了 15 个；在大邱和仁川这两个重要城市中，自由党候选人无一获选。格雷戈里·亨德森（Gregory Henderson）写道："到李氏统治末期，逮捕、威胁、买通和监视皆未能阻止城市中统一反政府共识的形成。"[30]60 年代的朴正熙政府在台上时，故态复萌，局势丝毫未改。在 1963 年的总统选举中，朴正熙将军靠农村的支持才勉强获胜，但城市选民的大多数都是坚定的反对派，其中首都的反对党就赢得了 14 个议席中的 12 个。朴正熙政权在第一任的 4 年当中一直被吵嚷不息并不时诉诸暴力的反对派搞得焦头烂额，而且这个反对派就在其眼皮底下的首都。

菲律宾独立之后的历次选举也显示出类似的城市反对政府的局面。农村选举一般都是由政府和反对党平分秋色，而城市选票的 75% 却属于反对党。正因双方都无法在乡村地区建立起稳固的支持基础，城市选票多就使反对党占据了上风。执政党在第二次世界大战后的 6 次总统选举中输掉了 4 次。[31]土耳其的情形也多少有些类似，20 世纪 40 年代晚期反对党民主党也是在城市中强大而在农村中弱小。但 1950 年它从共和人民党手中赢得了一半农村选票，于是就把共和人民党赶下了台。在以后的选举中，民主党在农村形成了广泛的号召力，一直到 60 年代农村仍是民主党及其继承者正义党获得支持的主要来源。反之，共和人民党在失去农村的支持以后，却在城市中干得颇为出色。

巴基斯坦的选举也几乎没有二致。以 1951 年的旁遮普大选为例，穆斯林联盟在该省议会中所获席位几近 75%，但仅勉强获得拉合尔市议席的半数。在 1964 年的总统选举中，阿尤布·汗获得了 63% 的选票，真纳小姐（Miss Jinnah）获得 36%，阿尤布席卷了全国 16 个选区中的 13 个，真纳小姐在吉大港、达卡、卡拉奇三个有大城市的选区领先。当时一位评论员写道："这次选举实际上表明，城市一般是追随真纳小姐，而阿尤布对农村的控制则是毋庸置疑的。"[32]在 1963 年摩洛哥大选中，反对党独立党和人民力量全国联盟拿下了城市，执政党则赢得了农村。1964 年，萨尔瓦多反对党基督教民主党的人当上了圣萨尔瓦多市市长并获得 14 个议席，这些议席主要在城镇地区；而执政党民族统一党却以相当大的优势席卷了农村地区，获得 32 个议席。在 1966 年多米尼加大选中，布施以 60% 选票的优势在圣多明各获胜，但巴拉格尔（Balaguer）却在首都以外地区获得

62%的选票,从而当选总统。[33]

　　所有这些选举都有两个共同点。第一,农村和城市的投票倾向有着明显的分歧;政党和候选人在农村强,在城市就弱,反之亦然。第二,在农村强大的政党通常能控制着中央政府,并能建立起以高度的政治稳定为特征的政权。如果没有一个政党能获得农村的稳定支持,某种程度的动荡就在所难免。在某些情况下,城市造反可能会颠覆以农村为基础的政府,但总的来说,受到农村支持的政府假如不能削弱或铲除城市中的顽固反对派的话,也有把握顶住它。甚至在城市和农村之间没有清晰的政党区分的国家,城市反对派也会以其他方式显示自己的存在。举如黎巴嫩,

　　　　在核心地区〔贝鲁特〕不少人对选举政治嗤之以鼻。选举制度的合法性在农村地区倒更容易被接受。因为在那里这个制度与传统的组织很相似……看起来农村地区的老百姓好像比首都人民更全面地与现存政治制度融为一体了,而首都人民政治的潜能名目繁多,五花八门,令人捉摸不定。[34]

　　在其他那些选举过程意义不大的国家中,尽管农村支持而城市反对的对垒没有在选票类型上明确地显示出来,但这种对垒也还是不争的事实。在伊朗,德黑兰长期以来就是政治反对派的老巢,现政权的命根子就维系在农村的默认上。甚至在南越,吴庭艳总统在1961年竞选连任,尽管他囊括农村的绝大多数选票,但在西贡他却只获得了48%的选票。艾哈迈德·本·贝拉(Ahmed Ben Bella)总统曾这样发问过:"有哪一个非洲国家总统在他的首都获得过多数人的支持?"[35]几星期后的事实证明,他本人也不例外。

　　城乡之间的鸿沟可以被有意识地动员并组织农村的革命党人或军人精英分子所填平。但对农村广大群众的政治同化也可由政党和政党体制来完成,其途径或是通过民族主义政党反对殖民统治的斗争,或是通过两个或两个以上政党对农民支持的竞争。

## 通过民族主义斗争实现农村动员

　　在民族主义模式中,领导运动的知识分子为反对殖民统治而争取农村民众的努力,是促进农村动员的动力。这种情况十分罕见,因为民族主

义者很少能够或无需去争取农村支持以达到自己的目标。在另外一些情况下,例如在中国和越南,共产党利用了民族主义者的局限性和优柔寡断,举起民族主义和革命这两面大旗,把农民动员到它们自己的一边。在民族独立斗争中实现了广泛的农村政治动员的两个最显著的例子是印度和突尼斯。

印度的民族运动在 20 世纪 20 年代早期发生了决定性的变化,从一个由出身上层、受过英国教育、彻底西方化了的知识分子所领导的小圈子扩展成为一个受到广大中间阶层和小城镇支持的民众性运动。促成这一变化的关键人物当然是甘地,他用传统语言重新阐发了民族主义的号召,以适合群众的胃口。用鲁道夫(Rudolphs)的话来说:"人民民族主义是甘地的一大创造。他改造了 20 年代以前的那些驯服的成员经过精心挑选的民族主义,扩大了它的阶级基础,变换了它的思想内涵。"甘地以前的民族主义者是"新教育制度的产物,是穿西服、讲英语的上层中产阶级的产物,他们绝大多数出身高级种姓和新职业者阶层"。他们的价值观"基本上是当时英国中产阶级的价值观",他们的"号召对象是城市而不是农村,是受过教育的人而不是文盲。他们忽视乡村,乡村也忽视他们"。1920 年以后在甘地的领导下,这种情况彻底改观。老的西方式的领袖被"有着较为传统的文化背景、常常出身于较低贱种姓或职业的"和来自"市镇或乡村的领袖们所取代"。这些人"很少甚至从未受过西方教育",他们尊重传统方式,"对现代性的一套持怀疑观点……甘地的号召力,他的语言、风格和方法给民族主义注入了一种新精神,一种能够唤起那些仍然沉浸于传统文化之中的人们的新精神"。印度民族主义这样就变成了一种"带有传统色彩的民众运动"。[36]

突尼斯也经历过一个多少与印度相类似的演化过程。在那儿,从自由民族主义到人民民族主义的转变无法在第一个民族主义组织即宪政党的构架内进行,于是该党就在 20 世纪 30 年代被新宪政党所取代。新党在突尼斯形成了与甘地在印度所采取的相同的号召民众的方式。新党的缔造者们深入群众并把他们组织起来。就像在印度那样,他们在群众中发掘出大批新的领导干才。与旧宪政党不同,新党从小城镇和乡村中吸收党的骨干和支持者。"尽管一些突尼斯古老家族的子弟也加入了新宪政党,但该党多数领导人都是所谓庶民,其最可靠的突击队就是由农民和平民所组成的。"[37]

在数量相当众多的国家里,民族主义者在独立之前没有把"绿色起义"争取在自己的旗帜之下,独立时掌握了政权的民族运动自然就是来自中上层阶级的城市运动了。一条巨大的鸿沟就把这批受过教育的城市精英分子和他们所要统治的传统人物及内地的守旧群众隔离开来。从某些方面来说,独立后的统治者与人民大众的距离,可能会几乎像他们的前任殖民上层一样远。据说,外国殖民政权撤走以后,社会就算独立了。但实际上,此际独立的不是社会,而只是社会上的某部分人。独立对于社会各个集团不是一刀切;就政治动员的过程而言,独立来得越早,这种不是一刀切的现象就越加明显。针对这一点,老谋深算的殖民政权往往会在撤走之前有意识地竭力限制那些在独立到来时将要接管政权的集团的势力。卢加德(Lugard)说过这样一句经典性的话:"英国殖民政策的一条基本原则是:大多数土著人民的利益不应屈从于少数欧洲人或少数受过教育的欧化当地人的意志,他们之间毫无共同之处,且其利益相互抵牾。"[38]但是当独立到来之时,它正是那些"少数受过教育的欧化当地人"的独立。民族主义和收回主权的华丽词藻难以掩盖政权从异己的外国寡头集团手中转移到了异己的本国寡头集团手中这样一个事实。

在这种情形下,民族知识分子的精英集团是不太可能长久保持政权的。位居要津之后,他们也就没有为了新目标去争取更多的民众支持的动机。他们已经到站,四面楚歌。政治体系中的权力总量很小,这意味着它可能被某个能够掌握更为冷酷无情和更有诱惑力的权力形式的集团所推翻,或被某个能够扩大的政治体系的力量并动员新集团参与政治的集团所推翻。假如独立后在政治体系内实行选举,那么这个西方化的民族主义精英集团就可能被更能代表民众和更为保守的领袖们所推翻。假如不允许实行选举,那么这个集团又可能被军人所推翻。在独立前不争取民众支持的民族主义领袖在独立后的执政地位总是短命的。除非他们能够联合一个集团去反对另一个集团,否则他们将不是被愤怒的上校们就是被愤怒的市民们干掉。

基础狭窄的民族主义统治之衰朽,乃独立后非洲政治的共同特征。

独立之前广泛的农村政治动员对于独立之后政治稳定的重大意义,也许可以从摩洛哥和突尼斯之间以及巴基斯坦和印度之间的鲜明对照中得到最好的说明。和突尼斯不同的是,摩洛哥的主要民族主义政党独立党从未获得新宪政党在突尼斯的那种至高无上的地位。这部分地是由于在法国人统治下摩洛哥国王比突尼斯贝伊(bey)更有权,并且在独立运动中扮演了主角。但同时也因为由一群城市知识分子在1943年成立的独立党从未建立起一个可与新宪政党相媲美的群众基础。突尼斯的工会组织与新宪政党紧密结合,二者的领导很多是相互兼任的。而摩洛哥的工会和工会领导则一直与独立党保持着较大距离,最后终于和它的左翼同流,而左翼在1959年又分裂出去,另组新党——人民力量全国联盟。更值得一提的是,新宪政党动员了农村部落居民来支持其独立斗争,而独立党的力量却一直集中在城市里。因此,它在独立后的地位就受到了挑战,首先站出来与它较量的是一个专门代表乡村和柏柏尔部落利益的新党——人民运动,然后就是在农村很受拥戴的国王。在1963年大选中,独立党和人民力量全国联盟赢得城市,但国王的御用工具宪法保卫阵线却由于农村的支持而获得多数票。

像印度国大党一样,巴基斯坦穆斯林联盟在独立时也已是一个老牌政治组织了。它始建于1906年,但在其相当长的生涯中,不过是个小小的压力集团而已。在30年代中期,它已经"气息奄奄",与国大党相比,它"是一个采取守势的组织,其成员多属一些富有的柴明达尔和少数牢骚满腹的知识分子,一心想到政府去做官"[39]。20年代国大党积极争取民意的做法,确对穆斯林联盟产生过影响。真纳在1937—1938年间控制了联盟,尽管他反对群众参政,但还是被迫建立起一个群众性组织来与国大党竞争,支持1940年通过的建立一个独立伊斯兰国家的主张。这样,该组织对公众舆论的动员就导致了对方组织的反动员。可是对穆斯林联盟最有力的支持是来自穆斯林仅占少数的地区,许多这样的地区在1947年划归了印度。这样,穆斯林联盟领袖虽然成了一个新国家的领导,但这个国家最积极而且最有组织的支持者却在国境之外。

在独立后的巴基斯坦,穆斯林联盟丧失了它的选民和奋斗目标,也失去了它的"人民性",逐渐为西巴基斯坦的地主所控制。这样,随着时间的推移,"党就蜕变成了许多把持和觊觎权力的小宗派,它的群众基础逐渐萎缩……许多国家的政党是为了实现其成员的主张和增进其成员的利益而组织起来的,巴基斯坦的政治纯系一种个人之间的争斗,每个领袖的背后都有自己的山头和死党"[40]。从某种意义上说,巴基斯坦获得独立是太过容易了。该党早期的政治领袖在独立前未能在未来的公民当中进行大规模的群众性政治动员,在独立后也就没有什么劲头去这样干。本来举行全国大选,也许可能推动他们去接触民众,建立起权力来源,但他们否决了这条路。结果,他们先是轻而易举地被文职官僚取代,后来又被军人所赶走。具有讽刺意味的是,实现农村政治结构的发展并动员农村选民登上政治舞台进行选举竞争的竟是一个蔑视政党政治的军人领袖。

## 通过党派竞争实现农村动员:民主制的保守派

竞争性政党体制为在政治上同化农村诸集团提供了渠道,这些渠道的性质取决于该政党体制的性质,不管它是主从政党制、两党制还是多党制。政党体制同化新集团的能力则有赖于从前占统治地位的集团——无论是保守的、民族主义的还是军人的——是否自甘认输。对农村集团的同化经常要求政党调整其经济政策以照顾农民的需要,保证实行土地改革并向农业地区提供公共投资。这样就会使得各政党为了获得农民选票而竞相提出经济改革计划。但农村集团的盼望和要求多半是相当具体而温和的。如果这些要求合乎情理地得到满足,那么农村的平民百姓就会回复到惯常的保守状态中去。此外,无论农村对现在政治制度的经济要求带有何等性质,一般来说乡下老百姓的社会和文化价值观总是非常传统的。因此在大多数殖民地或新独立国家中,通过政党体制对占大多数的农村人口所进行的政治动员,对政治本身会产生很大的传统化或保守化的影响。

在大多数从外国统治者手中争得独立的国家中,传统化趋势都得到了加强。这种趋势在民主国家似乎又比在独裁国家更为强烈。在民主国家,这种趋势源于选举权向农村大部分地区的普及。在早先处于现代化之中的国家里,政治权利的普及是一个相当持久的历史过程。这个过程的第一个阶段即赋予城市中产阶级以选举权的阶段产生过带有激进性的推动现代化的后果。选举权随后向农村人口的普及经常又给政治天平放上一个保守的砝码。

1848 年德国的自由主义者力主选举应受财产限制,而保守主义者则鼓吹男子普选权。在英国,迪斯累里也发觉到这一点,主动扩大选举权的范围,给自己的保守派捞到了不少好处。同样,20 世纪中期的"农村选举对于拉丁美洲中产阶级的进步阶层来说,是个颇为头疼的问题"[41]。在巴西那些农村群众能够参加投票的地区,"选举的主要社会职能只是维持既存权力结构。在传统模式之内,选举权只不过增加了显示和加强封建忠诚的机会、加强了地主的政治地位并使之合法化罢了"[42]。1931 年之后锡兰开始实行普选,结局也差不多。"事实上,工人们也变成了封建型的贾桂式的工资奴才。至于农民,谁给他地种,谁能借给或租给他一头牛,谁能在他家庭发生灾变时及时帮个忙,谁能给他开个条子去看医生或见律师,农民就投谁的票,以资酬谢。"据称在 20 世纪 50 年代的土耳其东部,"在这些几乎人人都不识字,充满着宗教狂热的落后地区,仅凭当地地主的一句话,整个村庄就能全部投执政党的票"[43]。在一个其他方面仍然十分守旧的国家,选举权向农村群众的普及起到增强传统精英集团的权威并使之合法化的作用。

农村选举的保守影响,往往在现代的政治鼓动和政治组织扩展到农村以后,仍然继续存在。传统集团之间的竞争常常会促进这些集团的现代化,例如在尼日利亚,伊博人和约鲁巴人的领袖们在普及民众教育问题上就曾相互竞争过。而现代城市集团在谋求保守的农村群众的支持过程中,它们相互之间的竞争则促使它们传统化。1921 年以后,缅甸"政局的大致情况是,每当面临紧急决策时,现代化派人物就首先在自己人当中闹翻,然后就分别到比较传统的人士当中去寻求支持,到最后还是这些传统分子占优势"。在印度也差不多。"因为城市是各派政党向乡村辐射其影响力的中心,所以当一个城市精英集团打算去削弱或摧毁另一个城市精英集团的政治势力时,就鼓动农民起来和对方干。"[44]为了向农村伸展,城市精英集团不得不将那些城市里行之有效的现代化口号加以改头换面。传统集团之间的竞争,使群众多少接受一些上层人物的现代目标,而现代派集团之间的竞争则使精英分子多少接受一些群众的传统价值准则,故二者皆有助于弥合现代化精英分子和传统群众之间的鸿沟。

作如是观,摆脱殖民统治的独立国家中,竞选使政治领导人的注意力从城市选民身上转到农村选民身上;使政治目标和政策的现代化色彩淡化,趋向保守;使受教育不多的地方领袖取代受过高深教育的具有世界眼光的政治领袖;使中央政府削弱,省级和地方政府的权力提高。这些趋势增进政治稳定,但同时也会阻碍那些不能直接给农村带来利益的现代化改革。改革的前提一般来说是把权力集中到某个单一的主张现代化的精英集团手里。民主的后果则是把权力分散到多个较为传统的精英集团手中。由于民主制度增加了农村集团的权力,因此它也就会推动制定那些优先发展农村和农业而不是优先发展城市和工业的政策。

在两党制下,这些趋势时常地在"农村化"的竞选中显露出来,这种"农村化"竞选的结果是一个以农村为基础的政党把一个以城市为基础的政党赶下台。在多党制下,动员农村选民参与政治则要困难得多。在这里必须出现一个或一个以上为争取农民支持而竞争的政党,这些党通常从其他社会集团那里得不到什么支持,它们受到以其他集团为后盾的政党的反对,并且由于动员农民参加政治活动并非易事,因此它们总是成不了多数党。所以,即使对农民的政治同化果真侥幸发生,那也将是颠三倒四、步履蹒跚的。拉丁美洲多党制比比皆是,然而 1967 年以前在这种多党制的构架内完成了农村政治动员的唯一例子,就是委内瑞拉。在委国,强烈的意识形态、有效的领导,以及反对戈麦斯(Gómez)和佩雷斯·希门尼斯(Pérez Jiménez)独裁统治的一场准革命运动,造成了动员和组织与民主行动党结盟的农民协会的有利环境。照理讲,同样的情况在智利和秘鲁出现也是可能的。但是,多党制的两大难处是:(1)它不能为政治体系中的任何一个既立派别提供足够的激励去动员农民;(2)一旦动员开展起来,多党制就会使政治和社会分裂积聚,从而阻止了对农民政治运动的顺利同化。

在主从政党制下,民主的分散化和乡村化后果也会影响政党之间的权力分布,但这些后果更可能在主要政党组织结构和权力分布的变化当中显示出来。例如在 20 世纪 50 年代的印度,国大党内发生了"政府"派和"组织"派的斗争,在这场斗争中组织派的"做法确实无异于一个十足的反对派"。组织派的成员们批评政府,在报纸上发表不满言论,试图在立法机构中获得自己的多数,并且发起强有力的竞选攻势为党的各级委员会和党的领袖们拉选票。[45] 在这场斗争中,组织派最终赢得了胜利,一批来自地方和各邦国大党组织的新领袖随之终于占据了党政要职,这些人特别能满足地方的、村社的和乡下的要求,而不是整个国家的要求。

印度的竞选加速了富于乡土气息、受教育不多并具有地方倾向的领袖取代民族主义的、具有世界眼光并受过西方教育的领袖的过程。在1962 年大选中,"实际上各地民众所关心的都是选举地方人士、而冷落那些能够就国家大政发表意见的各邦或全国知名人士,因为前者能够充当选民和那部复杂而又经常运转缓慢的政府机器的中介人"[46]。国大党内部这种总体性的转变也许可以以其 1965 年最高领导的更替作为标志。曾在哈罗(Harrow)和剑桥深造的尼赫鲁可以说是半个印度人加上半个英国人。相反,沙斯特里(Shastri)在成为总理时尚未曾跨出国门一步。适逢印度本土政治势力节节取胜之际,沙氏英年早逝,尼赫鲁家族的甘地夫人乘机补缺,这就加速了国大党的式微。

民主政治的原动力本身也会把农村领袖们推到前台。1947 年印度临时议会议员约有 15% 来自农村地区;1962 年则有约 40% 的人民院议员来自这些地区。在国大党的邦一级领导层中也发生了类似的变化。例如在马德拉斯邦,

> 首席部长从原来的一位婆罗门等级律师 C. 拉加戈帕拉查里(C.
> Rajagopalachari)换成了 K. 卡姆拉齐(K. Kamraj),后者只是一个没
> 受过多少正规教育的农民。前者除了本地方言外,还懂英语和梵文,
> 是第一个印度人总督,也是国大党全国领袖之一。后者是一个精明
> 的地方政治领袖,只能操泰米尔语,他肯定算不上知识分子,但被誉
> 为"人民之友"。这可以与美国历史上约翰·昆西·亚当斯被安德
> 鲁·杰克逊击败一事相提并论。[47]

同样地,迈伦·韦纳(Myron Weiner)在农村地区发现,国大党"吸收新党员已从城市转向小城镇和大村庄,受过最完备教育的高等种姓的优势普遍下降,同时农民新秀、教育程度参差不齐的干部以及所谓中等种姓的人数却相应地膨胀起来"[48]。随着这种党员成分的变化,权力也从党中央领

导全面向邦首席部长和邦一级党组织逐步下放。

在 20 世纪 50 年代的印度和锡兰,竞选和民主带来的"结果,是加强而不是削弱了传统领袖的权力",并从而"在代议政府的价值观和有计划的经济—社会改革之间"造成了"剧烈的冲突"。而 50 年代末曾进行竞选的巴基斯坦就没有产生这种冲突。[49] 但是,巴基斯坦基本民主派在 60 年代的工作也把同样的问题提到了突出的地位,诚如巴基斯坦一位高级官员指出:"此即社会发展的内在矛盾之一,换句话说,如果这个计划果能成功,领导着这个计划的人所代表的阶级和利益集团将为此而丧失其地位、特权和权力。今天,政治和经济权力正集中在西方化的少数人特别是政府官员手里,而社会的民主化必将削弱他们的这种权力。"[50]

### 两党竞争与选举农村化

三个南亚国家清楚地显示出民族主义运动和农村政治动员之间可能存在的三种关系。印度的民族精英分子在独立之前已经在农村获得了广泛的支持,独立之后他们也能够扩大并完善这种支持。因此,他们能够保持政权达 20 多年。巴基斯坦的民族精英分子在独立之前并未取得农村民众的支持,独立后他们也不敢让自己接受竞选的考验。因此,他们很轻易地被从前殖民政权雇佣的官僚所取代。锡兰的民族精英分子在独立之前基础也很狭窄,也没有去争取群众支持。但他们决定接受民选的考验,结果于 1956 年在一次堪称典型的"农村化选举"中被赶下台。此乃处于现代化之中的国家的两党制容纳农村群众政治参与的典型方式。

1956 年的锡兰 锡兰于 1948 年在森纳那亚克及其刚成立才一年的联合民族党领导下获得了独立。联合民族党从创建于 1919 年的锡兰国大党当中吸引过来许多党员。锡兰国大党并未像"印度的国大党那样,在农村以及城市下层阶级中形成组织基础,但其成员和领导却和印度国大党毫无二致,皆属西方化的中上层阶级人士"[51]。锡兰的独立基本上可以说是印度人和英国人白送的一份礼物:印度迫使英国人给它以独立,从而也就使英国人除了给锡兰以独立之外别无选择。绝大部分锡兰民众在独立斗争中并未起任何作用。"在锡兰没有争取自由的群众运动,难得有自我牺牲精神(甚至在最高领袖人物中间),也几乎谈不上有什么英雄和烈士。"[52]

　　独立后控制新政府的是一个中上层阶级的全盘英国化的城市精英，其政治工具就是联合民族党。正像一位观察家所指出的，这个党的成员"除了肤色之外，什么都像原来的殖民统治者"[53]。尽管锡兰有 70%的农村人口，但这伙人绝大多数都是来自城市；尽管锡兰人 91%不信基督教，而且有 64%的人信佛教，但这伙人却大多是基督徒；这伙人讲英语，而92%的锡兰人对这种语言却一字不识。简言之，他们出身于并代表着不到人口 10%的一个少数。这种诱人的局面足以使想借助占大多数的农村佛教徒和僧迦罗选民之力的人很快就动了心。1951 年，这个集团的一位领导成员 S. W. R. D. 班达拉奈克(S. W. R. D. Bandaranaike)果然叛离了联合民族党，并自组反对派政党——斯里兰卡自由党，以角逐 1956 年的大选。在大选前，普遍认为联合民族党将会轻而易举地再次获胜。斯里兰卡自由党"在开始竞选活动时几乎毫无获胜的希望。金钱和组织的优势以及大多数有声望的家族都站在联合民族党一边"[54]。但结果却是斯里兰卡自由党及其同盟者在选举中大获全胜，差一点获得半数的选票，更在全部 95 个议席中得到了 51 席的稳定多数。联合民族党的议席减少到 8 个，其 10 个内阁部长中有 8 个失去了席位。议会的组成发生了戏剧性的变化。

　　在这次大选中，农村的中下阶层和下层僧迦罗人"突然意识到了他们的政治力量，打破了从前少数富裕的西方化精英分子对政治权力的垄断局面"[55]。自由党政府的就职典礼重新出现了民间的传统热闹气氛：

> 大批身披黄袈裟的佛教僧侣参与盛典，传统击鼓取代了喧闹的西洋小号；庆典结束时，身着围裙的友善而好奇的人群涌上国会大厦的台阶，穿过正在离场的宾客，来到议会大厦。他们一边端详着这座会议大厅，纷纷在他们刚刚选出的议员的座位上试坐，一边说道："这是我们自己选出的政府呵！"[56]

此前 127 年，一位目睹美国乡巴佬进城参观政府机关的新闻记者曾经写道："这是人民感到自豪的日子。他们认为杰克逊将军是自己的总统。"[57]尽管 1956 年班达拉奈克的革命比 1829 年杰克逊的革命更具有根本性，性质却是非常相似的。正如霍华德·里金斯(Howard Wriggins)所指出的，在 20 世纪 60 年代中期以前所有南亚国家的大选中，"唯有这次选举明显导致政治权力从一部分人民转到另一部分人民的手中。这次权力点的转换没有伴随着流血、贿赂或对选民的暴力威胁。它也不是一次对政变的认可，而是成千上万个投票人所做之选择汇集成的名副其实的领导权易手"[58]。

斯里兰卡自由党胜利的基础是它能诉诸锡兰农村大多数人的利益、佛教信仰和僧迦罗人的偏见。联合民族党被当作西方化和基督教的异党而受到攻击。佛教僧侣走村串巷，沿途宣称投执政党一票就是投反对佛祖一票。自由党主张以僧迦罗语为唯一官方语言，这既迎合了下层中产阶级和厌恶上层阶级张口就说英文的"小知识分子"，也能取悦于一向对操泰米尔方言的少数人（约占人口的20%）把持政府职位耿耿于怀的僧迦罗多数人。语言和宗教问题克服了其他方面的分歧，为自由党的竞选联盟打下了基础，"使城市政治领袖、农村中产阶级和农民得以联手共同抵御在1956年被认为是由联合民族党所代表的西方价值观的侵蚀"[59]。

后来的斯里兰卡自由党政府果然采用了僧迦罗语为官方语言，并实行了其他一些旨在加强它与农村选区联系的计划。这带来了两个严重后果：1958年泰米尔人与僧迦罗人的种族冲突和1959年班达拉奈克被一名僧迦罗极端分子所暗杀。1960年3月的大选形成僵局，但7月举行的复选再次使斯里兰卡自由党获胜。对它的支持仍然是来自农村，它在那里获得了三分之二的选票。相反，在1960年的第一次选举中，自由党在大城市的18个议席中未获一席。在复选中也仅获四席。自由党的一位高级领导人在国会的某次讲话，一语中的地表达了该党的态度，他宣称自由党已经建立起一个"准则……一个非常简单的准则；我们站在我国农村人民的利益一边……我国的普通人民，我国的农村人民大可放心，我们决不会使他们失望"[60]。

但是，斯里兰卡自由党政府的政策引起其他上层集团的反感是如此之大，以致在1962年1月发生了一场未遂军事政变。这实际上是老的、西方化的上层阶级精英分子试图东山再起的一场较量。"几乎所有的阴谋嫌疑分子都是基督教徒，其中大多数是罗马天主教徒；许多人出身富有的名门世家，曾在有名望的学校里受过教育，大体上代表着信奉平均主义的斯里兰卡自由党矛头所向的'特权阶级'。"[61]这次政变反映了农村群众参政后在政治体系内部造成的紧张局势。1965 年联合民族党和代表泰米尔少数派的联邦党携手合作,获得了胜利,显示出这个政治制度不但有足够的适应性去吸收农村群众,而且也有足够的适应性让已经成为反对党的城市精英集团在新形势下重新掌权。联合民族党把自己的口号调整到堪与自由党进行竞争,它只是通过这样的方式才得以重新执掌权力的。一方面,农村群众被同化到政治体系中来了;另一方面,他们的参政也改变了该体系的风格、术语、政策和领导方式。可以说,竞争性政党体制大体可以成功而和平地调节政治参与范围和政治权力分配这两方面所发生的重大变革。

　　**1950 年及以后的土耳其**　土耳其在 20 世纪 50 年代差不多同时也经历了与锡兰多少相类似的转变。第二次世界大战结束后,各种各样的压力和复杂的环境迫使伊斯麦特·伊诺努政府准许共和人民党内部一批高级负责人脱离出去另组反对党。这批负责人与共和人民党掌权人物之间并无根本分歧,但他们的确具有更加自由的倾向,对私人企业也抱着赞同的态度,因此与在 30 年代和战争中发展起来的商业阶级联系密切。在共和人民党的长期统治中,反对党曾于 1924 年和 1930 年两次短暂地获准存在,共和人民党领袖此时无疑也认为,这个党内新的异己分子集团在党外构成的威胁将比留在党内要小。不管怎样,这批人组织起了民主党并参与角逐 1946 年的大选,获得了国民议会 15% 的议席。在以后的 4 年中,民主党先声夺人,接着共和人民党也不甘落后,大张旗鼓地在农村和城市动员和组织自己的选民。在 1950 年大选中,共和人民党本指望再一次获得绝对多数,可它失算了,结果是一败涂地。民主党获得了 53% 的选票和 408 个议席,共和人民党获得了 40% 的选票和可怜的 69 席。

　　民主党的胜利是由于它在城市中获得了一个相当大的多数,而在农村又与共和人民党平分秋色。这次大选标志着农村选民在土耳其政治中开始扮演了举足轻重的角色。在以后的几年中,阿德南·门德里斯(Adnan Menderes)的民主党政府竭尽全力认同于农民。在经济上,政府修建农村道路、发展农业机械、提供农业津贴和信贷。具有同等重要意义的是,它在文化方面放松了共和人民党统治时严格规定的世俗化政策,在学校中开设宗教课程,提供政府基金修造清真寺。就像一位学者指出的,门德里斯"是土耳其第一个迎合农民的人"[62]。因此在 20 世纪 50 年代,农村对民主党的支持增强了,同时城市中产阶级对它的支持却减少了。在 1954 年大选中民主党的得票率提高到 56.6%。门德里斯如此发问道:"只要农民跟我们在一起,伊斯坦布尔的知识分子怎么想,那有什么关系呢?"[63]

在 1957 年大选中投票下降,民主党的得票数也随之减少。门德里斯政府日益转向独裁的统治方式,城市中产阶级舆论越来越对它不利,1960 年 5 月它被军方赶下了台。

这次否决政变所造成的政治危机,由于古赛尔将军及其同僚尽快设法恢复到文官统治,从而迅速地获得了妥善的解决。但在 1961 年大选中,从前的选举模式再度出现。尽管所有的条件都对共和人民党有利,它还是只得到了 37% 的选票,而新成立的正义党却继承了已处非法地位的民主党的衣钵,得票率 35%。在 1965 年的大选中,正义党所向披靡,锐不可当,获得了 56% 的选票和 57% 的国民议会议席。对其支持来自各个方面,但其中最有力者当推农民的选票。照韦克(Weiker)的话说,土耳其的经验清楚地说明了

> 实行迅速的改革和坚持自由的多党政府,二者同时并举是困难的……土耳其领袖们时常宣称,只要在正确的领导下,人民就会理解形势并自愿做出牺牲。可这种事还从未在土耳其发生过。事实上,具备自由选举权的土耳其人民从未把他们的选票投给那些主张迅速改革的代表,而且我们有充分的理由相信,此事在今天也同样是不大可能发生的。[64]

竞选制不仅导致迎合农村的利益,也导致原属高度集中的政治体制的权力逐步分散的趋势。1947 年,为了对付民主党人的挑战,共和人民党放松了对候选人提名的控制,因而有 70% 的议员提名落到了地方党组织手中。弗雷写道,此后

> 党的中央控制和党的纪律就明显地削弱了。地方势力变得如此强大,以致损害了党执行必要的政治任务的能力,甚或进行党内的调查都办不到……那些在中央失势的桀骜不驯的党魁们就不顾中央的反对,开始迎合地方势力,以便重新获取权力。[65]

像在印度和锡兰一样,土耳其政治舞台上的重要角色也趋向于由全国性

的、西方化的、"主张国家实现训政式发展的"官僚精英让位给"注重眼前地方政治利益"的乡绅。[66]在40年代晚期从一党制向竞争性政党制度转化时期,这一变化最为惹人注目。农民、律师和商人取代了军官和文官,在国民议会中占据上风。同样,地方主义也在加强,譬如在一党制的鼎盛时期约有三分之一的议员出生在他们所代表的选区,实行两党竞争制10年以后,这类议员就增加到了三分之二。[67]政党竞争不仅把群众带进政治,而且也使政治领袖更加接近群众。

锡兰和土耳其的例子,突出地显示了两党制竞争和农村化选举有助于将那些在人数上占压倒优势的农村集团溶化到政治中去。颇为类似的国家,下面不妨再举几个。

1960年的缅甸 独立后的缅甸是由反法西斯人民自由同盟所领导的,该党在1951—1952年和1956年两次大选中均获得了压倒性的胜利。在前一次选举中,反对派十分软弱,并且四分五裂;在后一次选举中,反对派一致站在左倾的民族联合阵线的旗帜下,阵容大大加强。1958年反法西斯人民自由同盟分裂成两派,其后由于政治动荡和叛乱集团力量的增长,迫使吴努总理在同年10月不得不把政府移交给奈温将军和军队。出乎许多人的意料之外,军人政府掌权只有18个月,然后就通过大选在1960年春天把政权交还给了文官政府。角逐这次大选的两个主要政党,一个是由吴努领导的反法西斯自由同盟"清廉派",一个是该盟的另外两位主要政治家领导的反法西斯自由同盟"稳定派"。当该党在1958年分裂时,清廉派保持了对"全缅农民组织"的控制,稳定派起初则控制着劳工和妇女组织。

1966年大选所提出的问题显然是传统主义和改革二者的对峙。奈温军人政府在机关的效率、恢复社会治安方面,曾做过大量的工作,奈温政府那种一丝不苟、言出法随的严厉政风已经引起了缅甸社会中许多人的对立情绪。由于军队明显地希望稳定派获胜,于是吴努就在这一点上大做文章,宣称军队和他的竞选对手沆瀣一气,从而极大地提高了自己的声望。当时各派政治势力的组合,与1961年土耳其大选时十分相似。对缅甸人来说,"尽管昔日人民自由联盟当权时,政府腐败无能,但其懒散比起军人改革政府处处要求大家自我牺牲要好得多"[68]。

除了反对缅甸人所讨厌的改革之外,吴努还与佛教和传统的价值观念保持认同,这一点对他的获胜同样很重要。他有意识地坚守非西方化的生活和行为方式,与大多数缅甸政治领袖形成了鲜明的对照,十分引人注目。在竞选运动开始时,他就公开宣布他决心将佛教立为缅甸国教。正像在 1956 年的锡兰一样,佛教僧侣在这次竞选中也扮演了关键性的角色,他们"大多数集合在吴努周围,成了他在缅甸城乡最有效的宣传鼓动员"[69]。结果是吴努及其清廉派大获全胜,赢得了三分之二的选票和三分之二的议席。与其他农村化选举不同的是,吴努获得了各界人士的有力支持,他的党在仰光的成绩甚至比在农村还要好。

与 60 年代的土耳其军队一样,缅甸军方也勉强地让这个较为保守的政党上了台。在执政的两年中,吴努所奉行的政策"无疑更加带有传统化色彩,而不是革命色彩",并且把实现他提出的立佛教为国教的诺言,放到了最优先的地位。[70]但在 1962 年,军方认为传统化和民主的衰落趋势已经滑得太远,于是再次进行干预,把文官政府赶下台,把一个严厉、独裁、武断的军人社会主义体制强加给了缅甸。和土耳其军方不同的是,缅甸军人不愿意接受民主制度所必不可少的传统主义和改革之间的妥协。

*1951 年的塞内加尔*  竞争性政党制同样能够为那些处于独立前夕的国家创造条件,使权力从狭窄的城市基础转移到较为广阔的农村基础。塞内加尔的政治权力在几十年中一直稳操在沿海城市之手。第二次世界大战后,乡村中占优势的党是法国社会主义党(SFIO)在这块殖民地上的一个部分。但在 1951 年的立法选举中,它受到了一个新集团的挑战,这就是由利奥波德·桑戈尔(Leopold Senghor)所建立的塞内加尔民主主义联盟(BOS),这个组织的目标是争取那些新近获得选举权并在政治上刚刚有了觉悟的农村选民。"扩大了的农村选区有着数量上的优势,是通向竞选成功的必由之路……〔这种竞选〕构成城市和农村的新公民对所谓'四大村社'的老公民的一次成功的反叛。"[71]在竞选中桑戈尔利用了农村的和传统的号召力,特别是宗教的号召力。像 1956 年的锡兰和 1960 年的缅甸一样,宗教领袖和神职人员在竞选中起了关键作用。桑戈尔后来宣称:"正是清真寺里的阿訇给我们带来了胜利。"[72]

*1944 年的牙买加*  在牙买加,政党竞争提供了条件,使新兴集团在

几乎不发生暴力的情况下,按照政治程序有条不紊地进入政治体制。为争取独立而在 1938 年按通常的模式成立起来的人民民族党,开始也是由"少数中产阶级自由职业者、政府官员和教师"所组成的。这是一个主张现代化、向往社会主义的民族主义政党。1944 年举行了第一次普选。布斯塔芒特工业工会(尽管名称如此,它实际上主要是一个农业工会)的领袖亚历山大·布斯塔芒特(Alexander Bustamante)组成了牙买加工党,动员农业工人参加投票。选举结果给了中产阶级的人民民族党以一记响亮的耳光,后者只得到 24% 的选票,而工党和独立党的得票则分别为 41% 和 30%。人民民族党领袖诺尔曼·芒莱(Norman Manley)是一个中产阶级理性主义知识分子的典型,该党的纲领是激进的和理想主义的。而布斯塔芒特工业工会和牙买加工党却强调"面包和黄油问题"以及具体的物质利益,而不是空谈意识形态的大道理。这两个党派的"追随者主要是城市工人和农业工人",其领袖人物布斯塔芒特则是一个兼有工会头子和民众鼓动者品质的实干家。[73]

工党的胜利对人民民族党产生了影响,促使它加强在群众组织方面的工作,建立了自己的工会组织"全国工人联合会",作为布斯塔芒特工会的竞争对手。这种竞争还帮助了人民民族党内的温和派在 50 年代早期的党内斗争中战胜了极左派。因此该党能够在 1955 年以颇大的多数战胜工党,重新执政。几年之后,工党通过动员它在农村的力量又一次上台。于是,牙买加两巨头和政党之间的竞争,就推动了牙买加民众的政治动员,并通过政党及其附属工会把民众组织起来了。

*1965 年的莱索托* 巴苏陀兰接近独立时,其主政党是巴苏陀兰大会党。该党是按照加纳人民大会党的模式建立起来的,其支持者主要来自知识分子、教师、新教传教士以及其他城市集团。党的领袖们都曾到过国外,与泛非运动关系密切,但他们对本国农村情况却不甚了解,缺乏具体接触。像在牙买加、锡兰和塞内加尔一样,反对党"巴苏陀兰民族党"(BNP)在 1965 年第一次全国大选时才刚刚成立不久,它的力量来自农村,那里的酋长们和罗马天主教士们都积极支持它。在竞选中,它把力量主要集中在"面包和黄油"的问题上。大出多数观察家所料,该党以保守主义纲领赢得了选举,得票率 42%,战胜了得票率 40% 的巴苏陀兰大会

党。政党竞争使得一个保守的农村政党压倒了一个较激进的、民族主义的城市政党,这又是一个例证。[74]

当然,一个国家的政治动员和同化的过程往往是漫长的、渐次的、有时甚至是暴风骤雨式的。上文所举诸国的例子,也只不过是这种过程中的一个转折点罢了。在某些国家中,这一过程的确可能是非常缓慢的,以致几乎不可能指出哪一次特定的选举堪称是权力从城市精英手中转到农村群众手中的显著标志。例如在菲律宾独立之后,对农村选民的动员在历次大选中都曾进行过,而每次大选中在职总统无例外地总是被击败。1953 年麦格赛赛一举击败了季里诺(Quirino)总统。麦格赛赛的竞选口号和他在总统任期内的所作所为,都是面向农村选民的。除了土地改革法和其他旨在提高农业生产率的措施外,他还开拓了"公开的渠道,和菲律宾的农村民众建立起持久的政治联系……他是使大量的民众有机会接触政府和总统的第一位领袖;他也使人们相信,政治变革可以在政府结构之内合法地进行,诉诸暴力既无必要亦非明智。麦格赛赛以后,没有哪一位政治家敢于无视他的目标和形象"[75]。但他的继任人加西亚(García)却是个比他保守得多的上层人物。

1961 年,反对派候选人马卡帕加尔令人惊异地战胜了加西亚,从而开始了农村群众政治动员的第二个阶段。马卡帕加尔与麦格赛赛一样,出身贫寒,非常重视争取农村选民的支持。在四年的竞选活动中,他的足迹几乎遍及菲律宾 23 000 个村镇的每个角落。他是菲律宾历史上第一个成功地动摇了地主和民族主义党对农村选票控制的总统候选人。[76] 1965 年马卡帕加尔又被斐迪南·马科斯(Ferdinand Marcos)击败,马氏似乎也有决心继续推行农村动员和土地改革的路线。我们可以看到,由于在菲律宾缺乏有效的政党组织,政党与社会力量间也缺乏有效的联系,于是就造成了这样一种形势:"绿色起义"曾经在各种党派的旗帜之下,一步步地向前推进。

上述各国存在的较为显著的农村化选举诸例,具有这样一些共同特征:

(1) 一个以城市为基础的、中上层阶级的现代化精英集团被赶下台;

(2) 其结果出乎大多数政治观察家的预料之外;

（3）获胜党之所以成为赢方，主要是依靠它能动员农村新选民参加投票；

（4）获胜党的领袖通常原属主张现代化的城市精英集团中的一分子，但后来脱离了这个集团，并举起更得人心和更为保守的旗帜；

（5）走马上任的新党，除去第一把手之外，其他领导人和代表通常都是些不具备全球眼光的、地方性的农村精英分子；

（6）获胜党用以争取农村选民的口号既强调种族和宗教感情，又重视"面包和黄油"问题；

（7）在许多情况下，获胜党极大地得益于教士、佛教僧侣、阿訇及其他宗教人士在农村为它所进行的工作；

（8）反对党的胜利被它的支持者和反对者双方共同视为国家政治进程中的转折点；

（9）一旦掌握政权，新政府的政策通常尽力取悦它的农村支持者，并给他们以实际利益；

（10）新政府的政策同时也会开罪了老派精英集团，以至于常常导致一场反对它的军事政变，这种政变在土耳其和缅甸是成功的，在锡兰却是失败的；

（11）在大多数但不是全部例子当中，下台的政党会自我调整以适应变化了的政治参与格局，努力争取群众支持，并在一些国家里（如在锡兰和牙买加）能重新通过选举上台。

两党制就是通过这样的过程，吸收农村群众进入政治体系，在农村和城市之间架起了桥梁，而这正是处于现代化之中的国家政治稳定的关键。当代的和历史上的处于现代化之中的国家的经验的对比，说明了两党制在完成这种同化时比大多数其他类型的政治制度更为成功。

# 组织的必要性

社会和经济的现代化破坏了旧的权威模式，摧毁了传统的政治制度，却不一定会创造出新的权威模式或新的政治制度。但它却一定会由于启发了政治觉悟和扩大了政治参与而产生对新权威和新制度的迫切需求。不管主观上是否愿意,美国促进了亚洲、非洲和拉丁美洲把群众动员起来进入政治。其他的集团也为组织这种动员做了许多有意识的和认真的工作。列宁在 1905 年曾说道:"无产阶级在夺取政权时除了组织以外别无武器……无产阶级只有通过这一点才能成为不可战胜的力量。"弗雷在 1966 年说道:"智利广大群众没有任何组织,而没有组织就没有权力,没有权力就会在国家的生活中没有自己的代表。"[77]组织是通向政治权力之路,也是政治稳定的基础,因而也就是政治自由的前提。在那么多处于现代化之中的国家里存在着的权力和权威的真空,可以暂时由魅力领袖人物或军事力量来填补;但只有政治组织才足以永久地填补这一真空。或者是统治集体在现存政治制度之内互相竞争以便组织群众,或者是异己集团组织群众推翻这个制度,二者必居其一。身处正在实现现代化之中的当今世界,谁能组织政治,谁就能掌握未来。

## 注 释

1. Leonard B. Schapiro, *The Communist Party of the Soviet Union* (New York, Random House, 1960), p. 258.

2. Philip Rudolph, *North Korea's Political and Economic Structure* (New York, Institute of Pacific Relations, 1959), p. 61.

3. Raymond Vernon, *The Dilemma of Mexico's Development* (Cambridge, Harvard University Press, 1963), p. 59.

4. M. Corpierre, "Le totalitarisme africain," *Preuves*, *143* (January 1963), 17,转引自 Immanuel Wallerstein, "The Decline of the Party in Single-Party African States," in LaPalombara and Weiner, eds., *Political Parties and Political Development*, p. 204。

5. Ceorge Washington, Letter to Jay, November 1, 1794, *Writings* (W. C. Ford ed., New York, Putnam's, 1891) *12*, 486.

6. Lord Bolingbroke, "The Idea of a Patriot King," *Works* (London, Hansard and Sons, 1809), *4*, 280—281.

7. Maurice Duverger, *Political Parties* (New York, John Wiley, 1954), p. 426.

8. Washington, "Farewell Address," in Ford, ed., *13*, 304.

9. 见 Myron Weiner and Joseph LaPalombara, "The Impact of Parties on Political Development," in LaPalombara and Weiner, p.400。

10. Edwin Lieuwen, *Generals vs. Presidents*, p.61.

11. Luis Muñoz Marin, *New York Times*, Dec.27, 1964, p.43.

12. Philip E. Converse, "The Nature of Belief Systems im Mass Publics," in David Apter, ed., *Ideology and Discontent* (New York, The Free Press, 1964), pp.248—249。楷体为原文所有。

13. William J. Foltz, "Building the Newest Nations: Short-Run Strategies and Long-Run Problems," in Karl W. Deutsch and William J. Foltz, eds., *Nation-Building* (New York, Atherton Press, 1963), p.121.

14. Ibid., pp.123—124.

15. 转引自 Caridad C. Semaña, "Some Political Aspects of Philippine Economic Development After Independence" (Ph.D. dissertation, Harvard University, 1965), p.166。

16. William N. Chambers, *Political Parties in a New Nation* (New York, Oxford University Press, 1963), p.26.

17. Keith Callard, *Political Forces in Pakistan, 1947—1959* (New York, Institute of Pacific Relations, 1959), pp.24—25.

18. David A. Wilson, *Politics in Thailand* (Ithaca, Cornell University Press, 1962), p.68.

19. Henderson, *Korea: The Politics of Vortex*, p.288; David Abernethy, "Education and Politics in a Developing Society: The Southern Nigerian Experience" (Ph.D. dissertation, Harvard University, 1965), p.331.

20. 美国的经历参见 Chambers, pp.32—33。

21. Rupert Emerson, "Nation-Building in Africa," in Deutsch and Foltz, pp.110—111.

22. 这些术语系出自 Rajni Kothari, "The Congress 'System' in India," *Asia Survey*, 4(December 1964), 1161ff。另可见 Abernethy pp.482—489。

23. David Donald, *An Excess of Democracy* (Inaugural Lecture, Oxford, Clarendon Press, 1960), p.17.

24. Vernon Lee Fluharty, *Dance of the Millions: Military Rule and the Social Revolution in Colombia, 1930—1956* (Pittsburgh, University of Pittsburgh Press, 1957), pp.316—317.

25. Edwin Lieuwen, *Arms and Politics in Latin America* (New York Frederick Praeger 1960), p.89.

26. Duverger, pp.215—216.

27. Myron Weiner, *Party, Politics in India* (Princeton, Princeton University Press, 1957), pp.230—231.

28. Seydou Kouyate, *Africa Report* (May 1963), p. 16, quoted by Rupert Emerson, "Parties and National Integration in Africa", in LaPalombara and Weiner, pp. 296—297.

29. 见 Frederick W. Frey, "Political Development, Power and Communications in Turkey," in Lucian W. Pye, ed., *Communications and Political Development*, pp. 313—314。

30. Henderson, p. 303.

31. 见 Martin Meadows, "Philippine Political Parties and the 1961 Election," *Pacific, Affairs* 35(Fall 1962), 270n.。

32. Sharif al-Mujahid, "Pakistan's First Presidential Elections," *Asian Survey*, 5 (June 1965), 292; Keith Callard, *Pakistan* (New York, Macmillan, 1957), p. 55.

33. *New York Times*, October 25, 1965, p. 17, November 21, 1966, p. 12. 有关多米尼加共和国的数据获教于亚伯拉罕·洛温塔尔先生。

34. Michael C. Hudson, *The Precarious Republic: Political Modernization in Lebanon* (New York, Random House, Forthcoming, 1968), Chap. 6.

35. Ben Bella, quoted by Russell Warren Howe "Would-Be Leader of the 'Third Woorild,'" *New Republic*, *152* (June 19, 1965), p. 11; Bernard B. Fall, "Vietnam's Twelve Elections," *New Republic*, *154* (May 14, 1966), 14.

36. Lloyd I. and Susanne Hoeber Rudolph, "Toward Political Stability in Underdeveloped Countries: The lase of India," *Public Policy*, 9 (1959), 155—157.

37. Clement Henry Moore, "The Era of the Neo-Destour," in Charles Micaud, ed., *Tunisia: The Politics of Modernization* (New York, Praeger, 1964), pp. 81—82.

38. Lord Lugard, quoted in Abernethy, p. 169.

39. Callard, *Pakistan*, p. 34.

40. Callard, *Political Forces*, pp. 23—24; Mushtaq Ahmad, *Government and Politics in Pakistan* (2d ed. Karachi, Pakistan Publishing House, 1963), pp. 136, 142—143.

41. José Nun, "A Latin American Phenomenon: The Middle Class Militar Coup," p. 79.

42. Emilio Willems, "Brazil," in Arnold M. Rose, ed., *The Institutions of Advanced Societies* (Minneapolis, University of Minnesota Press, 1958), p. 552. 楷体为原文所有。

43. W. Howard Wriggins, *Ceylon: Dilemmas of a New Nation*, pp. 107—108; *The Times* (London), December 12, 1960, quoted in George E. Kirk, "Political Problems of Selected Poly-ethnic Countries in the Middle East: Iraq, Syria,

Iran, Turkey, Cyprus"(unpublished paper, Fifth World Congress, International Political Science Association, Paris, 1961), pp.18—19.

44. Weiner, pp. 11—12; Pye, *Politics, Personality and Nation-Building*, p.114.

45. Marcus F. Franda, "The Organizational Development of India's Congress Party," *Pacific Affairs 35*(Fall 1962), 251.

46. Myron Weiner, "India's Third General Elections," *Asian Survey, 2* (May 1962), 10.

47. George Rosen, *Democracy and Economic Change in India*(Berkeley and Los Angeles, University of California Press, 1966), pp.72—74.

48. Myron Weiner, *Congress Party Elites*(Bloomington, Ind., Department of Government University of Indiana, 1966), pp.14—15.

49. Wayne Wilcox, "The Politics of Tradition in Southeast Asia"(unpublished notes, Columbia University Seminar on the State, November 13, 1963), p.1.

50. M. Zaman, *Village AID*(Lahoe, Government of West Pakistan, 1960), 转引自 A. K. M. Musa, "Basic Democracies in Pakistan—an Analytical Study" (unpublished paper, Harvard University, Center for International Affairs, 1965), p.26。

51. Wriggins, p.106.

52. D. K. Rangnekar, "The Nationalist Revolution in Ceylon," *Pacific Affairs, 33*(December 1960), 363; Wriggins, p.81.

53. Rangnekar, pp.363—364; Marshall Singer, *The Emerging Elite*(Cambridge, MIT Press, 1964), p.122.

54. Singer, p.144.

55. Robert N. Kearney, "The New Political Crises of Ceylon," *Asian Survey, 2*(June 1962), 19; Wriggins, p.327.

56. B. M., "A'People's Government': Social and Political Trends in Ceylon," *World Today, 12*(July 1956), 281.

57. Amos Kendall, quoted in Arthur M. Schlesinger, Jr., *The Age of Jackson*(Boston, Little Brown, 1948), 6;楷体为原文所有。

58. Wriggins, pp.326—327.

59. Ibid, p.348.

60. Mr. Dias Bandaranaike, quoted in Kearney, p.20.

61. Ibid., p.26.

62. Dankwart A. Rustow, "Turkey's Second Try at Democracy," *Yale Review, 52*(Summer 1963), 529.

63. Adnan Menderes, quoted in Irwin Ross, "From Ataturk to Gursel," *The*

*New Leader*, *43*(December 5, 1960), 17.

64. Walter F. Weiker, *The Turkish Revolution*, *1960—1961: Aspects of Military Politics*(Washington, D.C., The Brookings Institution, 1963), p.89.

65. Frey, in Pye, *Commanications and Political Development*, p.325; Kemal H. Karpat, *Turkey's Politics: The Transition to a Multi-Party System*(Princeton, Princeton University Press, 1959), pp. 207—208; *Time*, *86* (Oct. 22, 1965), 46.

66. Frederick W. Frey quoted in Richard D. Robinson, *The First Turkish Republic*(Cambridge, Harvard University Press, 1963), p.144.

67. Frederick W. Frey, *The Turkish Political Elite*, Chap.7 and pp.396—397.

68. Richard Butwell and Fred von der Mehden, "The 1960 Election in Burma," *Pacific Affairs*, *33*(June 1960), 154.

69. Donald E. Smith, *Religion and Politics in Burma*(Princeton, Princeton University Press, 1965), p.242.

70. Richard Butwell, *U Nu of Burma*(Stanford, Stanford University Press, 1963), p.244.

71. Paul Mercier, "Political Life in the Urban Centers of Senegal: A Study of Transition," *PROD Translations*, *3*(June 1960), 10.

72. William J. Foltz, "Senegal," in James S. Coleman and Carl G. Rosberg, eds., *Political Parties and National Integration in Tropical Africa*(Berkeley and Los Angeles, University of California Press, 1964), p.22.

73. C. Paul Bradley, "Mass Parties in Jamaica: Structure and Organization," *Social and Economic Studies*, *9*(Dec. 1960), pp.375—416.

74. 见 *New York Times*, May 5, 1965, p.6。

75. Grossholtz, pp.43—44.

76. 见 Meadows, passim, but esp. pp.262—263, 271—273。

77. Lenin, quoted in Rustow, *A World of Nations*, p.100, from "One Step Forward, Two Steps Backward," Robert V. Daniels, ed., *A Documentary History of Communism*(New York, Vintage, 1960), *1*, 26f.; Eduardo Frei, quoted in William P. Lineberry, "Chile's Struggle on the Left," *The New Leader*, *49* (May 23, 1966), 6.

# 新 版 译 后 记

上海人民出版社潘丹榕女士通过互联网找到栖居美国新英格兰小镇的我，着实让我又惊又喜。她说上海人民出版社要出亨廷顿《变化社会中的政治秩序》新版中文版，希望采用我们的初译本。

关于这本书，读者可以参看福山的新版序，这里不赘。我只想再次提及为本书中译做过工作的南京大学的校友和二十年前的同事们。

参加过本书翻译的除本人和刘为教授以外，还有原南京大学中美文化研究中心的匡榕榕、蔡佳禾和徐春铭。已故的沈宗美教授校订了全部中文译文，并为初译本写了序言。

王冠华

**图书在版编目(CIP)数据**

变化社会中的政治秩序/(美)塞缪尔·P.亨廷顿
(Samuel P. Huntington)著;王冠华等译.—上海:
上海人民出版社,2021
书名原文:Political Order in Changing
Societies
ISBN 978-7-208-16643-1

Ⅰ.①变… Ⅱ.①塞… ②王… Ⅲ.①政治制度-研
究 Ⅳ.①D033

中国版本图书馆 CIP 数据核字(2020)第 157731 号

**责任编辑** 王 琪
**封面设计** COMPUS·道辙

**变化社会中的政治秩序**

[美]塞缪尔·P.亨廷顿 著

王冠华 刘 为 等译

沈宗美 校

出 版 上海人民出版社
　　　　(201101 上海市闵行区号景路 159 弄 C 座)
发 行 上海人民出版社发行中心
印 刷 上海商务联西印刷有限公司
开 本 635×965 1/16
印 张 25.5
插 页 4
字 数 373,000
版 次 2021 年 1 月第 1 版
印 次 2025 年 1 月第 4 次印刷
ISBN 978-7-208-16643-1/D·3637
定 价 88.00 元

# "知世"系列